고시넷 NCS

기출예상 실전모의고사 문제집

한국 { 행정직 기술직 }

도로공사

- **행정직**_문제해결/정보/의사소통/자원관리/조직이해
- **기술직**_문제해결/정보/의사소통/수리/기술
- 5회분/300문항 수록

gosinet
(주)고시넷

정오표 및 학습 질의 안내

정오표 확인 방법

고시넷은 오류 없는 책을 만들기 위해 최선을 다합니다. 그러나 편집 과정에서 미처 잡지 못한 실수가 뒤늦게 나오는 경우가 있습니다. 고시넷은 이런 잘못을 바로잡기 위해 정오표를 실시간으로 제공합니다. 감사하는 마음으로 끝까지 책임을 다하겠습니다.

고시넷 홈페이지 접속 > 고시넷 출판-커뮤니티 > 정오표

🌐 www.gosinet.co.kr

모바일폰에서 QR코드로 실시간 정오표를 확인할 수 있습니다.

학습 질의 안내

학습과 교재선택 관련 문의를 받습니다. 적절한 교재선택에 관한 조언이나 고시넷 교재 학습 중 의문 사항은 아래 주소로 메일을 주시면 성실히 답변드리겠습니다.

이메일주소 ✉ passgosi2004@hanmail.net

차례

📖 **한국도로공사 필기시험 정복**

- 구성과 활용
- 한국도로공사 소개
- 모집공고 및 채용 절차
- 한국도로공사 기출 유형분석

파트 1 한국도로공사 기출예상문제

파트 2 인성검사

파트 **3** **면접가이드**

책속의 책

파트 **1** **한국도로공사 기출예상문제 정답과 해설**

구성과 활용

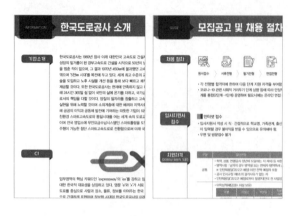

1 한국도로공사 소개 & 채용 절차

한국도로공사의 미션, 비전, 핵심가치, 경영목표, 인재상 등을 수록하였으며 최근 모집공고의 내용 및 채용 절차 등을 쉽고 빠르게 확인할 수 있도록 구성하였습니다.

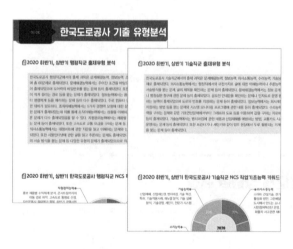

2 한국도로공사 기출문제 분석

2020년 상반기, 하반기의 최신 기출문제를 행정직군과 기술직군으로 나누어 분석하여 최근 출제 경향을 한눈에 파악할 수 있도록 하였습니다.

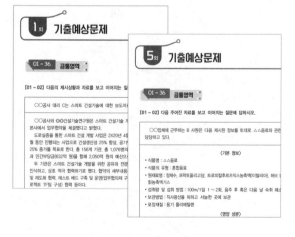

3 기출예상문제로 실전 연습 & 실력 UP!!

총 5회의 행정직군과 기술직군으로 나누어 구성된 기출예상문제로 자신의 실력을 점검하고 완벽한 실전 준비가 가능하도록 하였습니다.

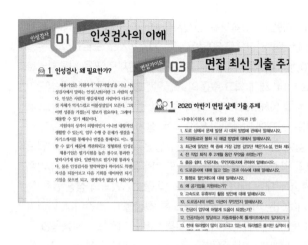

4 인성검사 & 면접으로 마무리까지 OK!!!

최근 채용 시험에서 점점 중시되고 있는
인성검사와 면접 질문들을 수록하여 마무리까지
완벽하게 대비할 수 있도록 하였습니다.

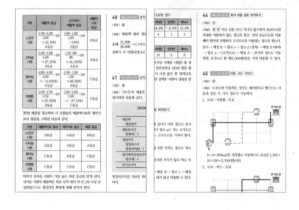

5 상세한 해설과 오답풀이가 수록된 정답과 해설

기출예상문제의 상세한 해설을 수록하였고
오답풀이 및 보충 사항들을 수록하여 문제풀이
과정에서의 학습 효과가 극대화될 수 있도록
구성하였습니다.

한국도로공사 소개

기업소개

한국도로공사는 1969년 창사 이래 대한민국 고속도로 건설사를 이끌어오고 있다. 국가 경제 성장의 밑거름이 된 경부고속도로 건설을 시작으로 50년이 넘는 지금까지도 도로건설의 손길을 멈춘 적이 없으며, 그 결과 1970년 450㎞에 불과했던 고속도로는 현재 전국을 사통팔달로 엮으며 '5천㎞ 시대'를 목전에 두고 있다. 세계 최고 수준의 교통안전을 실현하기 위해 첨단기술을 도입하고 노후 시설물 개선 등을 통해 보다 빠르고 쾌적하며 안전한 도로교통서비스를 제공할 것이다. 또한 한국도로공사는 현재에 만족하지 않고 더욱 살기 좋은 나라를 만들기 위해 24시간 365일 쉼 없이 국민의 삶에 온기를 더하고, 국가균형발전과 성장을 위해 공기업으로서의 책임을 다할 것이다. 양질의 일자리를 창출하고 고속도로의 공적기능과 사회적 가치 실현을 위해 노력할 것이며 소외계층에 대한 배려와 지역사회 및 중소기업과의 상생 등을 통해 공공의 이익과 공동체 발전에 기여하는 따뜻한 기업이 되도록 최선을 다할 것이다. 나아가 친환경 스마트고속도로와 통일시대를 여는 세계 속의 도로교통 서비스기업으로 발돋움할 것이며 전국 영업소에 무인요금수납시스템인 스마트톨링을 도입하고, 고속도로 전 구간을 자율주행이 가능한 첨단 스마트고속도로로 전환함으로써 미래 국가성장의 기틀을 마련할 것이다.

CI

업무영역의 핵심 키워드인 'expressway'의 'ex'를 강하고 임팩트 있게 표현하여 업무영역에 대한 한국적 대표성을 상징하고 있다. 영문 'e'와 'x'가 서로 연결되고 교차하는 문자 조형은 도로를 중심으로 사람과 장소, 물류, 정보를 이어주는 한국 도로공사의 핵심 가치를 시각적으로 간결하게 표현하여 정보화 시대의 한국도로공사의 미래 비전을 소프트웨어적인 감성으로 상징화하고 있다.

미션 (MISSION)

우리는 **길**을 열어 **사람**과 **문화**를 **연결**하고 **새로운 세상**을 넓혀간다.

비전 (VISION)

안전하고 **편리**한 **미래교통 플랫폼**기업

핵심가치

안전　혁신　공감　신뢰

경영목표

안전도로
구축

미래가치
혁신

공공서비스
향상

경영시스템
강화

교통안전
선진국
OECD TOP 5

C–ITS
전국 4,075km
구축

주요구간
무정체수준
달성

부채비율
100%
이내

인재상

길을 통해 새로운 가치를 창출하는 道公人

인재요소

고객 행복을 추구하는	상호존중과 신뢰의	글로벌경쟁력을 갖춘	미래가치를 창출하는
섬김인	상생인	전문인	창조인

모집공고 및 채용 절차

채용 절차

원서접수 〉 서류전형 〉 필기전형 〉 면접전형 〉 인성검사 〉 최종발표

- 각 전형별 합격자에 한하여 다음 단계 지원 자격을 부여함.
- 코로나-19 관련 사회적 거리두기 단계 상향 등에 따라 안정적인 채용절차 운영을 위해 면접단계를 통합(2단계→1단계) 운영하며 필요시에는 온라인 면접 등으로 실시될 수 있음.

입사지원서 접수

■ 인터넷 접수

- 입사지원서 작성 시 직·간접적으로 학교명, 가족관계, 출신지, 출신지역 등의 개인 인적사항이 입력될 경우 불이익을 받을 수 있으므로 유의해야 함.
- 우편 및 방문접수 불가

지원자격
(2020년 하반기 기준)

구분	일반전형	보훈전형
공통	• 학력, 성별, 연령(공사 정년에 도달하는 자 제외) 등 제한 없음 • 병역사항 : 남자의 경우 병역필 또는 면제자 (병역특례 근무 중인 자 제외) ※ 인턴채용일('20.12.21 예정) 이전 전역 예정자 포함 • 공사 인사규정 제8조의 결격사유가 없는 자 • 인턴채용일('20.12.21 예정)로부터 발령지(전국 전 사업장) 근무 가능자	

구분	TOEIC	TEPS	TOEFL (IBT)	OPIc	TOEIC Speaking
일반지원자	700점	340점	71점	IM2	120점
사회형평 대상자	500점	242점	51점	IL	90점

어학

- 어학성적(해당점수 이상 보유)

* 사회형평 대상자 : 장애인, 취업지원대상자, 국민기초생활수급자
** 청각장애(장애의 정도가 심한 자) : 듣기부분을 제외하고 TOEIC 250점, TEPS 145점('18. 5. 12 以後 시험)
- 인정기준 : '18. 11. 25 이후 응시하고 '20. 10. 22 까지 발표한 시험성적
※ 위 기간 이외의 어학성적의 경우 「코로나19상황 下 공공기관 채용관련 대응조치」 정부지침에 따라 어학성적 사전등록을 한 자에 한해 인정
- 조회확인이 불가능한 성적, 국외응시 및 특별시험 성적은 불인정
- 어학성적은 지원자격 확인용으로만 사용함

자격증 (기술직)	선발분야 기사이상 자격증 보유자	
기타	–	「국가유공자 등 예우 및 지원에 관한 법률」등에 따른 취업지원 대상자로서 증명서 발급이 가능한 자
비고	일반(5급)·고졸(8급) 공채 및 일반전형·보훈전형 중복 지원 불가	

필기전형 안내
(2020년 하반기 기준)

- 시험장소 : 서울, 대구
- ※ 필기시험 장소는 입사지원시 선택하며, 응시희망지역이 특정지역에 편중되는 경우에는 지역별 필기수용인원 한도 내에서 원서접수 순에 따라 배정(입사지원서 先제출자에게 우선권 부여)
- ※ 세부 시험 장소는 필기전형 공고(11.4) 시 확정(홈페이지상 개별 확인)
- 평가항목 : 직업기초능력평가(30%) / 직무수행능력평가(70%)
- 선발방법 : 직업기초능력평가 점수, 직무수행능력평가 점수, 부가가점 합산
- ※ 직업기초능력 및 직무수행능력평가 각각의 점수 40% 미만 득점(과락)시 불합격 처리
- ※ 필기전형 불합격자에 한해 합격 커트라인 및 본인 점수 공개 예정
  (어학 및 필수자격증 조회 불가자는 미응시자로 간주하여 비공개)

2021년 채용 제도 개선 및 채용계획

■ 2021 채용 계획
- 채용인원 : 총 267명 예정 (상반기 187명, 하반기 80명)
- 채용일정 : 상반기 (3~5월), 하반기 (9~11월)

■ 채용제도 개선(세부적인 사항은 향후 채용공고문 참고)
① 서류전형 합격배수제 실시
   - (기존) 최소자격 충족 시 통과 → (변경)서류전형 합격배수 도입 (행정50배수/기술30배수)
② 인정 어학 종류 변경
   - (기존) TOEIC, TOEIC Speaking, TEPS, OPIc, TOEFL(IBT)(삭제)
   - (변경) TOEIC, TOEIC Speaking, TEPS, OPIc(영어)
③ 융합인재 전형 신설
   - 지원자격 : 어학성적(토익700점 이상 등) 및 정보통신 관련 기사자격증 등 이상
   - 직무수행능력(전공) 평가과목 : 데이터통신, 소프트웨어공학, 정보보안, 경영학원론
④ 사회형평적 인력 채용우대 확대 등
   - 양성평등 채용목표제 확대(20% → 25%)
   - 어학기준 완화 대상 확대
     - (기존) 취업지원대상자, 장애인, 국민기초생활수급자
       (변경) 기존 대상자+북한이탈주민, 한부모가족, 다문화가족
   - 이전지역인재 채용목표제 확대(24% → 27%)
⑤ 직무수행능력(전공)평가 출제과목 개정
   - 개정분야 : 설비, 토목(일반), 조경

분야	기존	개정	비고
설비	열역학(삭제), 유체역학, 공기조화 및 냉동기계(삭제)	유체역학, 공기조화, 급배수위생설비, 소방원론	'21 상반기 채용시 부터 반영
토목 (일반)	토목시공(삭제), 응용역학, 철근 및 P.S콘크리트공학, 토질 및 기초공학	도로공학, 응용역학, 철근 및 P.S 콘크리트공학, 토질 및 기초공학	'21 하반기 채용시 부터 반영
조경	조경수목학(삭제), 조경시공구조학, 조경관리학	조경계획 및 설계, 조경식재, 조경시공구조학, 조경관리학	

한국도로공사 기출 유형분석

📋 2020 하반기, 상반기 행정직군 출제유형 분석

한국도로공사 행정직군에서의 출제 과목은 문제해결능력, 정보능력, 조직이해능력, 자원관리능력, 의사소통능력이며 총 60문제로 출제되었다. 문제해결능력에서는 주어진 조건을 바탕으로 순서를 파악하는 사고력 문제와 명제 등이 출제되었으며 도어락의 비밀번호를 묻는 문제 등이 출제되었다. 또한 주어진 도로 상황에서의 도착 시간과 시간이 적게 걸리는 경로 등을 묻는 문제가 출제되었다. 정보능력에서는 품목번호를 구성하거나, 분류하는 문제와 컴퓨터 명령체계 등을 해석하는 문제 등이 다수 출제되었다. 주로 컴퓨터 명령체계에 관한 문제가 출제되므로 이에 대한 대비가 필요하다. 조직이해능력에서는 5가지 경쟁력 모형에 대한 문제가 출제되었으며 동기부여 강화이론에 관한 문제가 출제되었는데 이를 통해 조직이해능력에서는 상황을 이해하고 파악하는 능력보다는 경영이론과 같이 이론 문제가 다수 출제되었음을 알 수 있다. 자원관리능력에서는 제품별 수익체계를 분석하는 문제와 경로를 파악하는 문제 등이 출제되었다. 또한 고속도로 교통 요금을 구하는 문제 등 도로공단과 관련된 문제가 다수 출제되었다. 의사소통능력에서는 대형마트에 관한 지문을 읽고 이해하는 문제와 신문 등을 읽고 대화를 추론하는 문제가 출제되었다. 또한 사물인터넷에 관한 글을 읽고 추론하는 문제도 출제되었다. 이처럼 글을 이해하는 문제를 비롯하여 글의 서술 방식을 묻는 문제 등 다양한 유형의 문제가 출제되었으므로 의사소통능력에 대한 폭넓은 지식이 필요하다.

📋 2020 하반기, 상반기 한국도로공사 행정직군 NCS 직업기초능력 키워드 체크

자원관리능력
홍보 제품별 수익체계 분석, 콘서트장까지의 이동 경로 파악, 고속도로 통행료 산정, 자산운용사 절대평가 항목, 하반기 경력사원 채용, 배송업무, 배송구역 파악

문제해결능력
신입사원 배치, 예산 순서 파악, 도어락의 비밀번호, 도로교통상황 분석, 소요시간이 적은 경로 추론, 신입사원 교육 일정, 패키지 상품

조직이해능력
5가지 경쟁력 모델, 동기부여 강화이론, 국가연구개발 사업 참여 제한 기준, 신규 개발 기획서, 스마트 폰 시장 분석

정보능력
품목번호, 컴퓨터 명령어 입력, 컴퓨터 명령 체계 파악, 순서도

의사소통능력
대형마트, 온라인 쇼핑, 당뇨병 발병 비율, 상업영화, 사물인터넷, 안전 운전 실천, 4차 산업혁명, 스마트 교통

2020 행정직

📋 2020 하반기, 상반기 기술직군 출제유형 분석

한국도로공사 기술직군에서의 출제 과목은 문제해결능력, 정보능력, 의사소통능력, 수리능력, 기술능력이며 총 60문제로 출제되었다. 의사소통능력에서는 행정직에서와 마찬가지로 글에 대한 이해능력이나 추론능력을 묻는 문제와 서술방식을 묻는 문제, 글의 제목을 확인하는 문제 등이 출제되었다. 문제해결능력에서는 정보 공개 불복 구제 절차나 행정심판 청구에 관한 문제 등이 출제되었다. 공모전 안내문을 확인하는 문제나 민자도로 운영 평가서 등을 분석하는 능력이 출제되었으며 도로의 번호를 지정하는 문제 등이 출제되었다. 정보능력에서는 회사계정의 비밀번호를 지정하는 방법 등을 묻는 문제와 시스템 모니터링 프로그램에 관한 내용 등이 출제되었다. 수리능력에서는 거리/속력을 구하는 문제와 같은 기초연산문제에서부터 그래프와 도표 등을 이용하여 값을 구하는 자료해석에 관한 문제 등이 출제되었다. 기술능력에서는 벤치마킹에 관한 내용과 산업재해를 예방하는 방법, 교통카드 시스템을 구축하고 운영하는 문제 등이 출제되었다. 또한 프린터기나 세단기와 같이 업무 현장에서 두루 활용되는 기계의 조작 방법 등을 묻는 문제 등이 출제되었다.

📋 2020 하반기, 상반기 한국도로공사 기술직군 NCS 직업기초능력 키워드 체크

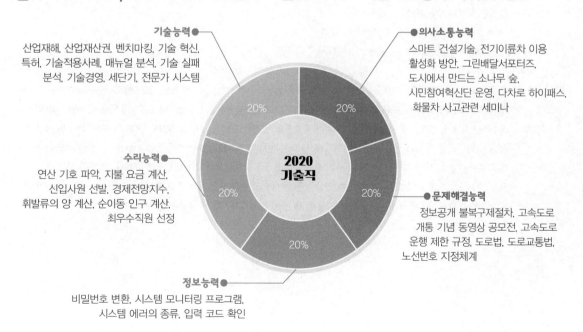

기술능력
산업재해, 산업재산권, 벤치마킹, 기술 혁신, 특허, 기술적용사례, 매뉴얼 분석, 기술 실패 분석, 기술경영, 세단기, 전문가 시스템

의사소통능력
스마트 건설기술, 전기이륜차 이용 활성화 방안, 그린배달서포터즈, 도시에서 만드는 소나무 숲, 시민참여혁신단 운영, 다차로 하이패스, 화물차 사고관련 세미나

수리능력
연산 기호 파악, 지불 요금 계산, 신입사원 선발, 경제전망지수, 휘발류의 양 계산, 순이동 인구 계산, 최우수직원 선정

문제해결능력
정보공개 불복구제절차, 고속도로 개통 기념 동영상 공모전, 고속도로 운행 제한 규정, 도로법, 도로교통법, 노선번호 지정체계

정보능력
비밀번호 변환, 시스템 모니터링 프로그램, 시스템 에러의 종류, 입력 코드 확인

2020 기술직
20% 20% 20% 20% 20%

키워드 ≫ 스마트 건설기술과 관련된 자료를 읽고 이해하는 문제
도로법이나 도로교통법의 내용을 확인하는 문제
노선 번호를 지정하는 문제
이동 경로를 파악하는 문제
비밀번호를 변환하는 문제
컴퓨터 명령체계를 파악하는 문제
표나 그래프를 보고 분석하여 계산하는 문제
산업 재산권 등을 파악하는 문제

분석 ≫ 한국도로공사 필기시험의 의사소통능력에서는 스마트 건설기술에 관한 글의 내용을 읽고 이해하는 문제와 공문서 등을 읽고 내용을 파악하는 문제 등이 출제되었다. 문제해결능력에서는 도로법이나 도로교통법에 관련된 문제가 출제되었으며 노선 번호를 지정하는 문제 등 도로교통과 관련된 문제들이 다수 출제되었다. 정보능력에서는 비밀번호를 변환하는 문제나 컴퓨터 명령체계를 파악하는 문제가 출제되었으며 자원관리능력에서는 최단 시간이나 최저 비용의 이동경로를 파악하는 문제 등이 출제되었다. 조직이해능력에서는 브랜드 전략이나 SWOT 분석 문제 등이 출제되었으며 수리능력에서는 단순 연산 문제에서부터 표나 그래프를 보고 분석하여 계산하는 문제 등이 출제되었다. 기술영역에서는 기술시스템과 산업 재산권, 산업 재해 등과 관련된 문제가 출제되었다.

1 파트

한국도로공사
기출예상문제

NCS란? 산업 현장에서 직무를 수행하기 위해 요구되는 각종 지식, 기술, 태도 등의 내용을 국가가 체계화한 것을 의미한다.

1회 기출예상문제

[01 ~ 02] 다음의 제시상황과 자료를 보고 이어지는 질문에 답하시오.

○○공사 대리 C는 스마트 건설기술에 대한 보도자료를 검토하고 있다.

○○공사와 ◎◎건설기술연구원은 스마트 건설기술 개발사업의 성공적인 완수를 목표로 ○○공사 본사에서 업무협약을 체결했다고 밝혔다.

도로실증을 통한 스마트 건설 개발 사업은 2X20년 4월 28일부터 2X25년 12월 31일까지 3년 8개월 동안 진행되는 사업으로 건설생산성 25% 향상, 공기단축 25% 감소, 재해율 25% 감소, 디지털화 25% 증가를 목표로 한다. 총 156개 기관, 총 1,076명의 연구자가 참여하며 정부출연금(1,418억 원)과 민간부담금(632억 원)을 합해 2,050억 원의 예산으로 진행된다.

두 기관은 스마트 건설기술 개발을 위한 공유와 전문 인력 간 기술교육 및 연구협약의 중요성을 인식하고, 상호 적극 협력하기로 했다. 협약의 세부내용은 관련 분야 정보 교육 및 기술 교류, 연구 및 제도화 협력, 테스트 베드 구축 및 운영(업무협의제 구성) 협력, 해외 개발사업 추진 및 공동수주(프로젝트 TF팀 구성) 협력 등이다.

○○공사는 스마트 건설기술 개발사업의 전 과정을 책임지는 총괄기관으로서, 전체 세부과제들의 실질적 인계를 위한 통합 플랫폼과 개발기술의 검증을 위한 테스트베드 구축을 추진하며 ◎◎건설기술연구원의 SOC 실증센터, 스마트건설 지원센터 등의 인프라 운영경험이 더해져 시너지 효과를 낼 것으로 기대된다.

○○공사 사장은 "건설기술의 디지털화를 통해 선진국 수준의 기술경쟁력을 확보하고, 대한민국 건설분야가 재도약할 수 있는 기회를 만들겠다."며, "◎◎건설기술연구원을 비롯한 모든 참여기관과 적극 협력하여 스마트 건설기술 개발사업을 반드시 성공으로 이끌겠다."고 밝혔다.

또한 ◎◎건설기술연구원 원장은 "이번 협력을 통해 도로 분야 스마트 건설기반을 마련하고, 이를 항만, 철도, 주택 등 건설 전 분야에 접목해 지속가능한 신시장 창출의 기회로 삼겠다."고 밝혔다.

www.gosinet.co.kr

1회 기출예상

2회 기출예상

3회 기출예상

4회 기출예상

5회 기출예상

인성검사

면접가이드

01. 다음 중 윗글의 제목으로 가장 적절한 것은?

① ◎◎건설기술연구원, 도로건설분야에서 신시장을 만들 기회를 마련한다.

② ○○공사-◎◎건설기술연구원, 스마트 건설기술의 개발과 상용화 위해 협력한다.

③ ○○공사-◎◎건설기술연구원, 서로 다른 목적 달성을 위해 건설기술 사업에 함께 참여한다.

④ ○○공사, 항만, 철도, 주택 등 건설 전 분야의 기술 개발사업의 통합기관으로 업무협의제를 구성하다.

02. 다음 중 윗글을 이해한 내용으로 가장 적절하지 않은 것은?

① 총 150여개의 기관, 1,000명 이상의 연구원이 4개의 목표를 달성하기 위해 스마트 건설 개발 사업에 참여한다.

② ◎◎건설기술연구원은 스마트 건설 지원센터나 SOC 실증센터 등의 인프라 운영 경험을 가지고 있다.

③ ◎◎건설기술연구원은 도로뿐만 아니라 항만, 철도, 주택 등에도 스마트 건설기술을 접목시킬 계획이다.

④ ○○공사와 ◎◎건설기술연구원은 업무협약에 따라 국내 개발사업을 추진하고, 이를 위한 TF팀을 만든다.

[03 ~ 04] 다음의 제시상황을 보고 이어지는 질문에 답하시오.

□□진흥원에서 근무하는 사원 A는 KAIA 시민참여혁신단 공개모집 요강을 검토하고 있다.

• 추진 목적
 −정부부처의 공공기관 대상 자율적 혁신 요구에 따라 수립한 'KAIA 혁신계획'의 검토 · 자문 등 외부 참여채널을 위해 2018년부터 운영 중
 −올해는 기관 경영 · 사업의 혁신 전반에 국민이 참여하는 「시민참여혁신단」의 3년차로, 국민이 체감하는 혁신의 가시적 성과 도출 등을 위해 참여 · 소통 기회 확대 추진

• 추진 내용
 −시민참여혁신단 구성 : 위원장 1인 포함 20인 내외
 −임기 : 임명일~ 2021년 12월
 −모집 : 기관 홈페이지 등 홍보를 통한 공개 모집(9명, 개인 또는 대학동아리 등 그룹)
  * 지역사회 전문가 및 유관기관 및 연구진은 혁신활동의 연속성 확보를 위해 지정 · 위촉
 −선정 · 위촉 : 모집 시 지원양식에 제출한 지원 동기, 활동 계획 등을 기반으로 내부 심사 후 선정

• 활동 계획
 −기관 경영계획 참여 : 혁신 후보과제 및 혁신 계획, 중장기 경영목표 등 기관 경영 계획 검토 · 자문, 국민 체감형 중점과제 선정 · 추진, 기관 혁신 아이디어 상시 제안
 −국민이 체감하는 R&D 성과 제고 : R&D 성과 발표회, 기술인증센터 설명회, 우수성과 현장 방문, 시연회 등 기관 내 · 외부 행사 등 참여
 −사회적 가치 구현 : 지역행사 참여, 사회공헌 활동 등 사회적 가치 구현을 위한 협력 프로그램 발굴 및 추진
 −시민참여혁신단 활동계획 실행 : 기관 및 우수성과 홍보, 사회적 가치구현 프로그램 추진 등 제안한 활동계획 실행

• 운영 방안
 −활동 : 분기별 '시민참여 혁신단' 전체 운영회의, 혁신아이디어 공모전 평가 등 자문, 혁신 아이디어 상시 제안
  * 학생 등 시민, 지역사회전문가 2개 분과로 구성하여 활동 다양화 추진 예정
 −혜택 : 시민참여혁신단 위촉장 수여, 시민참여혁신 활동비 지급

---

03. 다음 중 윗글을 이해한 내용으로 가장 적절하지 않은 것은?

① 시민참여혁신단의 구성원은 위원장 1인 포함 20인 내외이며, 임기는 2년이 채 되지 않는다.

② KAIA 시민참여혁신단은 정부부처의 공공기관 대상 자율적 혁신 요구에 따라 수립되었으며 2018년부터 운영 중이다.

③ R&D 성과 발표회 등 기관 내·외부 행사에 참여함으로써 기관의 R&D 성과를 제고를 할 수 있다.

④ 학생, 시민 대표, 지역사회전문가의 3개 분과로 구성하여 활동을 다양화할 예정이다.

04. 다음은 사원 A가 KAIA 시민참여혁신단에 참여하려는 지원자의 문의 전화를 받은 상황이다. 다음 중 대화의 흐름상 빈칸 @에 들어갈 말로 가장 적절하지 않은 것은?

> 지원자 : KAIA 시민참여혁신단 참여와 관련해서 문의 드릴 사항이 있는데요.
>
> 사원 A : 네, 궁금하신 점을 말씀해 주세요.
>
> 지원자 : KAIA 시민참여혁신단은 앞으로 어떤 활동을 할 예정인지 설명해 주실 수 있나요?
>
> 사원 A : (@   )

① 정부부처가 선정하고 위촉한 지역사회 전문가, 유관기관, 연구진과 활동하게 되며 국민이 체감하는 R&D 성과를 제고하는 활동을 하게 됩니다.

② 혁신 후보과제 및 혁신 계획 등 기관의 경영 계획을 검토하고 처분하는 역할을 하게 됩니다.

③ 지역행사나 사회공헌 활동에 활발히 참여하여 사회적 가치 실현을 위한 협력 프로그램을 발굴하고 추진하는 일을 하게 됩니다.

④ 국민 체감형 중점과제를 선정·추진하고 기관의 혁신을 위한 아이디어를 상시 제안하는 역할을 합니다.

[05 ~ 07] 다음 지문을 읽고, 이어지는 질문에 답하시오.

피아제는 아동이 단계별 인지발달 과정에 따라 조직화와 적응을 통해 능동적으로 지식을 구성하는 어린 과학자와 같다고 보았다. 피아제가 정리한 인지발달의 단계는 0 ~ 2세까지의 감각운동기. 2 ~ 7세까지의 전조작기, 7 ~ 12세까지의 구체적 조작기, 12세부터의 형식적 조작기로 나뉜다.

우선 감각운동기에서 영아는 행동도식으로 세상과 상호작용한다. 이 시기에 영아는 순환반응, 대상 영속성, 표상적 사고 능력을 획득하고 지연 모방을 할 수 있게 된다.

전조작기에서 유아는 상징적 사고를 할 수 있게 되어 가상놀이를 통해 세상과 상호작용한다. 이 시기의 사고는 아직 직관적 사고에 머물며 물활론적 및 자아 중심적 사고의 특징을 띤다. 피아제는 혼잣말을 이 자기 중심적 사고의 대표적 사례로 보았다. 이 시기 유아는 성인과 같은 가역적 사고, 추론, 보존 개념, 유목 포함 개념의 학습을 할 수 없다.

구체적 조작기에 들어서면 이러한 사고 능력들이 발달되지만 여전히 구체적인 대상이나 익숙한 상황에 한해 사고가 가능하다.

형식적 조작기에서 청소년은 가장 높은 수준의 사고가 가능해져 가설적, 조건적, 조합적 사고를 할 수 있고 변인의 구분과 통제도 가능하다. 따라서 과학과 수학적 문제 해결 및 추상적 아이디어에 논리적 추론과정을 적용할 수 있게 된다.

반면, 비고츠키는 사회문화적 환경에 의해 의미와 인지적 도구가 사회적 상호작용인 내면화를 통해 아동에게 전수되는 과정에서 인지발달이 이루어진다고 보았다.

그는 아동이 비형식적인 대화나 정규 교육을 통해 사회·문화에 따른 언어나 상징, 개념 및 공식 등의 인지적 도구를 내면화하는 문화 전수자와 같다고 생각했다. 또한 그는 언어와 사고가 생애 초기에는 분리되어 있지만 나이가 들면서 점차 상호의존하게 된다고 주장하였다.

그에 따르면 언어는 사고에 필요한 개념과 범주를 제공하는 의미의 표상이며 아동은 성장하면서, 비개념적 언어와 비언어적 사고로 언어와 사고가 별개의 독립적인 기능을 수행하던 시기를 벗어나고 이 둘이 만나는 언어적 사고를 시작하게 된다고 하였다. 이는 아동이 특정한 명칭이 지닌 개념을 습득하기 시작했다는 것을 의미한다. 이때 앞서 피아제가 주장했던 것과는 달리 비고츠키는 아동이 사고의 도구로서 혼잣말을 사용한다고 보았다.

이어서 그는 아동의 인지발달은 도전적인 과제, 즉 근접발달영역 과제의 수행을 통해 이루어진다고 주장하였다. 이 근접발달영역 과제를 수행하기 위해서는 성인이나 유능한 또래의 도움이 필요한데 이 도움을 비계설정이라고 한다. 비계설정은 학습 초기에는 많은 도움을 제공하다가 숙달 정도에 따라 도움을 줄여 가며 최종적으로는 혼자 수행을 마칠 수 있도록 돕는 것을 말한다.

www.gosinet.co.kr

gosinet

1회 기출예상

2회 기출예상

3회 기출예상

4회 기출예상

5회 기출예상

인성검사

면접가이드

05. 위 지문의 내용과 일치하는 것은?

① 비고츠키는 아동이 인지 발달 단계에 따라 능동적으로 지식을 구성하는 면에서 어린 과학자와 같다고 여겼다.

② 2 ~ 7세까지의 전조작기에 속하는 아동은 유목 포함 개념의 학습이 가능하다.

③ 피아제와 달리 비고츠키는 아동의 혼잣말을 미성숙한 자기중심적 사고의 사례가 아니라 언어적 사고의 도구로 이해했다.

④ 근접발달영역 과제는 아동에게 도전적이지 않은, 비교적 쉬운 과제를 말한다.

06. 위 지문에 나타난 서술 방식으로 가장 적절한 것은?

① 구체적인 사례와 사례별 대상의 적용 방식을 차례대로 열거하고 있다.

② 하나의 대상을 두고 이루어진 다른 두 개의 실험 과정 및 결과를 제시하고 있다.

③ 하나의 주제에 대해 서로 다른 주장을 펼친 두 이론가의 이론을 제시하고 있다.

④ 하나의 주제에 대해 여러 이론가들이 서로 다른 주장과 반박을 내세우고 있다.

07. 비고츠키가 주장한 바에 따른 비계설정의 사례로 가장 적절하지 않은 것은?

① 일차함수가 이해되지 않았던 A는 교과서의 내용을 전체적으로 노트에 직접 적어 감으로써, 개념을 체계적으로 다시 정립할 수 있었다.

② 담임 선생님이 정리해 준 잘 틀리는 맞춤법 자료를 바탕으로 B는 혼자서 열심히 공부한 결과, 받아쓰기에서 100점을 받을 수 있었다.

③ 평소 피아노를 잘 치던 C는 고난도의 연주에 도전하기 위해 피아노 선생님에게 레슨을 받은 결과, 새롭고 어려운 연주도 잘 해낼 수 있게 되었다.

④ D는 동생에게 자전거 타는 법을 알려 주면서 처음에는 뒷부분을 잡아 주었으나 나중에는 동생 몰래 손을 떼고 동생이 혼자 자전거를 타 보도록 했다.

[08 ~ 10] 다음의 제시상황과 자료를 보고 이어지는 질문에 답하시오.

○○공사에서 일하는 직원 K는 화물차 사고관련 세미나에 관한 보도자료를 검토하고 있다.

○○공사는 "고속도로 사망사고의 주요 원인인 화물차 사고를 줄이기 위해 정부 및 유관기관 전문가들이 참석한 가운데 교통안전 세미나를 개최했다"고 6일 밝혔다. 이번 세미나는 화물차 사고 원인의 다각적 분석을 통해 실효성 있는 예방대책과 기관간 협력방안을 도출하기 위해 마련됐으며, 화물차 공제조합 등 현장의 목소리를 듣는 기회도 가졌다.

○○공사에 따르면 최근 5년간 고속도로의 화물차 교통량은 전체 교통량 대비 27%에 불과했으나, 화물차 사고로 인한 사망자는 523명으로 전체 고속도로 사망자 1,079명의 48.5%를 차지했으며 그 비중은 매년 증가하는 추세라고 하였다. ㉠특히 화물차 사고는 대형사고로 이어질 가능성이 높아 이에 대한 특별 대책과 지속적인 노력이 필요하다고 밝혔다.

이 날 세미나에서는 관련기관 전문가들이 안전장비, 규제·단속, 도로·시설 및 교육·홍보 각각의 측면에서 대책을 발표하고 협력방안을 논의했다.

규제 및 단속 분야는 차량안전장치 해제차량, 적재불량 화물차 등에 대한 단속을 강화하고, 상습 법규위반차량에 대해서는 심야 통행료 할인 제한 등 규제를 강화하는 방안을 제시했다. ㉡또한, 화물차 DTG와 연계해 운전자 휴게제도를 개선하고, 운행기록 제출을 의무화해 수집된 운행기록을 교통시설 개선 및 운전자 맞춤형 안전교육 등에 활용하는 방안도 제시됐다.

도로 및 시설 측면에서는 졸음운전 방지를 위한 휴식 공간의 확대 및 사고 위험지역에 대한 가변형 속도제한장치나 시인성이 높은 LED 표지판 등의 확대 설치를 추진하기로 했다. ㉢또한, 고속도로 쓰레기를 줄이기 위해 쓰레기 무단투척 신고제도를 운영하고 단속을 강화하는 논의가 이어졌다.

㉣교육 및 홍보 부문은 운전자 안전의식 제고를 위한 관계기관 합동 캠페인 및 홍보를 확대하고, 적재불량으로 인한 사고예방을 위해 안전한 적재 지침과 운전자 교육 방안을 마련하기로 했다. 또한, 현재 운영 중인 모범화물운전자 포상제도를 확대하는 방안도 검토 중이다.

www.gosinet.co.kr

gosinet

1회 기출예상

2회 기출예상

3회 기출예상

4회 기출예상

5회 기출예상

인성검사

면접가이드

08. 다음 중 위 자료를 통해 알 수 있는 정보로 가장 적절하지 않은 것은?

① 최근 5년간 발생한 전체 고속도로 사망자 수

② 교통안전 세미나가 개최된 목적과 주요 논의 내용

③ 화물차 교통사고 감소를 위한 도로 및 시설 측면의 대책

④ 최근 5년간 화물차 사고가 전체 교통사고에서 차지하는 비율

09. 다음 중 위 보도자료에 대해 이해한 내용으로 가장 적절한 것은?

① 도로 및 시설 측면에서는 현재 운영 중인 모범화물운전자 포상제도의 확대에 대한 구체적인 계획을 실행하기로 결정하였다.

② 교통안전 세미나는 고속도로 사망사고의 주요 원인을 해결하기 위해 개최되었으며, 세미나에서 3가지 측면의 대책 발표가 진행되었다.

③ 규제 및 단속 측면에서는 상습적으로 법규를 위반한 화물 차량의 심야 통행료 할인을 제한하고, 운전자 휴게제도를 개선하는 방안이 제시되었다.

④ 이번 교통안전 세미나에서는 화물차 사고 원인의 다각적 분석을 통해 실효성 있는 예방대책을 도출하기 위한 것으로 현장의 의견이 배제된 채 진행되었다.

10. 다음 밑줄 친 ㉠~㉣ 중 글의 흐름상 삭제해야 하는 문장으로 가장 적절한 것은?

① ㉠   ② ㉡

③ ㉢   ④ ㉣

[11 ~ 12] ○○공공기관에서 근무하는 J는 고용보험 부정수급 신고포상금 제도를 홍보하는 업무를 하고 있다. 주어진 내용을 바탕으로 이어지는 질문에 답하시오.

<**고용보험법**>

제112조(포상금의 지급)

① 고용노동부장관은 이 법에 따른 고용안정·직업능력개발 사업의 지원·위탁 및 실업급여·육아휴직 급여 또는 출산전후휴가 급여등의 지원과 관련한 부정행위를 신고한 자에게 예산의 범위에서 포상금을 지급할 수 있다.

제157조(신고포상금의 지급대상 등)

① 법 제112조에 따라 고용노동부장관은 거짓이나 그 밖의 부정한 방법으로 법에 따른 고용안정·직업능력개발사업의 지원을 받거나 실업급여, 육아휴직 급여 또는 출산전후휴가 급여 등을 지급받은 부정행위(이하 "부정행위"라 한다)를 신고한 자(이하 "부정행위신고자"라 한다)에게 포상금을 지급한다.

② 부정행위를 신고하려는 자는 별지 제131호 서식의 부정행위 신고서를 부정행위를 한 자의 주소지 관할 직업안정기관의 장에게 제출하여야 한다.

③ 제2항에 따른 신고를 받은 직업안정기관의 장은 부정행위와 관련된 사실관계를 조사하고, 그 결과를 부정행위 신고서를 받은 날부터 30일 이내에 부정행위 신고자에게 알려야 한다.

④ 부정행위 신고자가 법 제112조에 따른 포상금을 지급받으려면 제3항에 따른 통지를 받은 후 별지 제132호서식의 신고포상금 지급 신청서에 부정행위신고자가 2명 이상인 경우에는 포상금 배분에 관한 합의서 1부(배분액에 관한 합의가 성립된 경우에만 해당한다)를 첨부하여 해당 직업안정기관의 장에게 포상금의 지급을 신청하여야 한다.

⑤ 직업안정기관의 장은 포상금 지급 신청일(피신고자가 심사청구 등의 이의를 제기하면 그 결정 등이 있는 날)부터 14일 이내에 포상금을 지급하여야 한다.

<**포상금 지급기준**>

부정행위	포상기준
거짓이나 그 밖의 부정한 방법으로 고용안정·직업능력개발사업의 지원을 받은 행위	지급받은 금액의 100분의 30에 해당하는 금액. 다만, 그 하한액은 1만 원으로 하고, 상한액과 연간 지급한도는 3,000만 원으로 한다.
거짓이나 그 밖의 부정한 방법으로 실업급여를 지급받은 행위	지급받은 금액의 100분의 20에 해당하는 금액. 다만, 그 하한액은 1만 원으로 하고, 상한액과 연간 지급한도는 1,000만 원으로 한다.
거짓이나 그 밖의 부정한 방법으로 육아휴직 급여 또는 출산전후휴가 급여 등을 지급받은 행위	지급받은 금액의 100분의 20에 해당하는 금액. 다만, 그 하한액은 1만 원으로 하고, 상한액과 연간 지급한도는 500만 원으로 한다.

11. 다음 중 위 고용보험법에 대해 잘못 이해하고 있는 사람은?

> 갑 : 부정행위를 신고하려면 신고서 양식에 따라 부정행위를 행한 사람의 주소지 관할 직업안정기관장
> 에게 제출해야해.
>
> 을 : 부정행위 신고를 받은 직업안정기관의 장은 그 결과를 신고서를 받은 날부터 30일 이내에 부정
> 행위 신고자에게 알려야 해.
>
> 병 : 만약 부정행위를 신고한 사람이 여럿일 경우 포상금 지급 신청서 제출하기 전 배분액을 어떻게
> 나눌 것인지에 대한 합의서가 필요해
>
> 정 : 포상금 지급 신청서를 제출하고 나면 부정행위 신고일 기준 14일 이내 포상금을 받을 수 있어.

① 갑   ② 을
③ 병   ④ 정

12. 다음 제시된 고용보험 부정수급 사례로 신고자 K씨가 20X9년 한 해 동안 받은 포상금은 얼마인가?

> 신고자 K 씨는 현재 고용보험 부정수급과 관련하여 파파라치 활동을 하고 있다. K 씨는 20X9년
> 한 해 동안 고용안정사업을 통해 부정한 방법으로 지원금을 수령한 사업주와 육아 사실을 거짓 신고하
> 여 육아휴직 급여를 부정수급 받은 사람들, 이직한 사실을 숨기고 실업급여를 부정수급 받은 사람들을
> 신고하였다. 이때, 이들이 총 부정수급한 금액은 각 4,200만 원, 3,000만 원, 2,000만 원이었으며,
> 부정한 방법으로 고용안정사업을 지원받은 사업주는 동료인 J 씨와 함께 신고하여 포상금을 반반씩
> 나누기로 합의하였다.

① 1,350만 원   ② 1,450만 원
③ 1,530만 원   ④ 1,630만 원

[13 ~ 15] 다음 제시된 자료를 보고 이어지는 질문에 답하시오.

□□공사 김꽃님 사원은 고속도로 운행 제한 규정에 대한 내용을 열람하고 있다.

[운행 제한 규정]

규정	제한항목		정의	근거법규		벌칙
				법	시행령	
도로법	과적		축 하중 10톤 초과, 총 중량 40톤 초과	77조 1항	79조 2항 1호	500만 원 이하 과태료
	제원초과		폭 2.5미터 초과, 높이 4.2미터 초과, 길이 16.7미터 초과	77조 1항	79조 2항 1호	
	축 조작		장치 조작 등의 방법으로 적재량 측정을 방해하는 행위	78조 1항	80조	1년 이하 징역 또는 1천만 원 이하 벌금
	단속원 요구불응		관계서류 제출 불응, 의심차량 재측정 불응, 기타 측정 요구불응	77조 4항, 78조 2항	80조	
	측정차로 위반		적재량 측정 장비 미설치 차로 진입	78조 3항	80조 2항	
	측정 속도 초과		측정차로 통행 속도 10km/h 초과			
	3대 명령 불응		회차, 분리운송, 운행중지 명령 불응	80조	–	2년 이하 징역 또는 2천만 원 이하 벌금
도로교통법	적재불량		화물이 떨어지지 않도록 덮개를 씌우거나 묶는 등의 조치 미흡	39조 4항	–	벌금 5만 원, 벌점 15점
	적재용량 초과	높이	지상고 4.2미터 초과	39조 1항	22조	
		길이	차량길이의 110% 초과			
		폭	후사경 후면 확인 불가			
	적재 중량 초과		화물자동차 최대 적재량의 110% 초과			
	자동차 전용도로 통행위반		자동차 이외의 차마(이륜차, 농기구 등)의 진입	63조	–	벌금 3만 원

* 적재용량초과의 하위 제한 항목들 중 한 가지만 위반하여도 운행 제한 조치

www.gosinet.co.kr

1회 기출예상
2회 기출예상
3회 기출예상
4회 기출예상
5회 기출예상
인성검사
면접가이드

13. 다음 중 김꽃님 사원이 위 자료를 이해한 내용으로 가장 적절하지 않은 것은?

① 도로법에 해당하는 3대 명령으로는 재측정, 분리운송, 운행중지 명령이 있다.

② 과적 차량과 재원초과 차량은 법 조항이 동일하여 동일한 벌칙을 부과한다.

③ 적재 불량 혹은 중량을 초과한 차량의 경우 벌금 5만 원과 벌점 15점의 벌칙을 받는다.

④ 장치 조작 등의 방법을 통해 적재량 측정을 방해하는 경우 1년 이하의 징역에 처해질 수 있다.

14. 다음 중 가장 많은 벌금이 부과될 수 있는 차량은?

①

구분	내용
차량 가	측정차로 통행 속도 15km/h 초과

②

구분	내용
차량 나	축 하중 8톤, 총 중량 35톤

③

구분	내용
차량 다	적재량 측정장비 설치 차로 진입 적재용량으로 인해 후사경 후면 확인 불가

④

구분	내용
차량 라	폭 2.5미터, 높이 4.3미터, 길이 18.7미터

15. 김꽃님 사원은 운행 제한 규정에 따른 모든 제한항목에 대해 근거법을 기준으로 〈보기〉와 같이 정리하였다. 김꽃님 사원이 정리한 조항으로 가장 적절하지 않은 것은?

보기

근거법		제한항목	근거법		제한항목
조	항		조	항	
39	1	적재 용량 및 중량 초과	78	1	축 조작
	4	적재불량		2	단속원 요구 불응
63	-	자동차 전용도로 통행 위반		3	측정차로 위반
77	1	과적, 제원초과	80	-	3대 명령 불응
	4	단속원 요구 불응			

① 39조

② 63조

③ 77조

④ 78조

[16 ~ 18] 다음 제시된 자료를 보고 이어지는 질문에 답하시오.

[노선번호 지정체계]

• 기본 규칙
  1. 노선 방향(남북방향 혹은 서동방향)에 따라 노선번호 부여 방식이 다름.
     – 서동방향 : 짝수번호 부여 / – 남북방향 : 홀수번호 부여
  2. 노선의 시작지점을 기준으로 하여 오름차순으로 번호 부여
     ex1) 서동방향 : 서동방향인 경우 시작지점이 아래쪽에 위치할수록 더 낮은 번호를 부여
     ex2) 남북방향 : 남북방향인 경우 시작지점이 왼쪽에 위치할수록 더 낮은 번호를 부여

• 노선 유형에 따른 규칙
  1) 간선노선 : 두 자릿수로 구성하며 일의 자리는 노선 방향에 따라 0 또는 5를 부여

남북방향	일의 자리 '5' 부여(예 : 15, 25, … 65)
서동방향	일의 자리 '0' 부여(예 : 10, 20, … 60)

  2) 보조노선 : 두 자릿수로 구성하며 노선 방향과 간선노선을 기준으로 번호를 부여

서동방향 보조노선	보조노선 시작지점을 기준으로 하여 남쪽 간선노선보다 크고 북쪽 간선노선보다 작은 숫자를 부여한다.
남북방향 보조노선	보조노선 시작지점을 기준으로 하여 서쪽 간선노선보다 크고 동쪽 간선노선보다 작은 숫자를 부여한다.

  3) 순환노선 : 세 자릿수로 구성하며 해당 지역별로 다음 표와 같이 백의 자리를 부여하고 뒤에 '○○'번 부여

지역	서울	대전	경기도 (수도권)	광주	부산	대구
번호	1	3	4	5	6	7

(ex)

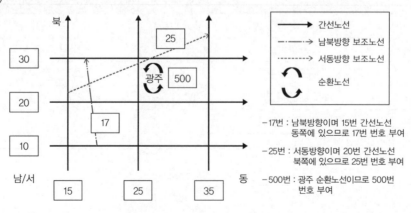

– 17번 : 남북방향이며 15번 간선노선 동쪽에 있으므로 17번 번호 부여
– 25번 : 서동방향이며 20번 간선노선 북쪽에 있으므로 25번 번호 부여
– 500번 : 광주 순환노선이므로 500번 번호 부여

16. 위의 자료를 이해한 내용으로 가장 적절하지 않은 것은?

① 끝자리가 0으로 끝나는 남북방향 노선은 보조노선이다.

② 남북방향 노선과 서동방향 노선은 번호 지정방식이 다르다.

③ 순환노선은 1 ~ 7의 숫자로 노선이 시작되지만 2로 시작하는 노선은 없다.

④ 순환노선 번호를 통해 해당 노선이 어느 지역에서 운행하는지 알 수 있다.

17. 다음 중 권 사원이 기재한 노선번호로 가장 적절하지 않은 것은?

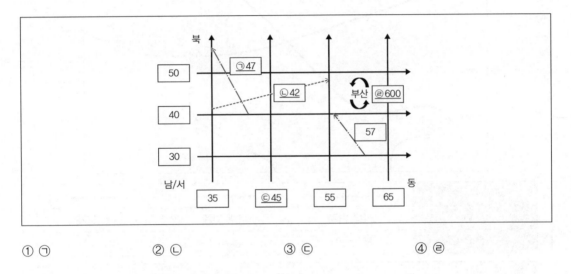

① ㉠   ② ㉡   ③ ㉢   ④ ㉣

18. 다음 중 32번 노선의 위치로 가장 적절한 것은?

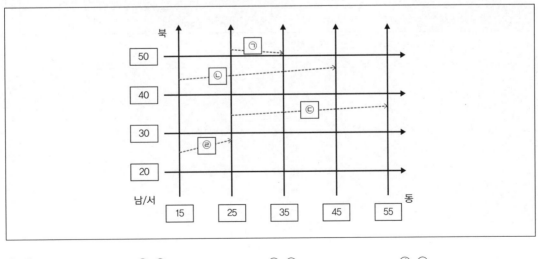

① ㉠   ② ㉡   ③ ㉢   ④ ㉣

[19 ~ 20] 다음의 제시 상황을 보고 이어지는 질문에 답하시오.

한국도로공사에서 근무하는 A는 교통 상황 정보를 제공하는 업무를 맡았다.

〈○○지역 도로 교통 상황〉

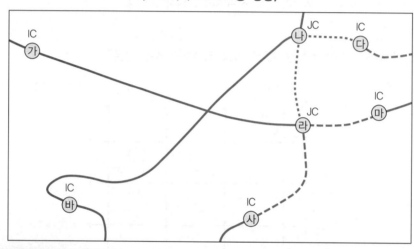

도로선	··············	------··	————
구분	정체 단계	서행 단계	원활 단계
평균 운행 속도	30km/h	50km/h	70km/h

구간	거리	구간	거리
㉮ IC ~ ㉣ JC	30km	㉯ JC ~ ㉶ IC	35km
㉯ JC ~ ㉰ IC	6km	㉣ JC ~ ㉱ IC	8km
㉯ JC ~ ㉣ JC	8km	㉣ JC ~ ㉷ IC	15km

※ 같은 도로 내 모든 교통상황은 양방향이 동일하다.

1회 기출예상

2회 기출예상

3회 기출예상

4회 기출예상

5회 기출예상

인성검사

면접가이드

19. A는 13시에 ⑪IC에서 출발하여 ㉣IC에서 업무를 수행한 후, ㉠IC에 도착한 시각은 15시다. A가 ㉣IC에서 업무를 보는데 걸린 시간은?

① 28분
② 30분
③ 32분
④ 34분

20. 한국도로공사는 하계휴가철을 맞아 특별교통소통 대책을 마련해 시행하기로 하였다. 특별교통소통 대책이 다음과 같을 때, 시간이 가장 적게 걸리는 경로는?

한국도로공사 ○○본부는 정체구간을 집중관리하고 휴게소 고객서비스와 신속한 교통정보제공 등 고객이 안전하고 편안하게 휴가를 다녀올 수 있도록 대책을 마련했다. 이번 하계휴가 기간에는 고속도로 교통량이 전년 대비 증가하고, 혼잡기간이 광복절 임시공휴일 연휴까지 이어질 것으로 전망된다. 이에 따라 ○○지역 하루 평균 고속도로 교통량은 약 37만 7,000대로, 전년 동기보다 2.5% 증가할 전망이다. 특히 광복절연휴 동안의 교통량은 약 41만 1,000대로 지난해보다 5.9% 증가할 것으로 보인다. 이에 따라 전 구간의 차량 운행 속도가 평소보다 20km/h 감소할 것으로 예상된다.

① ㉮IC → ㉣JC → ㉯JC → ㉢IC
② ⑪IC → ㉯JC → ㉣JC → ⑩IC
③ ㉢IC → ㉯JC → ㉣JC → ⑩IC
④ ㉠IC → ㉣JC → ㉯JC → ⑪IC

[21 ~ 22] 다음은 선택형 복지제도에 대한 내용이다. 이어지는 질문에 답하시오.

〈복리후생체계〉

	공통항목	선택항목 A	선택항목 B
보험 및 연금	건강보험, 고용보험, 산재보험, 국민연금		생명보험, 상해보험 가입비 지원
건강관리	기본 건강검진 병원치료비(업무 관련)	병원치료비 (업무 무관)	종합건강진단
주택 지원	기숙사 지원, 대출 지원		
경조 지원	경조금, 화환		
교육 지원		자녀학비지원	
여가활동	동아리활동 지원		휴양지
기타	교통비 지원(업무 관련)	법률, 세무상담	

* 공통항목은 직군, 연령, 성별, 근속 연수와 관계없이 동일하게 적용(금액 무관)
* 선택항목은 포인트 차감(A 항목 : 30,000원당 1포인트, B 항목 : 10,000원당 1포인트 차감)
* 잔여포인트가 항목별 지출 금액보다 많을 때만 사용 가능(예 잔여포인트가 1포인트인 경우 B 항목 지출비용이 10,000원 초과 금액이면 사용할 수 없다)

〈포인트 부여 기준〉

항목		부여기준	적용구분		포인트
기본 포인트		성과 등급이 M 수준 이상인 사원에 대해 해당 등급에 따라 부여(단, 등급은 M<E<O순이다)	전 사원	M	100
				E	150
				O	200
차별 포인트	근속	기준일 : 입사일 계산식 : 당해 연도-입사 연도-1	1년 미만		10
			1년 이상 ~ 3년 미만		20
			3년 이상 ~ 5년 미만		30
			5년 이상		40
	가족	건강보험증 등재인 (사원 본인 제외 가족 수)	0명		10
			1명		20
			2명		30
			3명 이상		40
	성과 등급	부서별 사원 평가자료 반영 (6개월 이상 장기 휴가 사원은 N 적용)	부족	N	0
			보통	M	40
			양호	E	80
			만족	O	120

* 성과 평가 미시행 부서 사원은 성과 등급을 M 수준으로 적용한다.
* 지급포인트＝기본＋차별(근속＋가족＋성과등급)

21. 다음 중 가장 많은 포인트를 지급받는 사람은? (단, 가족 수는 사원 본인을 제외한 숫자이다)

① 성과 평가 E, 건강보험증 등재 가족 1명, 근속 연수 1년
② 성과 평가 O, 건강보험증 등재 가족 0명, 근속 연수 1년
③ 성과 평가 M, 건강보험증 등재 가족 2명, 근속 연수 2년
④ 성과 평가 미시행, 건강보험증 등재 가족 4명, 근속 연수 4년

22. 다음과 같은 사원의 문의전화에 대한 답변으로 적절한 것은?

저는 20X4년 1월 입사한 사원입니다. 저희 부서가 업적 평가를 받지 않고 저는 건강보험 등재 가족
이 없는데, 이런 경우 20X9년에 어떻게 포인트를 지급받나요? 특히 종합건강진단과 경조금에 최대
얼마까지 지원 가능한지 알고 싶습니다.

---

① 종합건강진단과 경조금을 합쳐 1,900,000원까지 지원하고 있습니다.
② 두 항목 모두 근속 연수 등과 무관하게 무제한으로 지원하고 있습니다.
③ 종합건강진단은 1,800,000원까지, 경조금은 무제한으로 지원하고 있습니다.
④ 종합건강진단은 2,000,000원까지, 경조금은 무제한으로 지원하고 있습니다.

[23 ~ 24] ○○공단 총무팀 H 사원은 다음 고려사항을 참고하여 노후 설계 시뮬레이션 교육 프로그램을 만들게 되었다. 이어지는 질문에 답하시오.

〈체계 수립 시 고려할 사항〉	
현재 연령과 은퇴 예상 연령	얼마나 오래 소득을 유지할 수 있는가?
기대 수명	얼마나 오래 연금을 수령할 것인가?
연평균 소득	연금을 납부하는 동안의 월평균 소득은 얼마인가?
은퇴 후 예상 생활비	가장 기본적인 생활을 유지하면서 취미활동 등 풍요로운 삶을 영위할 수 있는 수준인가?
연금 적립 금액	소득이 생긴 이후로 적립한 연금액이 얼마인가?
연금 소득대체율	은퇴 후 한 달에 받는 연금액이 국민연금을 납부한 기간 평균 월소득의 몇 퍼센트가 되는가?
예상 투자수익률	연금 기금의 투자수익률이 얼마나 높을 것인가?
예상 소득 상승률	소득이 지금보다 얼마나 상승할 것인가?

※ 연금 소득대체율이 50%일 때, 평균 월소득이 100만 원이라면 연금으로 매달 50만 원을 수령하게 됨.

〈시뮬레이션 화면 구성 시 고려할 사항〉
㉠ 연금 가입자들이 이해하기 쉬운 용어로 구성되어 있는가?
㉡ 예상이 필요한 질문에 대해서는 판단의 기준을 함께 제공하는가?
㉢ 시뮬레이션 결과는 필요한 정보들이 간결하게 제시되어 있는가?
㉣ 결과에 제시된 정보에 대한 설명을 제시하고 있는가?
㉤ 시뮬레이션 결과가 은퇴 후 각 연령별로 제시되어 있는가?

23. H 사원은 〈체계 수립 시 고려할 사항〉을 다음과 같이 요인별로 분류하여 정리해 보았다. 이에 대한 의견으로 옳지 않은 것은?

연금 적립액에 영향을 미치는 요인	은퇴 예상 연령, 현재 연령, 연평균 소득
연금 수령액에 영향을 미치는 요인	기대 수명, 소득대체율, 연금 기적립액, 예상 투자수익률, 예상 소득상승률

① 연금 기적립액이 많아도 소득대체율이 높으면 은퇴 후 여유롭게 지낼 수 없겠어.
② 예상 투자수익률과 소득상승률이 하락한다면 은퇴 후 연간 예상 생활비를 낮춰야 해.
③ 은퇴 예상 연령이 높고 연평균 소득이 많을수록 연금적립액의 소진 속도는 감소하겠지.
④ 노후 연간 생활비를 높게 예상하면 연금을 조금 더 납부해 두는 것이 좋겠군.

24. H 사원은 〈시뮬레이션 화면 구성 시 고려할 사항〉을 토대로 시뮬레이션 화면을 구성해 보았다. 다음 화면을 참고할 때 H 사원이 고려하지 않은 것은?

노후 설계 정보입력

▨ 고객님의 연평균 소득은 얼마인가요?

| 40,000,000 | 원 |

▨ 고객님의 예상 은퇴 후 연간 생활비는 얼마인가요?
　Ex. 기본적인 삶 : 집/음식/병원＝합계 2,400만 원
　　　풍요로운 삶 : 집/음식/병원/여행/외식/…＝합계 3,600만 원

| 24,000,000 | 원 |

확 인

시뮬레이션 상세 결과		
기본 생활비용		120만 원×12개월＝1,440(만 원)
여유생활비용	취미, 운동	5만 원×2회×12개월＝120(만 원)(등산, 기타)
	차량유지비	20만 원×12개월＝240(만 원)
	경조사 등 모임 비용	5만 원×3회×12개월＝180(만 원)
	외식비	10만 원×1회×12개월＝120(만 원)
	국내외 여행비	200만 원(해외)＋100만 원(국내)＝300(만 원)
	소계	960만 원
	연간 노후생활 자금	2,400만 원
	월 노후 생활비	200만 원
	총 필요자금	약 5억 원

① ㄴ
② ㄷ
③ ㄹ
④ ㅁ

[25 ~ 28] 다음의 제시상황과 자료를 보고 이어지는 질문에 답하시오.

(주)대한 보안팀은 직원들의 회사 계정의 비밀번호와 보안을 위해 비밀번호를 다음과 같이 변환하여 관리하고 있다.

문자	변환문자	문자	변환문자	문자	변환문자	문자	변환문자
A	1a	J	3y	S	1g	1	96
B	4w	K	2c	T	9n	2	23
C	8h	L	5q	U	3o	3	37
D	3r	M	9L	V	4p	4	12
E	7b	N	5i	W	6e	5	85
F	6s	O	4u	X	3x	6	41
G	8i	P	7d	Y	2w	7	54
H	7i	Q	9m	Z	8f	8	69
I	2k	R	1v	!	9z	9	78

• 비밀번호 변환하는 4가지 방식

비밀번호를 입력하세요("SECRET1")
○ 방식으로 변환 중 …..
변환완료!
변환 값 출력

변환 값 : 1g7b8h1v7b9n96

비밀번호를 입력하세요("OCARINA")
◎ 방식으로 변환 중 …..
변환완료!
변환 값 출력

변환 값 : 2k5i1a1v4u8h1a

비밀번호를 입력하세요("ELECTRO")
◇ 방식으로 변환 중 …..
변환완료!
변환 값 출력

변환 값 : 6s9L6s3r3o1g7d

비밀번호를 입력하세요("SUPERB7")
□ 방식으로 변환 중 …..
변환완료!
변환 값 출력

변환 값 : 544w1v7b7d3o1g

25. 다음 비밀번호를 □ 방식으로 변환하였을 때, 변환 값으로 옳은 것은?

비밀번호	IYFR97!

① 9m54781v6s2w2k
② 9z54781v6s2w2k
③ 9m54411v6e2w2k
④ 9z54691v6e2w2k

26. 다음 비밀번호를 ◇ 방식으로 변환하였을 때, 변환 값으로 옳은 것은?

비밀번호	OB37HAB

① 7d8h12692k4w8h
② 7d8h12852k4u8f
③ 7d8n12782k4u8f
④ 7d8n37542k4w8h

27. 다음 비밀번호를 ◎ 방식으로 변환하였을 때, 변환 값으로 옳은 것은?

비밀번호	49JYSBP

① 1g4w7d2w41782y
② 1q4w7d2w41783y
③ 1g4w7d2w12783y
④ 1g4w7d2v12783y

28. 기획팀 J 차장이 비밀번호를 분실하여 보안팀을 찾아 왔다. J 차장이 분실한 7자리 비밀번호의 변환 값이 다음과 같을 때, 분실한 J 차장의 비밀번호는? (단, 해당 비밀번호는 ○ 방식으로 변환되었다)

변환 값	4u9m41699n6e3x

① OQ68SWX
② OQ68TWX
③ OQ68SVX
④ OQ68TVX

[29 ~ 33] 다음은 한 명령체계에 대한 설명이다. 이어지는 질문에 답하시오.

〈명령체계〉

명령	의미	True	False
▭	초기 데이터 묶음. 항상 True를 출력	모든 값을 다음 명령으로 전달	–
▱	조건을 만족하는 값의 개수가 한 자리수이면 True, 두 자리수 이상이면 False	모든 값을 다음 명령으로 전달	전달받은 값 중 맨 앞쪽 1개의 값만을 다음 명령으로 전달
⬡	조건을 만족하는 값의 개수가 3 이상이면 True, 3 미만이면 False	조건을 만족하는 값 중 제일 큰 값을 다음 명령으로 전달	조건을 만족하는 값 중 제일 작은 값을 다음 명령으로 전달
◇	모든 값이 조건을 만족하면 True, 그렇지 않으면 False	모든 값을 다음 명령으로 전달	조건을 만족하는 값만 다음 명령으로 전달
⬭	앞 명령어 True였다면 True, False였다면 False	조건을 만족하는 값만 다음 명령으로 전달	조건을 만족하지 않는 값만 다음 명령으로 전달

* 데이터는 제시된 순서대로 전달되며, 다음 명령으로 전달해도 순서는 변하지 않음.

* 마지막 명령까지 통과한 값들을 모두 출력함.

29. 다음 명령체계에서 출력되는 값으로 알맞은 것은?

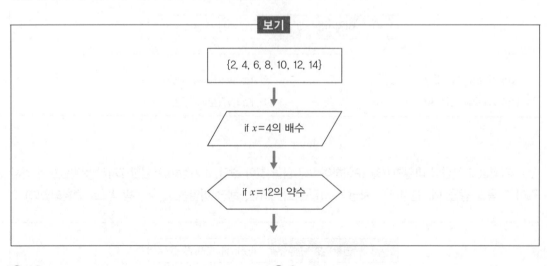

① 12

② 8

③ 6

④ 4

www.gosinet.co.kr gosinet

1회 기출예상

2회 기출예상

3회 기출예상

4회 기출예상

5회 기출예상

인성검사

면접가이드

30. 다음 명령체계를 통해 출력된 결과값이 〈보기 2〉와 같았을 때, (가)에 들어가야 할 조건은?

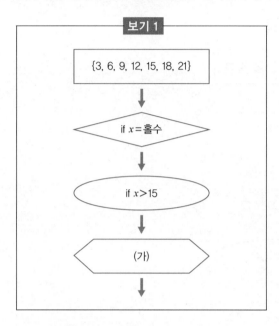

보기 1

{3, 6, 9, 12, 15, 18, 21}

if x = 홀수

if $x > 15$

(가)

보기 2

15

① if x = 피보나치 수열

② if x = 공비가 3인 등비수열

③ if x = 공차가 6인 등차수열

④ if x를 5로 나눈 나머지

31. 다음 명령체계에서 최종적으로 출력된 값은 1개였다. 다음 중 (가)에 들어갈 수 없는 것은?

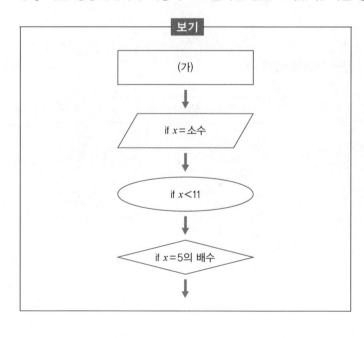

보기

(가)

if x = 소수

if $x < 11$

if x = 5의 배수

① {5, 7, 9, 11}

② {5, 7, 8, 13}

③ {3, 7, 10}

④ {5, 10, 15}

32. 다음 명령체계를 통해 출력되는 값으로 알맞은 것은?

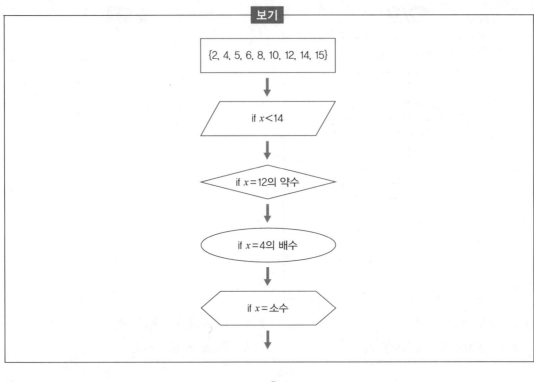

① 2   ② 5

③ 8   ④ 13

33. 다음 중 출력값에 4가 포함되지 않는 명령체계는?

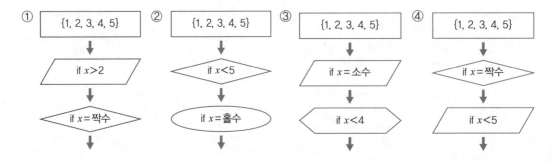

www.gosinet.co.kr **gosi**net

1회 기출예상

2회 기출예상

3회 기출예상

4회 기출예상

5회 기출예상

인성검사

면접가이드

[34 ~ 36] 다음 설명을 참고하여 이어지는 질문에 답하시오.

〈명령어〉

명령어	설명	명령어	설명
printin()	괄호 안의 값을 출력함. 단, ""안의 값은 문자 그대로 출력	While 〈조건문〉 〈수행할 명령 1〉 〈수행할 명령 2〉 : end while 〈수행할 명령 3〉	〈조건문〉이 참인 동안 반복하여 〈조건문〉 아래의 명령들을 차례대로 수행하며, 〈조건문〉이 참을 만족하지 않으면 end while 아래의 명령으로 넘어감.
i, j, k	변수		
Var 변수=숫자	변수의 초기값을 설정함.		
변수+ =숫자	변수의 값을 오른쪽 숫자만큼 증가시킴.		
변수- =숫자	변수의 값을 오른쪽 숫자만큼 감소시킴.		

예시

```
Var i = 0
While (i < 3)
        i += 1
        printin(i"번 시도했습니다.")
end while
```

결과값〉〉
1번 시도했습니다.
2번 시도했습니다.
3번 시도했습니다.

34. 다음 명령을 수행했을 때 출력될 결과값으로 알맞은 것은?

```
Var i = 1
While (i < 3)
        Printin("Go")
        i += 1
end while
Printin("Stop")
```

① Go

② Go
  Stop

③ Go
  Go
  Stop

④ Go
  Stop
  Go
  Stop

35. 다음 명령을 수행했을 때 출력될 결과값으로 알맞은 것은?

```
Var i = 0
Var j = 4
While (i < 4)
        j += 1
        i += 1
end while
printin(j)
```

① 6   ② 7
③ 8   ④ 9

36. 다음 명령을 수행했을 때 출력될 결과값이 다음과 같다고 할 때, 빈칸 (㉠)에 들어갈 명령어로 적절한 것은? (단, "No Enter for this page"는 이 페이지 내에서는 줄띄우기를 하지 않고 결과값을 한 줄로 나타내라는 의미의 명령어이다)

```
No Enter for this page
Var i = 0
While ( ㉠ )
        i += 1
        printin("@" * i)
end while
```

결과값〉〉
@@@@@@@@@@

① i < 4   ② i = 4
③ i > 4   ④ i = 5

37 ~ 60 **행정직**

[37 ~ 38] 다음의 제시상황과 자료를 보고 이어지는 질문에 답하시오.

재무팀 유가영 대리는 제품별 수익체계를 분석하고 있다.

〈제품 수익체계〉

	A 제품	B 제품	C 제품	D 제품
초기 시설 투자	1,000만 원	1,200만 원	1,500만 원	700만 원
제품 생산 비용	월 150만 원	월 310만 원	월 150만 원	월 240만 원
예상 매출	월 450만 원	월 760만 원	월 650만 원	월 590만 원

〈초기 시설건설 기간〉

A 제품	B 제품	C 제품	D 제품
2개월	3개월	4개월	1개월

✓ 표에 나타난 매출 이외의 수익은 고려하지 않는다.
✓ 순수익은 (초기건설 이후 얻은 전체 수익)−(초기투자금을 포함한 전체 비용의 합)으로 계산한다.
✓ 제품 생산 비용은 매달 제품을 생산하기 위해 사용되는 비용이다.
✓ 초기 시설건설 기간에는 제품 생산 비용 및 예상 매출은 발생되지 않는다.

37. 같은 날 4가지 제품의 초기 시설건설을 시작할 때, 다음 중 건설 시작 후 1년 동안 순수익이 가장 작은 제품은?

① A 제품
③ C 제품
② B 제품
④ D 제품

38. 초기 시설건설부터 시작하여 2년간 하나의 제품만 생산하려고 할 때, C 제품의 순수익으로 가장 적절한 것은?

① 8,300만 원
③ 8,500만 원
② 8,400만 원
④ 8,600만 원

[39 ~ 41] 다음의 제시상황과 자료를 보고 이어지는 질문에 답하시오.

인사팀 안한수 부장은 성과급 지급을 위해 영업팀의 하반기 실적을 보고 있다.

• 직원별 실적

이름	강백호	송태섭	서태웅	정대만	채치수
직원	사원	대리	사원	팀장	과장
상반기 실적	80만 원	120만 원	90만 원	170만 원	150만 원
하반기 실적	100만 원	90만 원	130만 원	150만 원	170만 원

• 상반기 대비 하반기 실적 증가율에 따른 성장성과급

증가율 \ 지급률	사원	대리 및 과장	팀장
감소 혹은 동일	0%	0%	0%
10% 이상	기본급×20%	기본급×20%	기본급×20%
20% 이상	기본급×40%	기본급×30%	기본급×30%
30% 이상	기본급×70%	기본급×60%	기본급×50%

• 직원별 임금 체계 및 일반성과급 지급 방식

직급	기본급	…	S 등급	A 등급	B 등급
사원	300만 원	실적기준	90만 원 이상	80만 원 이상	70만 원 이상
		지급률	기본급×40%	기본급×30%	-
대리 및 과장	400만 원	실적기준	150만 원 이상	130만 원 이상	100만 원 이상
		지급률	기본급×50%	기본급×40%	-
팀장	650만 원	실적기준	200만 원 이상	170만 원 이상	130만 원 이상
		지급률	기본급×70%	기본급×60%	-

* B 등급 이하의 직원에게는 성과급을 지급하지 않는다.
* 총 성과급은 일반성과급과 성장성과급을 합산한 금액이다.

www.gosinet.co.kr gosinet

1회 기출예상

2회 기출예상

3회 기출예상

4회 기출예상

5회 기출예상

인성검사

면접가이드

39. 안한수 부장이 제시된 자료에 따라 성과급을 지급하려 할 때 서태웅 사원의 성장성과급은?

① 190만 원

② 200만 원

③ 210만 원

④ 220만 원

40. 일반성과급 지급 방식에 따라 영업팀 모두에게 지급할 하반기 일반성과급의 합계로 옳은 것은?

① 430만 원

② 440만 원

③ 450만 원

④ 460만 원

41. ○○기업에서는 〈보기〉에 따라 직원들에게 점수를 부여한 후, 팀별 1위를 차지한 직원에게 상품을 전달한다. 다음 중 하반기에 영업팀에서 상품을 받을 직원은?

보기

• 일반성과급 등급별 점수

등급	S 등급	A 등급	B 등급
점수	6	4	2

• 상반기 대비 하반기 실적 증가율별 점수

등급	감소 혹은 동일	10% 이상	20% 이상	30% 이상
점수	1	2	3	4

※ 점수는 일반성과급 등급별 점수와 실적 증가율별 점수를 합산하여 계산한다.

※ 총 성과급이 가장 높은 직원이 1위를 차지한 경우, 상품은 2위에게 전달된다.

① 강백호 사원

② 서태웅 사원

③ 정대만 팀장

④ 채치수 과장

[42 ~ 44] 아래의 제시상황과 자료를 보고 이어지는 질문에 답하시오.

(주)지마트에 운송의뢰를 받은 운송업체 직원 L은 다음 조건에 따라 서로 다른 (주)지마트의 매장 A ~ E와 부설창고 a ~ e에 물건을 배송하려고 한다.

- 매장 A, B, C, D, E에는 각 매장의 부설창고 a, b, c, d, e가 있다(예 A 매장의 부설창고는 a이다).
- 각 매장에 운송할 물건들은 각 매장에 대응하는 알파벳의 창고에서 상차한 후에 해당 매장으로 운송하는 순서대로 납품한다(예 A 매장의 물건은 a 창고에서 상차해야 하고 A 매장에서 하차해야 한다).
- 각 창고에서 물건을 상차하는 데 15분, 각 매장에서 물건을 하차하는 데 15분이 걸린다.
- 물건을 운송하는 차량의 적재량과 연료 등 자료에서 언급한 사항 외의 요소들은 고려하지 않는다.

〈자료 1〉 매장, 창고, 운송업체 본사의 위치와 각 장소 간의 이동시간

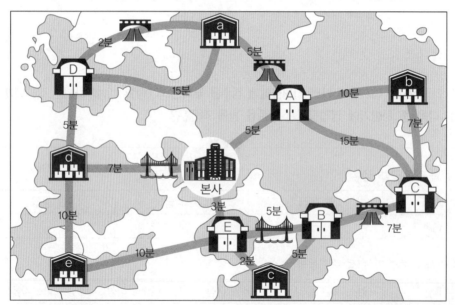

〈자료 2〉 민자도로 구조물의 종류별 이용 도로요금

	구조물	도로요금		구조물	도로요금
	교량	1,500원		고가도로	1,000원

42. 제시된 자료를 이해한 내용으로 가장 적절한 것은?

① 납품 없이 본사에서 창고 e까지 이동하는 데에는 최소 17분이 소요된다.

② 창고 d에서 물건을 수령하고 매장 D로 납품하기 위해서는 반드시 본사를 거쳐야 한다.

③ 창고 b에서 매장 B까지 이동하기 위해서는 반드시 도로요금을 내야 한다.

④ 납품 없이 본사에서 바로 매장 A에 갔다가 다른 경로로 본사에 돌아오기 위해서는 반드시 도로요금을 내야 한다.

43. 자료에 따라 직원 L이 본사에서 출발하여 매장 C에 물건을 납품한 후 본사로 돌아올 때까지 소요되는 최단시간은?

① 32분

② 47분

③ 62분

④ 67분

44. 자료에 따라 직원 L이 최저 요금으로 본사에서 출발하여 매장 D에 물건을 납품한 후 본사로 돌아온다면 다음 중 직원 O가 사용한 도로요금은? (단, 이미 지나온 도로는 다시 지나지 않는다)

① 1,000원

② 2,000원

③ 3,000원

④ 4,000원

www.gosinet.co.kr gosinet

1회 기출예상

2회 기출예상

3회 기출예상

4회 기출예상

5회 기출예상

인성검사

면접가이드

[45 ~ 46] 다음 자료를 보고 이어지는 질문에 답하시오.

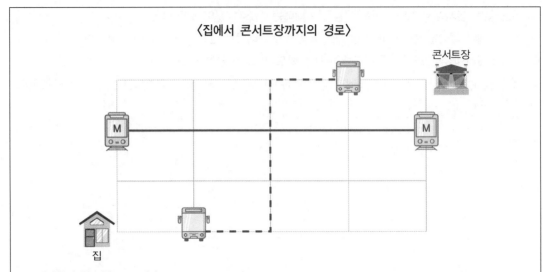

〈집에서 콘서트장까지의 경로〉

※ 사각형의 한 변은 5km이다.

※ 지하철 또는 버스 이용 시 표시된 지점에서만 승하차가 가능하다.

〈교통수단별 속도 및 요금〉

구분		속도	요금
도보		10km/h	–
——	지하철	60km/h	기본요금 : 1,200원(10km) 추가요금 : 1km당 150원
- - - - -	버스	30km/h	기본요금 : 500원(5km) 추가요금 : 1km당 100원

45. B가 집에서 콘서트장까지 최소비용을 내는 경로로 이동할 때 걸리는 시간은? (단, 도보로만 이동하는 경우는 제외한다)

① 50분

② 1시간 50분

③ 2시간 20분

④ 2시간 50분

46. 집중 호우로 인해 도로가 잠겨 버스와 지하철 노선이 다음과 같이 변경되었다. 변경된 노선을 이용하되, 가장 짧은 시간이 걸리는 경로로 콘서트장에 가려고 할 때, 지불해야 할 교통요금은?

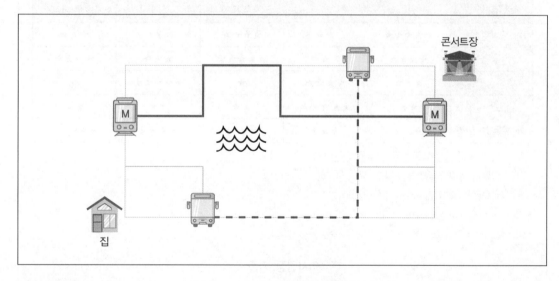

① 2,500원

② 2,700원

③ 3,300원

④ 3,500원

2회 기출예상 3회 기출예상 4회 기출예상 5회 기출예상 인성검사 면접가이드

[47 ~ 48] 다음의 제시 상황을 보고 이어지는 질문에 답하시오.

E 사원은 다음 사항을 고려해 팀 회식 메뉴를 정하려고 한다.

〈팀원들의 요구사항〉

A 이사 : 나는 좀 조용한 분위기의 음식점으로 가고 싶어. 저번 회식 장소는 너무 시끄러워서 대화가 안 되더라고.

B 팀장 : 그런데 이번에 팀 회식비 예산이 줄어서 마음 놓고 먹으려면 가격이 저렴한 곳으로 가야 할 것 같아요.

C 주임 : 저는 뭐든 좋으니 맛있었으면 좋겠어요.

D 주임 : 저는 오늘 야근하러 다시 회사에 돌아와야 할 것 같아서 가까운 곳일수록 좋아요.

E 사원 : 저는 매일 가던 곳 말고 새로운 곳을 한번 가 보고 싶어요.

〈회식 장소 특징 정리〉

구분	맛	가격	분위기	거리	방문횟수
싱싱횟집	★★★★★	★★	★★★★	★	★★★
한우마을	★★★★	★	★★★★★	★★★	★★★★
통통삼겹살	★★★	★★★★	★	★★★★★	★
원조닭갈비	★★	★★★★★	★★	★★	★★
마늘족발·보쌈	★★★	★★★	★★★	★★★★	★★★★★

* 각 항목에 ★이 많을수록 높은 점수를 얻는다.
* 가격 항목에 ★이 많을수록 저렴한 음식점이다.
* 분위기 항목에 ★이 많을수록 조용한 음식점이다.
* 거리 항목에 ★이 많을수록 가까운 음식점이다.
* 방문횟수에 ★이 많을수록 자주 가 보지 않은 음식점이다.

〈의사결정 기준〉

• ★ 1개당 1점으로 계산하여 총점이 가장 높은 음식점으로 정한다.
• 단, 각 팀원의 요구사항을 참고하여 해당 항목 중 가장 ★이 많은 음식점에 가산점을 부여한다. 가산점은 이사 4점, 팀장 3점, 주임 2점, 사원 1점이다.

47. E 사원이 의사결정 기준에 따라 회식 장소를 정할 때 최종 선택되는 음식점은?

① 싱싱횟집   ② 한우마을
③ 원조닭갈비   ④ 마늘족발 · 보쌈

48. E 사원이 다음과 같은 팀장의 지시를 듣고 점수를 다시 계산할 때 최종 선택되는 음식점은?

> 예산 부족으로 후보 중 가격이 가장 비싼 장소는 갈 수 없을 것 같아. 그 장소는 선택지에서 제외한 후 나머지 4가지 대안을 가지고 나를 제외한 팀원들의 요구사항을 다시 반영해서 의사결정해 줘.

① 싱싱횟집   ② 통통삼겹살
③ 원조닭갈비   ④ 마늘족발 · 보쌈

1회 기출예상

2회 기출예상

3회 기출예상

4회 기출예상

5회 기출예상

인성검사

면접가이드

[49 ~ 50] 다음 제시된 문제 상황을 보고 이어지는 질문에 답하시오.

> △△전자제품 제조회사에서 새로 진행하는 프로젝트의 팀장을 맡게 된 김민국 씨는 프로젝트를 성공적으로 이끌기 위해 팀원들의 기본자세를 다지는 시간을 마련하기로 하였다.

기술	어떻게 발휘되고 어떠한 형태로 표출되는가?	
	개인적 측면	팀에 대한 측면
피드백 수용과 책임감	다른 구성원들의 기분과 관찰사항을 수용, 존중하여 주의 깊게 고려하여 나의 태도를 바꾼다.	팀 구성원들은 피드백을 들을 수 있고 이해할 수 있으며 그들이 배우고 성장할 수 있는 환경에서 그 피드백을 이용한다.
유용한 피드백	팀 구성원들의 공헌도에서 미흡한 점이나 팀워크를 해치는 행동에 대하여 충고할 때 존중하는 마음으로 재치 있게 한다.	팀 구성원들은 인정받을만한 행동에 대해 유용한 피드백을 제공한다.
의사소통	개인적으로나 공개적인 발표 자리에서 명확하고 효과적으로 의사소통을 한다.	개인 간의 의사소통은 효율적으로 하되 서로 잘못 이해하는 일이 없도록 유의한다.
지도력	다른 구성원들의 개성과 장점을 인정하여 그것들이 팀의 이익을 위하여 잘 발휘되도록 고무한다.	팀 구성원들은 자신들의 가치를 느끼며 팀을 위하여 최선을 다하게 된다.
능동적 의견 청취	먼저 남을 이해하고 내가 이해받으려 한다. 남의 의견에 주의를 기울이며 중간에 가로막지 않는다.	팀의 구성원은 이해를 받는다는 느낌을 갖게 되고 다른 관점을 이해한다.
참여도	회의에 적극적으로 기여하고 리더와 조직의 업무 부담을 나누어 가진다.	정해진 시간에 회의에 참석하고 또 공헌한다.
신뢰성	맡은 일은 끝까지 해낸다.	다른 팀원을 신뢰한다.
공동체 의식	팀 성공에 개인적으로 책임을 진다.	'무슨 대가를 치르든 우리는 하나다'라는 마음가짐을 갖는다.

49. 김민국 씨는 팀원들에게 다음의 사례를 소개하고자 한다. 이때 강조해야 할 팀 기술은 어느 것인가?

> 야구나 축구, 농구와 같은 운동 경기에서 뛰어난 기량을 가진 선수들끼리 모여 만들어진 올스타 팀은 실력과 기술이 매우 뛰어나지만 가끔 단일팀에게 지는 경우를 볼 수 있다. 그러나 이는 역설적으로 자신에게 주어진 바를 성실히 수행하는 데에서 나오는 결과이다.

① 의사소통   ② 지도력

③ 신뢰성   ④ 공동체의식

50. 김민국 씨는 팀원 J에게 다음과 같은 질문을 들었을 때 J에게 특히 강조해야 할 팀 기술은 무엇인가?

> 팀장님, 저는 이번에 프로젝트를 진행할 때 자기 의견이 무조건 옳다고 주장하는 팀원 M과 함께 일했습니다. 다른 팀원이 잘못된 점에 대해 아무리 따끔하게 직언을 해도 M은 본인의 의견만 고집하더군요. 그런 팀원에게는 어떻게 대해야 합니까?

① 의사소통   ② 유용한 피드백

③ 능동적 의견 청취   ④ 피드백 수용과 책임감

[51 ~ 52] 아래의 제시 상황을 보고 이어지는 질문에 답하시오.

컨설팅회사에서 근무하는 O 대리는 커피전문점 C의 전반적인 사업 분석을 담당하게 되었다.

〈사업 기획서 초안〉

• 경쟁사 분석

비교	커피전문점 S	커피전문점 C
주요특징	– 매니아층 형성 – 고급 인테리어 – 다크 로스팅	– SNS 업로드에 최적화된 감성적인 인테리어 – 개인 맞춤 블렌딩 서비스
가격대	4,000 ~ 6,000원	4,000 ~ 5,500원
장점	커피 외에도 다양한 MD상품들이 존재하고 소비자들의 브랜드 충성도가 높음.	소비자 개인의 입맛에 맞춘 커피를 제공할 수 있어 단골손님들이 끊이질 않음.
단점	타 커피전문점 대비 높은 가격대	주문 후 커피가 제공되는 시간이 오래 걸리고 브랜드 인지도가 낮음.

• SWOT 분석

강점(S)	약점(W)
– 커피 제작 노하우 – 트렌디한 인테리어 및 소품 디자인	– 마케팅 활동 부재 – 커피 외 차별화된 메뉴 부족 – MD 상품이나 컨셉 상품 부족
기회(O)	**위협(T)**
– 커피 소비의 꾸준한 증가세 – 유동인구가 많은 점포 위치 – 인스타 업로드를 위한 카페 탐방객 증가	– 임대료 상승 – 주변에 위치한 타 커피전문점의 브랜드 인지도가 더 높음. – 재료값 상승

* SWOT 분석은 내부환경을 분석하여 강점과 약점을 발견하고 외부환경을 분석하여 기회와 위협을 찾아내어, 이를 토대로 강점과 기회는 활용하고 약점과 위험은 최소화하는 마케팅 전략을 수립하기 위한 분석이다. SO, ST, WO, WT의 네 가지 전략을 수립할 수 있다.

www.gosinet.co.kr **gosi**net

1회 기출예상

2회 기출예상

3회 기출예상

4회 기출예상

5회 기출예상

인성검사

면접가이드

51. 다음과 같은 클라이언트의 요구사항을 수용할 때, O 대리가 제안할 전략으로 옳지 않은 것은?

> 분석해 주신 자료 잘 보았습니다. 6개월 전 가게 근처에 커피전문점 S가 생기고 난 후부터 가게 매출에 타격을 입었는데 전에 비해 동네 손님들이 찾는 비율이 감소한 것은 아닙니다. 아무래도 길 가다가 저희 카페에 들어오는 신규 손님이 감소한 것 같아요. 커피 가격 조정 없이 신규 손님을 유입할 수 있는 전략을 고려해 주시면 좋을 것 같습니다.

① 인스타그램 태그 마케팅을 통해 감각적이고 고급스러운 브랜드 이미지를 구축하는 전략

② 비슷한 질의 원두를 보다 싼 값에 구입할 수 있는 판매처로 거래를 옮기고 아메리카노의 가격을 소폭 낮추는 전략

③ 카페 외부에 개인 맞춤 블렌딩 서비스를 연상시킬 수 있는 독특한 익스테리어를 설치하여 근처 유동인구의 이목을 끄는 전략

④ 커피전문점 C만의 고유 메뉴를 개발하여 가게 경쟁력을 높이는 전략

52. O 대리는 SWOT 분석을 통해 성공적인 전략을 수립하고자 한다. O대리가 제안할 전략으로 옳은 것은?

① 카페의 강점은 살리고 약점은 보완할 수 있도록, 자체 MD 상품을 개발하여 카페 내 소품 디자인 효과 극대화를 노리는 SW 전략

② 임대료 상승에 대비하여 기존 수익을 보장할 수 있도록, 트렌디하고 세련된 내부 인테리어를 활용해 웹드 라마의 촬영지로 카페를 대여해주고 홍보하는 SO 전략

③ 기존 마케팅이 다소 부족했다는 약점을 극복하고자 유동인구가 많은 위치를 고려하여 테이크아웃 할인 이벤트를 진행하여 카페 신규 손님을 유입하는 WO 전략

④ 맞춤 블렌딩 서비스를 진행하는 카페의 강점을 활용하여 주변에 위치한 타 커피전문점의 브랜드 인지도를 뒤집기 위해 커피 맛 평론 TV 프로그램에 PPL을 삽입하는 WT 전략

[53 ~ 54] 다음 정리 기록을 참고하여 이어지는 질문에 답하시오.

△△기업 복지부에서 근무하는 차우리 씨는 부서 회의를 끝낸 후 본인이 진행해야 할 업무를 노트에 정리하고 있다.

날짜 : 20XX년 8월 1일(수)

구분		내용	비고
사업		• 저소득층을 위한 봉사 프로그램(8월 25일 토요일) 기획 → 취지 : 지역사회 발전	
	세부업무	1. 봉사프로그램 개발	기획팀과 협력 회의(금주)
		2. 협력업체 및 자원봉사자 모집(임직원 포함)	협력업체 연락(8/5까지 완료)
		3. 홍보책자 제작, 지역 지자체를 통한 홍보 동시 진행	홍보책자는 기획팀에서 8/8까지 구성 완료(홍보 관련 첨부파일 보내기)
사업		• 직원 한마음 1박 2일 체육대회 개회(8월 셋째 주 주일)	
	세부업무	1. 전 직원 참여 독려 알림 문자 및 메일 발송	오늘 내
		2. 참가 신청 가족 구성원 수 파악을 위한 메일 발송	8/10까지 신청 접수
사업		• 근무환경 개선 캠페인 진행	
	세부업무	1. 청결한 휴게실 만들기 : 부서별 교대로 청소(다음 주부터 매일 점심시간 이용)	청소 교대 순서 게시판 부착(8/3까지) 이후 매일 진행사항 모니터링
		2. 부서별 쓰레기통 설치	전체회의 때 안건 상정
		3. 야간근무 최소화 방안 강구	전체회의 때 안건 상정
기타		– 매주 수요일 AM 10 : 30 부서회의 – 금주 금요일 전체회의 시간 : 추후 공지(내일까지 인트라넷 메일) – 상반기 문화행사 프로그램 회의 결과 금주 전체회의에서 보고	

www.gosinet.co.kr gosi**net**

1회 기출예상

2회 기출예상

3회 기출예상

4회 기출예상

5회 기출예상

인성검사

면접가이드

53. 팀장님께 업무 관련 조언을 들은 후 차우리 씨가 할 행동으로 적절하지 않은 것은?

> 차우리 씨, 업무 마감기간이 각각 다르더라도 동시에 진행할 수 있는 일은 미리 하는 것이 효율적입니다. 또한 각 사업을 준비하면서 빠뜨린 일이 없는지 꼼꼼하게 체크해서 업무를 진행하세요.

① 기획팀과 홍보책자 제작 과업을 어떻게 진행할 것인지 논의한다.

② 봉사프로그램에 참여할 자원봉사자 모집을 비고에 추가한다.

③ 전체회의 때 논의할 야간근무 최소화 방안에 대한 서류를 작성한다.

④ 직원 한마음 체육대회 참여 독려 메일을 보낼 때 참가 가족 구성원 수 파악에 관한 내용을 함께 기재한다.

54. 정리한 노트를 바탕으로 할 때, 차우리 씨가 8월 8일까지 완료하기 어려운 보고는?

① 직원 한마음 체육대회 총 인원수 파악 및 보고

② 부서별 휴게실 청소 순서 게시판 부착 및 진행사항 보고

③ 상반기 문화행사 회의 결과 보고

④ 봉사프로그램에 관한 기획팀과 회의 진행사항 보고

[55 ~ 56] 아래의 제시 상황을 보고 이어지는 질문에 답하시오.

스마트폰을 만드는 A 전자 전략기획팀에서 근무하는 O 대리는 스마트폰의 2021년 신규 개발에 앞서 브랜드 분석을 진행했다.

〈2021년 A 전자 브랜드 분석〉

① 브랜드 : 판매자가 자신의 제품을 식별하고 차별화시킬 목적으로 사용하는 이름

② 브랜드 계층구조

기업브랜드(A 전자) > 패밀리 브랜드(갤X시) > 개별 브랜드(SX) > 브랜드 수식어(Plus)

③ 브랜드 개발전략

		제품 범주	
		기존	신규
브랜드명	기존	라인 확장	브랜드 확장
	신규	복수 브랜드	신규 브랜드

라인확장	• 소비자의 다양성 욕구 충족 • 기업의 잉여생산설비 활용 • 수평확장 : 동일가격 범주 • 수직확장 : 고가로의 상향확장과 저가로의 하향확장(이미지 희석 위험 존재)
브랜드 확장	• 범주 간 유사성이 높을수록 성공가능성 높음. • 신제품의 인지도 확보기간과 촉진비용 단축 가능 • 기존 브랜드 이미지 희석가능
복수브랜드	• 시장점유율 확대와 경쟁사 진입방지에 도움 • 각 브랜드별 수익성 저하 우려가 있음.
신규브랜드	브랜드 확장이 힘들거나 이미지 개선 필요시 시도

④ A 전자 브랜드 개발전략 적용

라인확장	명품 브랜드와 협업하여 프리미엄 휴대폰 라인 오버 더 갤X시 구축
브랜드 확장	범주 간 유사성이 높은 태블릿 PC 시장에 갤X시 이름을 사용해 신규 진출
복수브랜드	청소년을 대상으로 한 OTT 서비스 혜택을 주는 휴대폰 모델 갤X시 제너레이션 개발
신규브랜드	최첨단 기술 보유 이미지를 구축하기 위해 스마트 글래스 시장에 진출

55. 다음과 같은 상사의 피드백을 받았다고 할 때, O 대리가 제안할 전략으로 옳은 것은?

> 분석한 자료 잘 보았습니다. 최근 소비자들의 휴대폰 재구매율이 낮아지고 기업의 생산설비가동률도 낮아졌는데요. 기존 제품 생산설비를 최대한 활용하고 신제품 출시의 위험을 감소하면 좋겠습니다. 다행히 설문조사 결과 소비자들은 아직 휴대폰의 다양성이 충분하지 않다고 생각하네요. 이 상황에 적절한 전략으로는 어떤 것이 있을지 한번 고려해 보면 좋을 것 같습니다.

① 현존 브랜드에 속하는 기존 제품군을 개발하는 전략
② 현존 브랜드에 속하는 신규 제품군을 개발하는 전략
③ 기존 제품군과 비슷한 신규 브랜드를 개발하는 전략
④ 신규 제품군을 개발해 신규 브랜드를 개발하는 전략

56. O 대리는 신규 스마트폰에 대한 전략을 수립하던 도중 다음과 같은 기사를 접했다. 기사에 대응하여 전략을 보완할 때, 다음 중 가장 적절하지 않은 것은?

> 〈스마트폰 산업, 이제 더 이상 혁신은 없는가?〉
>
> ✔ Check point
> – 어떤 스마트폰을 사용하든 기능의 큰 차이가 없을 정도로 충분히 고도화된 스마트폰 기기의 기술발전 속도는 느려지고 있음.
> – 이에 예전에 혁신을 주도했던 스마트폰 제조업체들은 정체된 이미지를 가지게 됨.
> – 젊은 소비자들은 기능 자체보다는 정체성과 감수성을 보여줄 수 있는 자기표현의 일부로서 스마트폰을 선택함.

① 기존 기능보다 발전된 새로운 기능을 가진 갤X시를 동일가격으로 출시하여 수평확장 해야겠어.
② 라인확장을 통해 화소가 높은 모델, 배터리 충전량이 높은 모델, 용량과 연산속도가 빠른 모델 등을 개발하는 것은 예전만큼 중요하지 않을 거야.
③ 브랜드 확장을 통해서 스마트폰이 아닌 다른 전자제품을 내놓아 지금의 정체된 이미지를 희석해야 되겠어.
④ 갤X시 브랜드의 수익성 저하 우려가 있긴 하지만 아예 복수 브랜드 전략으로 젊은 정체성과 감수성을 겨냥하는 것도 나쁘지 않겠어.

1회 기출예상
2회 기출예상
3회 기출예상
4회 기출예상
5회 기출예상
인성검사
면접가이드

[57 ~ 58] 다음 설명을 읽고 이어지는 질문에 답하시오.

해크만(R. Hackman)과 올드햄(G. Oldham)의 직무특성모형은 직무의 특성이 종업원의 심리상태에 영향을 주어 궁극적으로 동기부여와 직무만족, 조직성과에 긍정적 효과를 미친다는 이론이다.

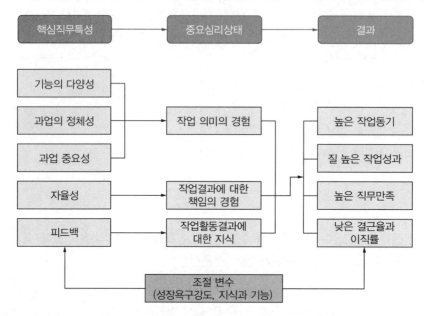

① 5가지 핵심 직무특성

기능의 다양성	직무가 요구하는 활동의 폭
과업의 정체성	업무의 시작과 끝을 조망할 수 있는 정도
과업의 중요성	조직과 타인에 미치는 영향력
자율성	독립적 재량권
피드백	업무의 성과와 효과성에 대한 정보가 주어지는 정도

② 잠재적 동기지수 $= \dfrac{\text{기능의 다양성} + \text{과업의 정체성} + \text{과업의 중요성}}{3} \times \text{자율성} \times \text{피드백}$

57. 위의 이론을 이해한 내용으로 적절하지 않은 것은?

① 작업 의미의 충만한 정도는 기능의 다양성과 과업의 정체성, 과업의 중요성과 관련된다.

② 작업결과에 대한 책임감은 피드백과 관련한다.

③ 직무의 자율성이나 피드백이 0의 값을 가지면 잠재적 동기지수는 0의 값을 가진다.

④ 직무성과에 작업자의 심리상태가 중요한 요소라는 것을 강조한다.

58. K사의 CFO(Chief Finance Officer, 최고 재무 관리자)가 재무부서의 직원들의 조직 성과를 효율적으로 증가시키기 위해 위의 이론을 활용하여 수립한 전략 중 적절하지 않은 것은?

① 수행업무가 조직 내외에서 타인의 삶에 얼마나 큰 영향을 미칠 수 있는지 알도록 교육한다.

② 성과에 대한 고과를 명확히 기록해 매년 말에 공유한다.

③ 다양한 기술이 필요하도록 직무를 설계한다.

④ 직무가 독립적으로 완결되는 것을 확인할 수 있도록 체계를 확립한다.

www.gosinet.co.kr gosinet

1회 기출예상

2회 기출예상

3회 기출예상

4회 기출예상

5회 기출예상

인성검사

면접가이드

[59 ~ 60] 다음의 제시 상황을 보고 이어지는 질문에 답하시오.

인사팀에 근무하는 A는 조직 개편과 관련된 업무를 진행하고 있다.

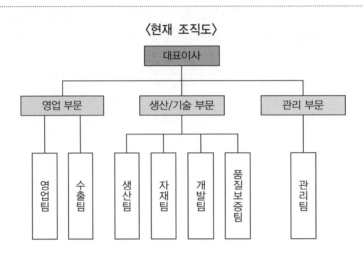

〈현재 조직도〉

〈조직 개편 및 명칭 변경〉

1. 조직 개편
   - 혁신적인 품질 개선을 위해 대표이사 직속의 품질혁신팀을 신설하여 품질 연구 및 개선 노력
   - 생산/기술 부문의 개발팀 내 팀원을 대표이사 직속의 품질혁신팀 산하 부서로 이동
   - 관리팀을 재무관리팀 및 회계관리팀으로 분리하여 각 팀의 전문성 증대
   - 관리팀하에 각 부문의 업무를 지원할 경영지원팀을 신설

2. 명칭 변경
   - 담당 업무를 쉽게 파악할 수 있도록 생산/기술 부문의 생산팀을 제품생산팀으로, 자재팀을 자재구매팀으로 명칭 변경
   - 신설된 품질혁신팀과의 업무 분담 마찰을 막기 위해 품질보증팀의 명칭을 고객서비스팀으로 명칭 변경
   - 해외에서의 영업 업무의 중요성을 더욱 강조하기 위해 수출팀의 명칭을 해외영업팀으로 변경하고, 이에 맞춰 영업팀의 명칭을 국내영업팀으로 변경

59. A는 위 개편 내용에 따라 새로운 조직도를 작성 중이다. 빈칸에 들어갈 말로 적절하지 않은 것은?

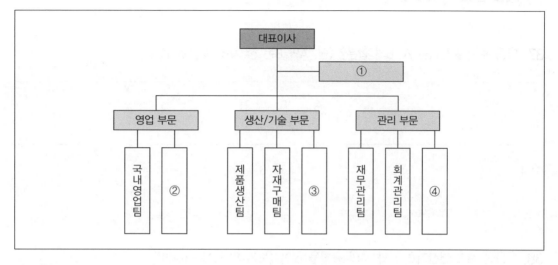

① 품질혁신팀   ② 수출영업팀
③ 고객서비스팀   ④ 경영지원팀

60. 다음은 위 조직 개편에 대해 A가 작성한 보고서의 일부이다. 내용으로 적절하지 않은 것은?

〈조직 개편 보고서〉

① 자사 제품의 혁신적인 품질 개선을 위해 대표이사 직속의 품질혁신팀을 신설하였음.

② 품질혁신팀이 신설됨에 따라 생산/기술 부문의 개발팀에 있던 팀원들을 대표이사 직속의 품질혁신팀 산하로 편입하였음.

③ 관리 업무의 영역 분리와 그에 따른 팀 전문성 증대를 위하여 관리팀을 재무관리팀 및 회계관리팀으로 분리하였음.

④ 제품 고장 등의 경우에 품질 보증 측면에서 고객서비스를 담당하는 부서가 별도로 존재하지 않았던 점을 개선하기 위해 생산/기술 부문하에 고객서비스팀을 신설하였음.

37 ~ 60   기술직

37. 다음 수식에 들어갈 A, B의 합은? (단, A와 B는 한 자리 자연수이다)

$$\frac{A}{13} + \frac{B}{169} = \frac{31}{169}$$

① 4 ② 5 ③ 6 ④ 7

38. 다음을 보고 연산기호 ▷와 ◁의 규칙을 찾아 〈보기〉의 값을 구하면?

1▷3=8	5▷4=30	7▷2=24	9▷5=60
5◁4=12	6◁3=10	7◁5=24	10◁9=72

보기

(4▷4)◁(3◁8) = ?

① 300 ② 312 ③ 350 ④ 390

39. 10월 19일 A 미술관에 7명이 함께 방문하였다. 10월의 수요일 날짜를 모두 더하면 58이고, 7명의 요금이 총 30,000원이었다면, 이 중 학생 요금을 지불하고 입장한 사람은 몇 명인가?

〈A 미술관 요금 안내〉

구분	평일	주말
성인	5,000원	6,000원
학생	4,000원	5,000원

※ 학생증을 지참한 사람에 한하여 학생 할인이 가능합니다.

① 2명 ② 3명 ③ 4명 ④ 5명

40. 다음은 김자영 씨가 지원한 AA 기업의 신입사원 선발방법에 관한 자료이다. 〈자료 1〉과 〈자료 2〉를 참고할 때, 추론한 내용으로 가장 적절한 것은?

〈자료 1〉 AA 기업 신입사원 선발방법

영역	필기평가	체력검정	면접평가	직무수행능력
배점	40점	20점	30점	10점
산출방식	• 전체 80개 문항 • 문항별 점수 동일	• 5개 종목 • 종목별 2, 3, 4점 부여 • 모든 종목에서 2점을 받으면 탈락 • 한 종목이라도 응시하지 않으면 탈락	• 7개 등급 • 최고 등급 30점 • 최저 등급 0점 • 등급 간 점수 간격 동일	• A, B, C로 구성 • A는 10점 • B는 5점 • C는 탈락

〈자료 2〉 지원자 김자영 씨의 합격후기 게시물

　　AA 기업 신입사원 채용시험에 응시해서 총 74점으로 합격했습니다. 필기평가는 시간이 부족해서 80문제 중 20문제를 풀지 못했습니다. 필기평가 발표 때 확인해 봤더니 그래도 푼 문제들은 모두 맞아서 다행이었습니다. 체력검정에서 두 종목 이상 실수를 해서 면접평가에서 이걸 만회하려고 최선을 다했습니다. 영역별 점수는 공개되지 않아서 알 수 없으나 선발방법을 살펴보면 대략 예상이 가능할 것 같습니다.

① 필기평가는 한 문항당 0.6점이다.

② 지원자 김자영 씨의 면접평가 점수는 30점이다.

③ 면접평가의 등급 간 점수 간격은 4점이다.

④ 지원자 김자영 씨의 체력검정 점수는 면접평가 점수보다 6점 이상 낮다.

41. 다음은 20XX년도 학교급별 인원에 대한 자료이다. 이에 대한 설명으로 적절한 것은?

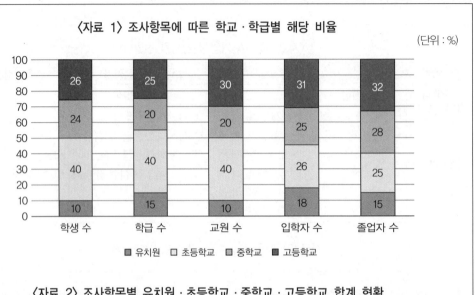

〈자료 1〉 조사항목에 따른 학교·학급별 해당 비율

(단위 : %)

〈자료 2〉 조사항목별 유치원·초등학교·중학교·고등학교 합계 현황

(단위 : 만 개, 만 명)

구분	학생 수	학급 수	교원 수	입학자 수	졸업자 수
합계	6,600	250	460	1,730	1,830

① 초등학교 학급당 학생 수는 25명이다.

② 교원 1명당 학생 수는 고등학교가 가장 많다.

③ 모든 조사항목에서 초등학교의 비율이 가장 높다.

④ 중학교 졸업자 수는 중학교 입학자 수보다 많다.

www.gosinet.co.kr **gosinet**

1회 기출예상

2회 기출예상

3회 기출예상

4회 기출예상

5회 기출예상

인성검사

면접가이드

42. 다음은 ○○협회에서 제공하는 일부 산업별 경기전망지수를 나타낸 자료이다. 아래 자료를 보고 A ~ D를 바르게 짝지은 것은?

〈산업별 경기전망지수〉

(단위 : 점)

구분	20X1년	20X2년	20X3년	20X4년	20X5년
A	45.8	48.9	52.2	52.5	54.4
B	37.2	39.8	38.7	41.9	46.3
도소매업	38.7	41.4	38.3	41.7	46.2
C	36.1	40.6	44.0	37.1	39.7
D	39.3	41.1	40.2	44.9	48.7

㉠ 20X1년부터 20X5년까지 보건업의 경기전망지수가 40점 이상인 해는 2개이다.

㉡ 20X3년 조선업과 제조업의 경기전망지수는 전년 대비 증가하였다.

㉢ 20X2년 해운업 경기전망지수의 전년 대비 증가율은 5개의 산업 중 가장 낮다.

㉣ 제조업은 매년 5개의 산업 중 경기전망지수가 가장 높다.

	A	B	C	D		A	B	C	D
①	조선업	보건업	제조업	해운업	②	보건업	조선업	제조업	해운업
③	조선업	제조업	보건업	해운업	④	제조업	보건업	조선업	해운업

[43 ~ 44] 아래의 제시 상황을 보고 이어지는 질문에 답하시오.

평화의 댐, 화천댐, 춘천댐, 소양강댐, 의암댐, 청평댐은 다음 그림과 같이 화살표 방향으로 저수량이 이동하며, 현재 저수량과 최대 저수량은 다음과 같다.

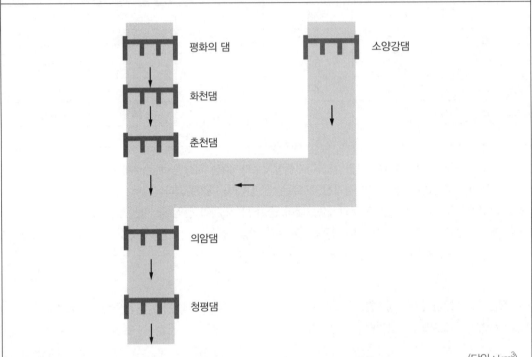

(단위 : km³)

댐명	평화의 댐	화천댐	춘천댐	소양강댐	의암댐	청평댐
현재 저수량	1,800	600	100	1,300	30	120
최대 저수량	2,600	1,000	150	2,900	80	185

43. 현재 저수량이 최대 저수량의 60% 미만인 댐은 몇 개인가?

① 1개　　　　　　　　　　　　　　② 2개

③ 3개　　　　　　　　　　　　　　④ 4개

44. 기상청에서는 내일 평화의 댐에서 춘천댐에 이르는 지역에 폭우가 내릴 것이라고 예보하였다. 이때 폭우에 따른 예상되는 저수량 증가는 다음과 같다. 각 댐의 저수량을 최대 저수량의 70%로 유지하고자 할 때, 각 댐에서 예상되는 방류량은? (단, 각 댐의 저수량이 최대 저수량의 70%가 되면 방류를 시작하며, 이전 댐의 방류량도 고려한다)

댐명	평화의 댐	화천댐	춘천댐
예상 저수량 증가(km^3)	520	180	30

	평화의 댐	화천댐	춘천댐
①	$500km^3$	$80km^3$	$25km^3$
②	$500km^3$	$580km^3$	$605km^3$
③	$520km^3$	$180km^3$	$30km^3$
④	$800km^3$	$300km^3$	$500km^3$

1회 기출예상
2회 기출예상
3회 기출예상
4회 기출예상
5회 기출예상
인성검사
면접가이드

[45 ~ 46] 다음 자료를 보고 이어지는 질문에 답하시오.

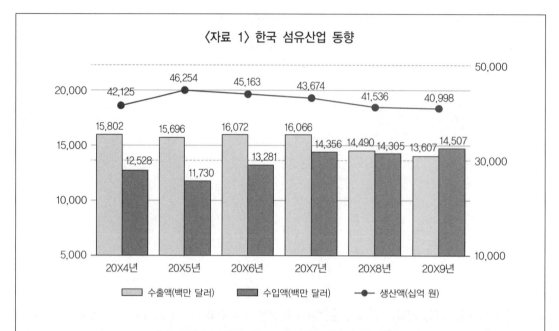

〈자료 1〉 한국 섬유산업 동향

수출액(백만 달러) 수입액(백만 달러) 생산액(십억 원)

〈자료 2〉 20X9년 세계 주요국별 섬유 수출 현황

(단위 : 억 달러)

순위	국가	금액	순위	국가	금액
	전 세계	7,263	8	홍콩	236
1	중국	2,629	9	미국	186
2	인도	342	10	스페인	170
3	이탈리아	334	11	프랑스	150
4	베트남	308	12	벨기에	144
5	독일	307	13	대한민국	136
6	방글라데시	304	14	네덜란드	132
7	터키	260	15	파키스탄	128

* 기타 국가는 위 목록에서 제외함.

www.gosinet.co.kr gosinet

1회 기출예상

2회 기출예상

3회 기출예상

4회 기출예상

5회 기출예상

인성검사

면접가이드

45. 다음 중 위 자료에 관한 설명으로 적절하지 않은 것은?

① 20X5년부터 20X9년까지 한국 섬유산업의 생산액은 지속적으로 감소하고 있다.

② 20X5년 한국 섬유산업 수출액은 전년 대비 236백만 달러 감소했다.

③ 20X8년 한국 섬유산업 수입액은 20X5년 대비 2,575백만 달러 증가했다.

④ 20X9년 이탈리아 섬유 수출액은 한국 섬유 수출액보다 약 145% 더 많다.

46. 다음은 위 자료를 바탕으로 만든 그래프이다. 바르게 작성된 것을 모두 고르면? (단, 모든 계산은 소수점 아래 둘째 자리에서 반올림한다)

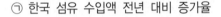

ⓐ 한국 섬유 수입액 전년 대비 증가율

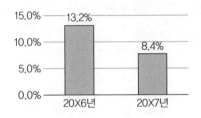

ⓑ 20X9년 세계 섬유 수출 중 터키의 비율

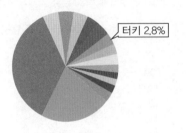

ⓒ 한국 섬유 수입액 대비 수출액의 비율

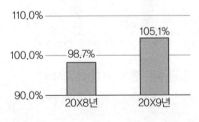

ⓓ 20X9년 세계 섬유 수출 중 중국의 비율

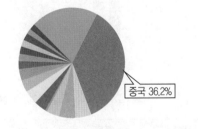

① ⓒ

② ⓐ, ⓑ

③ ⓓ

④ ⓑ, ⓒ, ⓓ

[47 ~ 48] 다음 자료를 보고 이어지는 질문에 답하시오.

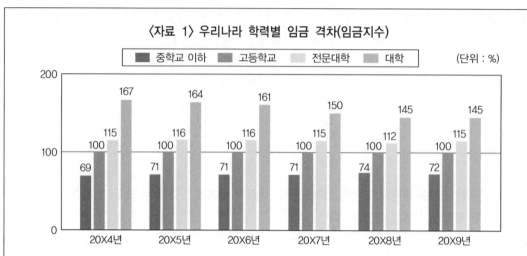

〈자료 1〉 우리나라 학력별 임금 격차(임금지수)

* 임금지수는 고등학교 졸업자의 평균 임금을 100으로 하여 환산(25 ~ 64세 성인인구)
* 수치 간 차이가 클수록 학력별 임금 격차가 심한 것으로 볼 수 있음.

〈자료 2〉 주요국 학력별 임금 격차(임금지수)

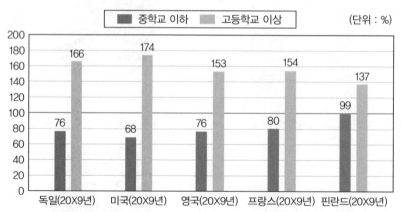

〈자료 3〉 주요국 고등교육 이상 졸업자의 임금수준 변화 추이(임금지수)

(단위 : %)

구분	한국	미국	영국	뉴질랜드	스위스
20X5년	147	177	157	118	155
20X6년	147	174	156	123	158
20X7년	145	176	151	139	156
20X8년	138	168	148	146	143
20X9년	141	174	153	154	151

* 고등교육 이상은 전문대학, 대학을 포함한 전체 고등교육기관을 의미함.

www.gosinet.co.kr gosinet

1회 기출예상

2회 기출예상

3회 기출예상

4회 기출예상

5회 기출예상

인성검사

면접가이드

47. 위 자료를 올바르게 해석한 것은?

① 20X9년 한국, 미국, 영국, 뉴질랜드의 고등교육 이상 졸업자 임금지수는 20X5년보다 감소하였다.

② 20X9년 한국의 중학교 이하 졸업자와 고등교육 이상 졸업자의 임금지수 차이는 68이다.

③ 20X4년부터 20X9년까지 한국의 중학교 이하 졸업자와 대학 졸업자의 임금 격차는 지속적으로 감소하고 있다.

④ 20X9년 독일과 프랑스의 고등학교 졸업자 평균 임금이 동일하다고 가정했을 때, 두 나라 간 고등교육 이상 졸업자의 임금지수 차이는 10 이상이다.

48. 20X8년 한국의 전문대학 졸업자 평균 임금이 180만 원이라면 20X8년 한국의 대학 졸업자 평균 임금은? (단, 소수점 아래 첫째 자리에서 반올림한다)

① 225만 원 　　　　　　　　② 233만 원

③ 238만 원 　　　　　　　　④ 241만 원

49. 벤치마킹(Bench-Marking)은 복제나 모방과는 다른 개념으로, 단순히 경쟁기업이나 선도 기업의 제품을 복제하는 수준이 아닌 장·단점을 분석한 뒤, 자사의 제품을 한층 더 업그레이드하여 시장 경쟁력을 높이고자 하는 기법이다. 다음 중 성공적인 벤치마킹의 사례로 적절하지 않은 것은?

① C사는 대형 복사기 시장에서 몇 손가락 안에 꼽히는 회사였으나, 경기 불황기에 접어들면서 재무 상황이 악화되었다. 이에 C사는 대형 복사기가 중소형 복사기로 바뀌는 시장 트렌드를 발견하였고, 이후 중소형의 디지털 복사기를 생산하여 시장을 선점하였다. 여기서 그치지 않고 디지털 복사기의 특허를 강화하고 토너, 잉크 등의 부속 제품의 품질을 강화하여 경기 불황을 극복하였다.

② S사는 글로벌 경쟁력 제고와 정의, 새로운 조직문화 조성을 위해 '직무·역할' 중심의 인사 체계로 개편하였다. 이는 글로벌 기업인 G사에서 일찌감치 도입한 조직문화에서 차용한 것으로, G사는 직원들의 근무태도에 어떠한 제약도 없으며 직급도 매니저, 시니어매니저, 매니지먼트로만 구분한다. 이에 S사는 복잡했던 직급 체계를 단순하게 하고 수평적 호칭을 도입하였으며, 필요한 인원만 참석하여 자유롭게 의견을 내고 결론을 도출하는 등의 회의 문화도 구축하여, 기존 자사의 딱딱하고 얼어있던 조직문화의 이미지를 자율적이고 수평적인 조직문화 이미지로 탈바꿈하는 데 성공하였다.

③ 생활가전을 생산하고 판매하는 L 전자는 제조 과정에 혁신을 꾀하기 위해 P 자동차 회사의 공정 방식을 분석하였다. P 자동차 회사는 부품을 표준화하고 독립된 패키지를 조립하는 모듈 공정 방식을 사용하였는데, L 전자는 이를 자사의 생활가전 생산 공정에 도입하였다. 모듈 공정 도입의 결과, L 전자는 기존 생산 시간의 40%, 생산 라인의 길이를 50% 절감할 수 있었다.

④ 기업형 슈퍼마켓인 A 마트는 새로 개설하는 매장에 공산품 위주로 판매하는 미국 W 마트의 창고형 매장 방식을 그대로 적용하였다. 높은 선반에 대용량 제품을 쌓아 두는 진열 방식과 기존 가격보다 저렴하게 판매하는 방식으로 고객들의 관심을 끌었다. 이는 기존 한국에서 볼 수 없었던 판매 방식이었으므로 초기에는 고객들이 낯설어 하여 판매에 부진을 보였다. 이에 A 마트는 한국 문화를 고려하여 인테리어를 하고, 신선식품의 비중을 늘리며 시식행사를 도입하는 등 전체적인 틀의 변화를 주었다. 그 결과, 해당 매장에 방문하는 고객들이 늘어났고 전국적으로 여러 개의 지점을 마련하게 되었다.

50. 다음 사고에 대한 설명으로 옳지 않은 것은?

> ○○역 스크린도어 작업자 사망사고를 수사 중인 경찰이 사고 당일 스크린도어 작업이 2인 1조로 이루어졌다고 기록된 작업일지를 확보해, 사고 책임을 은폐하려 한 정황에 대해 수사하고 있는 것으로 알려졌다. 경찰서 관계자는 "스크린도어 유지·보수 협력업체의 사고 당일 작업일지에는 '2인 1조'로 기록돼 있었다."고 밝혔다. 지난달 28일 정비직원 A 씨는 2인 1조 작업 원칙을 지키지 않고 혼자서 스크린도어 정비 작업을 하다 역으로 들어오는 열차를 확인하지 못해 숨졌다. 2인 1조 원칙이 지켜지지 않은 것이 사고의 큰 원인으로 작용한 것이다. 따라서 경찰은 만약 작업일지가 A 씨 사고 이후에 작성됐다면 책임자가 자신의 과실을 은폐하기 위해 기록을 조작했을 가능성이 있다고 보고 있다.

① 기업은 근로자들의 근로의욕 침체와 생산성 저하를 겪을 것이다.

② 산업재해의 발생 원인 중 작업관리상 원인인 적절하지 않은 인원배치, 작업 지시 부적당 등을 원인으로 볼 수 있다.

③ 해당 사고처럼 산업 활동 중의 사고로 인해 사망하거나 부상 등 작업성 질환이나 신체적 장애를 가져오는 것을 산업 재해라고 한다.

④ 모두 예상하지 못했던 사고였으므로 예방이 불가능하였다.

51. 다음은 ○○공사가 추진 중인 교통카드시스템 구축·운영 현황과 관련한 보도자료의 일부이다. 다음 사업에서 드러나지 않은 기술개발의 특징은?

－2기 교통카드시스템의 기술 경쟁력은?

▲ 신기술을 적용했다는 부분에서 차별성을 갖췄다. 4차 산업혁명의 기술접목 및 최신 신기술이 적용됐다. 수집센터 및 집계시스템, RF단말시스템, 빅데이터 분석시스템에 최신 신기술이 적용됐다.

－사업 추진의 어려운 점과 향후 계획은?

▲ 서울형 표준단말기 구조 복잡성을 해결할 필요가 있다. RF단말시스템 내부 요금처리부, 조작운영부가 분리돼 있어 설계 반영 시 외형이 커질 수밖에 없는 구조다.
향후에는 기술자립 및 해외진출에 앞장서도록 하겠다. 2기 교통카드시스템 구축 이후 기술이전을 통해 ○○공사 자체 H/W 및 S/W 기술력을 바탕으로 업체 종속에서 탈피하고, SPC(서울스마트카드) 등과 협업을 통한 해외진출로 교통카드시스템과 ○○공사를 글로벌 최고의 시스템과 운영기관으로 발전할 수 있도록 최선을 다하겠다.

---

① 최신 기술의 적용으로 인간을 둘러싼 환경을 개선할 수 있다.

② 기술능력은 인간 행위의 혁신을 가져오며 지식의 생성능력을 포함하고 문제 해결을 위한 도구를 개발하는 인간의 능력을 확장시킨다.

③ 기술개발은 항상 이용 가능한 자원과 에너지가 고려되고, 자원이 사용되며 그것이 재생산되는 비율의 조화를 추구한다.

④ 기술개발은 해당 산업뿐 아니라 관련된 경쟁 분야나 유사 업종에도 파급되어 사회 전반에 영향을 미칠 수 있다.

[52 ~ 55] 다음 상황을 보고 이어지는 질문에 답하시오.

　　종합상사의 인사팀에서 사원 교육을 담당하는 K는 신입사원 교육을 위한 사무실 내 전화 관련 매뉴얼을 항목별로 만들어 상사에게 피드백을 받기로 하였다.

1. 일반 전화 걸기 : 회사 외부에 전화를 걸어야 하는 경우
　　➜ 수화기를 들고 0번을 누른 후 (지역번호)+전화번호를 누른다.

2. 전화 당겨 받기 : 다른 직원에게 전화가 걸려 왔으나 사정상 받을 수 없어 내가 받아야 하는 경우
　　➜ 수화기를 들고 *(별표)를 누른다.
　　※ 전화 당겨 받기는 같은 팀 내에서만 가능하다. 만약 다른 팀 전화도 당겨 받으려면 인사팀 내 시스템관리
　　　 담당자를 통해 받을 수 있는 부서 범위를 지정해야 한다.

3. 회사 전화를 내 핸드폰으로 받기 : 외근 나가 있는 상황이나 퇴근 후에 급한 전화가 올 예정인 경우
　　➜ 외근 나가기 전 또는 퇴근 전에 미리 사무실 내 전화기로 1번과 3번을 연달아 누르고 난 후
　　　 신호음이 울리면 내 핸드폰 번호를 누르고 #(우물정자)를 누른다.
　　➜ 내 핸드폰의 회사 전화 수신을 해지하려면 사무실 내 전화기로 2번과 3번을 연달아 누르고 난
　　　 후 신호음이 울리면 수화기를 내려놓는다.
　　※ 불가피하게 전화를 받지 못하는 경우, 수화기를 들고 전화기의 자동응답 버튼을 누른 후 1을 누르고 자동응답
　　　 멘트를 녹음한 뒤, #(우물정자)를 눌러 녹음을 완료한다.

4. 회사 내 직원과 전화하기
　　➜ 수화기를 들고 내선번호를 누르면 자동으로 연결된다.

5. 전화 넘겨주기 : 다른 직원에게 걸려 온 전화를 내가 먼저 받은 후 해당 직원에게 넘겨줄 때
　　➜ 통화 중 상대에게 양해를 구한 뒤 *(별표)를 누르고 해당 직원의 내선번호를 누른다.
　　※ 전화를 넘겨준 뒤에 신호음이 들리니, 반드시 신호음을 듣고 수화기를 내려놓아야 한다.

52. K는 기능이 중복되어 사용되는 버튼은 기능별 설명을 첨부한 삽화를 그려 매뉴얼에 포함시키려 한다. 다음 중 설명을 첨부할 필요가 없는 버튼은?

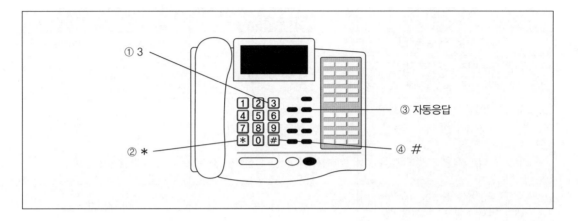

53. K가 정리한 매뉴얼을 본 상사가 내용을 더 고민해 보라는 피드백을 남겼다. 이에 따라 K가 추가할 내용으로 가장 적절하지 않은 것은?

상황	추가 내용
① 일반 전화 걸기	지역번호 없이 070으로 시작하는 인터넷 전화에 전화를 거는 방법
② 회사 전화를 내 핸드폰으로 받기	핸드폰으로도 전화 받기 어려운 상황을 대비한 내선전화 자동응답 기능 활성화 방법
③ 회사 내 직원과 전화하기	빠르고 편리한 연결을 위한 직원 내선번호의 단축번호 저장 방법
④ 전화 넘겨주기	회사의 품위를 지키는 공손한 전화 응대 방법

54. K는 전화 관련 정보를 신입사원이 쉽게 이해하도록 표로 정리하였다. 다음 중 올바르지 않은 내용이 포함된 항목은?

상황	항목	눌러야 하는 번호
회사 외부로 전화 걸 때	일반 전화 걸기	0+(지역번호)+전화번호
다른 직원에게 걸려온 전화를 내가 먼저 받았을 때	전화 당겨 받기	*
회사 외부에서 업무 관련 전화를 받아야 할 때	회사 전화를 내 핸드폰으로 받기	2+3+내 핸드폰 번호+#
회사 내 다른 직원과 전화할 때	회사 내 직원과 전화하기	해당 내선번호
다른 직원에게 걸려온 전화를 내가 먼저 받은 후 넘겨줄 때	전화 넘겨주기	*+내선번호

① 전화 당겨 받기

② 전화 넘겨주기

③ 회사 직원과 전화하기

④ 회사 전화를 내 핸드폰으로 받기

55. 각 항목에 대한 예시를 넣으면 좋겠다는 상사의 피드백을 받고 K가 전화 매뉴얼에 예시를 추가하였다. 다음 중 적절하지 않은 것은?

일반 전화 걸기 예시	① 협력사 직원의 핸드폰에 전화를 걸기 위해 수화기를 들고 0번을 누른 후 한국의 국가번호인 82를 누른 후 해당 협력사 직원의 핸드폰 번호(010-3555-5555)를 누르면 됩니다.
	② 택배 서비스를 요청하기 위해 택배 업체(서울)에 전화를 걸 때, 수화기를 들고 0번을 누른 후 서울의 지역번호 02를 누르고 택배 업체 전화번호(255-5555)를 누르면 됩니다.
전화 당겨 받기 예시	③ 잠시 자리를 비운 같은 부서 직원의 전화가 울릴 때, 내 수화기를 들고 *(별표)를 누른 후 받으면 됩니다.
	④ 타 부서의 전화를 당겨 받기 위해서는 미리 시스템관리 담당자에게 이야기하여 당겨 받을 수 있는 부서의 범위를 지정합니다. 이후 타 부서의 전화를 당겨 받으려면 수화기를 들고 *(별표)를 누른 후 받으면 됩니다.

56. 한때 텔레커뮤팅(Telecommuting)이라 불렸던 원격근무 사례가 최근 들어 증가하는 추세를 보이고 있다. 원격근무를 본격적으로 도입한다고 할 때, 안정적으로 유지하며 효과를 발휘할 수 있는 방법으로 적절하지 않은 것은?

① 민감한 데이터에 안전하게 액세스할 수 있도록 VPN(Virtual Private Network)을 지원한다.

② 원격근무를 하는 직원들에게 적절한 협업 도구를 제공한다.

③ 기존의 주 사무실을 없애고, 직원들이 가장 편안하게 작업할 수 있는 장소를 지원한다.

④ 원격근무에 적용할 거버넌스(governance)와 컴플라이언스(compliance) 요건을 충분히 고려한다.

[57 ~ 58] 다음의 〈보기〉는 그래프 구성 명령어 실행 예시이다. 〈보기〉를 참고하여 이어지는 질문에 답하시오.

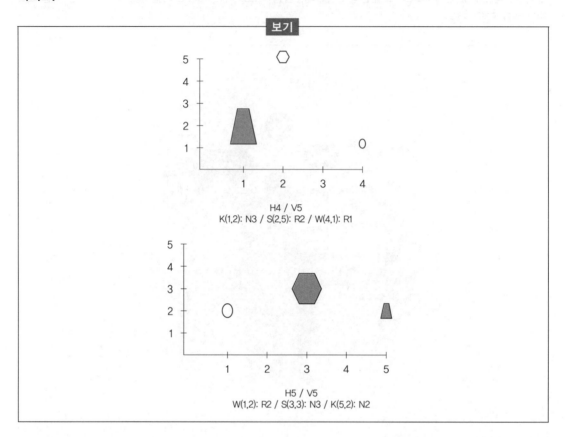

보기

H4 / V5
K(1,2): N3 / S(2,5): R2 / W(4,1): R1

H5 / V5
W(1,2): R2 / S(3,3): N3 / K(5,2): N2

57. 다음 그래프에 알맞은 명령어는?

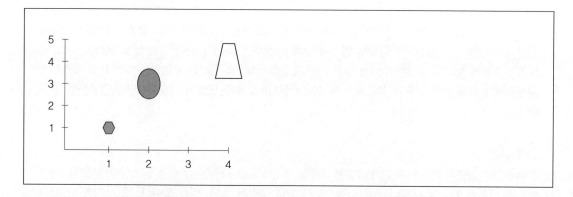

① H4 / V5, S(1,1): N2 / W(2,3): N3 / K(4,4): R3
② H4 / V5, S(1,1): N3 / W(2,3): N3 / K(4,4): R3
③ H4 / V5, S(1,1): N2 / W(2,3): N2 / K(4,4): R3
④ H4 / V5, S(1,1): R2 / W(2,3): N3 / K(4,4): R3

58. H5 / V5, S(1,4): R3 / W(2,1): N2 / W(3,1): N1 / K(5,2): N3의 그래프를 산출할 때 오류가 발생하여 다음과 같은 결과가 산출되었다. 다음 중 오류가 발생한 값은?

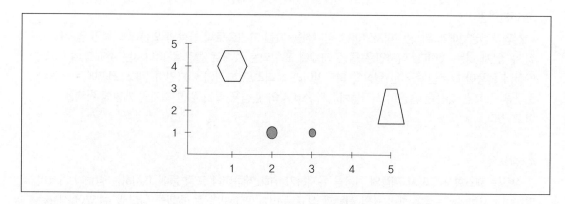

① H5 / V5
② S(1,4): R3
③ W(2,1): N2
④ K(5,2): N3

[59 ~ 60] 다음 글을 읽고 이어지는 질문에 답하시오.

산업재산권이란 특허권, 실용신안권, 디자인권 및 상표권을 총칭하며 산업 활동과 관련된 사람의 정신적 창작물(연구결과)이나 창작된 방법에 대해 인정하는 독점적 권리이다. 산업재산권은 새로운 발명과 고안에 대하여 그 창작자에게 일정 기간 독점적 · 배타적 권리를 부여하는 대신 이를 일반에게 공개하여야 하며 일정 존속기간이 지난 후 이용 · 실시하도록 함으로써 기술진보와 산업발전을 추구한다.

1. 특허권

특허권은 발명한 사람이 자기가 발명한 기술을 독점적으로 사용할 수 있는 권리이다. 발명은 '자연법칙을 이용한 기술적 사상(idea)의 창작으로서 기술 수준이 높은 것'을 말한다. 벨이 전기 · 전자를 응용하여 처음으로 전화기를 생각해 낸 것과 같은 대발명의 권리를 확보하는 것을 특허라고 할 수 있다. 특허제도는 발명을 보호, 장려하고 그 이용을 도모함으로써 기술의 발전을 촉진하여 산업발전에 이바지함을 목적으로 한다. 특허의 요건으로는 첫째, 발명이 성립되어야 하고 둘째, 산업상 이용 가능해야 하며 셋째, 새로운 것으로 진보적인 발명이어야 하며 넷째, 법적으로 특허를 받을 수 없는 사유에 해당되지 않아야 한다.

2. 실용신안권

실용신안은 기술적 창작 수준이 소발명 정도인 실용적인 창작(고안)을 보호하기 위한 제도로서 보호대상은 특허제도와 다소 다르나 전체적으로 특허제도와 유사한 제도이다. 즉, 실용신안은 발명처럼 고도하지 않은 것으로 물품의 형상, 구조 및 조합이 대상이 된다.

3. 디자인권

산업재산권법에서 말하는 디자인이란 심미성을 가진 고안으로써 물품의 외관에 미적인 감각을 느낄 수 있게 하는 것이다. 디자인은 물품 자체에 표현되는 것으로 물품을 떠나서는 존재할 수 없다. 따라서 물품이 다르면 동일한 형상의 디자인이라 하더라도 별개의 디자인이 된다. 최근에는 의류나 문구류 등 패션 제품은 물론이고 자동차까지 소비자의 관심을 끌기 위한 디자인 개발에 총력을 기울이고 있다.

4. 상표권

상표는 제조회사가 자사 제품의 신용을 유지하기 위해 제품이나 포장 등에 표시하는 상호나 마크이다. 현대 사회에서는 우수한 상표의 선택과 상표 관리가 광고보다 큰 효과를 나타낼 수 있어 상표는 기업의 꽃이라고도 한다.

59. 다음 중 산업재산권으로 보호받을 수 없는 것은?

① 승객들의 기내 반입 수하물 낙하 방지용 특수 도어 개폐장치

② 화물 유동량 증가를 유도하기 위한 M사의 인센티브 지급 계획

③ A사의 경영목표와 전략을 상징하는 승무원들의 복장 디자인과 액세서리 문양

④ K 항공사와 함께 코드 셰어를 하며 업무 협정을 맺은 4개 항공사의 공식 팀명

60. 다음 중 산업재산권에 대한 설명으로 옳지 않은 것은?

① 특허는 기술적 권리의 방어 목적으로 존재하는 것이며 독점권을 보장받는 것은 아니다.

② 디자인권은 설정등록에 의하여 발생하며 존속기간은 설정등록이 있는 날부터 20년으로 한다.

③ 상표권은 재산권의 일종으로서 특허권 등과 같이 담보에 제공될 수 있으며, 지정상품의 영업과 함께 이전할 수도 있다.

④ 특허는 특허 등록이 되었다는 표시를 통해 기술적 우위를 강조하고 거래처에 대한 신뢰성을 높이는 마케팅 목적의 용도로도 이용될 수 있다.

1회 기출예상

2회 기출예상

3회 기출예상

4회 기출예상

5회 기출예상

인성검사

면접가이드

01 ~ 36 **공통영역**

01. 다음 글의 제목으로 적절한 것은?

1970년대 초 다른 유럽 국가들의 영화 산업이 1960년대부터 비난받아 왔던 상업영화를 계기로 후퇴하고 있을 무렵, 20세기 후반에 들어 후진성을 면치 못했던 독일에서는 '뉴저먼 시네마'라는 이름을 가진 새로운 경향의 영화가 등장했고 이로 인해 독일의 영화 산업은 다시 되살아났다.

1920년대 독일의 영화는 인간의 내면세계를 비사실적, 비자연적으로 표현하려는 표현주의 성격을 강하게 가지고 있었다. 하지만 이 표현주의 경향은 나치즘의 대두로 붕괴되었으며, 그로 인해 독일의 영화적 터전은 약화될 수밖에 없었다. 이러한 상태에서 무차별적으로 수입된 할리우드 영화들은 독일 영화 산업을 더욱 약화시켰다. 이러한 상황에서 '뉴저먼 시네마'가 등장한 것이다.

'뉴저먼 시네마'는 오버하우젠 선언을 계기로 펼쳐졌다. 1962년 2월 28일, 영화감독 알렉산더 클루게를 대표로 프랑스 누벨바그 운동에 영향을 받은 26명의 젊은 독일 영화 작가들이 '아버지의 영화는 죽었다'라는 제목으로 오버하우젠 영화제를 개최한다. 그리고 이곳에서 새로운 영화를 알리는 오버하우젠 선언문이 채택되었다. 알렉산더 클루게가 주도한 이 선언은 여론의 관심을 모아 1965년 2월에 청년 독일 영화 관리국이라는 기구가 설립되는 데에 영향을 줬고, 공영 방송국의 제작 지원을 받는 새로운 제작 시스템도 마련되도록 하여 1970년 전후로 독일 영화의 황금기를 이끌었다.

이 시기의 영화들은 주로 당대의 지식층 관객들과의 소통을 목표로 하며, 근본적으로 할리우드 영화 및 자국의 상업영화와 거리를 두어 상업성을 띄지 않는다는 특징이 있다. 또한 '뉴저먼 시네마' 감독들이 표방한 '작가영화(auteur film)'는 좌파적 성향의 감독들이 자신들의 사회비판적 입장을 전달하기 위한 무대가 되어 주었으며, 이들의 중심적 관심은 미학적 표현이 아닌 흥미로운 소재 그 자체였기 때문에 내용과 형식, 스토리와 양식 등이 통일된다는 특징을 가지고 있었다. 그리고 이는 이후 70년대 외국의 예술영화관에서 가장 널리 상영되는 영화가 되었다.

① 프랑스의 누벨바그 운동이 가져온 사회적 영향은 무엇일까?
② '뉴저먼 시네마'와 '작가영화'의 공통점과 차이점
③ 20세기 – 부활한 독일 영화 산업의 핵심
④ '뉴저먼 시네마'와 상업영화, 두 영화가 낳은 서로 다른 결과

02. 〈보기〉는 ○○회사 직원들이 다음의 기사를 읽고 나눈 대화 내용이다. 빈칸 ㉠에 들어갈 문장으로 적절한 것은?

대형마트의 전성기가 막을 내렸다. 급속하게 확장된 온라인 쇼핑 트렌드가 바로 그 이유이다. 수년간 스마트폰과 이동통신 기술이 대폭 발전하면서 누구나 대형마트보다 간편한 '손 안의 쇼핑'을 즐길 수 있게 됐다. 이러한 온라인 쇼핑은 대형마트의 최대 무기이던 편의성은 물론이고 가격 경쟁력까지 무력화했다.

신선식품은 넓은 진열대에서 다양한 품목을 싱싱한 상태로 보관, 제공할 수 있는 대형마트의 핵심 무기였다. 이에 대응해 시장 선점에 나선 전자상거래(e커머스) 기업들은 잇단 저가 공세로 치킨게임을 벌이고 있다. 이들은 크고 작은 공산품뿐만 아니라 신선식품까지 총알같이 배송해 대형마트에 타격을 가했다. 온라인 쇼핑이 어려운 품목을 주로 취급하는 백화점과 가전제품 매장 또한 매출 하락을 겪고 있다. 그러나 e커머스가 대형마트에 끼친 악영향은 백화점이나 가전제품 판매 매장에 미친 타격보다 더 크다.

국내 e커머스 시장은 5년간 연평균 24.5% 성장하면서 지난해 113조 7,000억 원 규모로 확대되었다. 지난해 13조 5,000억 원이었던 e커머스의 식품 유통 매출도 올해에는 대형마트를 앞지를 것으로 전망된다.

또한 온라인을 통한 해외 직접구매의 활성화 역시 대형마트에서 소비자의 발걸음을 돌리게 만드는 계기가 됐다. 관세청에 따르면 지난해 해외 직구는 3,225만 건으로 전년 대비 37%, 총액은 27억 5,000만 달러(약 3조 3,000억 원)로 31% 증가해 사상 최대치를 기록했다. 해외 직구 인기 품목은 ▪건강식품 ▪의류 ▪가전제품 ▪기타 식품 ▪화장품 등 순이었다.

보기

A 사원 : 온라인으로 물건을 구매하는 트렌드가 오프라인 쇼핑 시장 전반에 변화를 일으켰구나.
B 사원 : 맞아. 그중에서도 특히 대형마트에 악영향을 미쳤는데, 대형마트가 백화점보다 타격이 큰 이유가 뭘까?
J 사원 : 그건 (㉠   ).
T 사원 : 맞아. 가전제품 판매 매장도 그와 같은 특징을 가지고 있지.

① 대형마트보다 백화점 직원들의 서비스가 더 좋기 때문이야.

② 백화점을 대체할 수 있는 다른 매장이 없기 때문이야.

③ 대형마트가 평균적으로 더 접근성이 떨어지기 때문이야.

④ 백화점은 직접 눈으로 보고 구매할 필요성이 큰 제품을 취급하기 때문이야.

[03 ~ 04] 다음의 제시 상황을 보고 이어지는 질문에 답하시오.

〈콘텐츠 공모전 − 202X 한국도로공사 업무홍보〉

• 공모 주제 : 한국도로공사의 업무영역을 누구나 쉽게 이해할 수 있도록 표현한 콘텐츠
• 응모 자격 : 대한민국 국민 누구나 가능
• 접수 방법 : 공모전 홈페이지에 접수 및 제출 분야마다 개인(팀)당 1건씩 제출 가능(슬로건은 최대 3건까지 가능)
• 접수처 및 안내 : http://hanguk-contest.co.kr
• 부문

구분	영상	디자인	슬로건
시상내역	대상 1팀 2,000,000원 최우수상 1팀 1,000,000원 우수상 2팀 700,000원	대상 1팀 1,000,000원 최우수상 1팀 700,000원 우수상 2팀 500,000원	대상 1팀 1,000,000원 최우수상 1팀 700,000원 우수상 2팀 500,000원
콘텐츠	촬영 영상물 또는 플래시 3D 애니메이션 등	카드뉴스, 웹툰(10장 내외) 인포그래픽	20자 내외(각별 심사)
제출규격	• 파일형식 : avi, mp4, wmv • 해상도 : 1,980*1,080 • 용량 : 600MB 미만 (30초 ~ 2분)	• 파일형식 : JPG, PNG • 해상도 : 300dpi	• 파일형식 : PDF

• 수상작 발표
 ⅰ) 발표 날짜 : 202X년 11월 1일 12시
 ⅱ) 발표 방법 : 수상작 선정 팀에게 문자 발송
 ※ 부문 통합 대상은 한 팀(개인)에게 주어집니다.

---

03. 다음은 위 콘텐츠 공모전의 내용을 보고 사람들이 질문한 내용이다. 적절하지 않은 답변은?

질문게시판	답변
영상을 avi, mp4, wmv가 아닌 다른 파일형식으로 제출하면 안 되나요?	① 네, 영상을 다른 파일 형식으로 제출하실 경우 업로드가 되지 않습니다.
제출 부분마다 개인(팀)당 1점만 제출 가능하다는데, 1건씩이라면 한 사람이 영상, 디자인, 슬로건을 모두 제출해도 되는 건가요?	② 네, 맞습니다. 한 사람이 영상, 디자인, 슬로건 부문에 모두 작품을 제출하실 수 있습니다.
슬로건의 경우 3건까지 제출 가능하다는 말은 슬로건을 세 개 만들어서 제출해도 되는 건가요?	③ 네, 한 사람이 슬로건 부문에 최대 3건까지 제출 가능합니다.
슬로건을 3건 제출하면 3건에 대한 통합 심사가 이루어지나요?	④ 네 맞습니다. 슬로건 3건에 대한 통합 심사가 이루어집니다.

04. 아래의 표는 한국도로공사의 부문 통합 대상 〈선발 기준〉이다. 이 기준을 고려했을 때 부문 통합 대상을 받을 사람은?

> **선발 기준**
>
> i) 제출하는 파일 형식, 해상도, 용량을 준수한 자
> ii) 한국도로공사 홈페이지에서 이루어진 공모작 인기투표 점수 50%(100점 만점)+심사위원 점수(100점 만점) 50%의 합산 결과
> iii) 점수가 동점일 경우 영상은 3점, 디자인은 2점, 슬로건은 1점 추가 지급

	홈페이지 인기투표(점)	심사위원(점)	분야	파일 형식
① 철수	78.2	58.4	영상	mp4 해상도 : 1,980*1,080 용량 : 400MB(1분)
② 영희	54.2	89.9	슬로건	PDF 30자
③ 갑돌	60.2	65.4	카드뉴스	JPG 해상도 : 300dpi
④ 미희	71.4	65.2	카드뉴스	PNG 해상도 : 300dpi

[05 ~ 06] 다음의 제시 상황을 보고 이어지는 질문에 답하시오.

차량등록 사업소를 운영하고 있는 H는 자사 홈페이지에 신규 자동차 번호판에 대한 세부사항 및 문의사항과 관련한 공지를 아래와 같이 게시하였다.

〈8자리 자동차 번호판 관련 세부사항〉

• 8자리 페인트식 번호판

8자리 페인트식 번호판은 2019년 9월부터 발급된 자동차 번호판으로, 이전의 숫자+한글 7자리에서 8자리로 늘어난 새로운 번호체계를 따른 것입니다. 이전의 자동차 번호 체계는 '2자리 숫자+한글+4자리 숫자'로 구성되어 있었으며 총 2,200만 대의 자동차를 표시할 수 있었습니다. 그러나 머지않아 남은 자동차 등록번호가 소진될 것이 예상됨에 따라 국토교통부는 앞에 숫자 한 자리를 추가하여 '3자리 숫자+한글+4자리 숫자' 형태의 번호 체계를 도입하여 2억 개 이상의 등록번호를 추가 확보하고자 하였습니다. 번호판 디자인은 기존과 동일합니다.

• 8자리 반사필름식 번호판

번호판 자리수 변화와 함께 번호판 디자인에도 약간의 변화가 있었습니다. 번호판의 바탕색은 기존의 흰색을 사용하되 태극문양과 대한민국 축약영문인 'KOR'이 들어간 청색 홀로그램이 왼쪽에 추가되었습니다. 홀로그램은 특정 각도로 보거나 빛을 비출 때 식별이 되는데 이는 미등록 불법 차량과 번호판 위변조 방지를 위한 조치입니다. 2020년 7월 1일부터 위의 번호판 디자인, 즉 태극문양, KOR, 위변조방지 홀로그램이 추가된 8자리 자동차 번호판에 반사필름이 더해진 8자리 반사필름식 번호판이 도입되었습니다. 이 반사필름식 번호판은 재귀반사의 원리를 이용한 것으로 야간 시인성 확보에 유리하여 교통사고를 줄이는 데 효과가 있습니다. 따라서 대부분의 OECD 국가들이 채택하고 있는 방식의 번호판입니다.

〈자주 묻는 문의사항〉

Q. 기존의 7자리 등록번호를 사용하는 차량도 새로운 번호판으로 교체 가능한가요?

A. 그렇습니다. 차량등록 사업소에 방문하시면 교체하실 수 있습니다.

Q. 새로 교체한다면 반드시 반사필름식 번호판으로 교체해야 하나요?

A. 아닙니다. 페인트식과 반사필름식 중에 선택하실 수 있습니다.

Q. 차량번호 인식 카메라가 새로운 번호판을 인식하지 못하지는 않을까요?

A. 아닙니다. 한국도로공사에 따르면 차량번호 인식 카메라를 운영 중인 시설은 전국에 총 23,714개소로 5월 말 기준 98.3% 업데이트가 완료된 상태입니다. 따라서 인식이 잘 되지 않는 경우는 거의 없을 것으로 예상됩니다.

Q. 개인택시를 운영할 예정에 있는 사업자인데, 의무적으로 새로운 번호판으로 등록해야 하나요?

A. (㉠   )

www.gosinet.co.kr **gosi**net

1회 기출예상

2회 기출예상

3회 기출예상

4회 기출예상

5회 기출예상

인성검사

면접가이드

05. 다음은 고객 L이 H의 홈페이지에 방문하여 신규 자동차 번호판에 대한 내용을 읽고 이해한 내용이다. L이 이해한 내용으로 적절하지 않은 것은?

① 기존 번호판 숫자 맨 앞에 숫자 하나가 추가되어 총 8자리 번호판이 되는 것이군.

② 기존의 번호판 체계로는 총 2,200만 대의 차량을 등록할 수 있었군.

③ 기존 7자리 번호판을 사용하던 차주가 신규 번호판으로 교체하려면 반드시 반사필름식 번호판으로 교체해야 하는군.

④ 홀로그램을 도입한 이유는 차량 번호판의 위변조 방지를 할 수 있기 때문이군.

06. 다음은 H가 검색을 통해 신규 번호판과 관련하여 추가적으로 알아낸 자료이다. 이를 바탕으로 할 때, 〈자주 묻는 문의사항〉의 빈칸 ㉠에 들어갈 대답으로 가장 적절한 것은?

> 신규 번호판을 모든 자동차가 의무적으로 장착해야 하는 것은 아니다. 우선적으로 비사업용 및 렌터카 차량에만 신규 번호판이 적용되고 수소·전기차는 파란색 바탕의 친환경 자동차 전용 번호판을 사용하며 기존의 7자리 번호판을 사용한다. 한편, 2006년 이전 생산된 차량이나 짧은 번호판을 사용하는 국가에서 수입된 차량 역시 기존의 7자리 번호판을 그대로 사용한다.

① 비사업용 및 렌터카 차량에만 우선적으로 신규 번호판 적용이 장려되지만 사업 규모가 작은 개인택시 사업자 차량은 비사업용 차량으로 구분되므로 신규 번호판으로 등록해야 합니다.

② 비사업용 및 렌터카 차량에만 우선적으로 신규 번호판 적용이 장려되므로 개인택시 사업자는 신규 번호판 적용의 의무 대상이 아닙니다.

③ 친환경 자동차를 개인택시 차량으로 이용하신다고 하셨으므로, 신규 번호판 적용의 의무 대상이 아닙니다.

④ 이미 택시를 운영하고 계신 사업자이시니, 의무적으로 번호판을 교체하실 필요는 없습니다.

[07 ~ 08] 다음의 제시 상황과 자료를 보고 이어지는 질문에 답하시오.

◇◇부 홍보담당관 B 사원은 그린배달 서포터즈와 관련된 보도자료를 검토하고 있다.

◇◇부는 7월 10일(금) 배달대행업에 전기이륜차 이용 활성화를 촉진하기 위해 배달대행업계, 전기이륜차 및 배터리업계 등이 참여하는 '그린배달 서포터즈'를 출범했다. 출범식에는 다수의 배달대행 플랫폼 업계와 전기이륜차업계, 배터리업계, 한국교통안전공단, 한국교통연구원, 한국스마트이모빌리티협회 등 16개 기관이 참여했다. 그린배달 서포터즈는 앞으로 관련 업계가 서로 협력하여 배달기사 등을 대상으로 한 홍보활동 등 전기이륜차 사용을 촉진하고, 활성화 정책수립 자문 역할도 수행할 계획이다. ◇◇부는 이날 테스트용 전기이륜차 보급, 충전인프라 확충, 이륜차·배터리 성능 개선 등을 적극 추진할 계획이라고 밝혔다. 특히 전기이륜차에 대한 배달기사들의 인식을 제고하기 위해 배달기사들이 테스트할 수 있는 기회를 충분히 부여하여 확산을 유도할 계획이다. 이날 논의된 주요 내용은 충전인프라 구축, 전기이륜차 성능 개선, 홍보 및 인식 개선 등으로 다음과 같이 요약할 수 있다.

• 충전 인프라 구축 – 충전불편 해소를 위해 배달기사가 주로 이용하는 휴게시설, 도로변, 상가 밀집지역 등에 배터리 교환형 충전시설 설치가 중요하다는 데에 공감대를 형성했다. 전기이륜차는 1회 충전 주행거리가 약 60km 수준으로, 하루 동안 많게는 200km까지 주행하는 배달기사들이 전기이륜차를 이용할 경우 배터리를 여러 차례 충전해야 하며, 충전에는 약 4시간이 걸려 배터리 교환방식의 충전인프라 구축이 필요하다는 의견이 주를 이뤘다.

• 성능 개선 – 배달에 적합한 성능을 갖추기 위해 배달업계, 전기이륜차·배터리업계 등이 서로 협력해 기술개발을 추진할 계획이다.

• 홍보 및 인식 개선 – 전기이륜차의 친환경적 효과, 비용 절감 등 장점을 홍보하는 등 배달기사들의 인식 개선을 위해 관련 업계가 힘을 모으기로 하였다.

◇◇부 물류정책과 L 과장은 "배달용 내연기관 이륜차 10,000대를 전기이륜차로 전환할 경우 연간 2만 톤 이상의 이산화탄소 배출량이 감축되고, 이는 약 2,000ha에 이르는 소나무 숲이 조성되는 효과"라며, "그린배달 서포터즈는 최근 전자상거래 증가 추세와 코로나19 영향 등으로 급성장하고 있는 배달대행산업을 친환경 산업으로 전환하기 위한 그린뉴딜 정책에서의 핵심적인 역할을 수행할 것"이라고 밝혔다.

07. 윗글에서 언급한 그린배달 서포터즈에 대한 내용으로 가장 적절하지 않은 것은?

① 다수의 배달대행 플랫폼 업체와 전기이륜차 업계 등 16개 기관들이 참여한다.

② 전기이륜차의 충전에는 약 4시간이 걸려 일체형 배터리 방식의 충전인프라 구축이 필요하다는 의견이 주를 이루었다.

③ 전기이륜차에 대한 배달기사들의 인식을 제고하기 위해 배달기사들에게 전기이륜차를 테스트할 수 있는 기회를 충분히 제공할 예정이다.

④ 배달용 내연기관 이륜차 10,000대를 전기이륜차로 전환할 경우 연간 2만 톤 이상의 이산화탄소 감축이 가능하며 이는 약 2,000ha에 이르는 소나무 숲이 조성되는 효과와 같다.

08. 윗글의 제목으로 가장 적절한 것은?

① 전기이륜차로 배달해 보자… '그린배달 서포터즈' 출범

② '그린배달 서포터즈'에서 실시하는 전기이륜차 시운전을 경험해 보세요.

③ 사고 위험에 노출된 배달기사들… 배달기사의 안전을 위한 인프라 구축 논의해

④ 도시에서 만드는 소나무 숲, 전기이륜차 사용 시 이산화탄소의 절감 효과에 대하여

www.gosinet.co.kr gosinet

1회 기출예상

2회 기출예상

3회 기출예상

4회 기출예상

5회 기출예상

인성검사

면접가이드

[09 ~ 10] 다음의 제시 상황을 보고 이어지는 질문에 답하시오.

  B 건강식품 회사에 근무하는 A 사원은 T 단백질보충제에 대한 제품정보를 작성하라는 업무를 부여 받았다.

- 식품명 : T 단백질보충제(딸기맛)
- 식품의 유형 : 기타가공품
- 원재료명 : 농축유청단백분말(미국) 93%, 딸기향분말(국내산), 혼합탈지분유(네덜란드), 딸기과즙농 축분말, 비타민미네랄혼합분말, 혼합아미노산분말, 비트레드, 아스파탐(감미료), 효소처리스테비아
- 섭취방법 : 쉐이커에 물 또는 우유 100 ~ 200ml와 제품 30g(2스쿱)을 함께 타서 섭취하시기 바랍 니다.
- 보관방법 : 직사광선과 고온다습한 곳을 피하여 서늘한 곳에 보관해 주시고 어린이의 손이 닿지 않는 곳에 보관하여 주십시오.
- 포장재질 : 폴리에틸렌(내면)
- 섭취 시 주의사항 : 포장이 변형, 팽창, 손상되었거나 내용물이 변질되었을 경우 섭취하지 마십시오. 특이 체질, 알레르기 체질인 경우 소비자 상담실에 문의하신 후 섭취하시기 바랍니다.

〈영양성분〉

- 총 내용량 : 2,000g
- 1회 제공량 : 2스쿱(30g)
- 1회 제공량당 함량 열량 : 115kcal, 탄수화물 4.1g(2%), 당류 1.7g(2%), 지방 1g(2%), 트랜스지방 0g, 포화지방 0.7g(5%), 콜레스테롤 24.2mg(8%), 단백질 22.3g(41%), 나트륨 21.6mg(1%)

본 제품은 밀, 콩, 우유, 계란, 복숭아, 토마토, 호두를 사용한 제조시설에서 제조되었습니다. 본 제품은 공정거래위원회 고시 소비자 분쟁 해결기준에 의거하여 교환 또는 보상받을 수 있습니다.

※ 부정 · 불량식품 신고는 국번 없이 1399

09. A 사원은 상사로부터 T 단백질보충제 영양성분을 표로 정리하여 수정하라는 지시를 받았다. 다음 중 적절한 것은?

①

영양성분	총 내용량 2,000g 2스쿱(30g)당 115kcal	
2스쿱당 (30g, 1회 제공량)		
나트륨	22.3mg	(1%)
탄수화물	4.1g	(2%)
당류	1.7g	(2%)
지방	1g	(2%)
트랜스지방	0g	(0%)
포화지방	0.7g	(5%)
콜레스테롤	24.2mg	(8%)
단백질	21.6g	(41%)

②

영양성분	총 내용량 2,000g 2스쿱(30g)당 115kcal	
2스쿱당 (30g, 1회 제공량)		
나트륨	24.2mg	(1%)
탄수화물	4.1g	(2%)
당류	1.7g	(2%)
지방	1g	(2%)
트랜스지방	0g	(0%)
포화지방	0.7g	(5%)
콜레스테롤	21.6mg	(8%)
단백질	22.3g	(41%)

③

영양성분	총 내용량 2,000g 2스쿱(30g)당 115kcal	
2스쿱당 (30g, 1회 제공량)		
나트륨	21.6mg	(1%)
탄수화물	4.1g	(2%)
당류	1.7g	(2%)
지방	1g	(2%)
트랜스지방	0g	(0%)
포화지방	0.7g	(5%)
콜레스테롤	24.2mg	(8%)
단백질	22.3g	(41%)

④

영양성분	총 내용량 2,000g 2스쿱(30g)당 115kcal	
2스쿱당 (30g, 1회 제공량)		
나트륨	21.6mg	(1%)
탄수화물	4.7g	(2%)
당류	1.1g	(2%)
지방	1g	(2%)
트랜스지방	0g	(0%)
포화지방	0.7g	(5%)
콜레스테롤	24.2mg	(8%)
단백질	22.3g	(41%)

10. 위의 제품정보를 보고 알 수 있는 내용이 아닌 것은?

① T 단백질보충제 섭취 후 알레르기 반응이 일어날 수도 있다.
② T 단백질보충제는 물 또는 우유에 타 먹는 제품이다.
③ 첨가된 필수아미노산 비율을 알 수 있다.
④ 하루 3회씩 먹는다면 약 22일 정도 섭취할 수 있다.

1회 기출예상
2회 기출예상
3회 기출예상
4회 기출예상
5회 기출예상
인성검사
면접가이드
www.gosinet.co.kr

[11 ~ 12] 다음의 제시 상황을 보고 이어지는 질문에 답하시오.

건축 비교견적 플랫폼 사무소에 근무하는 신입사원 B는 다음의 고객 대상 건축과정 설명서를 참고하여 업무를 수행하고 있다.

〈부지매입에서 준공까지 건축절차 일반〉

1. 부지매입 : 해당 부지에 어떤 종류의 건축물을 건축할 수 있는지, 어느 정도 규모와 구조의 건축물을 지을 수 있는지를 고려해야 한다. 따라서 건축주가 지형, 지목, 도로 인접 여부, 용도지역 및 공법상 제한사항 등을 확인해야 한다.

2. 건축설계 : 건축주는 안전, 기능, 품질 향상을 위해 최적의 건축계획안을 통해 건축사를 선정한 후 설계를 진행해야 한다.

3. 건축허가
   - 건축허가란, 건축주가 건축설계를 의뢰한 후 건축사가 설계를 완료하고 각종 서류와 설계도면을 구비하여 허가권자(시, 군, 구)에 허가를 신청하는 행위이다. 건축할 대지의 범위와 그 대지의 소유권 관계서류, 현장조사서 등을 기본설계서에 첨부하여 각 시, 군, 구 건축과에 제출하면 건축과에서는 관련 규정을 따져 유관부서와 검토하고 적합 시 허가처리를 한다.
   - 준공 시 허가조건의 이행여부를 확인하므로 건축허가증 교부 시 건축허가조건을 꼭 확인해야 한다.
   - 신축건물의 경우 연면적 100m²를 초과하는 경우 건축허가를 반드시 받아야 하며, 건축허가를 득한 지 1년이 지나서도 공사착공신고서를 제출하지 않으면 건축허가가 취소된다. 단, 사정이 있을 경우 허가 후 1년 이내 착공연기서 제출 시 최대 1년 연기가 가능하다.

4. 착공신고 및 공사감리
   - 착공신고는 시, 군, 구청에서 건축허가를 득한 후 공사를 시작하겠다고 알리는 과정이다. 설계가 완료된 후 감리자와의 계약체결, 시공사와의 계약체결 후 착공신고를 접수한다. 허가권자는 해당 사항 등을 검토하여 착공신고필증을 교부한다.
   - 착공신고에 필요한 서류로는 착공신고서, 설계계약서, 감리계약서, 시공사 관련 서류가 있다. 시공사 관련 서류에는 시공사 면허 및 사업자에 관련된 서류(인감증명, 인감신고, 건설업면허증 등), 공사계약서, 공사예정공정표, 공사관리자 현장대리인계, 폐기물 배출자 신고필증, 안전관리계획서, 품질관리계획서가 있다. 착공신고는 대개 건축주에게 위임을 받아 설계를 진행한 건축사사무소에서 대리한다.

5. 착공 : 착공신고필증을 득한 후 착공을 진행한다. 착공의 큰 단계로는 현황조사 – 대지 및 기반조사 – 가설공사 – 토공사 – 기초공사 – 골조공사가 있다.

6. 사용승인신청 : 사용승인이란 건축물의 공사 완료 시 건축물의 사용을 위해 인허가청에서 사용승인서를 받는 행위이다. 사용승인을 신청하기 위해서는 공사감리자를 지정한 건축주가 감리자에게 감리완료보고서를 사용승인신청서에 첨부하도록 조치해야 한다. 공사감리자를 지정하지 않은 소규모 건축물은 담당공무원이 현장을 점검하여 합격된 건축물에 한해 사용승인서를 교부한다.

11. B는 고객에게 더 보기 쉬운 자료를 제공하기 위해 위 설명서를 도식화하여 방문고객에게 나눠 주기로 했다. 다음 작성된 도식에서 옳은 내용은?

부지매입	건축설계	건축허가
• ① 건축사가 지형, 지목, 도로 인접 여부, 용도지역 및 공법상 제한사항 등을 확인	• 최적의 건축계획안을 통해 건축사를 선정 • 선정된 건축사와 설계를 진행	• 기본설계서에 대지 관계 서류, 현장조사서 등을 첨부하여 제출 • ② 건축허가증 교부 시 건축허가조건 확인(시공 시 허가조건의 이행 여부를 확인) • ③ 연면적 $100m^2$를 초과하는 모든 건물은 반드시 건축허가 필요 • 건축허가 취득 후 1년 내에 공사 착공신고서 제출
착공신고 및 공사감리	착공	사용승인신청

• 감리자, 시공사와의 계약체결 후 착공신고 접수
• 착공신고 시 필요 서류
  – 착공신고서
  – 설계계약서
  – 감리계약서
  – 시공사 관련 서류
• 착공신고는 설계를 진행한 건축사 사무소에서 대리
	• 현황조사
	• 대지 및 기반조사
	• 가설공사
	• 토공사
	• 기초공사
	• 골조공사
		• 건축주가 공사감리자에게 감리완료보고서를 사용승인신청서에 첨부하도록 조치
		• ④ 감리자 미지정 시 현장 점검 후 기준에 부합하는 건축물에 대해서 사용승인서를 교부하는 경우 있음.

12. 다음 중 위 설명서의 내용을 제대로 이해하지 못한 고객은?

① 가희 : "2020년 1월 1일에 건축허가를 받고, 12월 30일에 착공연기서를 제출해서 7개월간 공사착공신공서 제출기한을 연장했어."

② 나연 : "건축허가필증을 교부받은 후 착공신고를 했어. 그 후에 이 사무소가 소개한 시공사와 계약을 체결했는데 아주 좋은 곳인 것 같아."

③ 다을 : "우리 건물은 작아서 따로 공사감리자를 지정하지 않았어. 그래서 사용승인신청서에 감리완료보고서가 첨부되지 않았지."

④ 라원 : "착공신고를 하러 언제 구청까지 가나 했는데, 건축사사무소에서 나온 사람이 대신 해 주겠다고 해서 편하더군."

[13 ~ 14] 다음 자료를 읽고 이어지는 질문에 답하시오.

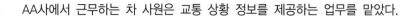

AA사에서 근무하는 차 사원은 교통 상황 정보를 제공하는 업무를 맡았다.

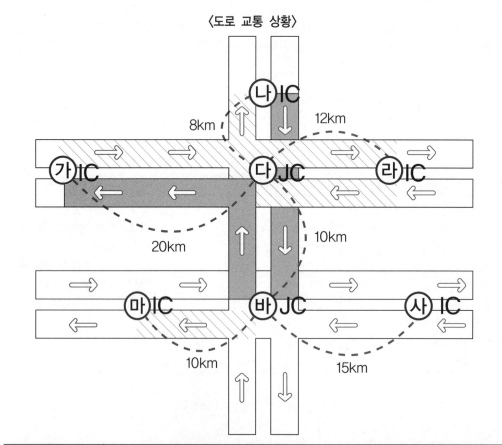

〈도로 교통 상황〉

도시	구분	평균 운행 속도
■	정체 단계	30km/h
▨	서행 단계	1km/min
□	원활 단계	1.5km/min

※ 주어진 교통 상황은 평일 13 : 00부터 16 : 00까지 바뀌지 않는다.

※ ㉓ ~ ㉣ 구간과 ㉤ ~ ㉥ 구간은 보수 작업이 진행 중이다.

※ 보수 작업이 진행 중인 구간에 진입 시 속도가 $\frac{2}{3}$ 로 감소한다.

13. ○○사의 김 사원은 13시에 ⑩ IC에서 출발하여 ⑭ IC에서 1시간 동안 업무를 수행한 후 ⑭ IC에 가야한다. 최대한 빠르게 이동했을 때, 김 사원이 ⑭ IC에 도착하는 시간은 언제인가?

① 15시 08분
② 15시 14분
③ 15시 20분
④ 15시 26분

14. AA사는 추석 연휴의 도로 정체 심화와 교통사고 증가에 대한 대책을 세웠다. 대책이 〈보기〉와 같을 때, 시간이 가장 적게 걸리는 경로는?

┌─────────── 보기 ───────────┐

• 차량 증가로 인해 전 구간의 차량 운행 속도가 평소보다 30% 감소할 것입니다.

• 음주운전을 단속하기 위해 JC에서 음주측정을 진행할 예정입니다. 따라서 JC를 지나갈 때마다 15분이 소요됩니다.

• 도로 정체를 가중시키지 않도록 추석 연휴 동안 작업을 중단할 예정입니다. 따라서 해당 구간에서 작업으로 인한 속도 감소는 발생하지 않을 것입니다.

① ㉮ IC → ㉰ JC → ㉲ JC → ㉭ IC
② ㉯ IC → ㉰ JC → ㉲ JC → ㉴ IC
③ ㉮ IC → ㉰ JC → ㉲ JC → ㉴ IC
④ ㉭ IC → ㉲ JC → ㉰ JC → ㉮ IC

[15 ~ 17] 다음의 제시 상황을 보고 이어지는 질문에 답하시오.

A 고등학교의 수학여행 일정을 계획 중이다.

〈수학여행 일정〉

1. 수학여행 기간 : 201X. 03. 18.(월) ~ 201X. 03. 19.(화)
2. 대상 학생 : A 고등학교 2학년 1 ~ 8반 학생 200명
3. 세부 일정

날짜	시간	장소	주요 내용
201X. 03. 18.	오전	수학여행 장소로 이동	오전 8시 A 고등학교 집합 및 이동
	오후	합천 해인사	팔만대장경의 역사 탐구
	저녁	경주 황성공원 축구장	반 대항 축구 대결을 통해 단합 도모
201X. 03. 19.	오전	경주 불국사	신라의 불교문화 탐구
	오후	경주 석굴암	석굴암의 보존 원리 및 의의를 탐구
	저녁	A 고등학교로 이동	A 고등학교로 이동

* 멀미하는 학생은 상비약을 사전에 구비 요망
* 일교차가 심하므로 여벌의 옷 구비 요망
* 인솔교사는 각 반 담임 선생님 및 2학년 담당 교과목 선생님으로 총 15명

〈수학여행 안내 책자 제작 계획〉

항목	내용
안내 책자 제작	인쇄업체는 평일에만 영업하므로 14일(목)까지 작성
책자 작성 교사 명단	• 사회 교과 : 김영희(2-1), 박철수(3-5) 선생님 • 역사 교과 : 이승한(1-2), 최세영(2-3) 선생님 • 과학 교과 : 정동수(2-6) 선생님 * 괄호는 (학년-반) 담임선생님임.
안내 책자 제작 권고사항	• 해인사, 불국사. 석굴암 세 파트로 나눠서 작성 • 파트의 마지막 부분에 퀴즈 넣기 • 시각 자료 첨부하기

15. 다음 윗글을 읽은 뒤 A 고등학교 선생님의 반응으로 적절하지 않은 것은?

① 이번 수학여행은 1박 2일이라서 인솔 스트레스를 덜 받겠어.

② 3월 날씨는 예측할 수가 없으니 우리 반 학생들에게 따뜻한 외투를 챙기라고 해야지.

③ 박철수 선생님은 3학년 업무도 많으실 텐데, 이번 안내 책자 제작에 또 참여하시네. 정말 열정이 넘치시는 선생님이야.

④ 수학여행 시즌이 되면 사회, 역사 교과목 선생님들만 고생이야. 수학이나 과학 교과목 선생님들도 안내 책자에 참여할 수 있으면 좋을 텐데.

16. 이번 수학여행에는 반 대항 축구대결이 계획되어 있다. 규칙이 다음과 같을 때, 승패가 잘못 기록된 것은?

〈A 고등학교 수학여행 반 대항 축구 대결 규칙〉

경기 시간	남자 : 전후반 각각 15분, 여자 : 전후반 각각 10분
1승 1패 발생 시	득실차를 고려하고 득실차가 0일 경우 여자 경기에서 이긴 반이 승리
두 경기에서 무승부 발생 시	여자 학생끼리 멀리차기 진행
멀리차기 규칙	중간 볼 지점에 공을 두고 대표 선수 1명이 공을 찬다. 날아간 공이 첫 번째로 땅바닥에 닿은 지점과 중간 볼 지점 간에 거리가 더 먼 팀이 승리
매너 점수	남자 경기든 여자 경기든 1명이라도 퇴장 조치를 당하면 그 반은 패배 처리

①	2학년 1반 VS 2학년 2반	남자 경기 - 4 : 1 여자 경기 - 2 : 3	2학년 1반 승리
②	2학년 3반 VS 2학년 4반	멀리차기 결과 15m : 25m	2학년 4반 승리
③	2학년 5반 VS 2학년 6반	남자 경기 - 1 : 0 여자 경기 - 1 : 2	2학년 5반 승리
④	2학년 7반 VS 2학년 8반	남자 경기 - 5 : 0 여자 경기 - 1 : 0 (7반 1명 퇴장)	2학년 8반 승리

www.gosinet.co.kr gosinet

1회 기출예상

2회 기출예상

3회 기출예상

4회 기출예상

5회 기출예상

인성검사

면접가이드

17. A 고등학교 교장 선생님은 필요한 예산안을 보고받았다. 수학여행을 위해 필요한 예산은 총 얼마인가? (단, 다음의 자료에 제시된 것 외의 비용은 고려하지 않는다)

구분			금액(원)	비고
입장료	합천 해인사	1인당	성인 : 3,000 청소년 : 1,500	
	경주 불국사		성인 : 6,000 청소년 : 4,000	
	경주 석굴암		성인 : 6,000 청소년 : 3,500	
교통비 (1일 기준)	버스 대절	1대당 400,000		하루에 8대 대절
기타 경비	식대	• (학생) 1인당 3,000 • (교사) 1인당 4,000		아침 1회, 점심 2회, 저녁 1회 식사
	장소 대관	• 경주 유스 호스텔 : 5,000,000 • 경주 황성공원 축구장 : 50,000		

① 16,115,000원

② 16,215,000원

③ 16,315,000원

④ 16,415,000원

18. 다음 주어진 〈정보〉를 바탕으로 도출할 수 있는 도어락의 비밀번호는?

〈정보〉

• 비밀번호는 0 ~ 9의 정수 중 서로 다른 4개의 숫자로 이루어져 있다.

• 비밀번호에는 3의 배수와 2의 배수가 각각 하나씩만 포함되어 있다.

• 첫 번째, 두 번째 자리 수의 합은 세 번째, 네 번째 자리 수의 합과 같다.

• 비밀번호의 각 자리에 위치한 숫자를 모두 합하면 3의 배수가 된다.

① 0927

② 0523

③ 1635

④ 1423

www.gosinet.co.kr gosinet

1회 기출예상

2회 기출예상

3회 기출예상

4회 기출예상

5회 기출예상

인성검사

면접가이드

[19 ~ 21] ○○출판사에 근무하는 A는 신간 출간을 기념하여 패키지 상품을 구성하기 위해 기획서를 작성하고 있다. 제시된 표를 참고하여 이어지는 질문에 답하시오.

〈패키지 구성용품별 단가〉

용품	달력	에코백	수첩	노트	볼펜
단가(원)	1,500	5,000	800	1,000	500

〈패키지 구성 기획〉

패키지 구성	신간 패키지 가격(원)	예상 판매 부수(개)
신간+달력+수첩	11,000	2,000
신간+달력+노트	11,500	2,300
신간+수첩+노트+볼펜	13,000	2,500
신간+달력+수첩+노트+볼펜	13,500	3,000
신간+에코백+달력	14,500	3,500

＊ 신간 할인가격(원)=(신간 패키지 가격)-(신간을 제외한 패키지 구성용품 단가의 합)

＊ 예상 판매액(원)=(신간 패키지 가격)×(예상 판매 부수)

＊ 부록을 제외한 신간의 정가는 10,000원

19. 다음 중 예상 판매 부수가 가장 많은 패키지 구성의 신간 할인가격은 얼마인가?

① 7,500원　　　② 8,000원　　　③ 8,500원　　　④ 9,000원

20. 신간 할인가격이 가장 높은 패키지 구성의 예상 판매액은 얼마인가?

① 3,250만 원　　　② 3,500만 원　　　③ 4,050만 원　　　④ 4,250만 원

21. 모든 패키지 구성의 신간 할인가격을 9,000원으로 맞추어 다시 패키지 가격을 산출했을 때 가장 저렴한 패키지 가격은? (단, 패키지의 구성 및 구성용품의 단가는 동일하다)

① 11,100원　　　② 11,300원　　　③ 11,600원　　　④ 11,900원

[22 ~ 24] 다음은 A 컴퓨터 업체의 A/S 관련 규정이다. 이어지는 질문에 답하시오.

〈A/S 규정〉

1. 제품 보증기간
   - 제품의 보증기간은 제품 구매일을 기준으로 하며, 구매일을 증명할 수 있는 자료(구매영수증, 제품 보증서 등)가 없을 경우에는 제품 생산일을 기준으로 산정한다.
   - 단, 보증기간(1년 이내) 중 소비자 취급주의, 부적절한 설치, 자가 수리 또는 개조로 인한 고장 발생 및 천재지변(화재 및 수해, 낙뢰 등)으로 인한 손상 또는 파손된 경우에는 보증기간 기준을 제외한다.

2. A/S 처리기준
   - 제품보증기간 1년 이내 무상 A/S를 실시한다.
   - 초기불량 및 파손의 경우를 제외한 사용 이후의 불량은 각 제품의 제조사 또는 판매자가 처리함을 원칙으로 한다.
   - 당사는 제품의 미개봉 판매를 원칙으로 하며, 모든 사후처리는 당사 A/S 규정과 원칙에 준한다.

3. 교환 및 환불 배송 정책
   - A/S에 관련된 운송비는 제품 초기불량일 경우에만 당사에서 부담한다.
   - 당사의 교환 및 환불 정책은 수령한 날짜로부터 7일 이내 상품이 초기불량 및 파손일 경우에 한하며, 그 외의 경우에는 복구비용을 소비자가 부담해야 한다.
   - 당사에서 판매한 제품의 환불은 소비자법 시행령 제12조에 준한 사후처리를 원칙으로 한다.
   - 제품의 온전한 상태를 기준으로 하며, 수령 후 제품을 사용하였을 경우에는 환불이 불가능하다.

〈서비스 처리 비용〉

구성	수리조치 사항		비용(원)
수리 및 점검	OS 포맷 및 펌웨어 업그레이드 설치		20,000
	하드 디스크 포맷 및 기능점검		10,000
	메인보드 파손(수리)		50,000
	네트워크 연결 불량		20,000
부품 교체 및 추가 장착	메인보드 교체 (제품 구매비 별도)		10,000
	메모리카드 추가 장착	8G	30,000
		16G	60,000
	SSD카드 추가 장착	250G	50,000
	주변기기	HDMI 선	5,000
		마우스	5,000
		키보드	5,000
		모니터	1인치당 10,000

22. A 컴퓨터 업체에서 물품을 구매한 고객이 위의 A/S 규정을 읽고 바르게 이해하지 못한 것은?

① 제품 구입일로부터 1년간 무상 A/S가 제공되나 영수증이나 보증서를 분실했을 경우에는 제품 생산일 기준으로 산정되는구나.

② A 컴퓨터 업체는 모든 제품을 미개봉 상태에서 판매하며, 온전한 제품을 수령한 후 사용하였을 때는 환불이 불가능하구나.

③ 제품을 수령한 날로부터 7일 이내 초기불량 및 파손이 있을 경우에는 교환 또는 환불이 가능하구나.

④ 만약 이외의 문제가 발생한다면 운송비를 제외한 복구 시 발생되는 모든 비용을 부담해야 하는구나.

23. 다음 내용에 따라 고객이 지불해야 할 A/S 비용은 얼마인가?

> 재작년 A 컴퓨터 업체에서 컴퓨터를 구매했었습니다. 며칠 전 이사하고 나서 컴퓨터를 설치했는데 이사 도중 문제가 생겼는지 네트워크 연결이 잘되지 않습니다. 또한 충격으로 인해 모니터가 망가져서 27인치 모니터로 새로 구매하고 싶습니다. 방문하는 김에 하드디스크 기능점검도 함께 진행하고 250G SSD 카드 추가 장착도 하고 싶습니다.

① 320,000원   ② 330,000원   ③ 340,000원   ④ 350,000원

24. 다음은 수리기사가 보내온 A/S 점검 결과 내역이다. 고객에게 청구해야 할 비용은 얼마인가?

컴퓨터 본체	메인보드	파손 교체(제품비 85,000원)
	CPU	이상 무
	메모리카드	8G 메모리카드 교체
	SSD카드	이상 무
	그래픽카드	이상 무
	전원부	이상 무
	쿨러	이상 무
주변기기	HDMI 선	접촉 불량, 교체
	모니터	이상 무
	키보드	이상 무
	마우스	마우스 휠 수리(비용 X)

① 120,000원   ② 125,000원   ③ 130,000원   ④ 135,000원

[25 ~ 26] 다음 자료를 보고 이어지는 질문에 답하시오.

창고 관리를 맡고 있는 김민호 사원은 이번에 새로 도입한 품목번호 부여 기준을 학습하고 있다.

〈품목번호 부여 기준〉

창고에 들어온 물품은 아래의 기준에 따라 부여된 6자리 숫자 및 문자로 구성한다.

> ㉠ 2519B-A은 클리어파일이며, 18년 2분기에 기획팀 신청으로 구매하였다.

2	5	1 8	B	–	A
대분류	소분류	구매연도	분기		신청부서

대분류	소분류	
1. 식료품	1. 곡류 2. 조미료 3. 신선식품	4. 가공식품 5. 음료수
2. 사무용품	1. 볼펜 2. 사인펜 3. 보드마카	4. 수정테이프 5. 클리어파일
3. 복사용품	1. A4용지 2. B4용지 3. 잉크젯프린터용 잉크	4. 레이저프린터용 토너 5. 스테이플러
4. 비상의약품	1. 종합감기약 2. 소화제 3. 진통제	4. 밴드류 5. 연고류

분기	A : 1분기(1 ~ 3월) B : 2분기(4 ~ 6월) C : 3분기(7 ~ 9월) D : 4분기(10 ~ 12월)	
부서 코드	A : 기획팀 B : 구매팀 C : 경영혁신팀 D : R&D팀	E : 영업팀 F : 회계팀 G : 마케팅팀 H : 생산팀

25. 김민호 사원이 다음 가 ~ 라의 품목번호를 파악한 내용으로 알맞지 않은 것은?

가. 4319B-F	나. 2518B-B
다. 4218A-E	라. 1217C-C

① 가 - 진통제이며, 19년 2분기에 회계팀 신청으로 구매하였다.
② 나 - 클리어파일이며, 18년 2분기에 구매팀 신청으로 구매하였다.
③ 다 - 소화제이며, 18년 1분기에 영업팀 신청으로 구매하였다.
④ 라 - 조미료이며, 17년 3분기에 R&D팀 신청으로 구매하였다.

26. 품목번호를 등록하던 김민호 사원이 영업팀 사원으로부터 다음과 같은 내용을 전달받았을 때, 부여할 기호는?

"창고에 있는 물건을 사용하려고 하는데, 우선 등록이 완료되어야 사용할 수 있다고 들었습니다. 제가 몸이 좋지 않아서 2020년 5월에 제 신청으로 구매했던 종합감기약을 지금 사용하고 싶습니다. 빠르게 등록해 주시면 정말 감사하겠습니다."

① 4120C-F
② 4220B-F
③ 4120D-E
④ 4120B-E

[27 ~ 31] 다음 자료를 보고 이어지는 질문에 답하시오.

○○공사에서 근무하는 B는 △△시설 개선 공모전 프로젝트를 보다 효율적으로 관리하기 위하여 다음과 같은 명령체계를 개발하였다.

〈명령어〉

명령어	해석
include " "	X 집합 내에서 " " 안의 단어가 포함된 항목만 선정
if ~ , go to (i)	if 뒤의 조건을 만족하는 개체는 (i) 명령을 따름.
if not, go to (ii)	앞의 if 조건을 만족하지 못하는 개체는 (ii) 명령을 따름.
apply +	단어 뒤에 한 칸 띄우고 +@일 경우 '개선'을, +!일 경우 '공사'를 덧붙임.
sort (개체) into (소집합)	해당 개체를 소집합으로 분류
/enter/	명령어 간 구분
print	지정한 집합 내 항목들을 모두 출력. 단, print [ ]일 경우, [ ] 안의 단어를 그대로 출력

㉔ X={소방시설, 계단 확충, 주차장, 계단 수리}일 경우

```
if X = include "계단", go to ( i )
if not, go to (ii)
/enter/
( i ) sort (x apply +@) into (ZUOC1101)
/enter/
(ii) sort (x apply +!) into (ZUOC1102)
/enter/
print ZUOC1102
```

출력값

소방시설 공사, 주차장 공사

27. X={장애인배려석, 장애인전용 주차공간, 휠체어리프트 확충, 엘리베이터 수리}일 때, 다음 명령
체계를 거쳐 최종적으로 출력되는 값은?

```
if X=include "장애인", go to ( i )
if not, go to (ii)
/enter/
( i ) sort (x apply +@) into (ANOP1001)
/enter/
(ii) sort (x apply +!) into (ANOP2001)
/enter/
print ANOP1001
```

① 장애인배려석, 장애인 전용 주차공간
② 장애인배려석 공사, 장애인전용 주차공간 공사
③ 장애인배려석 개선, 장애인전용 주차공간 개선
④ 휠체어리프트 확충 금지, 엘리베이터 수리 공사

28. X={교통약자 배려공간, 교통시설 확충, 화장실 수리, 주차공간 확충}일 때, 다음 명령체계를 거쳐
최종적으로 출력되는 값은?

```
if X=include "교통시설", go to ( i )
if not, go to (ii)
/enter/
( i ) sort (x apply +!) into (SWYQ1011)
/enter/
(ii) sort (x apply +@) into (SWYQ1021)
/enter/
print SWYQ1011
```

① 교통시설 확충   ② 교통시설 확충 공사
③ 교통약자 배려공간 공사   ④ 교통시설 확충 공사, 주차공간 확충 공사

29. 다음 명령체계를 거쳐 최종적으로 출력된 값이 다음과 같을 때, 최초의 집합 X에 포함될 수 없는 항목은?

```
if X=include "수리", go to ( i )
if not, go to ( ii )
/enter/
( i ) sort (x apply  +!) into (BGEP001)
/enter/
( ii ) sort (x apply  +@) into (BFEP002)
/enter/
print BGEP001
```

출력값

노후시설 수리 공사, 사무실 팻말 수리 공사, 화장실 세면대 수리 공사

① 노후시설 수리　　　　　　　　② 화장실 팻말 수리
③ 사무실 팻말 수리　　　　　　　④ 화장실 세면대 수리

30. X={청소도구 교체, 청소업체 선정, 출입시스템 교체}일 때, 다음 명령체계를 거쳐 최종적으로 출력되는 값은?

```
if X=include "교체", go to ( i )
if not, go to ( ii )
/enter/
( i ) sort (x apply  +!) into (ZER11001)
/enter/
( ii ) sort (x apply  +@) into (ZER11002)
/enter/
print [ZER11001]
```

① ZER11001　　　　　　　　　② 청소업체 선정 공사, 출입시스템 교체 공사
③ 청소도구 교체, 청소업체 선정　　④ 청소도구 교체 공사, 출입시스템 교체 공사

31. X={빔프로젝터 교체, 시설 내 층별 안내, 주차장 발급기계 교체, 출입증 발급기계 교체}일 때, 다음 명령체계에서 (?) 안에 들어가야 할 단어로 가장 적절한 것은?

---

if X=include "(?)", go to (i)
if not, go to (ii)
/enter/
(i) sort (x apply +!) into (THGJ1001)
/enter/
(ii) sort (x apply +@) into (THGJ1002)
/enter/
print THGJ1002

출력값

빔프로젝터 교체 개선, 시설 내 층별 안내 개선

---

① 교체　　　　　　　　　　　　② 시설
③ 기계　　　　　　　　　　　　④ 안내

1회 기출예상
2회 기출예상
3회 기출예상
4회 기출예상
5회 기출예상
인성검사
면접가이드

[32 ~ 36] 다음은 한 명령체계에 대한 설명이다. 이어지는 질문에 답하시오.

〈명령체계〉

명령	의미	True	False
⬭	시작, 끝, 출력을 의미	–	–
▭	전체 집합을 의미, 항상 True를 출력	모든 값을 다음 명령으로 전달	–
◇	조건을 만족하는 경우만 True, 그렇지 않으면 False	Yes 방향으로 명령 전달	No 방향으로 명령 전달
△	조건문의 반대로 하였을 때 만족하는 경우만 True, 그렇지 않으면 False	조건을 만족하는 값만 다음 명령으로 전달	조건을 만족하지 않는 값만 다음 명령으로 전달

〈조건문 및 기타설명〉

• S는 전체 집합을 의미하고, x는 S에 포함된 숫자를 의미한다.
• $A \cap B$: A 집합과 B 집합의 공통적인 부분을 전달
• $A \cup B$: A 집합과 B 집합에 속하는 숫자 모두 전달
• 출력 명령이 있는 경우에만 출력한다.

㉖ 아래 그림의 (ㄱ)과 (ㄴ)을 각각 A 집합과 B 집합이라고 했을 때, '$A \cap B =$ 출력값 없음.' 이다.

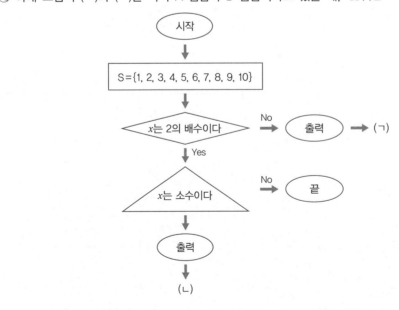

32. 다음 〈명령체계〉에서 출력된 (ㄱ)과 (ㄴ)을 각각 A 집합과 B 집합이라고 했을 때, $A \cup B$로 알맞은 것은?

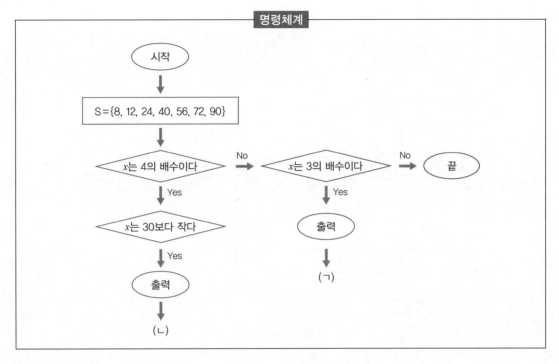

① 출력값 없음.

② 8, 12, 24, 90

③ 8, 12, 24

④ 8, 24, 40, 90

1회 기출예상
2회 기출예상
3회 기출예상
4회 기출예상
5회 기출예상
인성검사
면접가이드

33. 다음 〈명령체계〉에서 출력된 (ㄱ)과 (ㄴ)을 각각 A 집합과 B 집합이라고 했을 때, $A \cup B$로 알맞은 것은?

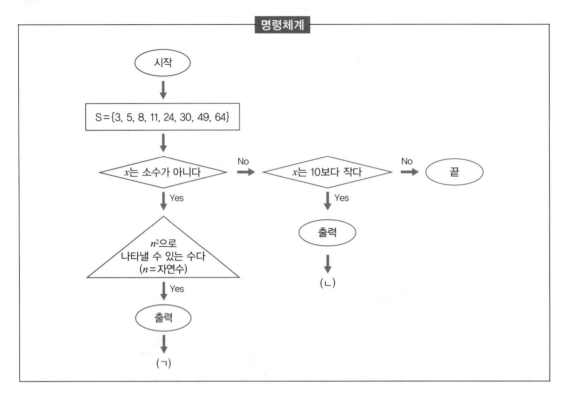

① 3, 5,

② 3, 5, 49, 64

③ 3, 5, 8, 49, 64

④ 3, 5, 8, 24, 30

34. 다음 〈명령체계〉에서 최종적으로 출력된 값은 3개였다. 다음 중 (가)에 들어갈 전체 집합 S는?

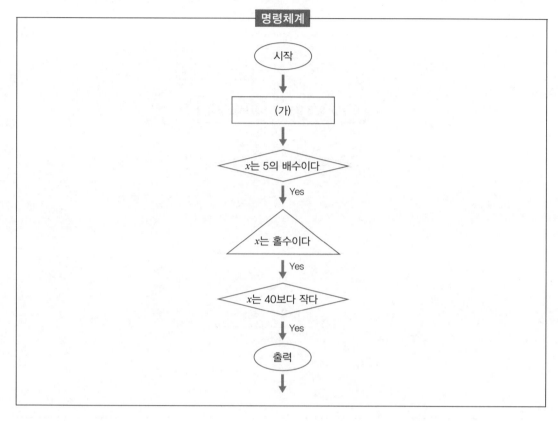

① S={5, 10, 20, 35}
② S={5, 10, 15, 20, 25}
③ S={5, 15, 25, 30, 35}
④ S={5, 10, 20, 30, 35}

1회 기출예상
2회 기출예상
3회 기출예상
4회 기출예상
5회 기출예상
인성검사
면접가이드

35. 다음 〈명령체계〉를 통해 출력될 결과값으로 알맞은 것은?

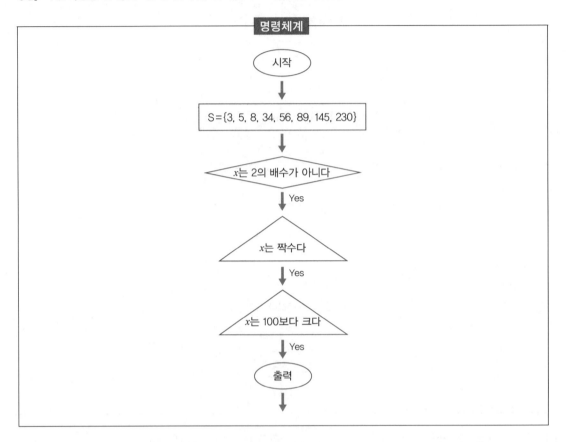

① 3, 5, 89
② 5, 8
③ 8, 34, 56
④ 89, 145

36. 다음 〈명령체계〉를 통해 출력된 결과값이 〈보기〉와 같았을 때, (가)에 들어가야 할 조건은?

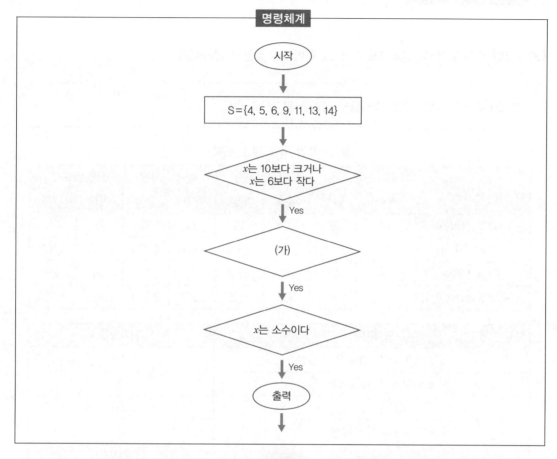

명령체계

시작

S = {4, 5, 6, 9, 11, 13, 14}

x는 10보다 크거나 x는 6보다 작다

Yes

(가)

Yes

x는 소수이다

Yes

출력

보기

13

① x는 11보다 크다　　　　　　　② x는 6보다 작다
③ x는 홀수이다　　　　　　　　　④ x는 4의 배수이다

1회 기출예상

2회 기출예상

3회 기출예상

4회 기출예상

5회 기출예상

인성검사

면접가이드

37 ~ 60 **행정직**

[37 ~ 38] 다음의 제시상황과 자료를 보고 이어지는 질문에 답하시오.

인사본부팀 도라애 대리는 직원들의 성과를 평가하고 있다.

〈평가지표별 목표 달성 현황〉

평가지표	노진구 사원		신이슬 사원		왕비실 사원		만퉁퉁 사원	
	목표	달성	목표	달성	목표	달성	목표	달성
계약 건수(건)	22	25	13	18	33	32	28	30
매출액(만 원)	3,300	3,700	2,200	2,800	4,950	4,800	2,750	3,500
신규계약 건수(건)	12	15	6	7	6	10	36	20
신규계약 매출액(만 원)	1,800	1,800	960	1,100	1,200	2,000	2,400	1,500

평가기준	평가등급
목표 실적 대비 20% 이상 달성	S
목표 실적 대비 10% 이상 달성	A
목표 실적 달성	B
목표 실적 미달성	C
평가기준	평가사항
목표 실적 대비 20% 이상 달성	생산라인 확장
목표 실적 대비 10% 이상 달성	신유사업 추가
목표 실적 달성	서비스 향상
목표 실적 미달성	매출 확대

<성과 평가 방법>
- 성과는 매출액지표 등급과 계약지표 등급으로 평가한다.
- 매출액지표 등급은 매출액, 신규계약 매출액등급의 평균으로 부여한다.
- 계약지표 등급은 계약 건수, 신규계약 건수등급의 평균으로 부여한다.
- 최종 등급은 매출액지표 등급과 계약지표 등급의 평균으로 부여한다.
- 등급의 평균을 부여 시, 두 등급의 평균과 가장 가까운 등급 중 낮은 등급을 부여한다(예 S와 A를 받은 경우 A 부여, S와 C를 받은 경우 B 부여).

37. 다음 중 계약지표 등급 B를 받은 직원은?

① 노진구 사원
② 신이슬 사원
③ 왕비실 사원
④ 만퉁퉁 사원

38. 다음 중 평균 등급이 가장 높은 직원이 받아야 하는 매출액에 대한 평가사항은?

① 생산라인 확장
② 신규사업 추가
③ 서비스 향상
④ 매출 확대

[39 ~ 41] 다음의 제시상황과 자료를 보고 이어지는 질문에 답하시오.

대한 기업 재무팀 나미리 대리는 지난해와 올해의 손익계산서를 비교하고 있다.

20X8년 손익계산서	(단위 : 만 원)
매출액	20,000
매출원가	4,200
매출총이익	15,800
판매비(−)	2,300
영업이익	13,500
영업외수익	800
영업외비용(−)	400
법인세차감전순이익	13,900
법인세(−)	1,040
당기순이익	12,860

20X9년 손익계산서	(단위 : 만 원)
매출액	30,000
매출원가	6,000
매출총이익	24,000
판매비(−)	3,000
영업이익	21,000
영업외수익	700
영업외비용(−)	590
법인세차감전순이익	21,110
법인세(−)	1,960
당기순이익	19,150

39. 나미리 대리가 위의 표를 이해한 내용으로 옳지 않은 것은?

① 올해의 영업이익은 지난해에 비해 50% 이상 증가했어.

② 작년 대비 당기순이익이 6천만 원 넘게 증가했네.

③ 작년 대비 올해는 법인세가 많이 지출되었군.

④ 관리비를 제외한 올해의 모든 비용은 지난해에 비해 증가했군.

40. 나미리 대리가 위의 표를 통해 작년과 올해의 경영 상태를 파악한 내용으로 가장 적절한 것은?

① 매출액 대비 당기순이익이 올해보다 작년에 더 높다.

② 영업외수익 대비 영업외비용은 20X9년에 더 적게 들었다.

③ 매출액은 작년과 같으나 매출액 대비 매출원가는 올해가 높아서 경영 상태가 좋아졌다고 볼 수 없다.

④ 매출액 대비 영업이익으로 봤을 때, 경영 상태는 작년보다 올해에 더 악화되었다고 볼 수 없다.

41. 〈보기〉의 내용에 따라 올해의 손익계산서가 수정되었다. 다음 중 나미리 대리가 수정된 내용을 이해한 설명으로 가장 적절한 것은?

보기

- 신규 거래처와의 계약 건이 누락된 것이 확인되어 매출액이 2,000만 원 증가하였다.
- 투자한 자산에서 손실이 있어 영업외비용이 1,000만 원 증가하였다.
- 직원 복리후생비의 인상이 있어 판매비가 400만 원 증가하였다.

① 당기순이익에는 변화가 없네.

② 영업이익이 2,500만 원 이상 증가했어.

③ 영업외수익보다 영업외비용이 더 크구나.

④ 매출원가에 변동이 생겨 전반적으로 타격이 크군.

1회 기출예상

2회 기출예상

3회 기출예상

4회 기출예상

5회 기출예상

인성검사

면접가이드

[42 ~ 43] 다음 자료를 보고 이어지는 질문에 답하시오.

○○공사에서 근무하는 권나라 씨는 통행료 요금을 산정하는 기준을 안내하는 업무를 담당하고 있다.

〈자료 1〉 고속도로 통행요금산정 기본구조

구분	폐쇄식	개방식
수납방식	나들목마다 요금소를 설치하여, 출발지에서 통행증을 받고 최종 목적지에서 실제 이동 거리에 해당하는 통행료를 수납하는 방식	일정 지점에 요금소를 설치하여 요금소에 진입할 때 요금소별 최단이용거리에 해당하는 통행료를 수납하는 방식
기본요금(원)	900	720
요금산정(원)	기본요금+(주행거리×차종별 km당 주행요금)	기본요금+(요금소별 최단이용거리×차종별 km당 주행요금)

※ km당 주행요금 단가 : 승용차 45원, 트럭 50원
※ 개방식 요금제를 이용하는 고속도로에서의 주행거리는 폐쇄식 요금제 선정 시 주행거리에 포함하지 않는다.
※ 한 번 이동 시 각 기본요금은 한 번씩만 적용된다.

〈자료 2〉 고속도로 지도

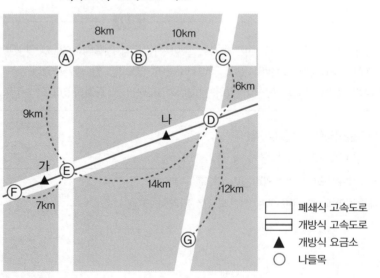

※ 개방식 요금소 '가'의 최단이용거리 : 3km
　개방식 요금소 '나'의 최단이용거리 : 7km
　(양 방향 모두 최단이용거리가 동일하다)

42. 승용차 한 대가 Ⓐ 나들목에서 출발하여 Ⓖ 나들목까지 가려고 한다. 가장 짧은 거리로 이동했을 경우, 통행요금은 총 얼마인가?

① 2,500원

② 2,760원

③ 2,880원

④ 3,170원

43. 다음의 〈상황〉에 〈통행요금 변경사항〉을 적용한다면 최소 통행요금은 얼마인가?

〈통행요금 변경사항〉

• Ⓔ ~ Ⓕ 구간은 양방향 모두 폐쇄식 요금제를 이용합니다.

• Ⓓ ~ Ⓔ 구간은 Ⓔ 나들목에서 Ⓓ 나들목으로 가는 도로만 폐쇄식 요금제를 이용합니다. Ⓓ 나들목에서 Ⓔ 나들목으로 가는 도로는 개방식 요금제를 유지합니다.

〈상황〉

트럭 한 대가 Ⓕ 나들목에서 출발하여 Ⓖ 나들목을 제외한 모든 나들목을 방문하고 Ⓕ 나들목으로 돌아오려고 한다.

---

① 3,600원

② 3,950원

③ 4,320원

④ 4,670원

[44 ~ 45] 다음 자료를 바탕으로 이어지는 질문에 답하시오.

인사팀에서 근무하는 A는 하반기 경력사원 채용 업무 전반을 담당하고 있다.

〈20X0년 하반기 경력사원 채용 공고〉

○○공사에서 다음과 같이 20X0년 하반기 경력사원 채용을 실시하오니 관심 있는 분들의 많은 지원 부탁드립니다.

• 모집부문 및 응시자격

부문	부서	인원	응시자격
경영지원	재무회계	2명	• 회계 및 세무업무 경력 2년 이상인 자 • 항공업계 업무 경력자 우대
	IT	5명	SAP ERP 모듈 경험자 우대
	온라인마케팅	3명	웹서비스 기획 및 운영 경력 1년 이상
기술직	안전	2명	• 관련 경력 2년 이상인 자 • 정비사 자격 소지자 우대
	장비	3명	정비사 자격증 소지자 및 관련 경력 3년 이상인 자
서비스직	고객지원	10명	경력 3년 이상인 자
	안내데스크	5명	관련 경력 2년 이상인 자

• 모집과정

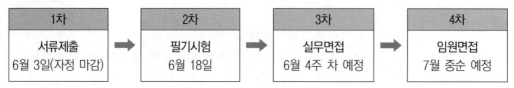

1차	2차	3차	4차
서류제출 6월 3일(자정 마감)	필기시험 6월 18일	실무면접 6월 4주 차 예정	임원면접 7월 중순 예정

* 세부 일정 및 장소는 합격자 대상 별도 공지 예정
* 필기시험은 부문 일괄 하루 진행, 실무면접은 각 부문별로 하루씩 사흘간 진행

• 기타 문의
  – 서류접수는 자사 채용사이트(http://recruit.◆◆.com/)에서 온라인 접수
  – 채용 전반에 대한 문의사항은 채용사이트 내 질문하기 코너를 이용해 주세요.

44. A는 부장으로부터 향후 사원 채용 일정에 대해 다음과 같은 지시를 받았다. 다음 중 A가 임원면접 대상자에게 면접 일정을 안내해야 하는 날짜는 언제인가?

> 필기시험 실시 후, 일주일 내에 필기시험 결과 발표를 진행하도록 하세요. 6월 마지막 날부터 3일간 실무면접을 진행하고, 마지막 실무면접일의 일주일 후, 즉 같은 요일에 임원면접을 하루 동안 진행할 예정입니다. 모든 채용과정에 대한 안내는 전형 3일 전 진행하시기 바랍니다.

① 7월 5일   ② 7월 6일
③ 7월 7일   ④ 7월 8일

45. (44와 이어짐)필기시험 내정인원은 실무면접 총 대상자의 3배수, 실무면접 대상인원은 각 부문별 최종 채용인원의 2배수로 진행한다고 할 때, 다음 중 A가 각 채용 과정에 맞게 빌릴 콘퍼런스장끼리 바르게 짝지은 것은? (단, 채용과정당 한 개의 서로 다른 콘퍼런스장을 사용해야 하며, 실무면접은 부문별로 진행한다)

〈본사 콘퍼런스장 대관 안내〉

구분	수용인원	위치	예약현황
△△관	30명	A동 B1층	6/11 ~ 17
▲▲관	60명	A동 8층	6/17, 23 ~ 27
◎◎관	150명	B동 3층	6/7, 25 ~ 30
◇◇관	20명	B동 1층	6/15, 19, 20
◆◆관	200명	C동 B1층	7/5 ~ 8

* 예약현황에 쓰인 날짜에는 대관 불가능

	필기시험	실무면접			필기시험	실무면접
①	▲▲관	△△관		②	◎◎관	▲▲관
③	◆◆관	◎◎관		④	◆◆관	△△관

[46 ~ 48] 다음의 제시 상황을 보고 이어지는 질문에 답하시오.

○○공단 인재개발팀에서 근무하는 L은 신입직원 교육에 대한 일정을 계획 중이다.

〈신입직원 교육 일정 및 과정〉

1. 교육 기간 : 201X. 10. 23.(목) ~ 201X. 10. 27.(월)
2. 교육 대상 : 신입 일반직 42명, 신입 특정직 14명(특정직은 현장체험 교육에 미참여)
3. 교육 장소 : 본사 토닥마루, 월드컵 경기장 프레스룸, 각 현장
4. 교육 세부 커리큘럼

교육일(장소)	교육과정	과정 진행	주요 교육내용
201X. 10. 23. (본사 토닥마루)	공단人이 되어 첫 출발(2h)	인재개발팀 내선 번호 : 4222	교육과정 안내, 공단 조직도 빙고
	주요사업 현황 소개(1h)	기획예산팀 내선 번호 : 3428	주요사업 진행 상황 및 추진실적 소개
	공단의 기본규정 교육(1h)	사내 직무전문가(법무) 010-5028-5028	기본규정 및 업무절차 규정 교육
	청렴한 공단 청렴한 공단인(1h)	사내 직무전문가(청렴) 010-1716-1716	임직원 행동강령 숙지를 위한 기본 청렴 교육
201X. 10. 24. (월드컵 경기장 프레스룸)	프레젠테이션 스킬 업(2h)	외부전문가 010-1234-1234	공단 템플릿 활용 파워포인트 작성, 발표법
	회계 지출의 기초과정(2h)	사내 직무전문가(회계) 010-4321-4321	계약, 지출결의 등 공단 회계의 기초 교육
	전자결재/ ETIS 교육(2h)	사내 직무전문가(전산) 010-9876-5432	기안문 작성, 근태 현황 조회 등 전산 활용 교육
201X. 10. 27. (각 현장)	청계천 (3h)	청계천 홍보담당 내선 번호 : 4222	현장 견학, 팀별 청계천 상징 사진 촬영, 청계천 개선 방안 발표
	서울 어린이 대공원 (3h)	어린이 대공원 홍보담당 010-1111-2222	현장 견학, 화요음악회 행사 준비 및 지원
	서울 추모공원 (2h)	추모공원 홍보담당 010-2222-3333	시설 견학, 추모공원 체험학습 프로그램 참여

* 교육내용에 관한 자료를 준비하는 것은 과정 진행 담당 부서 혹은 담당자 소관이다.
* 신입직원 교육자료 준비와 관련하여 인재개발실에서 진행해야 하는 일은 K 담당이다.
* 현장 체험 교육은 각 현장에 위탁하기 때문에 인재개발팀의 준비가 필요하지 않다.

〈신입직원 교육 준비 일정〉

업무	기한 및 구체적 내용
교육자료 제작	인재개발실 담당 교육자료 10월 13일까지 제작
교육자료 취합	• 각 교육 담당 부서(담당자)와 업무 협조 • 교육 기간 시작일(10월 23일) 최소 3일 전까지 모든 교육자료 취합하여 정리
장소 대관	장소 대관은 총무지원실에서 진행하므로 장소 대관 일정을 총무지원실에 대관 7일 전까지 한 번에 통보
버스 대절	• 집결지(본사)에서 교육 장소까지 양일간 이동할 버스 대절 • 교육 기간 시작일 7일 전까지 예약
도시락 예약	• 교육 기간에 필요한 신입직원 점심 도시락 사전 주문 • 10월 27일 현장교육 시 현장 측에서 점심 도시락비 지원 • 10월 18일 도시락 사전 주문하기
현수막 제작	• '201X년 ○○공단 신입직원 현장교육' 문구의 현수막 제작 주문, 배송 물품 도착 시 확인 후 보고와 보관 • 배송에 7영업일(주말제외) 소요됨.

46. 신입사원 교육자료 관련 업무를 제외한 업무는 인재개발팀 L이 맡기로 하였다. 교육 기간 시작일 전 업무를 모두 끝마칠 수 있는 가장 늦은 업무 시작일은 언제인가? (단, 교육 준비 업무는 하루에 한 가지만 처리할 수 있으며, 주말에는 일하지 않는다)

① 10월 11일   ② 10월 12일
③ 10월 15일   ④ 10월 16일

47. 인재개발팀의 K와 L이 해야 하는 일로 적절하지 않은 것은?

① K는 공단조직도에 대한 자료조사를 해야 한다.

② K는 010-1111-2222로 교육자료 취합 관련 연락을 해야 한다.

③ L은 25일과 27일에 필요한 버스 대절을 예약해야 한다.

④ L은 24일과 25일에 필요한 점심 도시락을 주문해야 한다.

48. S는 상사 K로부터 신입직원 교육 일정에 필요한 예산안을 작성해 달라는 요구를 받았다. 다음의 자료를 참고하였을 때, 신입직원 교육 일정을 위해 필요한 예산은 총 얼마인가? (단, 자료에 제시된 것 외의 비용은 고려하지 않는다)

구분		금액	비고
강사료 (1인당)	사내 직무전문가	50,000원	시간당 금액
	기타 사내강사	40,000원	• 시간당 금액 • 교육을 담당하는 부서에서 강사를 파견
	외부 강사	300,000원	일당 금액
교통비 (1일 기준)	버스 대절	28인승 300,000원 45인승 450,000원	• 인원수에 맞는 최소의 금액으로 대절 • 24일, 27일 양일 모두 대절
기타경비	점심 식대	(본사) 1인당 3,000원 (월드컵) 1인당 3,500원	신입직원 인원수에 맞게 주문
	장소 대관	(본사) 무료 (월드컵) 250,000원	

① 1,960,000원

② 2,120,000원

③ 2,100,000원

④ 2,384,000원

[49 ~ 50] 다음 자료를 보고 이어지는 질문에 답하시오.

〈국가연구개발사업 참여제한 기준〉

참여제한 사유		1회	2회	3회 이상
정당한 절차를 거치지 않고 연구개발 내용을 누설하거나 유출한 경우	국내로 누설 혹은 유출	2년	3년	4년
	해외로 누설 혹은 유출	5년	7.5년	10년
연구개발비를 사용용도 외의 용도로 사용한 경우	사용용도 외 사용 금액이 20% 이하인 경우	3년 이내	3 ~ 4.5년	4.5 ~ 6년
	사용용도 외 사용 금액이 20 ~ 30%인 경우	4년 이내	4 ~ 6년	6 ~ 8년
	사용용도 외 사용 금액이 30%를 초과하는 경우	5년 이내	5 ~ 7.5년	7.5 ~ 10년
거짓이나 그 밖에 부정한 방법을 통해 연구개발을 수행한 경우		3년 이내	3 ~ 4.5년	4.5 ~ 6년

＊여러 사유가 한 번에 발생한 경우 가장 기간이 긴 것에 따른다.

49. 〈국가연구개발사업 참여제한 기준〉을 이해한 내용으로 적절하지 않은 것은?

① 부정한 방법으로 연구개발을 수행하면 최대 6년간 사업에 참여할 수 없구나.
② 연구개발비를 사용용도 외의 용도로 사용한 경우, 사용용도 외 사용금액의 비율에 따라 참여제한 기간이 다르구나.
③ 정당한 절차 없이 연구개발 내용을 해외로 유출하면 최소 4년간 참여할 수 없구나.
④ 같은 사유가 여러 번 발생하면 참여제한 기간이 가중되는구나.

50. 〈국가연구개발사업 참여제한 기준〉을 바탕으로 처리한 업무로 옳지 않은 것은?

	사건	처리내용
①	해외 □□사에 연구개발 사업내용을 유출한 것이 3회째 적발됨.	10년
②	사용용도 외의 용도로 24%의 금액을 사용한 것이 2회째 적발됨.	5년 7개월
③	용도 외 목적으로 27%의 금액을 1회 사용하였고 해외로 사업내용을 유출한 것이 1회째 적발됨.	4년 6개월
④	징계기간 중이므로 참여할 수 없는 기관이 서류를 위조하여 참여한 것이 1회째 적발됨.	2년

[51 ~ 52] 다음은 5가지 경쟁력 모델형(Five Forces Model)에 대한 설명이다. 이를 참고하여 이어지는 질문에 답하시오.

5가지 경쟁력 모형은 기업의 환경 분석을 위한 5가지 요인에 대해 설명한다. 산업 환경이 영향을 미치는 요인들이 높고 낮음에 따라 해당 산업의 수익성과 매력도를 판단하고, 해당 요인들을 고려하여 경영전략을 수립하게 된다.

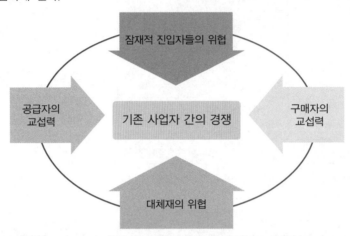

5가지 요인	세부 내용
기존 사업자 간의 경쟁	경쟁자 수, 제품의 유사성 등에 따라 기존 업체들 간의 경쟁이 치열해질수록 해당 산업의 수익성이 떨어짐.
구매자의 교섭력	구매 제품 및 서비스와의 표준화 정도 등에 따라 결정되며, 구매자의 교섭력이 증가할수록 해당 산업의 수익성이 떨어짐.
공급자의 교섭력	공급자들의 수, 공급자들이 제공하는 제품들에 대한 대체재, 공급 제품의 차별화된 정도 등에 따라 공급자의 교섭력이 결정되며, 공급자의 교섭력이 높아질수록 해당 산업의 수익성이 떨어짐.
잠재적 진입자들의 위협	새로운 역량 및 시장 점유율 확대 욕구를 가진 잠재적 진입자들의 시장 진입이 용이할수록 위협은 증가하며, 이에 따라 해당 산업의 수익성이 떨어짐.
대체재의 위협	고객이 대체 제품이나 서비스를 쉽게 획득 가능할수록 증가하며, 대체재의 위협이 증가할수록 해당 산업의 수익성이 떨어짐.

〈산업의 매력도 판단〉

- $\dfrac{\text{수익성 저해요인의 개수}}{5} > 0.5 =$ 매력도 낮음.

- $\dfrac{\text{수익성 저해요인의 개수}}{5} < 0.5 =$ 매력도 높음.

51. 다음 AA 휴대폰 제조회사에 대한 분석내용으로 바르지 않은 것은?

5가지 요인	산업 상황	판단
기존 사업자 간의 경쟁	• 기존 사업자들의 혁신과 공격적인 마케팅 • 고객의 니즈를 만족시키다 보니 상품 차별성이 미미함.	높음
구매자의 교섭력	• 제조사 간 전환비용이 낮음. • 구매자들의 정보습득 정도가 높아 완전히 만족시키기 어려움.	① 높음
공급자의 교섭력	이미 전 세계적으로 충분한 수의 공급자 확보	② 낮음
잠재적 진입자들의 위협	• 시장 진입과 브랜드 형성에 천문학적 비용 예상 • 기존 회사들의 시장 독과점	③ 높음
대체재의 위협	• 관련 기술의 서비스를 이용할 수 있는 상품은 한정되어 있음.	④ 낮음

52. (51번과 이어짐) 위 분석내용을 참고로 한 해당 산업의 매력도 평가와 이에 따른 대응 전략으로 알맞은 것은?

	산업의 매력도	대응 전략
①	높음	신규 브랜드와 판매 제휴를 맺어 미개발 시장 진입을 시도한다.
②	높음	기존에 없었던 새로운 기술을 탑재한 휴대폰을 목표로 기술 개발해 투자를 증대한다.
③	낮음	공급자의 범위를 넓혀 기존보다 더 저렴한 가격으로 상품을 구성한다.
④	낮음	휴대폰 주변기기 출시를 통해 틈새시장을 노려 부가적인 수익을 창출한다.

[53 ~ 54] ○○공사 인사전략실에서 근무하는 T는 조직도를 참고하여 내년도 인력채용계획을 정리하는 중이다.

53. 다음 중 작성이 잘못된 부서는 모두 몇 곳인가?

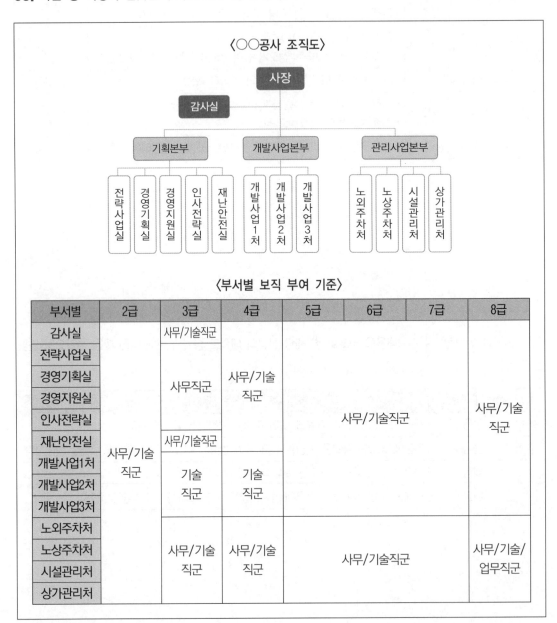

〈○○공사 조직도〉

〈부서별 보직 부여 기준〉

부서별	2급	3급	4급	5급	6급	7급	8급
감사실	사무/기술직군	사무/기술직군	사무/기술직군	사무/기술직군			사무/기술직군
전략사업실		사무직군					
경영기획실							
경영지원실							
인사전략실							
재난안전실		사무/기술직군					
개발사업1처		기술직군	기술직군				
개발사업2처							
개발사업3처							
노외주차처		사무/기술직군	사무/기술직군	사무/기술직군			사무/기술/업무직군
노상주차처							
시설관리처							
상가관리처							

〈직급 및 직위〉

직급	직위	호칭		
2급	단장	실장 차장 관장 소장	팀장	
3급				
4급				
5급				수석실무관
6급				책임실무관
7급				선임실무관
8급				실무관

* 직위를 받은 직원의 호칭은 직위명으로 하며, 직위를 받지 못한 2 ~ 4급 직원의 호칭은 수석실무관으로 한다.

〈직원 명단〉

보직	직급	소속부서	직위 및 호칭	채용 규모
사무직군	2급	인사전략실	단장	○명
	3급	전략사업실	팀장	○명
	7급	경영기획실	책임실무관	○○명
기술직군	2급	감사실	–	○명
	3급	경영지원실	관장	○명
		개발사업처		
	8급	상가관리처	실무관	○○명
업무직군	7급	시설관리처	–	○○명
	8급	재난안전실	–	○○명

① 7곳   ② 6곳

③ 5곳   ④ 4곳

54. △△공사로 이직한 T는 다음의 〈연락망 부여 기준〉에 따라 직원들의 사내 연락처를 부여받았다. 다음 중 사내연락처가 적절하게 부여된 것은?

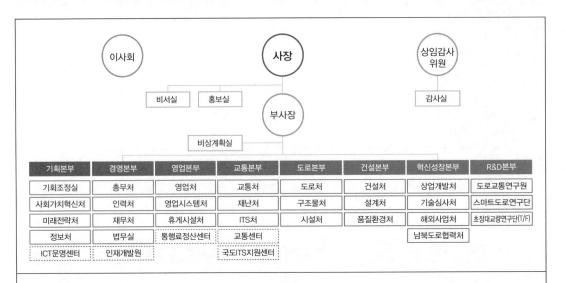

〈연락망 부여 기준〉

직원들의 사내 연락처는 다음의 기준에 따라 부여된 5자리 또는 6자리 숫자로 구성된다.

예 53402는 기획본부의 미래전략처 소속 소장의 사내 연락처이다.

	본부	소속부서		직위	임의의 값
1	비서실	조직도에서 각 본부를 기준으로 가장 위쪽에 있는 부서에서부터 숫자 1부터 오름차순으로 부여(비서실, 홍보실, 감사실, 비상계획실의 경우 해당 항목은 0으로 처리한다)	0	단장	숫자 01부터 99까지 임의로 두 자릿수 부여
2	홍보실				
3	감사실		1	실장	
4	비상계획실				
5	기획본부		2	처장	
6	경영본부				
7	영업본부		3	관장	
8	교통본부				
9	도로본부		4	소장	
10	건설본부				
11	혁신성장본부		5	팀장	
12	R&D본부		6	기타	

① 감사실 소속 4급 처장의 사내 연락처 – 30203

② 교통본부 국도ITS지원센터 소속 2급 실장의 사내 연락처 – 85100

③ 비상계획실 소속 7급 선임실무관의 사내 연락처 – 41698

④ 혁신성장본부 해외사업처 소속 4급 수석실무관의 사내 연락처 – 113427

[55 ~ 56] 다음에 제시된 문제 상황을 보고 이어지는 질문에 답하시오.

자동차 제조회사의 인사관리 부서장 H는 회사의 조직문화를 분석하는 방법으로 권력관계를 알아보는 시간을 가졌다.

권력* 유형		왜 발휘되고 어떠한 방식으로 발휘되는가?	
		권력 원천	발휘되는 방식
공식적 권력 (개인이 점유하는 사회적 지위로부터 파생)	강압적 권력	무력이나 위협으로부터 발생	명령 불이행 시 승진누락, 부서이동 등의 불이익을 주겠다고 위협함으로써 발휘
	보상적 권력	상대가 원하는 경제적, 정신적 보상을 해줄 수 있는 능력에서 발생	구성원들의 고과를 종합적으로 판단하고 그에 적합한 보상을 평가할 수 있을 때 발휘
	합법적 권력	규정이나 법규와 같은 공식적 제도에 의해 발생	프로젝트별 책임자가 결정되어 상응하는 책임이 부여되었을 때 발휘
	정보 권력	가치 있는 정보에 대한 접근권한이 부여됨으로써 발생	사적으로 사장님과 자주 만나 회사 동향에 대한 빠른 정보 수집이 가능할 때 발휘
개인적 권력 (개인의 특성에서 파생)	준거적 권력	매력이나 인간적 특성을 보유함으로써 발생	인간적인 매력으로 상대방이 자발적으로 부탁한 일을 하려 할 때 발휘
	전문적 권력	특정 분야의 지식이나 해결책을 알고 있음으로 발생	난관에 봉착했을 때 자신만이 해결책을 제시할 수 있을 때 발휘
	설득적 권력	논리적 언변과 설득력에서 발생	다른 사람들이 각자 수긍할 만한 근거를 들어 주장할 때 발휘

* 권력이란 개인이나 집단의 행동을 원하는 대로 바꿀 수 있는 능력이다.

55. H는 점심시간에 타 팀으로부터 다음의 사례를 듣게 되었다. 이 사례에서 가장 두드러지는 권력 유형은 무엇인가?

재무팀의 J 대리는 법학을 전공해서 그런지 텍스트가 적힌 종이를 한 번 보면 바로 외워 버리는 두뇌의 소유자이다. 최근 법인세법이 많이 개정되어 계산이 복잡해지고 어려워졌는데 J 대리는 시행령 개정안을 한 번 보고 다 외워 팀원들의 질문에 대답해 줄 정도로 기억력이 좋다. 개정사항을 일일이 확인하는 시간이 줄어 흡족하게 생각한 상사가 무엇을 바라는지 묻자 J 대리는 정시 퇴근이라 대답했고, 당일 재무팀은 모두 정시 퇴근을 할 수 있었다.

① 합법적 권력　　　② 정보 권력　　　③ 준거적 권력　　　④ 전문적 권력

56. H는 팀원 A에게 다음과 같은 이야기를 들었다. 팀장에게 가장 부족한 권력유형은 무엇인가?

> "부서장님, 저는 이번에 프로젝트를 할 때 하루 종일 열심히 일한 제가 아니라 아무것도 안 하면서 퇴근만 늦게 하는 B가 더 일을 잘한다고 생각하는 팀장과 함께 일했습니다. B는 막상 클라이언트와의 미팅 날 아무 역할도 하지 못해서 제가 나섰는데도 말이죠. 인간적인 매력이 넘치시는 분이지만 진짜 누가 더 능력있는지 알아주시면 더 존경할 수 있을 것 같아요."

① 강압적 권력   ② 보상적 권력   ③ 합법적 권력   ④ 설득적 권력

[57 ~ 58] 다음은 부정청탁 및 금품수수 금지법 내용 중 일부이다. 이어지는 질문에 답하시오.

적용법조	위반행위에 대한 제재	
제5조 (부정청탁 금지)	• 처음 부정청탁을 받고 거절하는 의사를 명확히 표시하지 않은 경우 • 거절의사를 명확히 표시하였음에도 다시 동일한 부정청탁을 받고도 신고를 하지 않은 경우	징계
	• 제 3자를 통하여 부정청탁을 한 경우 • 제 3자를 위하여 부정청탁을 한 경우	과태료
	부정청탁을 받고 그에 따른 직무를 수행한 경우	형사 처벌
제8조 (금품 등 수수금지)	신고 및 반환, 인도의 의무 중 어느 하나라도 이행하지 않을 경우(신고 및 반환, 인도하면 징계 대상에서 제외)	징계
	• 직무와 관련하여 1회 100만 원 이하의 금품 등을 받거나 요구 또는 약속한 경우 • 자신의 배우자가 공직자의 직무와 관련하여 1회 100만 원 이하의 금품 등을 받거나 요구 또는 제공받기로 약속한 사실을 알고도 신고하지 아니한 경우	과태료
	• 동일인으로부터 1회 100만 원을 초과하여 받거나 요구 또는 약속한 경우 • 자신의 배우자가 직무와 관련하여 1회 100만 원을 초과하여 받거나 요구 또는 제공받기로 약속한 사실을 알고도 신고하지 아니한 경우	형사 처벌
제10조 (외부강의 등)	• 사전 신고 의무를 불이행한 경우(국가 또는 지자체 요청 강의는 신고대상이 아님) • 초과사례금을 받고 반환했으나 신고 의무는 불이행한 경우 • 초과사례금을 받고 신고했으나 제공자에게 반환하지 않은 경우	징계
	초과사례금을 받고 신고 및 반환 조치 모두 하지 않은 경우	과태료
	부정청탁을 받고 그에 따른 직무를 수행한 경우	형사 처벌
제20조 (청탁방지 담당관)	준법관리인이 법에 따른 신고 접수, 처리 및 내용의 조사 업무를 부당하게 처리하거나 임직원의 위반행위를 발견했음에도 조치를 취하지 않은 경우	징계

57. 다음은 신입사원 J가 부정청탁 및 금품수수 금지법을 보고 이해한 내용으로 적절하지 않은 것은?

① 동일한 부정청탁을 2회 이상 받은 경우 신고해야 한다.

② 100만 원 이하의 금품이라도 직무와 관련된 것은 제재를 받게 된다.

③ 준법관리인이 청탁금지법을 위반하는 행위를 한 경우에는 반드시 형사처벌을 받게 된다.

④ 직무와 관련하여 공직자에게 금품 제공을 약속한 것만으로도 형사처벌 대상이 될 수 있다.

58. 다음 중 부정청탁 및 금품수수 금지법에 위반되는 행위와 그에 대한 제재가 올바르게 적용되지 않은 것은?

	위반행위	제재
①	○○기관의 경쟁입찰에 참여한 건설업체 직원이 건설계약을 담당하고 있는 A 사원의 아내에게 A 사원이 자신의 건설업체에 대해 긍정적으로 평가하도록 설득할 것을 요구하여 200만 원의 현금을 1회 제공하였고, 이 사실을 모르는 A 사원은 신고하지 않았다.	형사처벌
②	인사관리과 B 주임은 사업 관련 업체 직원인 K 씨로부터 K 씨의 동생인 L 씨를 취직시켜 달라는 청탁을 받고 L 씨의 면접 점수를 조작하였다.	형사처벌
③	기획재정부와 협력 사업을 진행 중인 C 대리는 해당 사업의 원활한 진행을 부탁하며 사업 담당관인 기획재정부의 S 주무관에게 150만 원 상당의 보석을 1회 제공하였다.	형사처벌
④	D 과장은 △△구청에서 요청한 강의를 사전 신고하지 않고 강의를 하였으며, 초과사례금을 받아 제공자에게 반환하였으나 이에 대해 신고하지 않았다.	징계

[59 ~ 60] 다음에 제시된 문제 상황을 보고 이어지는 질문에 답하시오.

A 기업 영업부서 팀장 K는 새로 진행할 프로젝트를 성공적으로 이끌기 위해 7S 분석을 통해 회사 문화의 강·약점에 대해 분석하는 시간을 마련하기로 하였다.

구성요소	내용
전략 (Strategy)	조직이 추구하는 목표를 달성하기 위한 방향 및 계획 이다. 어떤 전략을 취하느냐에 따라 조직의 예산 및 자원배분 방안이 달라지며 이러한 전략은 조직의 구조, 시스템 등에 영향을 미친다.
조직구조 (Structure)	조직도라고도 하며, 조직별 역할이나 권한, 책임 등을 말한다. 조직의 전략에 따라 조직의 구조는 달라질 수 있으며, 이에 따라 해당 조직 내 구성원들이 수행해야 할 업무 또한 변화한다.
운영체제 (Systems)	조직의 관리체계, 운영절차, 관련 제도 등을 말한다. 이러한 시스템은 조직의 전략을 실행하기 위해 필요한 것이다. 조직의 성과관리시스템, 인사제도, 의사결정 프로세스, 경영정보 시스템 등을 예로 들 수 있다.
핵심역량 (Skills)	조직 수준에서 보유하고 있는 능력으로 개인 수준에서 보유하고 있는 능력을 보는 관점과 차이가 있다. 제조기술, 효율적 운영능력, 리스크 관리 등을 예로 들 수 있으며, 기업의 경영관리 스킬이라고 할 수 있다.
공유가치 (Shered Values)	조직구성원들이 공유하고 있는 이념, 가치관 목적 등을 말한다. 7S의 다른 항목에 영향을 주며, 보통 해당 기업의 비전체계나 미션에 나타난다고 할 수 있다. 이러한 공유가치는 조직의 전략, 상품이나 서비스 개발에 있어서도 영향을 미친다.
인적자원 (Staff)	현재 조직 내 인적자원의 특성, 조직구성원 개개인의 특징이나 보유하고 있는 스킬 등을 말한다. 어떤 기업 조직구성원의 연령대가 높다거나 영업사원의 판매스킬이 뛰어나다는 것 등을 예로 들 수 있다.
경영방식 (Style)	해당 조직의 경영방식을 말한다. 스타일은 조직문화와 연계돼 있어 조직의 리더십 스타일이나 조직 내 리더와 조직구성원 간의 관계 등을 보면 알 수 있다. 이러한 스타일은 오랫동안 형성돼 온 것으로 쉽게 바뀌지 않는다는 특징이 있다.

59. K는 팀원들을 모아 놓고 다음의 사례를 소개하였다. 이 사례에서 강조하는 7S 분석의 구성요소는 무엇인가?

○○항공의 경우 예약, 수속, 발권, 수화물 처리 및 기타 행정처리 부분에 대해서는 지속적으로 효율성과 합리적인 의사결정을 보이고 있으나, 고객 클레임 처리문제, 갑작스런 기상악화 및 기상문제 등으로 인한 시간지연의 문제, 정규직과 비정규직 문제 등 여러 가지 현안들에 대해서는 과거보다 효율성과 합리적인 의사결정이 저조하게 드러나고 있습니다. 이런 부분을 우리 회사에 적용시킨다면 어떤 프로세스를 개발해야 할까요?

① 조직구조   ② 운영체제
③ 핵심역량   ④ 경영방식

60. 팀원 B는 7S 분석 후 다음과 같은 발언을 하였다. 이를 통해 A 기업에서 강조되어야 할 7S 분석의 구성요소는 무엇인가?

"제 생각에 프로젝트를 진행하는 데 있어서는 조직 내 상하관계 개선이 필요하다고 생각합니다. 프로젝트를 진행할 때 너무 경직적인 상하관계로 인해 팀원들 간의 의사소통이 매우 원활하지 않았던 과거가 가장 큰 실패 요인이라고 생각합니다."

① 조직구조   ② 공유가치
③ 인적자원   ④ 경영방식

37. 다음 자료에 대한 설명으로 옳지 않은 것은?

〈2019 ~ 2020년 감자, 고구마 생산량〉

(단위 : 톤)

구분	2019년		2020년	
	감자	고구마	감자	고구마
A 지역	71,743	12,406	48,411	12,704
B 지역	89,617	73,674	63,391	70,437
C 지역	5,219	100,699	5,049	83,020
D 지역	18,503	97,925	14,807	97,511
E 지역	9,007	28,491	7,893	31,291

① 2020년에 전년 대비 감자와 고구마의 총 생산량이 증가한 지역은 없다.

② 2019년 대비 2020년에 감자, 고구마의 총 생산량이 증가한 지역은 E 지역뿐이다.

③ 2020년 전년 대비 감자 생산량 증감률의 절댓값이 가장 큰 지역은 A 지역이다.

④ 5개 지역 고구마 총 생산량의 2020년 전년 대비 증감률은 약 −2%이다.

38. 다음 자료를 바탕으로 할 때, 최 사원이 집에서 회사까지 출근하는 데 소비하는 휘발유는 몇 ℓ인가?

〈부피 단위환산〉

단위	cm^3	m^3	ℓ
cm^3	1	0.000001	0.001
m^3	1,000,000	1	1,000
ℓ	1,000	0.001	1

〈정보〉

• 최 사원의 집에서 회사까지의 거리는 90km이다.

• 최 사원의 승용차는 12m 이동시 8cm³의 휘발유를 소비한다.

① 3 ℓ

② 6 ℓ

③ 30 ℓ

④ 60 ℓ

39. 다음 자료에 대한 설명으로 옳은 것을 〈보기〉에서 모두 고르면?

〈2020년 1 ~ 4월 행정구역별 순이동인구〉

(단위 : 명)

구분	2020. 01.	2020. 02.	2020. 03.	2020. 04.
서울특별시	3,946	3,305	−3,404	−7,117
부산광역시	−1,378	−223	−399	−958
대구광역시	−1,325	−3,422	984	−1,719
인천광역시	−913	−1,275	−2,391	−1,951
광주광역시	220	−511	−447	388
대전광역시	−714	−1,059	−1,323	−230
울산광역시	−1,135	−1,470	−1,319	−648
세종특별자치시	1,495	1,303	746	210
경기도	9,341	13,798	21,855	20,454
강원도	−497	−535	−672	−595
충청북도	−423	−497	−725	−850
충청남도	−944	−1,114	−1,007	−1,069
전라북도	−1,034	−1,569	−1,670	−970
전라남도	−3,328	−2,067	−2,026	−1,640
경상북도	−2,413	−2,729	−4,717	−1,700
경상남도	−614	−2,013	−3,123	−1,696
제주특별자치도	−284	78	−362	91

* 순이동인구(명)=전입인구−전출인구

보기

ㄱ. 2020년 4월에 전입인구가 가장 많은 행정구역은 경기도이다.
ㄴ. 2020년 3월에 전출인구가 가장 많은 행정구역은 전라남도이다.
ㄷ. 전국의 순이동인구는 항상 0명이다.
ㄹ. 경상남도의 1월부터 4월까지 전출인구는 전입인구보다 많다.
ㅁ. 세종특별자치시의 1월부터 4월까지 전출인구는 전입인구보다 적다.

① ㄱ, ㄴ, ㄷ   ② ㄱ, ㄴ, ㄹ
③ ㄴ, ㄷ, ㅁ   ④ ㄷ, ㄹ, ㅁ

[40 ~ 41] 다음 자료를 보고 이어지는 질문에 답하시오.

〈자료 1〉 연령별 인구

(단위 : 천 명, %)

구분		1970년	1980년	1990년	2000년	2010년	2020년
인구수	0 ~ 14세	13,709	12,951	10,974	9,911	7,979	6,751
	15 ~ 64세	17,540	23,717	29,701	33,702	36,209	37,620
	65세 이상	991	1,456	2,195	3,395	5,366	7,076
구성비	0 ~ 14세	42.5	34	25.6	21.1	16.1	
	15 ~ 64세	54.4	62.2	69.3		73.1	
	65세 이상	3.1	3.8	5.1		10.8	

〈자료 2〉 인구 정보 관련 용어

구분	내용	계산
유소년 인구	0 ~ 14세 인구	–
생산 가능 인구	15 ~ 64세 인구	–
고령 인구	65세 이상 인구	–
노령화 지수	유소년 인구(0 ~ 14세)에 대한 고령 인구(65세 이상)의 비	$\dfrac{\text{고령 인구}}{\text{유소년 인구}} \times 100$
유소년 부양비	생산 가능 인구(15 ~ 64세)에 대한 유소년 인구(0 ~ 14세)의 비	$\dfrac{\text{유소년 인구}}{\text{생산 가능 인구}} \times 100$
노년 부양비	생산 가능 인구(15 ~ 64세)에 대한 고령 인구(65세 이상)의 비	$\dfrac{\text{고령 인구}}{\text{생산 가능 인구}} \times 100$
총 부양비	유소년 부양비와 노년 부양비의 합	$\dfrac{\text{유소년 인구}+\text{고령 인구}}{\text{생산 가능 인구}} \times 100$

40. 다음 중 위의 자료에 관한 설명으로 옳지 않은 것은?

① 노령화 지수는 1970년 이후 지속적으로 증가하고 있다.

② 10년 전 대비 유소년 인구의 감소 비율이 가장 큰 해는 1990년이다.

③ 2000년 생산 가능 인구는 동일 연도 고령 인구의 9배 이상을 차지한다.

④ 2020년 전체 인구수 대비 고령 인구의 비율은 13% 이상으로 조사 기간 중 가장 높다.

41. 다음은 위의 자료를 바탕으로 작성한 보고서 내용의 일부이다. ⊙과 ⓒ에 해당하는 수치를 바르게 짝지은 것은? (단, 모든 계산은 소수점 아래 첫째 자리에서 반올림한다)

> 총 부양비는 생산 가능 인구에 대한 유소년 인구와 고령 인구 합의 백분비로 인구의 연령구조를 나타내는 지표이다. (중략) 2020년 노년 부양비는 ___⊙___ 이고, 총 부양비는 ___ⓒ___ 를 나타냈다.

	⊙	ⓒ		⊙	ⓒ
①	18%	35%	②	18%	37%
③	19%	35%	④	19%	37%

1회 기출예상
2회 기출예상
3회 기출예상
4회 기출예상
5회 기출예상
인성검사
면접가이드

[42 ~ 43] 다음 자료를 보고 이어지는 질문에 답하시오.

〈자료 1〉 우리나라 1인당 온실가스 배출원별 배출량

(단위 : 100만 톤 CO_2eq, 톤 CO_2eq/10억 원, 톤 CO_2eq/명)

구분	1995년	2000년	2005년	2010년	2015년	2020년
온실가스 총배출량	292.9	437.3	500.9	558.8	656.2	690.2
에너지	241.4	354.2	410.6	466.6	564.9	601.0
산업공장	19.8	44.1	49.9	54.7	54.0	52.2
농업	21.3	23.2	21.6	20.8	22.2	20.6
폐기물	10.4	15.8	18.8	16.7	15.1	16.4
GDP 대비 온실가스 배출량	698.2	695.7	610.2	540.3	518.6	470.6
1인당 온실가스 배출량	6.8	9.2	10.7	11.6	13.2	13.5

〈자료 2〉 주요국의 1인당 온실가스 배출량

(단위 : 톤 CO_2eq/명)

구분	1995년	2000년	2005년	2010년	2015년
인도	1.6	1.8	1.8	1.9	2.3
프랑스	9.2	8.9	8.8	8.6	7.9
이탈리아	9.0	9.1	9.5	9.7	8.2
중국	3.3	4.1	4.2	6.3	8.0
영국	13.4	12.3	11.8	11.2	9.4
독일	15.6	13.6	12.4	11.8	11.5
일본	10.2	10.6	10.6	10.7	10.1
브라질	4.3	4.8	5.0	5.3	5.5
미국	23.9	23.9	24.4	23.2	21.0
호주	26.1	25.6	27.9	29.1	26.5

42. 다음 중 〈자료 1〉에 대한 설명으로 옳지 않은 것은?

① 온실가스 배출원 중 주된 배출원은 에너지 부문이다.

② 2020년 1인당 온실가스 배출량은 1995년에 비해 약 2배 증가하였다.

③ 2005년 온실가스 총 배출량 중 에너지 부문을 제외한 나머지 부문이 차지하는 비율은 16%이다.

④ 온실가스 총 배출량은 계속해서 증가하고 있고, 2020년 온실가스 총 배출량은 1995년 대비 2배 이상 증가하였다.

43. 다음 중 〈자료 1〉과 〈자료 2〉의 1인당 온실가스 배출량에 대한 설명으로 옳은 것은?

① 11개국 중 인도를 제외한 모든 국가들의 2005년 이후 1인당 온실가스 배출량이 감소하고 있다.

② 11개국의 2015년 1인당 온실가스 배출량 평균은 우리나라 1인당 온실가스 배출량에 비해 높은 수준이다.

③ 11개국 중 1995년에서 2005년 사이 1인당 온실가스 배출량이 가장 큰 폭으로 증가한 나라는 호주이다.

④ 11개국 중 호주는 2010년 대비 2015년의 1인당 온실가스 배출량이 가장 많이 감소하였지만 1인당 온실가스 배출량은 다른 국가들보다 높다.

[44 ~ 45] 다음은 통계청에서 실시한 '2020년 보리 생산량 조사' 결과이다. 이어지는 질문에 답하시오.

〈표〉 보리 재배면적 및 생산량

	재배면적(ha, %)			10a당 생산량(kg, %)			생산량(톤, %)		
	2019년	2020년	증감률	2019년	2020년	증감률	2019년	2020년	증감률
보리	36,631	29,096	-20.6	294	377	28.2	107,812	109,727	1.8
겉·쌀보리	27,398	20,941	-23.6	296	386	30.4	81,040	80,888	-0.2
겉보리	8,806	8,523	-3.2	332	420	26.5	29,265	35,817	22.4
쌀보리	18,592	12,418	-33.2	278	363	30.6	51,775	45,070	-13.0
맥주보리	9,233	8,155	-11.7	290	354	22.1	26,772	28,839	7.7

〈그림〉 연도별 보리 재배면적 및 생산량

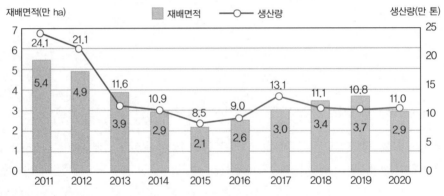

* 생산량은 조곡 기준
* 단위 : 1ha=10,000m², 10a=1,000m², 1톤=1,000kg

44. 다음 〈보고서〉는 위 자료를 토대로 만든 것이다. 위 자료를 바탕으로 〈보고서〉의 내용을 검토할 때 적절하지 않은 것은?

〈보고서〉

보리 생산량은 전년 대비 1,915톤 증가하였다. 2019년에는 107,812톤이었지만, 2020년에는 109,727톤으로 1.8% 증가하였다. 잦은 비로 파종 적정 시기를 놓쳐 재배면적은 감소하였으나, 등숙기에 일조량 등의 기상여건 호조로 생산량이 증가한 것이다.

㉠ 보리 재배면적은 2만 9,096ha로 전년의 3만 6,631ha보다 20.6% 감소하였다. 보리 파종기에 잦은 강우로 파종 적기를 놓쳤다. 구체적으로 ㉡ 겉보리는 2019년에는 8,806ha였는데, 2020년에는 8,523ha로 283ha가 감소하여 감소율이 3.2%에 달했으며, 쌀보리는 2019년에는 18,592ha였는데, 2020년에는 12,418ha로 6,174ha가 감소하여 감소율이 33.2%에 달했다. 마지막으로 맥주보리는 2019년에는 9,233ha였는데, 2020년에는 8,155ha로 1,078ha 감소하여 감소율이 11.7%에 달했다.

㉢ 10a당 생산량은 377kg으로 전년의 294kg보다 28.2% 증가하였다. 재배면적은 감소하였으나, 10a당 생산량이 크게 늘어 생산량이 증가하였다. 2015년은 보리수매제 폐지로 재배면적과 생산량이 가장 낮았으나 이후 시장가격 및 농협 계약단가 인상 등으로 재배면적은 증가 추세이며 생산량은 기상여건에 따라 차이를 보였다. ㉣ 시·도별로는 전남이 4만 2,313톤으로 전체 생산량의 38.6%를 차지하고 있으며, 이어 전북 3만 7,082톤(33.8%), 경남 1만 5,028톤(13.7%) 순으로 나타났다.

① ㉠
② ㉡
③ ㉢
④ ㉣

45. 위 〈그림〉에 대한 설명으로 타당하지 않은 것은? (단, 소수점 아래 셋째 자리에서 반올림한다)

① 재배면적 대비 생산량이 가장 많았던 해는 2012년이다.
② 2011년 이후 보리 재배면적과 생산량은 증감을 반복했다.
③ 보리 재배면적이 가장 넓었던 해는 생산량도 가장 많았다.
④ 2015년에는 보리 재배면적이 가장 좁았고, 생산량 또한 가장 적었다.

1회 기출예상
2회 기출예상
3회 기출예상
4회 기출예상
5회 기출예상
인성검사
면접가이드

[46 ~ 47] 다음 〈표〉와 〈그림〉은 '갑' 국의 A ~ H 정당에 대한 10월 및 11월 정당 지지도와 지지정당 변화를 나타낸 자료이다. 이어지는 질문에 답하시오.

〈표〉 10월 및 11월의 정당 지지도 조사 결과

(단위 : %)

구분	A	B	C	D	E	F	G	H
10월 조사	6.8	6.9	26.4	5.0	39.8	5.7	5.1	4.3
11월 조사	5.9	6.0	24.8	4.5	42.3	5.7	6.1	4.7

* 무응답 및 복수응답은 없으며, 동일한 응답자 1,000명에 대하여 10월과 11월에 조사되었음.
* 10월과 11월의 조사 시기에 '갑' 국에는 A ~ H 8개의 정당만 존재함.

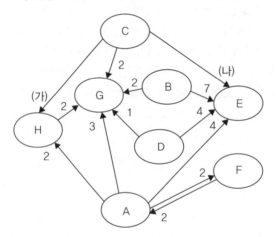

〈그림〉 10월과 11월 응답자의 지지정당 변화

* A $\xrightarrow{2}$ H는 10월 조사에서 A 정당을 지지했던 응답자 중 2명이 11월 조사에서 H 정당으로 지지정당을 바꾼 것을 의미한다.

46. 다음 중 위 〈그림〉의 (가), (나)에 들어갈 숫자를 순서대로 바르게 나열한 것은?

	(가)	(나)			(가)	(나)
①	3	11		②	4	10
③	4	9		④	5	9

47. 신입사원 A가 위에 제시된 자료를 바탕으로 〈보고서〉를 작성한 후 사수에게 검토를 부탁하였다. 검토를 마친 사수가 〈표〉, 〈그림〉과 다르다고 지적한 부분으로 적절한 것은?

〈보고서〉

정당 지지도 조사 결과 10월과 11월 모두 E 정당에 대한 지지도가 가장 높게 나타났다. 반면, ① 지지도가 가장 낮았던 정당은 10월에는 H 정당, 11월에는 D 정당인 것으로 조사되었다. 11월의 정당 지지도를 자세히 살펴보면, E, G, H 정당을 지지하는 응답자가 전체의 50% 이상을 차지함을 알 수 있다. 그리고 ② 11월 조사에서 세 번째로 지지율이 높게 나타난 G 정당을 지지한다는 응답자의 수는 전월보다 19% 이상 증가하였다. 또한, ③ 10월 조사에서는 A ~ D 정당 중 하나를 지지한다고 응답했던 사람들 중 25명이 11월 조사에서는 E 정당을 지지하는 것으로 나타났다. ④ 10월에 비해 11월에 지지도가 상승한 정당을 모두 살펴보면, 지지자가 다른 정당으로 이탈하는 경우는 없었으며, 다른 정당으로부터 새로운 지지자가 유입되는 경우만 나타났다.

48. 다음은 2020년 원/달러 환율 추이에 대한 자료이다. 이에 대한 설명으로 옳지 않은 것은? (단, 한국의 입장을 기준으로 판단한다)

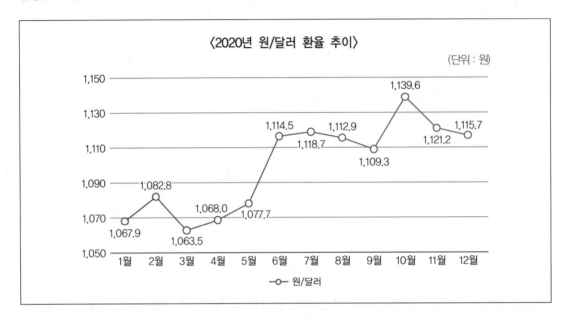

〈2020년 원/달러 환율 추이〉

(단위 : 원)

① 물품 수입업자가 동일한 양의 제품을 수입했을 때, 2020년 10월보다 같은 해 3월에 상대적으로 환율에서 이득을 보았을 것이다.

② 김 과장이 2월과 3월에 각 50만 원씩 환전했다면 환율 변동으로 인해 3월에 5달러 이상 더 받았다.

③ 이 부장이 10월에 미국 유학 중인 아들에게 5만 달러를 송금했다면 이는 원화로 5,500만 원보다 적은 금액이다.

④ A 중소기업이 9월에 30억 원짜리 계약을 체결했다면 이는 약 270만 달러에 해당하는 금액이다.

49. 프로젝트 범위 기술서(The project scope statement)는 모든 핵심 관계자에게 진행될 프로젝트가 시작된 배경에 대한 명확한 이해를 제공하고 프로젝트의 핵심 목표를 정의하는 핵심 문서이다. 프로젝트 범위 기술서에 포함되는 요소를 소개한 ㉠ ~ ㉣ 중 설명이 잘못 기술된 것은?

〈프로젝트의 제목〉

• 서론
거시적으로 프로젝트를 개관한다.

• 프로젝트 범위
㉠ 프로젝트가 무엇을 포함하고 포함하지 않는가에 대해 명시한다.

• 프로젝트 결과물
㉡ 프로젝트의 예상 결과물을 서술한다.

• 프로젝트 수락기준
㉢ 어떤 목표를 충족할 것인가, 성공의 여부를 어떻게 측정할 것인가를 서술한다.

• 프로젝트 배제사항
㉣ 프로젝트 요구사항에 변동을 줄 수 있는 요소를 파악하여 기재한다.

• 프로젝트 제약사항
마감 시한, 인력 또는 장비 제한, 재무 또는 예산 제약, 기술적 한계를 서술한다.

---

① ㉠

② ㉡

③ ㉢

④ ㉣

50. 다음 사례들은 업무상 발생한 사고 및 재해의 유형이다. 이 사례들이 산업재해로 인정될 수 있는지를 판단하는 기준은?

• 근무시간에 사업장에서 사용할 선풍기를 개인 출퇴근용 오토바이를 이용하여 사 오던 중 발생한 교통사고
• 반찬가게에서 사용할 취나물을 채취하던 중 직원에게 발생한 사고
• 거래처 접대 후 귀가 중 과음으로 인해 발생한 사고
• 항운노조 반장으로 노동조합의 업무를 수행하는 과정에서 발생한 재해

---

① 업무와의 상당한 인과관계

② 사고 및 재해의 위중한 정도

③ 원만한 수습에 따르는 지출 비용의 규모

④ 사용자 측의 직접적인 과실이 있었느냐의 여부

[51 ~ 53] 다음 표를 참고하여 이어지는 질문에 답하시오.

스위치	기능	스위치	기능
★	1번, 3번 도형을 시계 방향으로 90도 회전함.	▲	1번, 2번 도형을 시계 반대 방향으로 90도 회전함.
☆	2번, 4번 도형을 시계 방향으로 90도 회전함.	△	3번, 4번 도형을 시계 반대 방향으로 90도 회전함.

51. 처음 상태에서 두 개의 스위치를 눌렀더니 다음과 같은 모양 변화가 일어났다. 어떤 스위치를 눌렀는가?

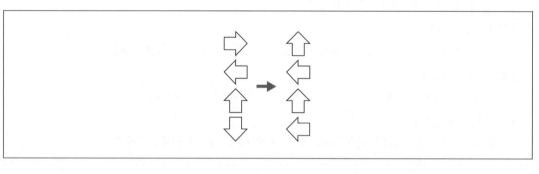

① ▲, ★   ② ☆, ▲   ③ ★, △   ④ ☆, △

52. 처음 상태에서 두 개의 스위치를 눌렀더니 다음과 같은 모양 변화가 일어났다. 어떤 스위치를 눌렀는가?

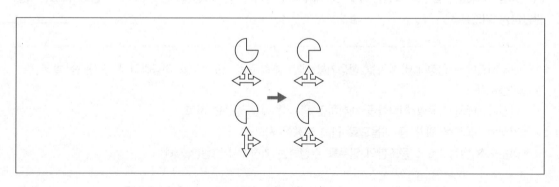

① ★, ▲   ② ★, △   ③ △, ☆   ④ △, ▲

53. 처음 상태에서 세 개의 스위치를 눌렀더니 다음과 같은 모양 변화가 일어났다. 어떤 스위치를 눌렀는가?

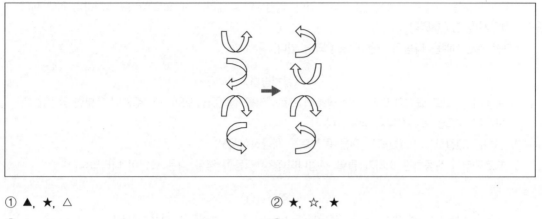

① ▲, ★, △

② ★, ☆, ★

③ △, ▲, ★

④ ☆, ▲, ☆

54. 다음은 기술 선택을 위한 절차를 나타내는 도표이다. 절차상 제품 설계 · 디자인 기술, 제품 생산 공정, 원재료 · 부품 제조 기술의 분석은 언제 하는가?

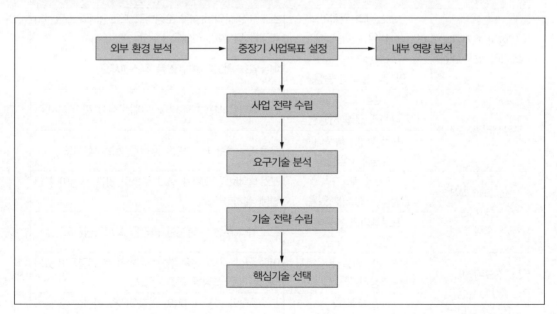

① 외부 환경 분석

② 내부 역량 분석

③ 사업 전략 수립

④ 요구기술 분석

[55 ~ 56] 다음의 제시 상황을 보고 이어지는 질문에 답하시오.

- 영업부에서는 새로운 프로젝터를 구매하였다. 영업부의 A 대리는 새 프로젝터를 설치하기 위해 제품 설명서를 참고하였다.
- 제품 설명서에는 다음의 내용이 포함되어 있다.

〈설치방법〉

1) 통풍이 잘 되고 화기와 멀리 있는 장소에 프로젝터를 설치하십시오(기기 주변에 충분한 공간을 확보하지 않으면 프로젝터가 과열됩니다).
2) 전원을 연결하십시오(반드시 전용 콘센트를 사용하십시오).
3) 프로젝터가 작동하는 소리가 들릴 것입니다(정상 작동할 경우 검은 화면이 나타납니다).

〈주의사항〉

1) 전원은 반드시 교류 220V에 연결하십시오(반드시 전용 콘센트를 사용하십시오).
2) 프로젝터 주변을 자주 청소하십시오(먼지나 이물질로 인해 프로젝터의 통풍구가 막힙니다).
3) 천장에 설치 시 프로젝터를 천장에 단단히 고정하십시오(프로젝터가 떨어져 고장 및 파손의 원인이 됩니다).

〈A/S 신청 전 확인 사항〉

현상	원인	조치방법
영상이 흐리거나 초점이 맞지 않음	스크린의 위치가 너무 가까움.	스크린 영상의 초점을 조정하고 프로젝터와 스크린의 거리를 더 멀리 하세요.
	렌즈에 먼지나 얼룩이 묻음.	매뉴얼을 참고하여 렌즈를 청소하세요.
프로젝터가 뜨거움	프로젝터를 지나치게 오래 사용함.	프로젝터를 사용하지 않을 때에는 잠시 꺼 두십시오.
	프로젝터의 통풍이 원활하지 않음.	프로젝터 주변에 충분한 공간을 확보하십시오.
프로젝터에서 웅웅하는 큰 소리가 남	프로젝터가 흔들리는 장소에 있음.	프로젝터보다 크기가 넓고 수평이 맞는 책상이나 선반에 설치하세요.
	프로젝터의 통풍이 원활하지 않음.	프로젝터 주변에 충분한 공간을 확보하십시오.
스크린상에 "신호 없음" 표시가 나타남	프로젝터에 연결되어 있지 않은 영상기기가 선택됨.	어떤 영상기기가 선택되었는지 확인 후 연결되어 있는 영상기기로 설정을 변경하세요.
	프로젝터와 영상기기의 연결이 불량	프로젝터와 영상기기기의 연결상태를 확인한 후 영상기기의 입력신호를 바르게 선택하세요.

프로젝터 스크린상에 영상이 깜빡거리며 나타남.	전원케이블 연결 불량	프로젝터와 전원 케이블의 연결상태를 점검하세요.
	프로젝터의 렌즈 고장	프로젝터의 렌즈 불량이므로 A/S센터에 연락하세요.
화면의 기본 색상이 보라색으로 출력됨.	프로젝터와 영상기기의 연결이 불량	프로젝터와 영상기기의 연결상태를 확인한 후 영상기기의 입력신호를 바르게 선택하세요.

55. A 대리는 프로젝터 설치 후 프로젝터 영상에 '신호 없음' 표시가 출력된다는 것을 발견하게 되어 원인을 파악하려 한다. 다음 중 반드시 확인해야 할 사항은?

① 렌즈 청결 상태
② 전원 케이블 연결 상태
③ 프로젝터와 스크린 사이의 거리
④ 프로젝터와 영상기기 간의 연결 상태

56. 55번에서 확인한 사항이 고장의 원인이었다. 다음 중 이 원인으로 인해 추가로 발생할 수 있는 현상은?

① 화면이 보라색으로 출력됨
② 영상이 흐리고 초점이 맞지 않음
③ 프로젝터 영상이 깜빡거리며 나타남
④ 프로젝터가 뜨거움

1회 기출예상
2회 기출예상
3회 기출예상
4회 기출예상
5회 기출예상
인성검사
면접가이드

57. ○○회사 K 사원은 제품을 개발하여 특허를 출원하는 업무를 맡고 있다. 신입사원을 대상으로 특허 출원 과정에 대한 교육 자료를 만들 때, 〈보기〉에서 빈칸 ㉠ ~ ㉣에 들어갈 내용을 순서대로 나열한 것은?

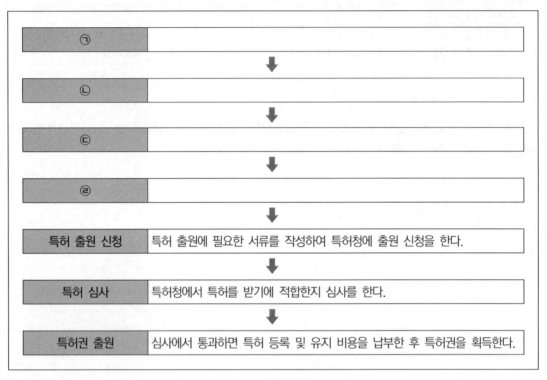

㉠	
㉡	
㉢	
㉣	
특허 출원 신청	특허 출원에 필요한 서류를 작성하여 특허청에 출원 신청을 한다.
특허 심사	특허청에서 특허를 받기에 적합한지 심사를 한다.
특허권 출원	심사에서 통과하면 특허 등록 및 유지 비용을 납부한 후 특허권을 획득한다.

보기

ⓐ 시제품 제작	도안을 바탕으로 시제품을 제작한다.
ⓑ 선행 기술 조사	이미 특허로 출원되어 있는지를 확인한다.
ⓒ 문제의 인식	생활 속에서 겪는 불편함을 통해 문제를 확인한다.
ⓓ 아이디어 구체화	발명품의 형태를 구상하여 설계하고 도안을 그린다.

	㉠	㉡	㉢	㉣
①	ⓐ	ⓑ	ⓒ	ⓓ
③	ⓒ	ⓓ	ⓑ	ⓐ

	㉠	㉡	㉢	㉣
②	ⓑ	ⓓ	ⓒ	ⓐ
④	ⓒ	ⓑ	ⓓ	ⓐ

58. 다음 자료에 따르면 사업주는 근로자에게 작업조건에 맞는 보호구를 지급하고 착용하도록 해야 한다. 다음 ㉠, ㉡에 들어갈 보호구를 바르게 나열한 것은?

〈산업안전보건기준에 관한 규칙〉

제32조(보호구의 지급 등) ① 사업주는 다음 각호의 어느 하나에 해당하는 작업을 하는 근로자에 대해서는 다음 각호의 구분에 따라 그 작업조건에 맞는 보호구를 작업하는 근로자 수 이상으로 지급하고 착용하도록 하여야 한다.

1. 물체가 떨어지거나 날아올 위험 또는 근로자가 추락할 위험이 있는 작업 : (㉠)
2. 높이 또는 깊이 2미터 이상의 추락할 위험이 있는 장소에서 하는 작업 : 안전대
3. 물체의 낙하·충격, 물체에의 끼임, 감전 또는 정전기의 대전에 의한 위험이 있는 작업 : (㉡)
4. 물체가 흩날릴 위험이 있는 작업 : 보안경
5. 용접 시 불꽃이나 물체가 흩날릴 위험이 있는 작업 : 보안면
6. 감전의 위험이 있는 작업 : 절연용 보호구
7. 고열에 의한 화상 등의 위험이 있는 작업 : 방열복
8. 선창 등에서 분진이 심하게 발생하는 하역작업 : 방진마스크
9. 섭씨 영하 18도 이하인 급냉동어창에서 하는 하역작업 : 방한모·방한복·방한화·방한장갑
10. 물건을 운반하거나 수거·배달하기 위하여「자동차관리법」제3조 제1항 제5호에 따른 이륜자동차 (이하 "이륜자동차"라 한다)를 운행하는 작업 :「도로교통법 시행규칙」제32조 제1항 각호의 기준에 적합한 승차용 안전모

② 사업주로부터 제1항에 따른 보호구를 받거나 착용지시를 받은 근로자는 그 보호구를 착용하여야 한다.

	㉠	㉡		㉠	㉡
①	안전모	안전대	②	안전모	안전화
③	방한모	안전화	④	안전대	보안면

59. 해외사업 1팀과 2팀은 다음과 같이 신기술 개발을 통해 조직 내 기술혁신을 꾀하고 있다. 다음 사례에서 알 수 있는 기술혁신의 특성은?

> 기술혁신이란 기존 제품의 개량, 신제품의 개발에 있어서 새로운 기술을 도입해 경쟁우위의 제품을 창출하는 기술적 진보를 의미한다.
>
> 혁신은 조직 내의 다양한 장소에서 다양한 형태로 발생하는데, 일반적으로 기술혁신, 관리 혁신, 인적 자원 혁신의 세 가지로 분류가 가능하다. 이러한 세 가지 유형은 서로 독립적으로 발생하기보다는 상호 의존적으로 발생한다. 혁신은 현대적 기술 사업에서 매우 중요한 역할을 한다. 혁신적인 연구에 투자하는 일은 세계 선도 기업으로서의 책임인 동시에 세계 시장에서 경쟁력을 강화하고 미래의 수익성에 투자하는 일이다.

> 해외사업 본부장은 저조한 실적으로 인해 침체된 분위기를 끌어올리기 위해 각 팀에 신규 사업 개발과 관련한 의견을 제출해 줄 것을 요청했다. 해외사업 1팀과 2팀은 각각 작년부터 준비해 온 프로젝트가 완성 단계에 접어들고 있어, 이를 조속한 시일 내에 마무리하여 신규 사업의 대안으로 제시하고자 하였다. 1팀은 생산성을 높일 수 있는 가스관 접합 기술을, 2팀은 전력 소비를 극적으로 감소시킬 수 있는 전력 합산 장치를 개발하였고 내년도 본부 사업계획 달성에 한 몫을 할 것으로 기대를 모았다. 그러나 정해진 예산과 회사의 사업 정책, 사업 환경의 영향 등으로 결국 2팀에서 개발한 전력 합산 장치가 내년도 신규 사업에 활용될 신기술로 선택되었다. 1팀의 가스관 접합 기술은 우선 기존의 노후화된 설비의 교체용 부품에 적용하는 것으로 정리되었다. 회사의 정책 방향을 따를 수밖에 없다는 사실을 모르는 바 아니지만, 해외사업 1팀 직원들은 그간의 노력이 절반의 성공으로 끝나야 한다는 점을 받아들이기 쉽지 않아 허탈감에 휩싸였다.

① 기술혁신은 조직의 통합이 바탕이 되어야 가능한 활동이다.
② 기술혁신은 그 과정 자체가 매우 불확실하고 장기간의 시간을 필요로 한다.
③ 기술혁신은 지식 집약적인 활동이다.
④ 혁신 과정의 불확실성과 모호함은 기업 내에서 논쟁과 갈등을 유발할 수 있다.

60. 다음은 고속여객철도 기술의 적용 사례이다. 각국의 특징을 올바르게 설명하지 않은 것은?

<고속여객철도(High Speed Rail) 도입에 따른 변화 사례>

구분	한국(KTX)	일본(신칸센)	프랑스(TGV)	독일(ICE)
접근도	서울 ~ 부산 구간 2시간 30분 소요	도쿄 ~ 오사카 구간 2시간 30분 소요	파리 ~ 몽파르나스 구간 42분 소요	프랑크푸르트 ~ 쾰른 구간 1시간 소요
이용패턴	통행인구의 증가	통행인구의 증가	통행인구의 증가	통행인구의 증가
역세권 개발	역 주변 대형마트, 백화점 등으로 구성	역 전체를 하나의 공간으로 구성	역 주변 대규모 재개발	역 주변 대규모 재개발
공간구조	전국이 하나의 도시로 통합	지방분산형 구조	연계환승체계 → 교통거점화 성공	지방분산형 구조
산업구조	산업 집중의 가속화	산업 집중의 가속화	수도중심적 경제산업구조	중간역 인구감소, 종착역 인구증가
지역경제	빨대효과에 의한 지역경제 위축	기업 입지조건의 향상	지방분산 추진	기업 입지조건의 향상

① 각국의 기술 도입 효과가 국가별 특색에 따라 서로 다르게 나타나고 있다.

② 통행인구가 증가하는 공통적인 이용패턴을 보인다.

③ 모든 지역경제에 좋은 영향만 있는 것은 아니다.

④ 공간구조 측면으로 볼 때, 고속여객철도는 전국을 하나의 도시로 통합해 주고 있다.

3회 기출예상문제

01 ~ 36 **공통영역**

01. 다음 신문 기사를 읽고 나눈 대화에서 빈칸 ㉠에 들어갈 문장으로 알맞은 것은?

1980년대 초반부터 현재까지 중국의 당뇨 환자 비율은 10배 가까이 급증했으며, 그 결과 현대 중국 성인 10명 가운데 1명은 당뇨 관련 질환을 앓고 있다. 중국인을 대상으로 한 연구 결과, 당뇨 발병에 영향을 미칠 수 있는 여러 요인 가운데 흡연이 중요한 요인으로 꼽힌다는 결과가 나왔다. 영국 옥스퍼드 대학교와 중국의과학원(Chinese Academy of Medical Sciences), 북경대학교 연구진은 비흡연자에 비해 흡연자는 당뇨 발병 위험이 15 ~ 30% 가량 높다는 조사 결과를 '란셋 공중 보건(The Lancet Public Health)' 학술지에 발표했다.

세 기관의 연구진은 중국 전역 10개 지역(5개 도시와 5개 시골)의 성인 50만 명을 대상으로 흡연과 당뇨의 연관 관계를 분석했다. 대상 집단은 조사 시작 시점에는 당뇨병이 없었지만 9년의 관찰 기간 사이에 당뇨병이 발병한 사람들로, 이 기간 동안 모두 1만 3,500명의 조사 참여자가 2형 당뇨병(type 2 diabetes, 주로 소아에게 발병하는 1형과 달리 성인에게 발병하는 당뇨병) 증세를 보였다.

연구진은 나이, 사회경제적 여건, 음주, 운동, 비만 등의 요인이 조사의 결과에 영향을 미치지 않도록 통제했다. 조사 결과 한 번도 담배를 피우지 않았던 사람에 비해 꾸준히 흡연을 하는 사람의 경우 당뇨병 발병 위험이 15 ~ 30% 정도 높은 것으로 나타났다. 또한 담배를 더 일찍 시작하면 할수록 당뇨병 발병 위험이 뚜렷하게 높다는 결과가 나왔다.

A : 흡연이 당뇨병 발병의 중요한 요인들 중 하나라고 하네.
B : 게다가 중국은 흡연 유행이 고착화되어 있어서 흡연이 당뇨에 미치는 영향이 더 심각할 것 같아.
C : 당뇨 환자를 줄이기 위한 국가적인 대책이 필요한 시점인데, 무슨 방법이 있을까?
D : (㉠)

① 우선적으로 시행할 수 있는 방법에는 담배 혐오 그림 삽입, 금연 캠페인 등이 있어.

② 당뇨에 영향을 미치는 요인은 흡연 말고도 많기 때문에 금연이 근본적인 해결책은 아니야.

③ 국민들이 금연을 성공할 수 있도록 개별적인 차원에서 도와줘야 해.

④ 연령대가 어릴수록 위험한 만큼, 청소년들이 당 섭취를 줄일 수 있도록 과자류의 당 함량을 제한해야 해.

02. 다음 글의 논지 전개 방식과 관련한 서술상의 특징으로 적절하지 않은 것은?

생명은 탄생과 죽음으로 하나의 단위를 형성한다. 우리의 관심은 '잘 사는 것'과 '잘 죽는 것'으로 표현할 수 있다. 죽음은 인간의 총체를 형성하는 결정적인 요소이다. 이러한 요소 때문에 탄생보다는 죽음에 대한 철학적이고 문화적인 이해가 훨씬 더 많이 발달할 수밖에 없었다. 게다가 죽음이란 한 존재의 사멸, 부정의 의미이므로 여러 가지 인격을 갖고 살아가고 있는 현대인의 어떤 정체성을 부정하거나 사멸시키는 하나의 행위로서 은유적으로 사용되기도 한다. 이것은 죽음이 철학적 사변의 대상이 될 뿐만 아니라 어느 시대나 그 시대를 살아가는 문화적 관습의 근거가 되기도 하며 더 나아가 예술의 핵심을 형성하고 있다는 말이 된다. 그러한 물음을 모아 보면 다음과 같은 것들을 꼽을 수 있다. 모든 인간 하나하나는 자신이 죽는다는 사실을 확실하게 아는가? 죽는다는 사실은 나쁜 것인가?

많은 심리학자들은 죽음에 대한 이해는 인간이 타고나면서 저절로 알게 되는 것이 아니라고 한다. 그보다는 죽음이란 이 세상을 살아가면서 배우며 아는 것이라고 한다. 말하자면 어린이들은 죽음에 대한 개념이 없다가 점차 주변의 죽음을 이해하고 죽음에 대한 가르침을 통해서 죽음이란 무엇인가를 배운다는 것이다.

생명의 출발로부터 시작해서 죽음에 이르는 긴 시간의 과정이 바로 삶의 전체이다. 하지만 생명의 출발에 대한 이해도 여러 가지의 국면으로 나누어 이해할 수 있다. 나 자신의 물질적인 근거, 생물학적인 존재로서 '나'의 출발이다. 수정되어 태아 상태를 거쳐 하나의 성체가 되기까지의 '나'의 존재의 기원을 물질주의적으로 생물학적으로 묻는다.

또 하나는 철학적, 목적적으로 묻는 일이다. 즉 '나'는 이 세상에 왜 태어났는가 하는 것이다. 개개인에게 이 세상에서 살아야 하는 목적을 묻는다면 필연적으로 그것은 철학적, 윤리적, 가치론적 입장에서 답해야 한다. 인간 종의 기원에 대한 물음도 물질주의적 생물학적인 근거를 추적하는 일과 존재론적인, 목적론적인 원인을 추적하는 일로 나누어 생각해 볼 수 있다. 그래서 인간의 기원을 외부로부터 들어온 유기물이 원시 지구의 환경 속에서 성장한 것이라고 생각할 수도 있겠지만, 두루미나 호박벌이 가져온 골칫거리라고 생각할 수도 있다. 어느 것이 더 믿을 만하냐 라고 묻더라도 그 대답은 어떤 종류의 믿음을 말하느냐에 따라 달라진다.

이처럼 인간이라는 존재의 기원과 소멸까지는 단순히 하나의 분과 학문으로만 이해할 수 있는 성질의 것은 아니다. 여러 학문, 특히 과학 기술적 접근과 인문주의적 접근이 동시에 이루어짐으로써 그것에 대하여 보다 풍성한 이해를 유도할 수 있다.

① 핵심 단어에 대한 정의를 찾아가며 논점을 전개하고 있다.
② 드러난 상식으로부터 새로운 가치를 도출하려는 시도를 하려고 한다.
③ 특정 현상을 다양한 각도에서 조명해 보고자 한다.
④ 일반적인 통념에 대한 심도 있는 고찰 방법을 제시하고 있다.

1회 기출예상 2회 기출예상 3회 기출예상 4회 기출예상 5회 기출예상 인성검사 면접가이드

[03 ~ 05] 다음 글을 읽고 이어지는 질문에 답하시오.

사물 인터넷(IoT ; Internet of Things)이란 사물에 센서를 부착해 실시간으로 데이터를 모아 인터넷으로 전달해 주는 것을 말한다. 인터넷을 기반으로 사물과 사람을 연결해, 사람이 무선으로 연결된 스마트 기기, 즉 스마트폰을 통해 사물을 제어할 수 있도록 해 주는 기술이다. 이는 사람과 사람, 사람과 사물 간의 소통을 넘어 이제는 '사물과 사물 간의 소통'이 가능해진 것을 의미한다. 한마디로 정의하면 (A) 데이터를 일차적으로 획득, 저장, 분석하고 이를 다시 활용해 결과를 예측하는 프로세스의 탄생이다. 이러한 사물 인터넷은 상품정보를 저장한 극소형 칩이 무선으로 데이터를 송신하는 'RFID'와 센서, 스마트기기의 등장에서 비롯되었다. 최근 출시된 구글 글래스와 같은 웨어러블(wearable) 컴퓨터도 사물 인터넷 기술을 포함한다.

근거리 무선통신기술인 'NFC' 칩을 활용한 IT형 가전제품도 마찬가지다. NFC 칩이 탑재된 세탁기는 태그에 스마트폰을 갖다 대면 세탁기의 동작 상태나 오작동 여부를 확인하고 ㉠사용자에 따른 맞춤형 세탁코스로 세탁을 할 수 있다. 냉장고의 경우에도 기존에 존재하던 ㉡온도를 일정한 규칙에 따라 설정하는 기능을 넘어, 이제는 실시간으로 온도점검을 하고 제품 진단과 절전관리를 할 수 있으며, 프린터는 파일을 컴퓨터에 옮기지 않고 스마트폰을 갖다 대는 것만으로도 인쇄물을 손쉽게 출력할 수 있다. K 교수는 이에 대해 "인터넷과 거리가 멀게 느껴졌던 주변 사물이 통신망을 통해 서로 연결되면서 새로운 부가가치 산업이 등장하고 있다."고 말한다.

사물 인터넷을 활용한 대표적인 사례 중 하나가 월트디즈니 놀이공원에서의 미키마우스 인형이다. 디즈니는 미키마우스 인형의 눈, 코, 팔, 배 등 몸 곳곳에 적외선 센서와 스피커를 탑재하여, 인형이 실시간으로 디즈니랜드의 정보 데이터를 수집한 뒤 관람객에게 놀이공원에서 ㉢어떤 놀이기구를 얼마나 기다려야 하는지, 또 지금 있는 위치가 어디쯤인지 등을 알려 준다고 한다. 또한 미국의 매사추세츠공과대학에서는 기숙사의 화장실과 세탁실에 센서를 설치해 두고 인터넷을 연결해 어떤 화장실이 비어 있는지, ㉣어떤 세탁기와 건조기가 이용 가능한지 등의 정보를 실시간으로 제공하고 있다. 이 덕분에 학생들은 현장에 가지 않더라도 스마트폰으로 화장실, 세탁실의 상황을 파악할 수 있게 된다. 또한 사물 인터넷은 농업과 축산업에서도 활용된다. 네덜란드의 벤처기업 '스파크드'는 IoT(사물인터넷)를 농업과 축산업에 접목했다. 소의 몸에 센서를 부착해 소의 움직임과 건강정보를 파악한 뒤 이 데이터를 실시간으로 전송해 주는 이 기술 덕분에 더욱 많은 소들을 건강하게 키울 수 있게 되었다.

현재 전 세계에는 약 100억 개에 달하는 기계가 인터넷과 연결되어 있다. 하지만 이 숫자는 전 세계 단말기 수의 0.7%에 불과하다. 미국의 다국적 기업 IBM은 앞으로 새로운 하드웨어의 등장보다는 사용자에게 데이터를 제공하는 방법이 더 관건이 될 것이라고 주장하고 있다.

그러나 모든 사물이 연결될 경우, 개인정보가 유출되거나 시스템이 마비되는 등 해킹의 문제가 자연스럽게 뒤따르기 때문에 철저한 대안과 정책 마련도 반드시 필요하다.

03. 윗글을 통해 알 수 없는 것은?

① 사물 인터넷은 기계 이외의 대상에도 적용될 수 있다.

② RFID와 NFC는 모두 무선통신기술의 종류이다.

③ 사물 인터넷을 적용하는 경우에 심각한 보안 문제가 발생할 가능성이 있다.

④ 사물 인터넷은 본래 상업 외적인 목적으로 개발되었으나 현재 상업 목적으로 상용화되었다.

04. 다음 중 윗글에 나타난 서술 방식이 아닌 것은?

① 권위자의 의견에 의지하여 대상을 묘사하고 있다.

② 예상되는 결과와 그에 따른 행동의 필요성을 제시하고 있다.

③ 대상이 적용됨에 따라 나타난 결과를 설명하고 있다.

④ 구체적인 사례와 사례별 대상의 적용 방식을 열거하고 있다.

05. 다음 중 (A)의 사례로 보기 어려운 것은?

① ㉠   ② ㉡

③ ㉢   ④ ㉣

[06 ~ 07] 다음의 제시 상황을 보고 이어지는 질문에 답하시오.

식품 업체에 근무하는 A는 아래 제시된 정보를 토대로 H 식품과 관련된 고객 응대 업무를 담당하고 있다.

- 식품명 : H 오믈렛
- 식품의 유형 : 즉석조리식품
- 원재료명 : 감자 58%, 계란(살균) 29%, 양파튀김(양파 96.35%, 올리브오일, 정제염, 구연산), 해바라기씨 오일, 정제염
- 조리방법 : (오븐)내포장을 제거한 후 오믈렛을 200℃에서 약 10분간 조리한다.
  (전자레인지)내포장을 제거한 오믈렛에 전자레인지용 커버를 씌우고 약 8분간 조리한다.
  (프라이팬)기름을 두르고 가열된 팬에서 약 10분간 조리한다.
- 보관방법 : −18℃ 이하의 냉동보관(이미 냉동된 바 있으니, 해동 후 재냉동시키지 마십시오)
- 포장재질 : 폴리에틸렌(내)/종이(외)

〈영양성분〉

- 100g당/총 내용량 500g
- ( ) 안의 수치는 1일 영양소 기준치에 대한 비율임.
- 100g당 함량 열량 132kcal, 나트륨 440mg(22.0%), 탄수화물 13g(4.0%), 당류 0.5g(0.5%), 지방 6.5g(12.0%), 트랜스지방 0.04g, 포화지방 1.0g(6.0%), 콜레스테롤 100mg(33.0%), 단백질 4.0g (7.2%)

〈주의사항〉

이 제품은 알레르기 유발성분 우유, 메밀, 땅콩, 대두, 밀, 고등어, 게, 새우, 돼지고기, 복숭아, 토마토, 호두, 소고기, 닭고기, 오징어, 조개류(굴, 전복 홍합포함)을 사용한 제품과 같은 제조시설에서 제조하고 있습니다. 알레르기를 유발할 수 있는 원료를 표시하였으니 확인 후 드시기 바랍니다.

※ 부정, 불량식품 신고는 국번 없이 1399

06. A는 상사로부터 H 식품과 관련된 정보를 간략하게 정리해 달라는 요청을 받았다. 다음 중 적절하지 않은 것은?

① 간단히 조리해서 먹을 수 있는 식품이다.

② 용기를 전자레인지를 통해 바로 가열해도 된다.

③ 오징어 성분이 들어 있는 제품과 같은 시설에서 제조된다.

④ 알레르기를 유발하는 성분이 있기 때문에 주의해야 한다.

07. A는 H 식품과 관련하여 다음과 같은 문의 메일을 받았다. 문의 내용에 대한 답변으로 적절한 것은?

받는 사람 : H 오믈렛 고객 응대 담당자(hhj4452@mail.com)

제목 : H 오믈렛 관련하여 문의사항 있습니다.

안녕하세요, 저는 평소 H 오믈렛을 즐겨 먹는 학생입니다. 자취 생활을 하다 보니 간편하게 조리할 수 있는 H 오믈렛을 자주 먹게 되었습니다. 하지만 너무 H 오믈렛만 먹어서 영양 불균형이 오지 않을까 걱정이 됩니다. 혹시 H 오믈렛만 먹었을 때 생길 수 있는 문제에 대해서 설명해 주실 수 있을까요?

① 나트륨의 경우 1개 전부 섭취 시 1일 영양소 기준치의 22%를 섭취할 수 있습니다.

② 탄수화물, 단백질, 지방이 모두 포함되어있지만, 미네랄과 비타민이 부족합니다.

③ 1개 전부 섭취하더라도 1일 콜레스테롤 기준치를 넘지 않습니다.

④ H 오믈렛을 1개 전부 먹으면 1일 지방 기준치의 절반 정도를 섭취할 수 있습니다.

[08 ~ 09] 다음의 제시 상황을 보고 이어지는 질문에 답하시오.

앱 개발회사의 법무팀에서 근무하는 L은 자사 앱을 판매하는 플랫폼 약관 관련 일을 담당하고 있다.

〈A 스토어 심사지침〉

□ 앱 내 구입

• 앱 내에서 기능을 잠금 해제하려는 경우(예 : 구독, 게임 내 화폐, 게임 단계, 프리미엄 콘텐츠에 접근하거나 전체 버전 잠금 해제) 앱 내 구입을 사용해야 합니다. 앱 내 에서 고객이 디지털 콘텐츠 제공자에게 '사례'할 수 있도록 앱에서 앱 내 구입용 화폐를 사용할 수 있습니다. 앱 및 메타데이터에 고객을 앱 내 구입 이외의 구입 메커니즘으로 안내하는 버튼, 외부 링크나 다른 동작 호출이 있으면 안 됩니다.

• 앱 내 구입을 통해 구입한 크레딧이나 게임 내 화폐는 사용 기한이 없어야 하며 복원할 수 있는 모든 앱 내 구입에 대한 복원 메커니즘을 반드시 갖추고 있어야 합니다.

• 올바른 구입 가능 유형이 유지되지 않으면 앱이 거부될 수 있습니다.

〈P 스토어 개발자 정책센터〉

□ 인앱 구매

• 스토어 내 구매 : 개발자는 P 스토어에서 판매되는 앱 다운로드와 앱 내 콘텐츠에 대한 엑세스와 관련해 사용자에게 요금을 청구하려면 P 스토어 결제 시스템을 사용해야 합니다.

• P 스토어를 통해 다운로드되는 다른 앱 카테고리 내에서 제품을 제공하려는 개발자는 다음 경우를 제외하고 결제 수단으로 P 스토어 인앱 결제를 사용해야 합니다.

  – 실제 상품(식료품, 의류, 청소 서비스, 교통 서비스 등)에 대해서 결제가 이뤄지는 경우
    일회성 또는 반복적 회비(헬스장 이용료, 멤버십 프로그램, 경매, 기부)

  – 앱 외부에서 사용할 수 있는 디지털 콘텐츠에 대한 결제인 경우(다른 음악 플레이어에서 재생할 수 있는 노래)

〈모바일 인앱(In-App)결제의 계약관계〉

• (계약법적 특수성) 모바일 인앱결제의 경우 전형적인 3면 계약관계를 갖고 있다.

  – 앱마켓 사업자, 앱 개발사, 소비자의 세 주체가 계약과정에 개입되어 있다. 대체적으로 앱 개발사와 소비자간 계약이 체결되면 앱 개발사는 상세거래조건과 청약철회조건을 고지하고 소비자가 대금을 앱마켓 사업자에게 지급한다.

  – 앱마켓 사업자는 지급받은 대금에서 수수료를 제외한 금액을 앱 개발사에게 배분한다. 통상적으로 앱마켓 사업자들은 소비자가 인앱결제를 통해 결제한 금액의 30%를 그 수수료로 공제하고 70%를 판매자인 개발사에게 지급하는 것으로 알려져 있다.
    소비자들은 취소 · 환급 사유가 발생할 경우 판매자인 앱 개발사에게 연락을 취하는 경우가 많으나, 다수의 앱 개발사들은 취소 · 환급에 대한 직접적인 권한이 없어 앱마켓 사업자에게 재요청할 것을 안내하고 이로 인한 환급 지연이 발생한다.

08. 다음 중 L이 A 스토어와 P 스토어의 정책지침을 읽고 이해한 내용으로 적절하지 않은 것은?

① A 스토어에서 인앱결제 외 다른 결제수단을 사용하는 앱의 경우 A 스토어에서 앱이 삭제당하는 일이 발생할 수도 있겠군.

② 일부 앱마켓 사업자들은 앱마켓에 등록하고자 하는 앱개발사들에게 인앱결제만을 앱 내 결제수단으로 사용하도록 권장하고 있군.

③ 인앱결제 판매정보 등을 앱 개발자와 앱 마켓 사업자가 공유함에도 불구하고 환급지연이 발생하는군.

④ 앱마켓 사업자가 1차적으로 소비자로부터 결제금을 받으면 그것을 2차적으로 앱개발자와 나누는 구조인 것 같군.

09. 다음 기존 관련 법률 제2조와 개정 및 신설된 제20조의 3에 대한 L의 추론으로 가장 적절하지 않은 것은?

〈전자상거래 등에서의 소비자 보호에 관한 법률〉

제2조(정의)

　제2항. "통신판매"란 우편·전기통신으로 재화 또는 용역의 판매에 관한 정보를 제공하고 소비자의 청약을 받아 재화 또는 용역을 판매하는 것을 말한다.

　제3항. "통신판매업자"란 통신판매를 업(業)으로 하는 자 또는 그와의 약정에 따라 통신판매업무를 수행하는 자를 말한다.

　제4항. "통신판매중개"란 자신의 이름을 표시하여 통신판매에 관한 정보의 제공이나 청약의 접수 등 통신판매의 일부를 수행하기 위해 법으로 정하는 방법으로 거래 당사자 간의 통신판매를 알선하는 행위를 말한다.

제20조의3(통신판매의 중요한 일부 업무를 수행하는 통신판매중개업자의 책임)

　통신판매에 관한 거래과정에서 통신판매중개업자는 통신판매업자가 다음의 경우에 고지의무를 이행하지 아니할 때 이를 대신하여 이행하여야 한다.

　1. 청약의 접수를 받는 경우

　2. 재화 등의 대금을 지급받는 경우

---

① 앱 개발사는 동법에 따라 전기통신을 활용한 유료 콘텐츠를 판매하므로 "통신판매업자"라고 볼 수 있군.

② 앱마켓 사업자의 경우 개발사들이 소비자와 거래를 할 수 있도록 장을 제공하고 통신판매에 관한 정보의 제공 등 통신판매의 일부를 수행하므로 유료 앱에 대해서는 "통신판매중개업"을 한다고 볼 수 있군.

③ 제20조의 3에서 통신판매중개업자의 고지의무에는 청약접수 시 상세한 거래조건에 대한 내용과 대금 지급 시 청약철회에 대한 안내에 대한 내용이 포함되겠군.

④ 직접 콘텐츠를 제작·판매하더라도 통신판매중개업자가 이행하지 않는 의무를 통신판매업자가 대신 이행하도록 책임을 강화하는 목적이라고 봐야 하겠군.

[10 ~ 12] 다음 글을 읽고, 이어지는 질문에 답하시오.

(가) 현대에 우리가 사용하거나 이용하는 물건을 들여다보면, 아무리 복잡한 물건이라 해도 대부분 철로 만들어져 있거나 철이 들어 있다. 이렇게 철이 광범위하게 사용되는 이유는 철이 우수한 성질을 가졌을 뿐 아니라 가공도 쉽기 때문이다. 철이 도구로 사용되기에 적당하다는 것은 지구상에 살고 있는 인류에게는 큰 행운이다. 그 이유는 철이 지구상에서 충분하게 얻을 수 있는 자원이기 때문이다. 인구의 급격한 팽창과 개인 소비의 증가에 따라 인류는 모든 종류의 자원 고갈에 대해 걱정하고 있다. 그러나 인류가 가장 많이 사용하는 재료인 철의 자원은 현재까지 파악된 매장량만으로도 앞으로 수백 년 동안 고갈에 대한 걱정을 하지 않아도 된다. 브라질의 현재 매장량만으로도 인류가 100년은 사용할 수 있을 정도이다. 또한 한 번 사용되었던 철을 회수하여 다시 가공할 수 있기 때문에 철은 거의 무한한 자원이라고 볼 수 있다.

(나) 소규모 대장간에서 생산된 철을 기반으로 발전해 오던 인류는 18세기 후반부에 철의 대량 생산에 성공하면서 산업 혁명을 맞이한다. 각 분야에 철이 우수한 특성을 활용하는 기술이 발달하면서 급속하게 산업의 발달이 이루어지게 된다. 예를 들어, 돌이나 나무가 주재료였던 건축물은 철을 사용함으로써 높이나 크기의 한계를 극복할 수 있었다. 1779년 철을 사용한 최초의 다리인 아이언 브리지가 세워지기 전까지는 교각의 수도 제한적이었고, 다리가 세워질 수 있는 폭도 한계가 있었다. 그러나 철이 사용되기 시작하면서 교량의 건설이 급격하게 늘어났다. 철로 된 기념비적인 건축물로는 1889년에 세워진 유명한 파리의 에펠탑이 있다. 이 탑은 강철 이전의 재료인 연철로 만들어진 것으로, 건축물의 주재료가 철로 변화했음을 보여 주는 상징적인 건축물이다.

(다) 앞으로의 철의 위상에 대해서도 철의 시대가 계속될 것이라고 단언할 수 있다. 왜냐하면 대체 재료를 찾는 일이 불가능하기 때문이다. 또한 인류 역사와 더불어 발달해 온 철강을 다루는 고도의 기술 수준이 있기 때문에 철이 다른 어느 재료보다도 인류에게는 다루기 쉬운 재료라는 것도 큰 장점이다.

(라) 앞으로의 철강 기술의 발전 방향을 살펴보자. 우선은 철강의 고순도화가 계속 진행될 것이다. 현재 철강 내의 불순물들의 농도는 수십ppm(1ppm은 1kg에 1mg의 불순물이 들어 있는 농도) 정도다. 반도체에 사용되는 고순도 실리콘 내에 산소 불순물이 10 ~ 20ppm 함유되어 있는 것과 비교하면 거의 반도체 수준에 육박하는 고순도 제품이 얻어지고 있는 것이다. 앞으로 철강 재료의 고순도화는 계속 진행될 것이고, 이런 고순도화 기술이 확보되면 철의 가공성이나 성능이 더욱 향상해 새로운 산업 분야를 만들어 낼 수 있을 것이다.

10. 윗글에서 (가) ~ (라)의 문단별 주제로 알맞지 않은 것은?

① (가) : 철 수입원 다각화의 필요성
② (나) : 산업 혁명을 이끈 철
③ (다) : 앞으로도 계속될 철의 위상
④ (라) : 철강 기술의 발전 방향

11. 다음 중 윗글에 나타난 서술 방식으로 옳은 것은?

① 일반적인 통념에 대해서 문제를 제기하고 있다.
② 상반된 관점을 절충적으로 종합하고 있다.
③ 구체적인 예시를 들며 설명하고 있다.
④ 반대 사례를 제시하여 논지를 전환하고 있다.

12. 다음 중 윗글의 내용과 일치하지 않는 것은?

① 철은 재활용할 수 있기 때문에 자원 고갈 문제를 크게 일으키지 않는다.
② 철을 다루는 기술이 많이 발달되어 있고 철의 대체 재료를 찾기 힘들기 때문에 앞으로도 인류 사회에 철이 많이 이용될 것이다.
③ 철은 18세기 이전에 생산되지 않았다.
④ 100kg의 철강에 15ppm 농도의 불순물이 있다고 하면 이 철강에 들어있는 불순물의 양은 1,500mg 이다.

[13 ~ 14] 다음 제시된 자료를 보고 이어지는 질문에 답하시오.

○○공사 황 대리는 공공기관의 처분에 이익을 침해받았을 경우 구제받을 수 있는 정보를 살펴보고 있다.

〈정보공개 불복구제절차〉

• 이의신청

신청권자	• 공공기관의 비공개처분 또는 무작위로 법률상 이익을 침해받은 청구인 • 공공기관이 제3자의 의사에 반하여 정보를 공개한 경우의 제3자
신청기간	• 공개여부 결정통지를 받은 날 또는 비공개의 결정이 있는 것으로 보는 날부터 30일 이내 • 제3자의 경우 공개통지를 받은 날부터 7일 이내
신청방법	정보공개(비공개)결정 이의신청서를 작성하여 당해 처분기관에 신청
결정 및 통지	접수일부터 7일 이내(7일 연장가능)에 수용여부 결정 후 서면으로 통지

• 행정심판청구

청구권자	공공기관의 처분 또는 무작위로 법률상 이익을 침해받은 청구인
청구기간 및 방법	• 처분이 있음을 안 날부터 90일, 처분이 있는 날로부터 180일 이내 제기 • 심판청구서를 재결청 또는 피청구인인 행정청에 제출
재결기간 및 통보	심판 청구를 받은 날부터 60일 이내(30일 연장가능)에 재결하여 「재결서」 통지

• 행정소송

재소권자	공공기관의 처분 또는 무작위로 법률상 이익을 침해 받은 청구인
재소기간	처분이 있음을 안 날로부터 90일, 처분이 있는 날로부터 1년 이내

* 이의신청, 행정심판, 행정소송은 청구인이 선택 가능

13. 다음 중 위 자료를 이해한 내용으로 가장 적절하지 않은 것은?

① 이의신청 시 수용여부 결정은 접수일로부터 최장 2주까지 소요될 수 있다.

② 불복구제절차의 종류에 따라 청구인을 지칭하는 명칭이 다르다.

③ 청구권자가 심판청구서를 제출하는 기관은 재결청과 행정청이다.

④ 청구인이 신청해야 하는 불복구제절차의 종류는 처분기관이 정하여 통보한다.

14. 다음 〈보기〉는 황 대리가 제시된 자료를 통해 작성한 특정 불복구제절차의 신청기간이다. 황 대리가 작성한 도식의 불복구제절차로 가장 적절한 것은?

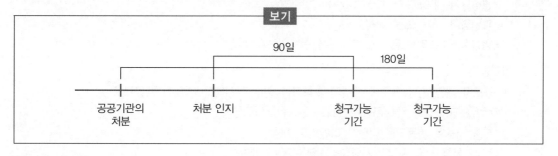

① 해당 없음.

② 행정심판청구

③ 행정소송

④ 이의신청

[15 ~ 16] 다음 제시된 자료를 보고 이어지는 질문에 답하시오.

한국도로공사에서 일하는 이기쁨 사원은 동영상 공모전의 안내문을 정리하고 있다.

〈○○고속도로 개통 50주년 기념 동영상(UCC) 공모전 개최 알림〉

1. 공모내용
- 대상 : 전 국민 누구나
- 공모기간 : 9. 11.(금) ~ 10. 6.(화) [접수기간 : 10. 1.(목) ~ 10. 6.(화)]
- 공모주제 : 슬기로운 · 유쾌한 ○○고속도로 생활
  - ○○고속도로와 함께 살아가는 우리들의 이야기

> **[소재 예시]**
> - 출·퇴근 이용 등 일상과 함께 하는 ○○고속도로
> - ○○고속도로를 이용한 여행과 휴식
> - ○○고속도로 내 휴게소의 먹을거리 · 볼거리 · 즐길거리
> - 나만의 ○○고속도로 10배 더 즐기는 방법 등

- 공모형식 : 광고 캠페인, 브이로그, 애니메이션 등 장르 불문
  - 영상분량 : 40초 ~ 2분 59초 이내
  - 영상크기 : 1,080P(1,920×1,080), 가로형
  - 파일형식 : AVI 또는 MP4
  - 영상장비 : 스마트 폰, 캠코더, 드론 활용 등 제한 없음.

2. 참가방법
① 응모자 개인 영상 플랫폼 채널에 출품작을 필수 해시태그(#)와 함께 업로드
  - #○○고속도로 #50주년 #영상공모전 #한국도로공사
② 제출 서류와 출품작을 담당자 이메일로 제출
  - 참가신청서 및 서약서[서명 후 스캔본(PDF) 제출]
  - 영상파일[파일명은 '○○고속도로 50주년 영상공모전 출품작_작품 제목'으로 작성]
  - 드론 촬영허가서 및 비행승인서 등 증빙서류 첨부

3. 심사 및 결과발표
- 심사 기준 : ① 심사위원 심사(70%)+② 영상 플랫폼 조회 수(30%)

심사내용	심사 기준
내용의 적합성	1. ○○고속도로 50주년 홍보 내용 포함 2. 비속어 미사용 등 공공 적합성

콘텐츠 우수성	1. 촬영 · 편집 기술 2. 구성 내용(시나리오 등) 및 기획력
콘텐츠 창의성	1. 유사 콘텐츠 유무 2. 기발한 아이디어 적용
콘텐츠 활용성	1. 온라인 · 오프라인 매체 활용성 2. 차후 행사 등 현장 활용성
영상 플랫폼 조회 수	업로드 후 1주일간의 조회 수

• 결과발표 : 공사 SNS 채널 게시 및 개별 통보
• 우수자 선정 인원 및 포상 내용

구분	금상	은상	동상
인원	1명	2명	3명
포상	500만 원	250만 원	100만 원

    – 상금은 위의 포상금에서 제세공과금(22%) 제외 후 지급
    – 상금지급 시기 : 10월 말 ∼ 11월 중(별도 시상 없음)

15. 다음 중 이기쁨 사원이 정리한 자료를 이해한 내용으로 가장 적절하지 않은 것은?

① 공모할 동영상은 반드시 ○○고속도로를 주제로 해야 한다.
② 심사기준은 총 5개이며 영상플랫폼 조회 수는 30% 반영된다.
③ 금상 수상자는 제세공과금 제외 후 500만 원을 받게 된다.
④ 파일 형식은 AVI나 MP4여야 하며, 영상 촬영 장비에는 아무런 제한이 없다.

16. 다음 중 이기쁨 사원이 영상 공모전 출품작을 심사할 때 확인할 사항으로 가장 적절하지 않은 것은?

① 참가자가 이메일로 보낸 제출 서류에 참가신청서와 서약서를 첨부했는지 확인한다.
② 업로드된 영상의 분량이 40초에 채 미치지 못하거나 2분을 초과하는지 확인한다.
③ 영상 플랫폼에 업로드된 영상과 함께 필수 해시태그가 모두 업로드되어 있는지 확인한다.
④ 만약 해당 영상이 드론으로 촬영된 경우, 관련 서류가 이메일에 첨부되어 있는지 확인한다.

[17 ~ 19] 다음 상황을 보고 이어지는 질문에 답하시오.

A는 다음 달로 계획된 회사 야유회 일정을 계획 중이다.

〈야유회 일정〉

1. 날짜 : 2020. 09. 21. ~ 2020. 09. 22.
2. 장소 : XX리조트
3. 야유회 일정

시간		일정	비고
09. 21	09 : 00 ~ 09 : 30	인원체크 후 야유회 출발	
	09 : 30 ~ 12 : 00	XX리조트 도착	버스에서 간단한 아침 제공
	12 : 00 ~ 13 : 00	점심식사 및 휴식	리조트 내 식당
	13 : 00 ~ 16 : 00	자유코스 등산	왕복 3시간 이내
	16 : 00 ~ 16 : 30	인원체크 후 기념 촬영	
	16 : 30 ~ 19 : 00	저녁식사 및 휴식	지역 소고기 맛집
	19 : 00 ~ 21 : 00	레크레이션	레크레이션 강사 초빙
09. 22	08 : 00 ~ 09 : 30	기상 후 아침식사	리조트 내 식당
	10 : 00	리조트 체크아웃	
	10 : 00 ~ 10 : 40	양떼목장 이동	
	10 : 40 ~ 12 : 00	양떼목장 관광	
	12 : 00	일정 완료	
	12 : 00 ~ 14 : 30	회사 이동	버스 내에서 기념품과 간단한 점심 제공

〈야유회 준비 과정〉

업무	기한 및 구체적 내용
일정 팜플렛 제작	인턴 K가 9월 20일까지 40부 제작 담당
양떼목장 예약	성인 40명(단체 30명 이상 시, 10% 할인 진행)
리조트 대관	자사 리조트 이용 예정이므로 지원팀과 업무 협조 필요(9월 20일까지 확정 요함)
버스 대절	9월 20일부터 21일까지 양일간 이동할 버스 대절(40인승 이상, 9월 13일까지 예약 요함)
식사 예약	9월 21일 아침, 9월 22일 점심 샌드위치 사전 주문(9월 21일 09시까지 회사 정문 앞 배달 가능한 곳으로)

17. 다음 중 A가 야유회 준비를 위해 한 일로 옳은 것은?

① 일정 팜플렛 40부를 제작했다.

② 10% 할인받은 금액으로 양떼목장 예약을 진행했다.

③ 자사 리조트 XX지점에 연락하여 리조트 대관을 진행했다.

④ 9월 19일 저녁에 샌드위치 가게에 가서 40인분을 포장해 왔다.

18. A는 야유회 준비를 담당하며 〈야유회 일정〉의 일부 내용을 수정해야 한다. 다음의 준비 과정을 고려하였을 때 〈야유회 일정〉에서 수정될 내용으로 옳은 것은?

오늘 날짜 : 2020. 09. 19.	
일정 팜플렛 제작	내일까지 인턴 K가 완료할 것임.
양떼목장 예약	22일 오전에 다른 예약이 차 있어 해당일 예약이 어렵다는 답변을 19일 오전에 받았음.
지원팀 B의 협조	자사 리조트 대관 가능하다는 답변을 19일 오후에 받았음.
샌드위치 예약	9월 21일 아침에 샌드위치 40개 배달은 가능하지만 22일 점심에 먹을 샌드위치는 미리 구비하여 두면 상할 수 있으니 아침 것만 주문하기로 하였음.

① 자사 리조트 대관이 어려우므로 다른 숙소를 알아보아야겠다.

② 일정 팜플렛 제작에 차질이 생겼으니 일정표는 직원들의 개인 메시지로 전송해야겠다.

③ 샌드위치 배달이 어려우므로 21일 아침은 김밥으로 대체해야겠다.

④ 21일 오후에 양떼목장 예약이 가능한지 알아보고, 가능하다면 등산과 일정을 교체하는 게 낫겠다.

19. A는 야유회에 필요한 예산안을 짜기 위해 다음의 자료를 참고하였다. 야유회에 필요한 예산은 총 얼마인가? (단, 자료에 제시된 것 외의 비용은 고려하지 않는다)

구분			금액	비고
식대	21일 아침	샌드위치 40개	1개당 3,000원	
	22일 점심	김밥 40줄과 꿀떡 80개	김밥 1줄당 2,000원 꿀떡 40개당 20,000원	꿀떡 나누어 담을 종이컵 1세트 3,000원
	리조트 식당		1인당 5,000원	양일 간 총 2회 식사
	지역 소고기 맛집		1인분 30,000원	총 60인 분 주문
교통비 (1일 기준)	버스 대절		1대당 300,000원	• 하루에 1대 대절 • 교육일 양일 모두 대절
장소 대관	리조트		방 1개당 50,000원	4인 1실
강사 초빙	김○○		1인당 300,000원	

① 3,843,000원
③ 3,845,000원

② 3,844,000원
④ 3,846,000원

[20 ~ 22] 주주총회 기념품을 준비하라는 업무를 받은 L 씨는 4개의 업체로부터 견적 내용을 받았다. 이를 바탕으로 이어지는 질문에 답하시오.

〈품목별 권장소비자가격〉

품목	USB	열쇠고리	볼펜
단가	9,000원	5,000원	4,000원

〈업체별 판매금액〉

업체 \ 품목	USB	열쇠고리	볼펜	추가할인
A	8,100원	4,500원	3,600원	USB 5% 할인
B	9,000원	4,000원	3,600원	열쇠고리 5% 할인
C	7,200원	4,500원	4,000원	볼펜 5% 할인
D	8,100원	4,500원	3,200원	개당 100원 할인

〈기념품 준비 사항〉

• 모든 기념품은 같은 업체에서 준비해야 한다.
• USB 10개, 열쇠고리 20개, 볼펜 10개를 준비해야 한다.
• 추가할인은 업체별 판매금액을 기준으로 적용한다.

20. 전체 할인율이 가장 큰 업체는?

① A 업체   ② B 업체   ③ C 업체   ④ D 업체

21. 추가할인을 적용하지 않았을 때 전체 할인율이 가장 큰 업체는?

① A 업체   ② B 업체   ③ C 업체   ④ D 업체

22. B 업체의 할인율이 가장 높아지기 위해 B 업체가 선택할 조건으로 올바른 것은?

① 볼펜 5% 할인을 추가한다.
② USB 4% 할인을 추가한다.
③ 열쇠고리 할인율을 8%로 올린다.
④ 열쇠고리 할인을 없애고 개당 150원 할인을 적용한다.

[23 ~ 24] 한국○○공사 도로개량팀 K 사원은 중부고속도로 노후시설 보수 관련 업무를 담당하고 있다. 다음 자료를 보고 이어지는 질문에 답하시오.

〈자료 1〉 보도자료

한국○○공사, 중부고속도로 개량공사 전면 시행

한국○○공사는 올해 6월 3일부터 12월 30일까지 중부고속도로 호법분기점 ~ 마장분기점 (L=2.6km), 산곡분기점 ~ 하남분기점(L=4.4km) 구간의 노후시설 보수를 위해 양방향 차로의 진입 및 통행을 제한할 계획이라고 밝혔다. 단, 이용객의 불편을 최소화하기 위해 평일 야간 시간대 (21시 ~ 06시)에만 차로를 차단하고 공사를 시행할 예정이다.

우회도로는 호법분기점 ~ 마장분기점 구간의 경우 국도 3 · 42호선 등이 있고, 산곡분기점 ~ 하남분기점 구간의 경우 국도 43 · 45호선 등이 있다.

한국○○공사는 공사 시행으로 인해 교통 혼잡이 우려됨에 따라 교통방송, 도로전광표지판 (VMS) 등을 통해 교통상황 및 우회도로 정보를 확인할 것을 당부하였다.

〈자료 2〉 지도

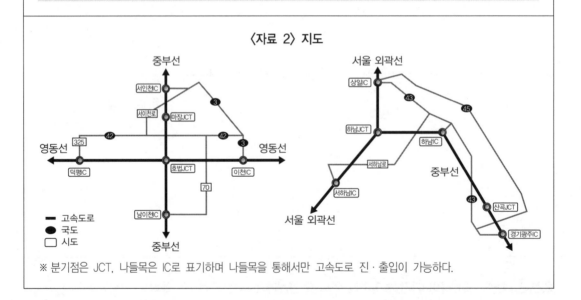

※ 분기점은 JCT, 나들목은 IC로 표기하며 나들목을 통해서만 고속도로 진 · 출입이 가능하다.

23. 한국○○공사 K 사원은 다음과 같은 상사의 지시를 받고 〈자료 2〉를 바탕으로 〈자료 1〉에 추가할 우회도로 삽화를 제작하려고 한다. 다음 중 가장 바르게 제작한 것으로 묶인 것은?

보도자료에 삽입할 우회도로 삽화제작을 부탁드립니다. 삽화를 제작하실 때 공사 예정인 고속도로 구간을 잘 알아볼 수 있도록 따로 표기해 주시고, 고속도로와 다른 도로 간의 구분이 잘 이루어질 수 있도록 다른 종류의 선으로 표시 부탁드립니다. 또한 공사 구간을 우회하여 국도나 시도 등에서 고속도로에 진 · 출입이 가능한 곳은 화살표 등으로 확실하게 표기해 주세요.

www.gosinet.co.kr gosinet

1회 기출예상

2회 기출예상

3회 기출예상

4회 기출예상

5회 기출예상

인성검사

면접가이드

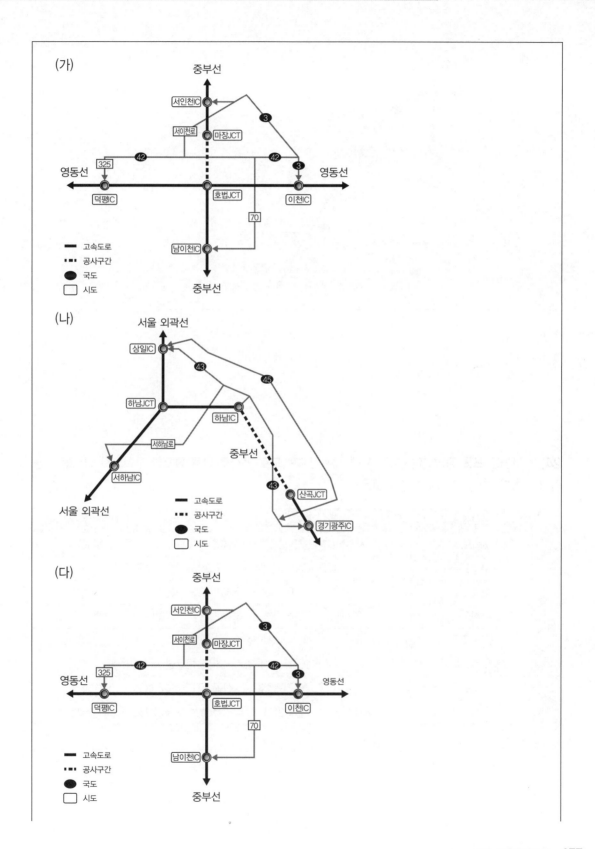

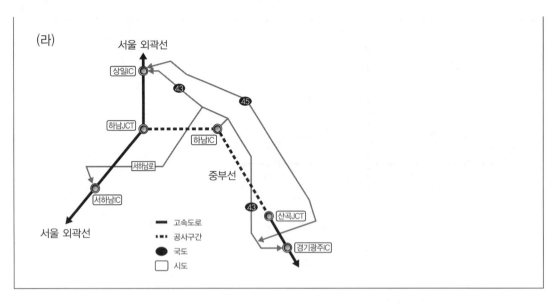

① (가), (나)   ② (가), (라)
③ (나), (다)   ④ (다), (라)

24. K 사원은 표를 정리하여 〈자료 1〉에 제시된 고속도로 공사로 인해 필요한 우회도로 정보를 제공하려고 한다. 가장 바르게 작성된 것은?

	도로분류	구간
①	고속도로	서하남IC – 하남JCT – 하남IC – 산곡JCT – 경기광주IC
	우회도로	서하남IC – 서하남로 – 국도43호선 – 경기광주IC
②	고속도로	이천IC – 호법JCT – 덕평IC
	우회도로	이천IC – 국도3호선 – 국도42호선 – 70번도로 – 덕평IC
③	고속도로	서이천IC – 남이천IC
	우회도로	서이천IC – 서이천로 – 국도42호선 – 남이천IC
④	고속도로	경기광주IC – 산곡JCT – 하남IC
	우회도로	경기광주IC – 산곡JCT – 국도45호선 – 국도43호선 – 하남IC

[25 ~ 28] 다음의 제시상황과 자료를 보고 이어지는 질문에 답하시오.

전산팀 신입 직원 H는 아래와 같은 회사의 시스템 모니터링 프로그램 사용법을 배우고 있다.

〈시스템 항목 및 세부사항〉

항목	세부사항
Sector	오류가 발생한 위치
Error Level	오류의 상태, 심각성, 처리 성공률 등을 종합한 최종 결정값
Error Factor	Error Value에 변동을 주는 요인

항목	세부사항	적용방식
Factor A	시스템에 치명적인 오류. 처리 우선순위 높음.	Error Level에 +45(%)
Factor B	심각성이 낮은 오류. 처리 우선순위 낮음.	Error Level에 −15(%)
Factor C	복잡한 처리 절차. 2차 오류의 발생 위험 높음.	Error Level에 −20(%)
Factor D	오류 처리에 필요한 권한 부족. 2차 오류 발생 위험 존재	Error Level에 −10(%)
Factor E	처리 기록이 있는 오류. 처리 실패율 매우 낮음.	Error Level에 +30(%)
Factor F	적합한 처리법의 탐색이 불가능. 처리 실패율 높음.	Error Level에 −30(%)
Factor G	진행 중인 작업과 에러 처리 작업의 충돌 가능성 높음.	Error Level에 −25(%)

* Error Level은 0부터 100까지를 범위로 결정됨.
* 오류 요소로 인한 Error Level의 최종 연산 결과가 0보다 작으면 0으로 간주
* 오류 요소로 인한 Error Level의 최종 연산 결과가 100보다 크면 100으로 간주
* 각 요소로 인한 연산은 순서를 고려하지 않고 모든 연산이 끝난 결과값을 최종 Error Level로 결정

〈시스템 상태 표〉

시스템 상태	판단기준	입력 코드
Red	최종 Error Level이 80(%) 이상	Dispatch
Yellow	최종 Error Level이 50(%) 이상 80(%) 미만	Overwatch
Green	최종 Error Level이 25(%) 이상 50(%) 미만	Approach
White	최종 Error Level이 25(%) 미만	Exit

* 시스템 상태는 White에서 Red로 갈수록 높은 등급.

• 시스템 관리 예시 1

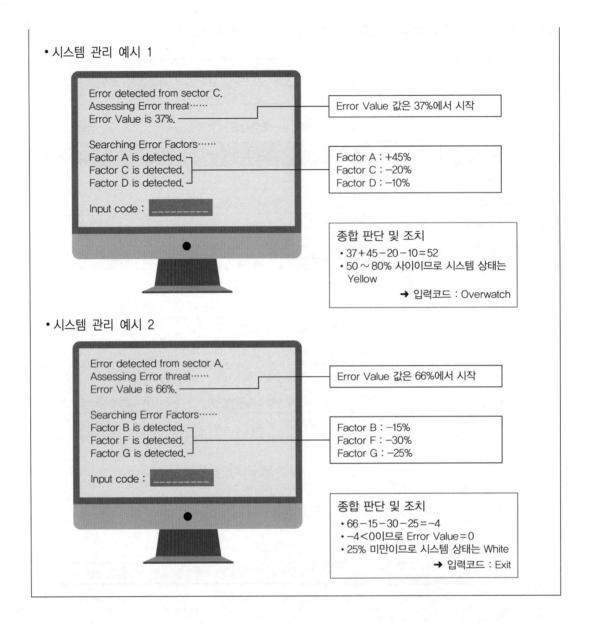

Error detected from sector C.
Assessing Error threat……
Error Value is 37%.

Searching Error Factors……
Factor A is detected.
Factor C is detected.
Factor D is detected.

Input code :

Error Value 값은 37%에서 시작

Factor A : +45%
Factor C : −20%
Factor D : −10%

종합 판단 및 조치
• 37+45−20−10=52
• 50 ~ 80% 사이이므로 시스템 상태는 Yellow
　　　　　→ 입력코드 : Overwatch

• 시스템 관리 예시 2

Error detected from sector A.
Assessing Error threat……
Error Value is 66%.

Searching Error Factors……
Factor B is detected.
Factor F is detected.
Factor G is detected.

Input code :

Error Value 값은 66%에서 시작

Factor B : −15%
Factor F : −30%
Factor G : −25%

종합 판단 및 조치
• 66−15−30−25=−4
• −4<0이므로 Error Value=0
• 25% 미만이므로 시스템 상태는 White
　　　　　→ 입력코드 : Exit

25. 다음 시스템 화면에서 입력해야 할 코드로 옳은 것은?

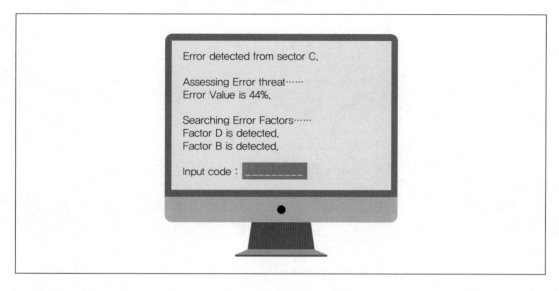

① Dispatch
③ Approach
② Overwatch
④ Exit

26. 다음 시스템 화면에서 입력해야 할 코드로 옳은 것은?

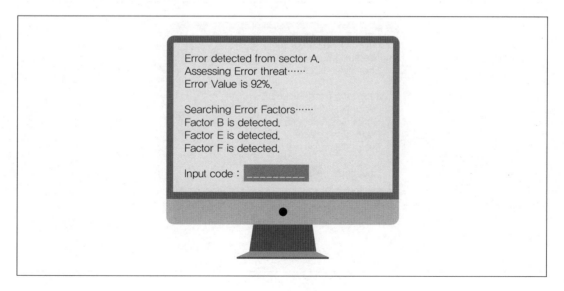

① Dispatch
③ Approach
② Overwatch
④ Exit

27. 다음 시스템 화면에서 입력해야 할 코드로 옳은 것은?

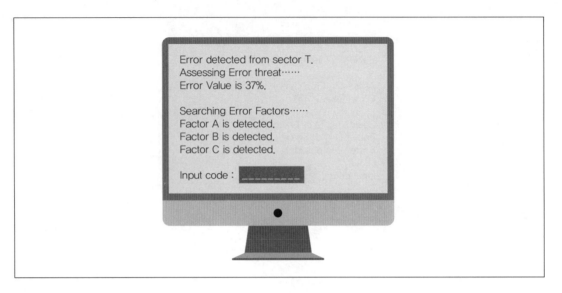

Error detected from sector T.
Assessing Error threat……
Error Value is 37%.

Searching Error Factors……
Factor A is detected.
Factor B is detected.
Factor C is detected.

Input code :

① Dispatch   ② Overwatch
③ Approach   ④ Exit

28. 다음 시스템 화면에서 입력해야 할 코드로 옳은 것은?

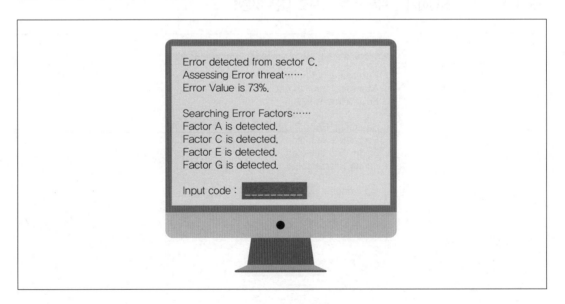

Error detected from sector C.
Assessing Error threat……
Error Value is 73%.

Searching Error Factors……
Factor A is detected.
Factor C is detected.
Factor E is detected.
Factor G is detected.

Input code :

① Dispatch   ② Overwatch
③ Approach   ④ Exit

[29 ~ 33] 다음의 제시 상황을 보고 이어지는 질문에 답하시오.

1회 기출예상

2회 기출예상

3회 기출예상

4회 기출예상

5회 기출예상

인성검사

면접가이드

〈명령어〉

명령어	해석
include " "	X집합 내에서 " " 안의 단어가 포함된 항목만 선정
if ~ , go to (i)	if 뒤의 조건을 만족하는 개체는 (i) 명령을 따름
if not, go to (ii)	앞의 if 조건을 만족하지 못하는 개체는 (ii) 명령을 따름
str.replace(A, B)	문자열에서 A를 B로 바꿈
str.rstrip()	문자열에서 괄호 안에 지정된 문자를 제거한 앞의 값을 출력함. 단 (　)처럼 괄호 안에 문자가 공백일 경우 x 값을 그대로 출력함
str.lstrip()	문자열에서 괄호 안에 지정된 문자를 제거한 뒤의 값을 출력함. 단 (　)처럼 괄호 안에 문자가 공백일 경우 x 값을 그대로 출력함
/enter/	명령어 간 구분
print	지정한 집합 내 항목들을 모두 출력

예시) X={계약 완료, 확인 요망}일 경우

```
if x = include "계약", go to ( i )
if not, go to ( ii )
/enter/
( i ) 'x'.replace('완료', '성사')
/enter/
( ii ) 'x'.rstrip('요망')
/print/
```

출력값

계약 성사, 확인

29. X={예산안, 기획안, 업무보고서, 인사보고서}일 때, 다음 명령체계를 거쳐 최종적으로 출력되는 값은 무엇인가?

```
if x=include "안", go to ( i )
if not, go to ( ii )
/enter/
( i ) 'x'.rstrip('안')
/enter/
( ii ) 'x'.rstrip('보고서')
/enter/
/print/
```

① 예산, 기획, 보고서
② 업무보고서, 인사보고서, 안
③ 예산안, 기획안, 보고서
④ 예산, 기획, 업무, 인사

30. X={마감 기한, 시안 확인, 퇴고 기한}일 때, 다음 명령체계를 거쳐 최종적으로 출력되는 값은 무엇인가?

```
if x=include "확인", go to ( i )
if not, go to ( ii )
/enter/
( i ) 'x'.replace('확인', '결정')
/enter/
( ii ) 'x'.replace('기한', '완료')
/enter/
```

① 시안 결정, 마감 완료, 퇴고 완료
② 시안 확인, 마감 완료, 퇴고 완료
③ 시안 확인, 마감 기한, 퇴고 기한
④ 시안 완료, 마감 결정, 퇴고 결정

31. 다음 명령체계를 거쳐 최종적으로 출력된 값이 다음과 같을 때, 최초의 집합 X에 포함될 수 없는 항목은?

```
if x=include "모집", go to ( i )
if not, go to ( ii )
/enter/
( i ) 'x'.lstrip(모집)
/enter/
( ii ) if x=include "기", go to ( iii )
       if not, go to ( iv )
/enter/
( iii ) 'x'.rsrip(기)
/enter/
( iv ) 'x'.replace('시행', '실시')
/print/
```

출력값

공고, 인원, 선발, 신청, 실시목적

① 선발기준
② 모집공고
③ 신청기간
④ 실시현황

32. X={인쇄기 업체, 컴퓨터 업체, 카트리지 교체, 발주 내역}일 때, 다음 명령체계를 거쳐 최종적으로 출력되는 값은 무엇인가?

```
if x=include "업체", go to ( i )
if not, go to ( ii )
/enter/
( i ) 'x'.rstrip('업체')
/enter/
( ii ) if x=include "교체", go to (iii)
        if not, go to (iv)
/enter/
(iii) 'x'.rstrip('교체')
/enter/
(iv)  'x'.lstrip( )
/print/
```

① 인쇄기, 컴퓨터, 카트리지, 발주 내역
② 업체, 교체, 발주 내역
③ 인쇄기, 컴퓨터, 교체, 발주
④ 업체, 교체, 카트리지, 내역

33. X={계약 완료, 계약 변경, 계약 조건, 인센티브 조건}일 때, 다음 명령체계에서 (?)안에 들어가야 할 단어로 가장 적절한 것은?

```
if x=include "( ? )", go to ( i )
if not, go to ( ii )
/enter/
( i ) 'x'.replace('계약', '정규직 계약')
/enter/
( ii ) 'x'.lstrip('인센티브')
/print/
```

출력값

정규직 계약 완료, 정규직 계약 변경, 정규직 계약 조건, 조건

① 조건
③ 변경
② 계약
④ 정규직

[34 ~ 36] 다음은 ASCII 문자 코드에 대한 설명이다. 이어지는 질문에 답하시오.

〈ASCII 문자 코드〉

ASCII(American Standard Code for Information Interchange) 문자 코드는 컴퓨터에서 7비트의 2진 부호에 문자를 대응시킨 코드이다. 아래는 ASCII 문자 코드표의 일부이다.

2진 코드	문자	2진 코드	문자	2진 코드	문자
0100000	space	1000001	A	1100001	a
		1000010	B	1100010	b
0110000	0	1000011	C	1100011	c
0110001	1	1000100	D	1100100	d
0110010	2	1000101	E	1100101	e
0110011	3	1000110	F	1100110	f
0110100	4	⋮	⋮	⋮	⋮
0110101	5	1010110	V	1110110	v
0110110	6	1010111	W	1110111	w
0110111	7	1011000	X	1111000	x
0111000	8	1011001	Y	1111001	y
0111001	9	1011010	Z	1111010	z

ASCII 문자 코드로 표현할 수 있는 문자의 개수는 128개이며, 컴퓨터에서는 문자 정보를 담는 7비트 뒤에 패리티 비트 1비트를 추가하여 1바이트(8비트)로 주로 사용된다.

〈패리티 비트〉

패리티 비트는 정보의 전송 과정에서 오류가 발생하였는지를 검사하기 위해 추가되는 비트이다. 패리티 비트는 아래와 같은 규칙으로 쓰인다.

• 보내고자 하는 정보에서 1의 개수가 짝수 개이면 패리티 비트에 0을 추가한다. ⑩ 0110101 → 01101010

• 보내고자 하는 정보에서 1의 개수가 홀수 개이면 패리티 비트에 1을 추가한다. ⑩ 1010111 → 10101111

• 수신받은 정보에서 1의 개수가 짝수 개이면 오류가 없다고 판단하며, 1의 개수가 홀수 개이면 오류가 발생했다고 판단한다.

⑩ 01101010을 수신받을 경우 → 1의 개수가 짝수 개이므로 오류 없음. 맨 뒤의 패리티 비트를 제외하고 0110101로 해석

⑩ 01101011을 수신받을 경우 → 1의 개수가 홀수 개이므로 오류가 발생했다고 판단

만일 수신받는 측에서 정보에 오류가 발생했다고 판단하면 이를 전송하는 측에 알려 정보를 다시 전달받을 수 있다. 그러나 수신받는 측에서 직접 오류를 정정할 수는 없다.

34. 다음의 ASCII 코드 중 알파벳에 해당하지 않는 문자는 몇 개인가?

> 1110010 1101111 1110011 1100101　　1000111 0110110 1110100 1100101
> 1010011 0110000 1000001 1011001　　1000011 1001100 1001001 1010000
> 1101000 1100001 1101110 1100100　　1001101 1000001 0111001 0100000
> 1010010 1100101 1100001 1100100　　1101100 1101001 1100110 1100101

① 2개　　　　　② 4개　　　　　③ 6개　　　　　④ 8개

35. 'Do not use MINE'이라는 문장을 ASCII 코드로 올바르게 변환한 것은?

① 1000100 1101111 0100000 1101110 1101111 1110100 0100000 1110101 1110011 1100101
0100000 1001101 1001001 1001110 1000101

② 1100100 1101111 0100000 1101110 1101111 1110100 0100000 1110101 1110011 1100101
0100000 1101101 1101001 1101110 1100101

③ 1100100 1101111 0100000 1101110 1101111 1110101 0100000 1110101 1110011 1100101
0100000 1001101 1001001 1001110 1000101

④ 1000100 1101111 0100000 1101110 1101111 1110101 0100000 1110101 1110011 1100101
0100000 1101101 1101001 1101110 1100101

36. 7비트의 ASCII 코드 뒤에 1비트의 패리티 비트를 붙여 어떤 정보를 보냈더니, 수신받는 측에서 다음과 같이 정보를 수신받았다. 정보를 송신하는 측에 재전송을 요구해야 하는 정보는 최소 몇 비트인가?

> 10101111 11001011 01000001 11000011 11100100 11001010 01000000 11000011
> 11011000 11011000 01000000 10011111 10011101 10001010 01000001 11101000
> 　　　　　　　11001010 11000010 11011010

① 24비트　　　　② 40비트　　　　③ 56비트　　　　④ 72비트

37 ~ 60   행정직

[37 ~ 38] 다음은 경쟁관계인 AA 회사와 BB 회사가 홍보 제품에 따라 벌어들일 수 있는 수익체계를 정리한 표이다. 이어지는 질문에 답하시오.

〈자료 1〉 홍보 제품별 수익체계

AA 회사 \ BB 회사	P 제품	Q 제품	R 제품
P 제품	(5, 4)	(3, −1)	(6. 6)
Q 제품	(8, 2)	(−6, −8)	(6, 4)
R 제품	(6, −7)	(4, 6)	(−5, 3)

* 괄호 안의 숫자는 AA 회사와 BB 회사의 홍보로 인한 수익(억 원)을 뜻한다(AA 회사 수익, BB 회사 수익).

㉮ AA 회사가 P 제품을 홍보하고 BB 회사가 Q 제품을 홍보하였을 때, AA 회사의 수익은 3억 원, BB 회사의 손해는 1억 원이다.

〈자료 2〉 분기별 수익 변화율

구분	1분기	2분기	3분기	4분기
P 제품	50	0	25	25
Q 제품	−25	25	0	0
R 제품	0	−25	0	0

㉮ AA 회사와 BB 회사가 2분기에 모두 R 제품을 홍보할 경우, AA 회사의 손해 5억 원에서 손해가 25% 증가하여 2분기의 손해는 6.25억 원이고, BB 회사는 원래의 수익 3억 원에서 25%가 감소하여 2분기의 수익은 2.25억 원이다.

37. BB 회사가 모든 분기에 P 제품을 홍보한다고 할 때, AA 회사의 수익이 가장 큰 분기와 제품으로 알맞게 짝지어진 것은?

① 1분기, P 제품   ② 2분기, Q 제품

③ 3분기, Q 제품   ④ 4분기, P 제품

38. 2분기에 AA 회사와 BB 회사가 얻는 수익의 합이 가장 클 때와 작을 때의 차이는 얼마인가?

① 15억 원   ② 18.5억 원

③ 20억 원   ④ 22.5억 원

www.gosinet.co.kr gosinet

1회 기출예상

2회 기출예상

3회 기출예상

4회 기출예상

5회 기출예상

인성검사

면접가이드

[39 ~ 40] 다음 자료를 바탕으로 이어지는 질문에 답하시오.

○○기관에서 근무하는 이우주 씨는 기금운용본부와 거래할 국내주식 위탁운용사를 선정하려고 한다.

〈국내주식 위탁운용사 선정기준〉

- 지원 자격 : 펀드의 60% 이상이 주식으로 운용되면서 펀드들의 총 수탁고[*]가 2,000억 원 이상
  * 수탁고 : 투자신탁회사들이 수익증권을 매각한 후 판매되지 않고 남아 있는 순자산 가치
  ※ 다음에 해당하는 운용사는 지원을 제한
     − 최근 2년 이내, 계약사항 위반 등에 의해 국내 주식위탁 계약이 해지된 운용사

- 평가 항목 및 배점 : 전체 점수 100점 만점으로 가장 높은 점수를 받은 위탁운용사 1곳을 최종 선정함.
  1. 경영안정성(5점) : 상대평가
  2. 운용조직 및 인력(25점) : 절대평가
       =매니저의 전문성(15점)+조직의 전문성(10점)
  3. 운용성과(20점) : 상대평가
  4. 운용전략 및 프로세스(40점) : 절대평가
       =의사결정체계(20점)+리서치 체계(20점)
  5. 위험관리(10점) : 상대평가
  ※ 괄호 안의 점수는 해당 평가 항목의 배점

- 신청 방법 및 지원한 운용사 리스트

구분		A 자산운용사	B 자산운용사	C 투자자문사	D 투자자문사
(1)	경영 안정성	★★★☆	★★★★	★★★★☆	★★★★
(2)	매니저의 전문성	13점	11점	12점	10점
	조직의 전문성	8점	9점	8점	9점
(3)	운용성과	★★★★☆	★★★★	★★★☆	★★★
(4)	의사결정 체계	17점	19점	17점	20점
	리서치 체계	18점	16점	16점	18점
(5)	위험관리	★★★☆	★★★☆	★★★★	★★★★

※ 절대평가 항목은 평가 점수 그대로를 전체 점수에 합산하면 된다.

※ 상대평가 항목은 ★ : 1점, ☆ : 0.5점으로 계산하여 점수가 높은 순서대로 순위를 매기고, 1순위부터 순위점수를 부여한다. 예를 들어, 후보가 5곳이면 1위 5점, 2위 4점, 3위 3점, 4위 2점, 5위 1점을 부여한다(단, 동점의 경우 같은 순위점수를 부여한다. 예를 들어, 경영안정성에서 순위점수는 A : 1점, B : 3점, C : 4점, D : 3점이다).

※ '항목 환산점수=(배점)×(순위점수)÷(후보 수)'로 환산하여 전체 점수에 합산한다(예를 들어 후보 수는 4이고, 경영안정성에서 배점이 5점이므로, 경영안정성 점수는 A : 1.25점, B : 3.75점, C : 5점, D : 3.75점이다).

39. 다음 중 이우주 씨가 동료 권나라 씨에게 메일을 받은 뒤 내린 판단으로 적절한 것은?

> E 자산운용사에서 추가로 국내주식 위탁운용사에 지원하여 이우주 씨에게 E 자산운용사에 관한 정보를 보내드립니다. E 자산운용사의 수익증권을 매각한 후 판매되지 않고 남아 있는 순자산 가치는 약 3,200억 원이며, 현재 운용되고 있는 펀드 2,000억 원 중 약 1,250억 원이 주식으로 운용되고 있습니다. 그리고 이전까지 계약이 중도해지 된 적은 없습니다. E 자산운용사의 경영안정성 지표는 '★★★☆', 운용성과 지표는 '★★★★', 위험관리 지표는 '★★★★☆'입니다. 하지만 절대평가인 평가 항목은 아직 결과가 나오기 전이므로 이점 참고해 주시길 바랍니다.

① E 자산운용사는 지원 자격을 만족하지 못해.
② E 자산운용사는 경영안정성 지표에서 순위점수 3점을 받게 되겠군.
③ E 자산운용사는 운용성과 지표에서 순위점수 4점을 받게 되겠군.
④ E 자산운용사는 위험관리 지표에서 순위점수 1점을 받게 되겠군.

40. (39번 문항과 이어짐)다음은 이우주 씨가 권나라 씨에게 추가로 받은 메일이다. 이우주 씨가 팀장에게 보고할 최종후보는 어디인가?

> 다음은 E 자산운용사의 최종 평가표입니다. 총 5곳의 후보 중 전체 점수에서 가장 높은 점수를 받는 1곳을 선정하여 팀장에게 알려 주시면 됩니다.

	구분	E 자산운용사
(1)	경영안정성	★★★☆
(2)	매니저의 전문성	11점
	조직의 전문성	8점
(3)	운용성과	★★★★
(4)	의사결정 체계	17점
	리서치 체계	17점
(5)	위험관리	★★★★☆

① A 자산운용사
② B 자산운용사
③ C 투자자문사
④ E 자산운용사

[41 ~ 42] 아래의 제시상황과 자료를 보고 이어지는 질문에 답하시오.

> 총무팀은 매월 말일 경 팀별로 부족한 사무용품을 문구점에서 대량 주문한다.

보낸 메시지
송신자 : 총무팀
수신자 : 영업팀, 기획팀, 인사팀, 마케팅팀
시간 : 20XX. 10. 30. 16 : 41 : 26
총무팀입니다. 부서별로 부족한 사무용품을 주문하려고 합니다. 17시 15분까지 각 부서별로 주문이 필요한 사무용품 목록을 정리해서 총무팀 W 사원에게 메시지로 알려주시기 바랍니다.

받은 메시지	받은 메시지	받은 메시지
송신자 : 영업팀	송신자 : 기획팀	송신자 : 인사팀
수신자 : 총무팀 사원 W	수신자 : 총무팀 사원 W	수신자 : 총무팀 사원 W
시간 : 20XX. 10. 30. 16 : 50 : 22	시간 : 20XX. 10. 30. 16 : 53 : 02	시간 : 20XX. 10. 30. 16 : 53 : 30
영업팀입니다. 라벨지 4박스, 볼펜 5다스, 수정테이프 4개 부탁드리겠습니다.	기획팀입니다. A4용지 5묶음, 볼펜 2다스, 수정테이프 1개 필요합니다.	다른 사무용품은 충분하고 수정테이프만 15개 부탁드립니다.

받은 메시지	받은 메시지	받은 메시지
송신자 : 영업팀	송신자 : 마케팅팀	송신자 : 인사팀
수신자 : 총무팀 사원 W	수신자 : 총무팀 사원 W	수신자 : 총무팀 사원 W
시간 : 20XX. 10. 30. 16 : 55 : 00	시간 : 20XX. 10. 30. 16 : 55 : 59	시간 : 20XX. 10. 30. 16 : 59 : 48
라벨지 1박스를 A4용지 1묶음으로 바꿔주세요.	라벨지 1박스, A4용지 3묶음, 볼펜 3다스, 수정테이프 2개 부탁드립니다.	A4용지 1묶음 추가해 주세요.

41. 메시지의 내용을 바탕으로 W 사원이 작성한 주문서의 내용으로 옳지 않은 것은?

	라벨지(박스)	볼펜(다스)	수정테이프(개)	A4용지(묶음)
① 영업팀	4	5	4	1
② 기획팀	0	2	1	5
③ 인사팀	0	0	15	1
④ 마케팅팀	1	3	2	3

42. A4용지는 1박스에 4묶음, 수정테이프는 1박스에 12개가 들어 있다면, 사원 W는 A4용지와 수정테이프를 합해 총 몇 박스를 주문해야 하는가? (단, A4용지와 수정테이프는 낱개로 주문할 수 없다)

① 3박스   ② 4박스
③ 5박스   ④ 6박스

1회 기출예상

2회 기출예상

3회 기출예상

4회 기출예상

5회 기출예상

인성검사

면접가이드

[43 ~ 44] 아래의 제시상황과 자료를 보고 이어지는 질문에 답하시오.

기획팀 남도일 과장은 영업부 팀별 매출 실적표를 보고 있다.

〈영업부 팀별 영업 실적표〉

• 연도별 목표 실적 (단위 : 건)

	2016년	2017년	2018년	2019년	2020년
영업1팀	80	120	140	140	140
영업2팀	110	110	130	140	140
영업3팀	80	110	110	120	130
영업4팀	100	110	120	130	130

• 연도별 성과 실적 (단위 : 건)

	2016년	2017년	2018년	2019년	2020년
영업1팀	100	120	130	140	140
영업2팀	130	120	130	160	160
영업3팀	80	90	110	130	130
영업4팀	110	120	140	160	160

〈성과 기준 및 성과급 지급 규정〉

평가 기준	목표 실적 대비 20% 이상 달성	목표 실적 대비 10% 이상 달성	목표 실적 달성	목표 실적 미달성
성과 등급	S	A	B	C

※ 목표 실적 및 성과 등급은 소수점 첫째 자리에서 반올림하여 계산한다.

43. 다음 중 2016 ~ 2018년 영업2팀의 성과 등급을 순서대로 표기한 것으로 가장 적절한 것은?

① B－S－A

② S－B－S

③ A－C－B

④ A－B－B

44. 다음 중 2020년 각 영업팀과 그 성과 등급을 짝지은 것으로 가장 적절하지 않은 것은?

① 영업1팀－B

② 영업2팀－A

③ 영업3팀－B

④ 영업4팀－A

www.gosinet.co.kr gosinet

1회 기출예상

2회 기출예상

3회 기출예상

4회 기출예상

5회 기출예상

인성검사

면접가이드

[45 ~ 46] 다음은 고속도로 통행요금체계에 대한 자료이다. 이어지는 질문에 답하시오.

〈고속도로 통행요금체계〉

한국도로공사가 관리하는 재정고속도로 통행료는 영업방식이 폐쇄식이냐 개방식이냐에 따라 달리 계산된다.

폐쇄식 요금소는 요금소에서 빠져나올 때 통행료를 내는 방식이고, 개방식 요금소는 요금소에 진입할 때 통행료를 내는 방식을 말한다.

폐쇄식 요금소는 기본요금 900원에 1km당 주행요금을 더하고, 개방식 요금소는 기본요금 720원에 요금소에서 가장 가까운 나들목까지 주행요금을 합한다.

※ 개방식 요금제를 이용하는 고속도로에서의 주행거리는 폐쇄식 요금제 선정 시 주행거리에 포함하지 않는다.

※ 한 번 이동 시 각 기본요금은 한 번씩만 적용된다.

〈차종별 km당 주행요금 단가〉

차종	적용차량	km당 주행요금 단가
1종	승용차, 소형승합차(15인 이하), 소형화물차(5t 미만)	44원
2종	중형승합차(16 ~ 35인), 중형화물차(5t 이상, 10t 미만)	46원
3종	대형승합차(36인 이상), 2축 대형화물차(10t 이상)	56원

〈고속도로 지도〉

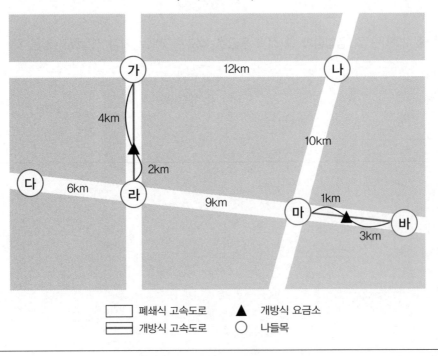

45. 25인승 버스 한 대가 나 나들목에서 출발하여 다 나들목까지 가려고 한다. 가장 짧은 거리로 이동한다고 했을 때, 지불해야하는 통행요금은 총 얼마인가?

① 1,820원　　　　　　　　　　② 2,540원

③ 2,632원　　　　　　　　　　④ 2,816원

46. 11.5t 화물차로 이동한다고 했을 때, 다음 중 통행요금이 가장 저렴한 경로는?

① 다 - 라 - 가 - 나 - 마　　　　② 다 - 라 - 마 - 나 - 가

③ 바 - 마 - 라 - 가 - 나　　　　④ 바 - 마 - 나 - 가 - 라

1회 기출예상

2회 기출예상

3회 기출예상

4회 기출예상

5회 기출예상

인성검사

면접가이드

[47 ~ 48] 다음의 제시 상황을 보고 이어지는 질문에 답하시오.

한국도로공사 휴게시설운영팀에서 근무하는 사원 A는 휴게소 운영평가 관련 업무를 담당하고 있다.

〈자료 1〉 고속도로 휴게소 운영평가

고속도로 휴게소 운영평가는 ⅰ) 실적자료평가와 ⅱ) 현장평가, ⅲ) 이용고객평가(국민평가) 3가지로 나뉜다. 점수는 각 100점으로 총 300점 만점이다. 실적자료평가는 운영 관리(25점), 상품관리(14점), 시설투자(25점), 고객 만족(36점) 등으로 구성되는 서류평가이다. 이용고객평가(국민평가)는 실제 휴게소를 이용하는 소비자들이 점수를 매기는 평가다. 현장평가는 내·외부 전문가로 구성된 평가단이 휴게소 평가에 직접 참여한다. 현장평가는 한국도로공사 본사가 50%, 지역본부가 50%를 맡는 구조이다.

〈자료 2〉 현장평가 실시 요령

고속도로 휴게소 현장평가는 본사와 지역본부 각각 자체 구성된 평가단에서 각각 다른 시기에 평가를 실시하며, 각 휴게소에서 제출한 실적보고서와 현장상태를 점검하여 평가한다. 비계량 평가 횟수는 본사와 지역본부가 각각 연간 1회 시행한다. 본사의 평가 기간은 8주간 연속하여 시행되며, 평가단별 4명(휴게시설담당 2, 시설담당 1, 외부전문가 1)으로 구성된다. 지역본부 평가단은 관할 지사 직원을 포함하여 구성해야 하며, 평가는 3주 연속 시행된다.

비계량 평가는 본사와 지역본부별로 구성된 평가단이 동일한 평가지표를 사용하여 11등급으로 평가하는 방식으로 진행한다. 또한 다양한 평가자의 평균점수 차이를 극복하기 위하여 일정한 조정점수를 부여한다. 본사의 경우 총 8개 조(32명)가 평가하고 있으며 각 지표별로 산정된 평가점수를 총 8개 조의 평균점수와의 GAP을 가감 조정하고 있다. 지역본부의 경우, 총 7개 본부(28명)에서 평가하고 있으며 본부별 평균점수를 총 7개 본부의 평균점수와의 GAP을 가감 조정하고 있다.

〈자료 3〉 평가단 구성

• 휴게시설 담당 : (휴게시설처 소속) 계획팀, 운영팀, 서비스혁신팀
• 시설 담당 : (시설처 소속) 건축팀, 설비팀, 전기팀, 생태 조경팀
• 외부 전문가 : 해당 지역시민단체, 지역 대학 도시환경 및 건축 관련 학과 교수

47. A는 다음의 자료를 참고하여 본사의 휴게시설 현장평가 일정을 종합하고 있다. A가 선정할 수 있는 현장평가 시작일로 옳은 것은? (단, ■은 지역본부별 현장평가 시작일이다)

1월						
		1	2	3	4	5
6	**7**	8	9	10	11	12
13	14	15	16	17	18	19
20	21	22	23	24	25	26
27	28	29	30	31		

2월						
					1	2
3	4	5	6	7	8	9
10	11	12	13	14	15	16
17	18	19	20	21	22	23
24	25	26	27	28		

3월						
					1	2
3	4	5	6	7	8	9
10	11	12	13	14	15	16
17	18	19	20	**21**	22	23
24	25	26	27	28	29	30

4월
31	1	2	3	4	5	6
7	8	9	10	11	12	13
14	15	16	17	18	19	20
21	22	23	24	25	26	27
28	29	30				

5월
			1	2	3	4
5	6	7	8	9	10	11
12	13	14	15	16	17	18
19	20	21	22	23	24	25
26	27	28	29	30	31	

6월
						1
2	3	4	5	6	7	8
9	10	11	12	13	14	15
16	17	18	19	20	21	22
23	24	25	26	27	28	29

7월
30	1	2	3	4	5	6
7	8	9	10	11	12	13
14	15	16	17	18	19	20
21	22	23	24	25	26	27
28	29	30	31			

8월
				1	2	3
4	5	6	7	8	9	10
11	12	13	14	15	16	17
18	19	20	21	22	23	24
25	26	27	28	29	30	31

9월
1	2	3	4	5	6	7
8	9	10	11	12	13	14
15	16	17	18	19	20	21
22	23	24	25	26	27	28
29	30					

10월
	1	2	3	4	5	
6	7	8	9	10	11	12
13	14	15	16	17	18	19
20	21	22	23	24	25	26
27	28	29	30	31		

11월
					1	2
3	4	5	6	7	8	9
10	11	12	13	14	15	16
17	18	19	20	21	22	23
24	25	26	27	28	29	30

12월
1	2	3	4	5	6	7
8	9	10	11	12	13	14
15	16	17	18	19	20	21
22	23	24	25	26	27	28
29	30	31				

① 1월 27일　　② 6월 29일　　③ 9월 1일　　④ 9월 14일

48. A가 다음과 같은 일정에 따라 본사 평가단을 구성하려고 할 때, 가장 적절한 구성은? (단, 앞 문항의 조건은 고려하지 않는다)

〈평가 일정〉
- 3월 첫째 주 전남지역 휴게소 현장평가
- 3월 둘째 주 전북지역 휴게소 현장평가
- 3월 셋째 주 경남지역 휴게소 현장평가
- 3월 넷째 주 경북지역 휴게소 현장평가

〈평가단 후보자 명단〉

이름	소속	이름	소속	이름	소속
가	운영팀	바	경북지역시민단체	카	전남대학교 도시환경과
나	건축팀	사	전북대학교 도시환경과	타	전기팀
다	서비스혁신팀	아	설비팀	파	서비스혁신팀
라	계획팀	자	경남대학교 건축학과	하	건축팀
마	경남본부 영업팀	차	운영팀		

① 3월 첫째 주 : 다, 라, 아, 카　　② 3월 둘째 주 : 가, 라, 사, 파

③ 3월 셋째 주 : 마, 자, 차, 파　　④ 3월 넷째 주 : 나, 다, 바, 하

[49 ~ 50] 아래의 제시 상황을 보고 이어지는 질문에 답하시오.

> 도로교통정책의 소비자 만족도를 조사하는 신입사원 J 씨는 다음 매뉴얼대로 설문조사를 위한 표본 추출을 하고자 한다.

〈설문조사 표본추출 매뉴얼〉

① 표본추출 단계

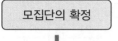 **모집단의 확정**
- 조사담당자의 관심의 대상이 되는 사람, 제품 기업, 지역 등과 같은 조사대상이 되는 집합체(set)를 설정함
- 인구통계학적 특성, 지역 및 시간개념을 고려하여 모집단을 결정함

표본프레임의 결정
- 표본추출을 위해 모집단의 구성요소나 표본추출단위를 결정한 목록
- 실제 표본추출의 대상이 되는 표본프레임을 결정함
- 표본프레임 : 모집단에 포함된 조사대상들의 명단이 수록된 목록

표본추출방법의 결정
- 확률표본추출방법과 비확률표본추출방법 중에서 적합한 표본추출방법을 선택함

표본크기의 결정
- 의사결정이 중요할수록 큰 표본 필요
- 조사예산과 시간상의 제약조건을 고려해서 표본의 크기를 결정함
- 신뢰구간접근법이나 가설검정접근법을 활용해서 결정함

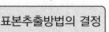 **표본추출**
- 선정된 조사대상을 직접 찾아서 표본으로 추출함

② 확률표본추출방법
- 단순무작위 추출 : 모집단의 각 원소를 동일한 확률에 의해 랜덤으로 추출
- 체계적 추출 : 시작점이 무작위로 설정된 뒤 동일한 간격으로 추출
- 층화추출 : 상호배타적 집단으로 분류한 뒤 각 집단 내 랜덤으로 추출
- 군집추출 : 상호배타적 집단으로 분류한 뒤 각 집단의 x번째들을 추출

③ 조사 오류
- 표본 오류 : 대표성 없는 표본을 추출하는 오류이다. 표본크기와 반비례한다.
- 비표본 오류 : 설문내용을 오해하는 등 조사현장의 오류, 설문 응답 집계 실수 등 자료처리의 오류, 응답된 설문지 누락 등 불포함 오류, 무응답 오류가 있다. 표본크기와 비례한다.

④ 조사 오차란 측정값과 실제 특성인 참값과의 차이이다.
- 체계적 오차 : 조사방법 자체의 문제로 측정값이 실제 특성인 참값에 비해 일관되게 크거나 작아지는 경우의 편향이다.
- 비체계적 오차 : 조사방법 상의 문제는 없지만 오차 자체의 분산이 커서 얻은 측정값 자체가 일관되지 않은 분포를 보이는 것이다.

49. 다음은 신입사원 J가 위의 매뉴얼을 이해한 내용이다. 바르게 이해하지 못한 것은?

① 표본 추출 대상인 모집단에서 조사 대상인 표본프레임이 도출되는구나.

② 확률표본추출방법은 다양한 방식으로 무작위(랜덤) 추출을 하고자 하는구나.

③ 표본 크기가 작을수록 모집단의 특성을 반영하는 표본집단을 추출하지 못하는 표본오류가 커지는구나.

④ 비체계적 오차만 아주 많이 존재하는 상황에서는 표본 추출을 어떻게 하느냐에 따라서 설문조사의 결과가 달라질 수 있다.

50. 다음은 신입사원 J가 다음 매뉴얼을 참고하여 업무들을 처리한 내용이다. 매뉴얼대로 바르게 처리하지 못한 것은?

	단계	처리내용
①	모집단의 확정	최근 1달 내 새벽 시간대에 고속도로를 운전한 적 있는 30대 남성을 타겟으로 조사하고자 한다.
②	표본프레임의 결정	각 고속도로 요금소에 기록된 데이터를 바탕으로 표본프레임을 추출하였다.
③	표본추출 방법의 결정	각 도속도로 요금소를 기준으로 분류한 뒤 군집추출을 활용했다.
④	표본크기의 결정	조사예산과 시간 상의 제약조건을 고려하고 조사오류를 최소화하는 표본크기인 500명으로 결정했다.

[51 ~ 52] 아래의 제시 상황을 보고 이어지는 질문에 답하시오.

L전자 전략기획팀에서 근무하는 K 대리는 스마트폰 신규 개발에 앞서 자사, 경쟁사 및 관련 사업에 대한 전반적인 환경 분석을 실시하였다.

〈내부환경 분석〉

항목	경쟁사 A전자와의 비교 분석
사업	• A사의 높은 브랜드 인지도에 비해 뒤처지는 브랜드 인지도 • 산업에 먼저 투입됨에 따라 풍부한 경험과 노하우를 보유
조직	• A사에 비해 우수한 조직 관리 능력
서비스	• A사에 비해 낮은 고객만족도 점수
제품	• A사 제품에 비해 특색없는 디자인 • A사보다 10%가량 높은 제품 가격 • 다양한 부가기능 탑재를 통한 성능 우위(동일 제품군 내 최고 성능)

〈외부환경 분석〉

항목	변화된 스마트폰 시장에 대한 분석
산업 동향	신흥시장의 잠재적 수요
기술 동향	후발경쟁국과 급격히 줄어든 기술 격차
시장 동향	전자제품 사용주기 단축에 따른 수요 증가

51. 다음과 같은 상사의 피드백을 받았다고 할 때, K 대리가 제안할 전략으로 가장 적절한 것은?

> 분석한 자료 잘 보았습니다. 신규 스마트폰은 기존 사업에 대해 경쟁사인 A사보다 취약한 점을 보완하고 이를 토대로 외부환경의 기회를 활용하면서 신규 제품에 대한 전략을 세우려고 해요. 이에 적절한 전략에는 어떤 것이 있을지 한번 고려해 보면 좋을 것 같습니다.

① 후발경쟁국보다 높은 자본력을 투자하여 기술격차를 벌리는 전략
② 고객 맞춤 A/S를 제공하여 브랜드 인지도를 강화하는 전략
③ 신흥시장을 선점하여 A사보다 먼저 브랜드 인지도를 각인하는 전략
④ 특색있는 디자인 개발을 통해 줄어드는 기술격차를 해소하는 전략

52. O 대리는 신규 스마트폰에 대한 전략을 수립하던 도중 다음과 같은 기사를 접했다. 다음 중 기사에 대응하여 전략을 보완할 때 가장 적절하지 않은 것은?

> 〈스마트폰 교체주기 평가 조사 결과〉
>
> 스마트폰 교체주기 평가 조사 결과 L전자의 ○○제품은 평균 교체주기가 1.8년이 나온 반면 A전자의 XX제품의 평균 교체주기는 2.3년이 나온 것을 토대로 할 때, 실제 XX제품을 사용하는 소비자는 3년에서 4년까지도 배터리를 제외하면 큰 불편이나 고장없이 쓸 수 있다는 해석을 할 수 있다.
> 실제 소비자들이 A전자의 XX제품은 고장이 나지 않아 강제로 3년을 넘게 쓰고 있다는 다수의 댓글이 달릴 정도로 XX제품이 보여준 내구성은 대단했다.

① 제품의 내구성은 브랜드 인지도와 연관이 깊기 때문에 보완할 대책이 필요해.
② 타사에 비해 스마트폰 수명이 짧지만 A/S 시스템을 개선하여 보완할 수 있겠어.
③ 가격을 낮춰 가격경쟁력을 높인다면 이로 인한 고객의 이탈을 방지할 수 있을거야.
④ 스마트폰 수명을 향상시키면 우리 제품의 수요가 줄어들 가능성이 있어.

1회 기출예상 2회 기출예상 3회 기출예상 4회 기출예상 5회 기출예상 인성검사 면접가이드

[53 ~ 54] 아래의 제시 상황을 보고 이어지는 질문에 답하시오.

한국도로공사는 환경부와 고속도로변의 생물다양성을 보전하기 위하여 다음과 같이 자발적으로 협약을 맺었다. 다음은 자발적 협약의 세부 이행계획 중 일부이다.

Ⅰ. 생태계 건강성 회복을 위한 생태계교란 생물 제거

■ 현황

• '생태계교란 식물'이 고속도로를 확산기지로 하여 전국적인 확산추세
  - 도로 건설로 인해 적응력이 빠른 외래식물이 쉽게 유입, 차량이동 시 발생하는 바람을 따라 도로변으로 급속도로 확산
    ※ 경부선 등 22개 노선에 294,156본(약 6만m²) 분포(2012년 자체 조사결과)
    ☞ 서울양양선>경부선>중앙선>대구포항선>중부선 순임

• 고유 자생식물 서식방해로 생물다양성 감소, 국민건강(호흡기 질환, 알레르기) 위협으로부터 생태계 건강성 회복 시급
  ※ 관심 저조 및 문제점 미인식으로 고속도로변 제거실적 없음.

■ 제거방안

• 중점관리지역을 선정하여 인체에 위해한 식물부터 우선 제거
  ※ 인체위해성 : 돼지풀, 단풍잎돼지풀>가시박, 도깨비가지>기타 식물

• 건설 및 운영구간 제거방안
  - (건설노선, 사업단) 발견 즉시 제거, 지역사회와 연계(1사1산, 1사1하천 활동 등)
  - (운영노선, 지역본부) 중점관리지역을 선정하여 연차적으로 제거

2013년	2014년	2015년	2016년	2017년	2018년	2019년	2020년
시범제거	15%	29%	43%	57%	71%	85%	90%

• 생태계 교란식물 시기별 제거방법
  - 춘계(4 ~ 5월)는 제초작업으로 뿌리째 제거하고, 하계(7 ~ 8월)는 갓길 삭초시 중점관리지역 위주로 제거작업 시행

구분	3월	4월	5월	6월	7월	8월
생육단계	발아기	생육초기	생육중기	생육성기		개화기
물리적 제거		뿌리뽑기			예초기 등으로 제거	
화학적 제거		제초제 살포			제초제 살포	
생물적 제거			돼지풀잎벌레 방사			

II. 서식지외보전기관 멸종위기종 증식 및 보급

■ 생태복원 연구 및 교육기능 강화

• 제설제에 강한 내염수목 개발연구

– 내염수목의 생산, 관리 식재기반에 관한 공동연구

– 농어촌연구원, 서울대학교 식물병원 등과 MOU 체결(2012)

• 도로교통연구원 공동, 멸종위기 및 특산식물을 활용한 고속도로 생태복원 연구(2012 ~ 2014, 135백만 원)

III. 생물다양성 보전을 위한 친환경 고속도로 건설

■ 생태습지 조성을 통한 생물서식처 확충

• 도로건설로 훼손된 생물서식처 조성, 비점오염저감, 우수관리를 위한 습지 조성(2020년까지 73개소, 69억 원)

• 조성습지 모니터링을 통한 생물서식현황 조사 및 피드백

– 습지조성 후 식물, 동물 서식현황 등 조사(3년, 분기별 1회)

– 모니터링 결과를 분석하여 개선사항을 습지설계에 반영

IV. 야생동물 사고 (Road – kill) 예방대책

목표 : 2020년까지 야생동물사고 0.5건/km(선진국 수준)으로 저감

■ 야생동물 사고현황

구분	2007년	2008년	2009년	2010년	2011년	2012년
사고건수	3,216	2,286	1,895	2,069	2,307	2,360
건 / km	1.02	0.73	0.58	0.62	0.66	0.66

■ 야생동물 사고 예방대책

• 야생동물의 도로침입 방지를 위한 유도울타리 지속 설치

– 자체사업 계획에 따라 2020년까지 183억 원(215km) 투자

– 건설구간은 교량, 터널 등 시설물 구간을 제외한 전 구간 설치

• 야생동물사고 잦은 구간 정보제공 지속 시행

– 내비게이션, 스마트폰 어플리케이션 안내(135개 구간, 년2회 갱신), 도로전광표지(VMS) 문자 표출(29개소)

1회 기출예상 / 2회 기출예상 / 3회 기출예상 / 4회 기출예상 / 5회 기출예상 / 인성검사 / 면접가이드

53. 아래는 한국도로공사에 재직 중인 A가 위의 세부 이행계획을 보고 실천하려고 하는 내용이다. 다음 중 A가 할 행동이 아닌 것은?

① 고속도로변을 따라 외래식물이 쉽게 유입되어 고유 자생식물 서식을 방해한다는 것에 관심을 끌기 위한 홍보영상을 제작한다.

② 생태계교란 식물은 건설할 때 바로바로 제거해야 하므로, 건선을 맡은 사업단에 인체위해성 식물 목록을 공유한다.

③ 습지 조성 후 식물 및 동물의 서식 현황을 파악하기 위하여 모니터링 요원을 모집한다.

④ 야생동물 사고 건수는 많이 감소하였기 때문에 유도울타리 개수는 그대로 유지하기로 한다.

54. A는 협약 세부 이행계획을 보고 2020년도의 고속도로변의 생태계에 대해 추론해보았다. 다음 중 옳지 않은 것은?

① 돼지풀, 단풍잎돼지풀의 90% 감소

② 도로건설로 훼손된 생물서식처 및 습지 73개소 조성

③ 시설물 구간을 제외한 유도울타리 전 구간 설치

④ 제설제에 강한 내염수목 건설구간에 보급

1회 기출예상

2회 기출예상

3회 기출예상

4회 기출예상

5회 기출예상

인성검사

면접가이드

[55 ~ 56] 다음 자료를 읽고 이어지는 질문에 답하시오.

동기부여 강화이론은 특정한 자극의 반응을 반복하는 것으로, 개인의 행동을 증가 또는 소멸시킬 수 있는 행동 변화 방법을 설명한 이론이다. 바람직한 행동을 증가시키거나 바람직하지 못한 행동을 감소시키기 위하여 4가지 강화 전략을 통한 변화를 유도한다.

전략 1	바람직한 행동이 일어난 후 긍정적 자극을 주어 그 행동을 반복하게 함.
전략 2	바람직한 행동이 일어난 후 부정적 자극을 감소시켜 그 행동을 반복하게 함.
전략 3	바람직하지 않은 행동이 일어난 후 긍정적 자극을 감소시켜 그 행동을 감소시킴.
전략 4	바람직하지 않은 행동이 일어난 후 부정적 자극을 주어 그 행동을 감소시킴.

55. A/S센터의 센터장 K는 직원들을 효율적으로 관리하기 위해 위의 이론을 활용하여 전략을 수립하고자 한다. 알맞지 않은 것은?

최종 관리목표	강화 전략의 목표
• 고객들의 서비스에 대한 불만 감소	• 사원들의 친절한 응대 • 표준화된 서비스 제공을 위한 사례집 집필

① 전략 1 : 서비스 제공 사례를 기록한 사원에게 복지 포인트 부여

② 전략 2 : '이달의 친절 접수원'으로 뽑힌 사원을 당직 근무로부터 제외

③ 전략 3 : 응대한 고객 수에 따라 임금이 결정되는 보상 시스템 도입

④ 전략 4 : 서비스 교육에 참여하지 않은 사원들에게 인사 고과상 불이익 부여

56. 화장품 제조기업인 K사의 CMO(Chief Marketing Officer ; 최고 마케팅 관리임원)가 마케팅 부서의 직원들을 효율적으로 관리하기 위해 위의 이론을 활용해 전략을 수립하고자 할 때, 수립한 전략으로 알맞지 않은 것은?

최종 관리목표	강화 전략의 목표
• 혁신적 사고 함양	• 실패를 두려워하지 않는 도전 정신 함양 • 신선하고 창의적인 아이디어를 자유롭게 교환할 수 있는 분위기 형성

① 전략 1 : 부서 회의에서 적극적으로 창의적인 아이디어를 낸 직원에게 상품권 증정

② 전략 2 : 동료에게 생산적인 피드백을 제시한 직원에게 자기개발비 지원

③ 전략 3 : 6개월 이상 새로운 프로모션을 기획하지 못하는 팀은 회식비를 차감

④ 전략 4 : 수평적인 팀 분위기를 저해하는 직원의 경우 상사와의 개인 면담 진행

[57 ~ 58] 다음의 제시 상황을 보고 이어지는 질문에 답하시오.

한국도로공사 미래전략처에서 근무하는 A는 비전 및 전략체계를 중심으로 홈페이지의 내용을 개편하는 업무를 담당하고 있다.

〈비전 및 전략체계〉

비전	5대 전략	18대 전략 과제
사람중심의 스마트 고속도로	모두가 안전한 길	• 차별 없고 튼튼한 고속도로 건설 • 도로 안전성 증진 • 친환경 도로 구현 • 이용자 중심의 주행환경 개선
	빠르고 편리한 길	• 스마트 교통관리 시스템 구축 • 교통 안전 선진화 • 국민 요금 부담 경감 • 요금 납부 편리성 증진
	즐겁고 행복한 길	• 국민체감 휴게시설 서비스 확대 • 휴게시설의 공공성 강화 • 신사업 성장동력 창출
	더불어 잘사는 길	• 사회적 약자 배려 및 상생 협력 • 지역발전 및 남북 도로 협력
	신뢰와 혁신의 길	• 국민 신뢰 회복과 윤리경영 강화 • 참여 · 협력 기반과 사회적 혁신 구현 • 사람 중심의 노동 · 존중 실현

57. A는 위의 자료를 참고하여 홈페이지의 '모두가 안전한 길'에 게시할 자료를 찾아보려고 한다. 다음 중 A가 검색할 내용으로 가장 적절하지 않은 것은?

Search
① "도로 파손·낙석, 앱으로 편하게 신고하세요."
② 운전자 시각에서 보는 도로주행 시뮬레이터 실험센터 연다.
③ 경기도, 일부구간 자율주행차 버스전용차선 이용 승인
④ 도로공사, 태양광발전으로 친환경 에너지 자립 고속도로 구축

58. A는 다음과 같이 홈페이지를 개편하려고 한다. 가장 적절하지 않게 작성된 내용은?

① 빠르고 편리한 길	• 구급 차량 출동 정보와 사고 정보를 일반 차량 운전자들에게 알리는 '119 긴급 출동 알림' 서비스 도입 • 차량과 차량, 차량과 도로 간 통신으로 교통사고 예방, 도로관리 및 교통관리 첨단화, 자율협력주행 기반 마련이 가능한 'C-ITS (Cooperative-ITS) 서비스'를 도입
② 즐겁고 행복한 길	• 국내 최초 휴게소 내 '공유주방' 매장 개장 • 가격은 저렴하고 품질은 우수한 자체 브랜드 커피 ex-café 개발
③ 더불어 잘사는 길	• 고속도로 교통사고 피해가정 자녀 취업 창원 지원 • 영업소 업무자들의 감정노동의 예방과 치유를 위한 복지 프로그램 지원
④ 신뢰와 혁신의 길	• 한국도로공사 임직원 대상 '사회적 가치 향상 방안' 교육 마련 • 'SOC 공공기관 통합기술마켓' 오픈, 혁신 성장의 마중물

[59 ~ 60] 다음은 다섯 가지 경쟁력 모델형(Five Forces Models)에 대한 설명이다. 이를 바탕으로 이어지는 질문에 답하시오.

다섯 가지 경쟁력 모형은 기업의 환경 분석을 위한 다섯 가지 요인에 대해 설명한다. 산업 환경에 영향을 미치는 요인들이 높고 낮음에 따라 해당 산업의 수익성과 매력도를 판단하고, 해당 요인들을 고려하여 경영전략을 수립하게 된다.

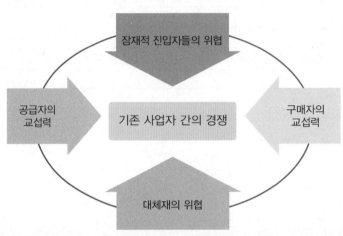

5요인	세부 내용
기존 사업자 간 경쟁	경쟁자 수, 제품의 유사성 등에 따라 기존 업체들 간의 경쟁이 치열해질수록 해당 산업의 수익성이 떨어짐.
구매자의 교섭력	구매 제품 및 서비스의 표준화 정도 등에 따라 결정되며, 구매자의 교섭력이 증가할수록 해당 산업의 수익성이 떨어짐.
공급자의 교섭력	공급자들의 수, 공급자들이 제공하는 제품들에 대한 대체재, 공급 제품의 차별화된 정도 등에 따라 공급자의 교섭력이 결정되며, 공급자의 교섭력이 높아질수록 해당 산업의 수익성이 떨어짐.
잠재적 진입자들의 위협	새로운 역량 및 시장 점유율 확대 욕구를 가진 잠재적 진입자들의 시장 진입이 용이할수록 이들의 위협은 증가하며, 이에 따라 해당 산업의 수익성이 떨어짐.
대체재의 위협	고객이 대체 가능 재품이나 서비스를 쉽게 획득하는 것이 가능할수록 증가하며, 대체재의 위협이 증가할수록 해당 산업의 수익성이 떨어짐.

〈산업의 매력도 판단〉

$$\frac{수익성\ 저해요인의\ 개수}{5} > 0.5 : 매력도\ 낮음$$

$$\frac{수익성\ 저해요인의\ 개수}{5} < 0.5 : 매력도\ 높음$$

59. 다음 인터넷 전문은행인 A사에 대한 분석내용 중 가장 적절하지 않은 것은?

5요인	산업 상황	판단
기존 사업자 간의 경쟁	• 모바일 단일 플랫폼에만 집중하여 타 공급자 B와 차별화된 전략 • 경쟁사는 B사 하나뿐이며, 영업실적에서 경쟁사를 넘어서는 크나큰 성장세	낮음
구매자의 교섭력	• 시중 오프라인 은행이 모바일 서비스까지 제공하여 은행 서비스 선택의 전환 비용이 낮음.	① 높음
공급자의 교섭력	• 자사 플랫폼을 활용하여 타 공급자 없이도 수요자에게 안정적인 서비스 공급 가능	② 낮음
잠재적 진입자들의 위협	• 관련 특별법 개정으로 인터넷 전문 은행 인가 허가가 어려움. • 투자 비용 및 지속적인 서비스 제공을 위해 막대한 자본금이 필요	③ 낮음
대체재의 위협	• 기존 오프라인 은행들이 사용자 친화적 모바일 앱 개선 등으로 지속적인 혁신 서비스 제공 • 기존 은행들이 공인인증서를 대체하는 편리한 로그인 방식을 채택하여 비대면 서비스를 강화함.	④ 낮음

60. 위 59번 분석내용을 토대로 A사의 산업 매력도를 평가하였다. A사의 산업매력도 평가와 이에 따른 대응 전략으로 적절한 것은?

	산업의 매력도	대응 전략
①	높음	오프라인 점포 운영에 드는 인력과 운영비를 예금 금리를 높이거나 대출 금리를 최소화하는 데 사용하여 차별화된 가격 서비스를 제공한다.
②	높음	단기간 내에 유입된 고객들을 충성도 높은 핵심고객으로 유지하기 위해서 오프라인 점포 개설을 통한 면대면 서비스를 제공한다.
③	낮음	자사 플랫폼을 활용한 지급결제 영역에서의 잠재력을 핀테크 플랫폼으로 극대화하여 기존 은행사와 차별화된 서비스를 제공한다.
④	낮음	단일 플랫폼에서 벗어나서 PC와 모바일을 모두 병행 사용할 수 있도록 플랫폼 사용 영역을 넓혀 더 많은 신규 고객들을 확충한다.

37 ~ 60　기술직

37. 다음 자료에 대한 설명으로 옳지 않은 것은?

〈지역별 시내버스(성인) 이용요금〉

지역	카드	현금	지역	카드	현금
서울	1,200원	1,300원	경기	1,450원	1,500원
광주	1,250원	1,400원	경남	1,300원	1,350원
대구	1,250원	1,400원	경북	1,100원	1,270원
대전	1,250원	1,400원	전남	1,100원	1,130원
부산	1,200원	1,300원	전북	1,100원	1,150원
울산	1,250원	1,300원	충남	1,200원	1,340원
인천	1,250원	1,270원	충북	1,400원	1,400원
강원	1,250원	1,370원	제주	1,150원	1,310원

① 전국 시내버스 현금 요금의 최빈값은 1,400원이다.

② 전국 시내버스 카드 요금의 평균은 1,100원이 넘는다.

③ 전국 시내버스 카드 요금의 최빈값은 1,250원이다.

④ 전국 시내버스 카드 요금의 중앙값은 1,150원이다.

[38 ~ 39] 다음 자료를 보고 이어지는 질문에 답하시오.

〈2020년 주택형태별 에너지 소비 현황〉

(단위 : 천 TOE)

구분	연탄	석유	도시가스	전력	열에너지	기타	합계
단독주택	411.8	2,051.8	2,662.1	2,118.0	–	110.3	7,354
아파트	–	111.4	5,609.3	2,551.5	1,852.9	–	10,125
연립주택	1.4	33.0	1,024.6	371.7	4.3	–	1,435
다세대주택	–	19.7	1,192.6	432.6	–	–	1,645
상가주택	–	10.2	115.8	77.6	15.0	2.4	221
총합	413.2	2,226.1	10,604.4	5,551.4	1,872.2	112.7	20,780

* 전력 : 전기에너지와 심야전력에너지 포함
* 기타 : 장작 등 임산 연료

38. 위의 자료에 대한 해석으로 적절한 것은?

① 단독주택에서 소비한 전력 에너지량은 단독주택 전체 에너지 소비량의 30% 이상을 차지한다.
② 모든 주택형태에서 가장 많이 소비한 에너지 유형은 도시가스 에너지이다.
③ 아파트는 다른 주택형태에 비해 가구당 에너지 소비량이 많다.
④ 모든 주택형태에서 소비되는 에너지 유형은 4가지이다.

39. 아파트 전체 에너지 소비량 중 도시가스 에너지 소비량이 차지하는 비율은? (단, 소수점 아래 둘째 자리에서 반올림한다)

① 25.2% ② 36.2%
③ 52.4% ④ 55.4%

40. 다음 자료에 대한 설명으로 옳은 것은? (단, 모든 계산은 소수점 아래 둘째 자리에서 반올림한다)

〈가계신용 동향〉

구분		2018년	2019년	2019년 3/4분기 말	2019년 4/4분기 말	2020년 1/4분기 말	2020년 2/4분기 말	2020년 3/4분기 말
가계 신용[1]	금액(조 원)	1,342.5	1,450.9	1,419.3	1,468.2	1,490.2	1,492.3	1,514.4
	전년 동기 대비 증가율(%)	11.6	8.1	8.1	8.0	7.5	7.5	6.7
가계 대출[2]	금액(조 원)	1,269.8	1,370.1	1,341.8	1,387.2	1,409.2	1,409.2	1,427.7
	전년 동기 대비 증가율(%)	11.6	7.9	7.9	7.9	7.9	7.3	6.4
판매 신용[3]	금액(조 원)	72.7	80.8	78.0	80.8	81.0	83.1	86.7
	전년 동기 대비 증가율(%)	11.6	11.1	14.9	11.1	11.0	10.9	11.1

1) 가계신용 : 일반가계가 금융기관에서 직접 빌린 돈과 신용판매회사 등을 통해 외상으로 구입한 금액을 합한 것. 한마디로 사채를 제외한 일반가계의 모든 빚을 말한다.

2) 가계대출 : 금융기관에서 가계를 대상으로 지급한 대출로 예금은행, 상호저축은행, 신용협동조합 등의 비은행예금취급기관 그리고 보험사, 연금기관, 카드사, 할부사, 증권사 등으로 이루어진 기타 금융기관 등에서 빌린 주택구입용 대출, 일반대출금, 카드론 등을 예로 들 수 있다.

3) 판매신용 : 신용카드회사나 할부금융회사를 통해 신용카드나 할부로 구매한 물품 액수를 말한다.

① 2020년 1/4분기 말 가계신용은 모두 2,936조 원이다.

② 가계대출은 2020년 3/4분기 말에 직전분기 말 대비 91.4조 원 증가하였다.

③ 2018년 3/4분기 말 가계신용은 1,203조 원이다.

④ 2019년 4/4분기 말 판매신용은 직전분기 말 대비 약 3.6% 증가하였다.

[41 ~ 42] 다음 업무표를 보고 이어지는 질문에 답하시오.

업무	필요시간	필요예산	우선순위
A	4일	2억	3
B	14일	6억	2
C	6일	7억	5
D	2일	3억	1
E	8일	4억	6
F	15일	8억	4

* 주어진 예산은 10억이다.
* 업무는 하나씩만 진행할 수 있다.
* 주어진 조건하에서 진행할 수 없는 업무는 진행하지 않는다.

41. P 사원은 15일 만에 주어진 예산에 맞추어 위의 업무를 끝내야 한다. 위의 항목을 고려하여 업무를 처리하였을 때 15일이 지난 뒤 P 사원이 끝낸 업무는 몇 개인가?

① 2개
② 3개
③ 4개
④ 5개

42. 다음 중 41번과 같은 조건에서 완료할 수 없는 업무는?

① A
② C
③ D
④ E

1회 기출예상 2회 기출예상 3회 기출예상 4회 기출예상 5회 기출예상 인성검사 면접가이드

[43 ~ 44] 다음은 H 공단의 최우수 직원 선정에 관한 규정과 직원별 평가 내역이다. 이어지는 질문에 답하시오.

〈직원별 점수표〉

(단위 : 점)

구분	업무		비업무		
	매출실적	이익률	근무태도	직원평가	성실성
직원 A	75	80	83	92	88
직원 B	92	94	82	82	90
직원 C	80	82	85	94	96
직원 D	84	90	95	90	82

〈최우수 직원 선정 방법〉

• 각 항목별 점수에 다음의 구간 기준을 적용하여 '평점'을 부여한다.

점수	96점 이상	90 ~ 95점	85 ~ 89점	80 ~ 84점	79점 이하
평점	5점	4점	3점	2점	1점

• 각 항목별 '평점'의 합이 큰 직원 순으로 선정하되, 다음과 같은 가중치를 적용한다.
  − 업무 항목 : '평점'의 30% 가산
  − 근무태도와 직원평가 항목 : '평점'의 20% 가산
  − 성실성 항목 : '평점'의 10% 가산
• '평점'의 합이 동일한 경우 왼쪽 항목부터 얻은 '평점'이 높은 직원을 우선순위로 선정한다.

43. 최우수 직원으로 선정된 직원과 가장 낮은 평점을 받은 직원의 매출실적 평점의 차이는?

① 2.6점   ② 2.8점

③ 3.6점   ④ 3.9점

1회 기출예상

2회 기출예상

3회 기출예상

4회 기출예상

5회 기출예상

인성검사

면접가이드

44. 다음 중 위의 직원 평가에 대한 설명으로 옳지 않은 것은?

① 비업무 항목만 놓고 보면 직원 C가 가장 높은 평점을 받게 된다.

② 성실성보다 근무태도를 더 중요시하는 평가 방식이다.

③ 최고와 최저 평점을 획득한 직원의 평점 차이는 5점 이상이다.

④ 최저 평점을 획득한 직원은 모든 평가 항목에서 최소 공동 1위도 기록하지 못하였다.

[45 ~ 46] 아래의 제시 상황을 보고 이어지는 질문에 답하시오.

'난방용 도시가스 비용을 인상해야 하는가'를 주제로 에너지 공기업 담당자들 간에 토론이 진행되었다. 이후 B 사원은 관련 내용을 정리하였다.

1. 연도별 전체 가구의 난방용 연료 이용 비율

(단위 : %)

구분	목재	석탄	석유	LPG	도시가스	열병합	기타	합계
2000년	3.8	8.5	26.8	14.5	35.6	4.4	6.4	100.0
2015년	2.5	5.5	24.6	18.8	41.5	6.2	0.9	100.0

※ 각 가구는 난방을 위하여 한 종류의 연료만 사용한다고 가정한다.

2. 난방용 도시가스 비용 현실화율

(단위 : %)

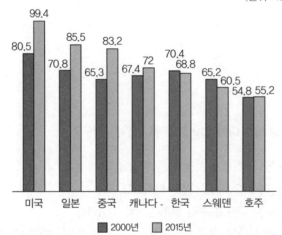

※ '비용 현실화율'이란 자원 생산에 투입되는 비용 대비 자원 사용에 따른 사용료 합의 비율을 의미한다.

3. 토론결과 정리

안건	난방용 도시가스 비용 인상에 어떻게 생각하십니까?
찬성 근거	**반대 근거**
• 지난 15년간 난방을 위해 도시가스를 사용하는 가구 수 16% 이상 증가 • 다른 연료에 비해 저렴한 사용 비용 • 2015년 난방용 도시가스 비용 현실화율은 미국에 비해 30%p 이상 낮음. • 자원 생산에 필요한 비용 보전을 위해서 난방용 도시가스 비용 인상 불가피	• 비용 인상시 석탄, 석유와 같은 화석연료 사용이 증가하여 대기오염 문제 발생 • 도시가스의 가구별 수급을 위한 시설 건설에 이미 많은 자금이 투입됨. • 상대적으로 경제적이고 안정적인 도시가스를 대체할 수 있는 대체 연료가 없음.

45. B 사원이 토론결과에 대하여 이해한 내용으로 가장 적절한 것은?

① 2000년 이후 우리나라 가구 수 변화가 제시되지 않아서 '찬성' 주장에 대한 근거가 빈약했다.

② 전 세계 모든 국가의 난방용 도시가스 비용 현실화율에 대한 자료가 제시된다면 '반대' 주장은 더욱 강화될 것이다.

③ 석탄, 석유와 같은 화석연료 수급을 위해 투입된 비용에 대한 자료가 제시되지 않아서 '반대' 주장에 대한 근거가 빈약했다.

④ 도시가스를 비롯한 다른 연료들의 자원 생산에 투입되는 비용과 비용 현실화율이 제시되지 않아서 '반대' 주장에 대한 근거가 빈약했다.

46. 토론 이후 B 사원은 다음과 같은 자료가 추가로 존재했음을 알게 되었다. 이를 포함한 제시된 전체 자료를 통해 계산한 2015년 전체 가구수는 약 얼마인가?

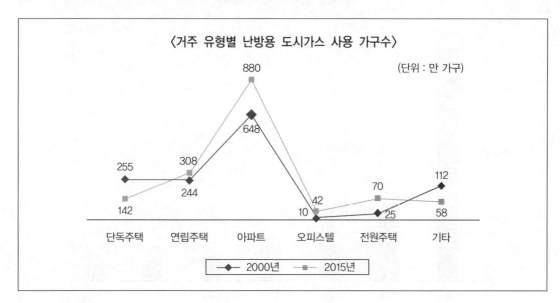

〈거주 유형별 난방용 도시가스 사용 가구수〉

① 3,614만 가구   ② 3,750만 가구
③ 4,213만 가구   ④ 5,000만 가구

[47 ~ 48] 다음은 연도별 및 지역별 전기차 등록 추이에 대해 나타낸 그래프이다. 이어지는 질문에 답하시오.

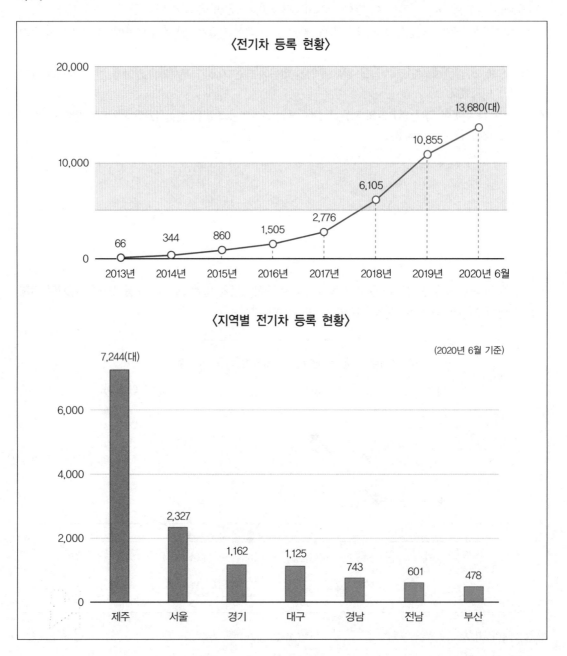

〈전기차 등록 현황〉

〈지역별 전기차 등록 현황〉

(2020년 6월 기준)

47. 현재가 2020년 6월이라고 가정했을 때, 다음의 설명 중 옳지 않은 것은?

① 경기와 대구의 전기차 등록 수의 합은 서울의 전기차 등록 수보다 적다.

② 대구의 등록 수는 부산의 등록 수의 3배보다 적다.

③ 현재 전체 등록 수 대비 제주의 등록 수의 비율은 50% 이하이다.

④ 등록 수가 1,000대 미만인 지역들의 등록 수 평균은 600대보다 많다.

48. 2018년의 전년 대비 전기차 등록 증가율과 2016년의 전년 대비 전기차 등록 증가율의 차이는? (단, 모든 계산은 소수점 아래 첫째 자리에서 반올림한다)

① 30%p
② 35%p
③ 40%p
④ 45%p

1회 기출예상
2회 기출예상
3회 기출예상
4회 기출예상
5회 기출예상
인성검사
면접가이드

49. 다음과 같은 매뉴얼의 특징으로 옳지 않은 것은?

〈사용 관련〉

• 사람 또는 애완동물이 자고 있거나 누워있는 공간에서 제품을 사용하지 마십시오.

• 바닥면 회전 솔에 머리카락, 손, 발, 옷가지 등이 끼는 경우 제품 손상의 원인이 됩니다.

• 사람 또는 애완동물이 제품 위에 올라가거나 제품을 가지고 놀지 않도록 주의하십시오. 상해 또는 제품 손상의 원인이 됩니다.

• 제품 사용 또는 제품 청소 시 회전 솔이나 바퀴에 손, 발, 머리카락, 옷가지 등이 끼이지 않도록 주의하십시오. 상해 또는 제품 손상의 원인이 됩니다.

〈전원 관련〉

• 본 제품은 220V 전용입니다. 사용 전 공급되는 전압을 반드시 확인하십시오.

• 안전선을 무리하게 구부리거나 날카로운 부위에 닿거나 무거운 물건에 눌려 손상되지 않도록 주의하십시오. 제품 고장 또는 누전 시 감전의 원인이 됩니다.

• 전원선이 손상되면 감전, 상해 또는 화재의 원인이 됩니다.

• 전원 플러그를 하나의 콘센트에 여러 개를 동시에 사용하지 말고 반드시 1.5A 용량 이상의 콘센트를 사용하십시오.

• 콘센트의 이상 발열 시 화재의 원인의 됩니다.

---

① 사용자를 위해 제품의 특징이나 기능, 사용방법과 고장조치 방법 등을 설명한 것이다.

② 제품 사용자의 유형과 사용 능력을 파악해야 한다.

③ 제품의 설계상의 결함이나 위험 요소를 대변할 수 있다.

④ 혹시 모를 사용자의 오작동까지 고려하여 만들어져야 한다.

50. 다음은 '기술 실패'의 두 가지 유형이다. 이러한 기술 실패의 원인으로 바르게 묶인 것은?

- 지나친 확신과 자아도취로 대체기술의 등장 가능성이나 고객들의 실제 구매 의도 등을 간과하여 발생하는 실패 유형
- 기술개발 과정상의 미비점이나 상용화 측면의 약점을 간과해서 발생하는 실패 유형

① 차례 미준수, 기획 불량, 조직운영 불량

② 무지, 부주의, 가치관 불량

③ 기획 불량, 조건의 변화, 조직운영 불량

④ 오만, 부주의, 조사·검토 부족

51. ○○회사는 굴착기 전문 제조업체로 다음 그림처럼 제조과정에 대한 체계적인 관리를 위해서 생산관리시스템을 도입하였다. ○○회사의 기술관리자들은 작업 관리가 효율적으로 이루어지도록 생산관리시스템 교육을 받고 있다. 이와 관련하여 기술관리자에 필요한 능력은?

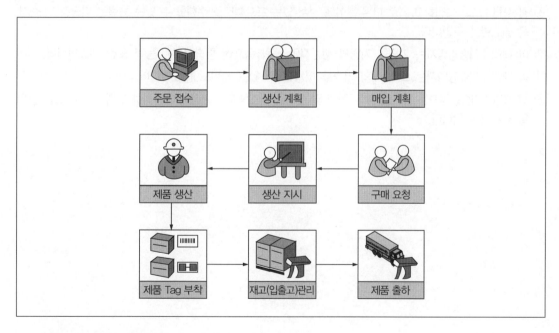

① 혁신적인 환경을 조성할 수 있는 능력

② 기술팀을 통합할 수 있는 능력

③ 기술적, 인간적인 능력을 통합할 수 있는 능력

④ 공학적 도구나 지원방식에 대한 이해 능력

52. 기술경영팀 팀장은 기술경영과 관련한 다음의 자료를 바탕으로 팀원들과 이야기를 나누고 있다. 다음 직원들의 발언 중 적절하지 않은 것은?

스티브 잡스가 프레젠테이션을 할 때 곧잘 내건 사진이 있다. 바로 테크놀로지 거리와 리버럴 아츠 거리가 만나는 지점을 보여 주는 도로 표지판이다. 우주에 흠집(Dent in Universe)을 낼 만한 최고의 제품을 만들려면 기술과 인문학의 접점을 찾아야 한다는 자신의 의지와 애플의 지향점을 시각화한 사진이었다. 잡스의 업적은 사실 모두가 융합이었다고 할 수 있다. 음악 산업과 디지털 테크놀로지를 결합한 아이팟은 오직 잡스만이 만들 수 있었다. 왜냐하면 '음악 쪽 사람들은 테크놀로지를 모르고, IT(정보통신) 쪽 사람들은 음악을 모르는' 상황에서 그만이 양쪽을 다 알면서 그 접합점을 찾는 과감한 베팅을 할 수 있었기 때문이다.

IT 업계 현장을 접해 본 사람들이 흔히 하는 얘기가 있다. 바로 '기술자는 경영을 모르고 경영자는 테크놀로지를 모른다'는 사실이다. 기술자가 경영을 모르면 아주 좋은 첨단 기술을 개발해 놓고도 사업적으로 성공시키지 못한다. 반면 테크놀로지를 모르는 경영자는 기술자 위에 군림하면서 이익만을 추구하기 때문에 '걸작'을 만들어 내기 힘들다. 애플의 성공 신화 뒤에는 잡스의 "우리는 이익이 목표가 아니라 수단일 뿐이다"라는 정신이 있었다. 재무제표상의 숫자만을 중시하는 '순수 경영학적인' 마인드로는 애플과 같은 세계 최고기업을 만들어 낼 수 없다는 이치이다.

---

① 김 사원 : 크고 복잡하고 서로 다른 분야에 걸쳐 있는 프로젝트를 수행할 수 있는 능력은 기술경영자에게 꼭 필요한 능력입니다.

② 이 대리 : 기술경영자는 기술을 기업의 전반적인 전략 목표에 통합시키는 능력 또한 필요합니다.

③ 박 대리 : 기술경영자는 조직 내의 기술을 이용할 수 있는 능력도 중요합니다.

④ 최 사원 : 기술경영자는 업무의 상태, 진행 및 실적을 시스템적인 관점에서 인식하고 개선할 수 있는 능력을 갖추어야 합니다.

53. 다음 〈자료〉는 산업 재해의 예방 대책의 5단계를 나타낸 것이다. 이를 참고할 때, 〈사례〉에서 이루어지고 있는 단계는?

자료

- 1단계
  안전 관리 조직 : 경영자는 사업상의 안전 목표를 설정하고 안전 관리 책임자를 선정하여야 하며, 안전 관리 책임자는 안전 계획을 수립하고 이를 시행·후원·감독해야 한다.
- 2단계
  사실의 발견 : 사고 조사, 안전 점검, 현장 분석, 작업자의 제안 및 여론 조사, 관찰 및 보고서 연구, 면담 등을 통하여 사실을 발견한다.
- 3단계
  원인 분석 : 재해의 발생 장소, 재해 형태, 재해 정도, 관련 인원, 직원 감독의 적절성, 공구 및 장비의 상태 등을 정확히 분석한다.
- 4단계
  시정책의 선정 : 원인 분석을 토대로 적절한 시정책, 즉 기술적 개선, 인사 조정 및 교체, 교육, 설득, 호소, 공학적 조치 등을 선정한다.
- 5단계
  시정책의 적용 및 뒤처리 : 안전에 대한 교육 및 훈련 실시, 안전시설과 장비의 결합 개선, 안전 감독 실시 등의 선정된 시정책을 적용한다.

사례

　○○공장은 작업자 실수로 누출된 폐유기용제를 흡착재로 신속히 방재하고, 이후 관련 밸브를 자동인식밸브로 바꾸고 공정의 위험성을 전면 재평가하여 유사사고를 원천 차단한 노력으로 높은 평가를 받았다.

　"우리 공장은 아차사고를 통해 위험에 대한 이중, 삼중의 안전장치 설계 및 절차의 중요성을 새삼 깨달았다"며 "작업자의 부주의가 발생할 수 있는 장소에 표준작업절차서를 제시하여 철저히 준수하도록 하고 있었으며, 일일설비 점검 항목을 추가하고 유사공정에도 제반 내용을 적용하였다"고 말했다.

---

① 원인 분석 → 사실 발견　　　　② 사실 발견 → 원인 분석
③ 시정책 선정　　　　　　　　　④ 시정책의 적용 및 뒤처리

[54 ~ 56] 다음의 제시 상황을 보고 이어지는 질문에 답하시오.

총무팀에서는 효율적인 업무를 위해 새롭게 구입한 문서 세단기를 설치하여 사용 중이다. 문서 세단기 옆 벽면에는 다음과 같은 사용설명서가 게시되어 있다.

〈조작부 명칭〉

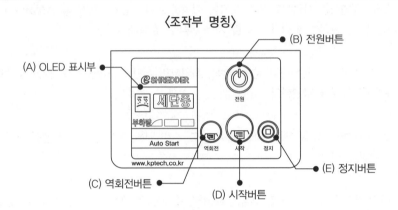

(A) OLED 표시부
(B) 전원버튼
(C) 역회전버튼
(D) 시작버튼
(E) 정지버튼

〈사용 방법〉

1. 전원 코드를 콘센트에 연결해 주세요.
2. 기기의 프런트 도어를 연 후 전원 스위치를 켜 주세요.
3. 프런트 도어를 닫은 후 'OLED 표시부'에 '세단대기'가 표시되면 세단할 문서를 문서투입구에 넣어 주세요(CD 및 카드는 CD 투입구에 넣어 주세요).
4. 절전모드 실행 중에는 전원버튼을 눌러 켠 후 문서를 넣어 주세요.
5. 완료되면 'OLED 표시부'에 부하량이 표시되면서 '세단완료'가 표시됩니다.

〈사용 시 주의사항〉

1. 투입부에 종이 이외는 투입하지 마세요.
2. 부품에 물기가 묻지 않도록 주의하세요.
3. 넥타이 및 옷소매 등이 투입부에 말려 들어가지 않도록 주의하세요.
4. 가스나 기타 인화물질 근처에서는 사용하지 마세요.
5. '파지비움' 표시의 경우 파지함을 비워 주세요.
6. 세단량이 많을 경우 고장의 원인이 되므로 적정량을 투입하세요.
7. 세단량이 많아 '모터과열' 표시의 경우 모터 보호를 위해 30분 정도 중지 후 다시 사용하세요.
8. 작동이 안 될 경우 기계를 강제로 열거나 분리하지 마세요.

〈고장신고 전 확인사항〉

증상	조치
1. 전원버튼을 눌러도 제품이 동작하지 않을 때 2. 전원스위치를 ON시켜도 동작하지 않을 때	• 전원코드가 꽂혀 있는지 확인합니다. • 프런트 도어를 열고 전원스위치가 ON되어 있는지 확인합니다.
3. 자동 역회전 후 '세단포기'가 표시되면서 제품이 정지했을 때	• 투입구에서 문서를 꺼낸 후 적정량만 투입합니다.
4. '모터과열'이 표시되면서 제품이 정지했을 때	• 과도한 투입 및 장시간 연속동작 시 모터가 과열되어 제품이 멈춘 상태이니 전원을 끄고 30분 후 사용합니다.
5. '파지비움'이 표시되면서 제품이 정지했을 때	• '프런트 도어'가 표시되면 프런트 도어를 열고 파지함을 비워 줍니다. • 파지함을 비워도 '파지비움' 표시가 없어지지 않으면 파지 감지판을 흔들어 이물질을 제거합니다.
6. 문서를 투입하지 않았는데 자동으로 제품이 동작될 경우	• 투입구 안쪽으로 문서가 걸려있는 경우 종이 2 ~ 3장을 여러 번 접어 안쪽에 걸려 있는 문서를 밀어 넣습니다.
7. 전원을 켰을 때 '세단대기'가 표시되지 않고 세팅화면이 표시될 때	• 전원버튼을 길게 눌러 세팅모드에서 나옵니다.

54. 다음 조작부 명칭 중 '세단대기'가 표시되지 않을 경우 필요한 것은?

① (A) OLED 표시부   ② (B) 전원버튼

③ (C) 역회전버튼   ④ (D) 시작버튼

55. 다음 중 문세 세단기가 정상적으로 작동하지 않는 원인이 아닌 것은?

① 파지를 비우지 않아 파지함이 꽉 찼을 경우   ② 투입구 안쪽에 문서가 걸려 있을 경우

③ 절전모드에서 전원버튼을 눌렀을 경우   ④ 문서투입구에 CD가 투입될 경우

56. 다음의 OLED 표시부 표시 내용 중 나머지와 성격이 다른 것은?

① 세단포기   ② 파지비움   ③ 모터과열   ④ 세단대기

[57 ~ 58] 다음 전문가 시스템에 대한 설명을 보고 이어지는 질문에 답하시오.

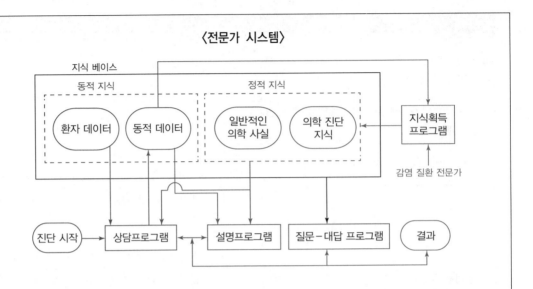

전문가 시스템은 생성시스템의 하나로서, 인공지능 기술의 응용분야 중에서 가장 활발하게 응용되고 있는 분야이다. 즉 인간이 특정 분야에 대하여 가지고 있는 전문적인 지식을 정리하고 컴퓨터에 기억시킴으로써 일반인도 이 전문지식을 이용할 수 있도록 하는 시스템이다. 대표적인 예로는 의료 진단 시스템, 설계 시스템 등이 있다.

전문가 시스템은 크게 지식베이스와 추론 엔진, 사용자 인터페이스로 나뉜다. 지식베이스는 문제를 이해하고 해결하는 데 필요한 지식이 저장되는 곳으로, 문제 상황과 문제 영역에 관한 사실, 그리고 특별한 영역에 있는 문제를 해결하기 위해 지식의 사용을 인도하는 규칙으로 구성되어 있다. 일반 지식 공학자들이 해당 전문가에게 자문을 구하는 과정을 거쳐 지식베이스에 지식을 넣는다. 추론엔진은 지식베이스를 이용하여 문제를 해결하기 위한 목적으로 논리적으로 지식을 제어하고 새로운 지식을 추론하기 위해 규칙을 어떻게 적용해야 할 것인가를 결정하는 규칙해석기와 규칙들이 작동되는 순서를 결정하는 스케줄러로 구성되어 있다. 지식베이스는 언제든 쉽게 바뀔 수 있지만 추론엔진은 지식베이스보다는 정적인 측면을 가지고 있다. 사용자 인터페이스는 사용자가 전문가 시스템과 대화하기 좋게 바꾸는 과정을 말한다.

A 병원은 이런 전문가 시스템의 원리를 기반으로 의학 전문가 시스템 'CUE'를 개발하였다. 이 시스템의 지식베이스는 정적 지식과 동적 지식으로 구성되어 있다. 정적 지식이란 의학의 일반적인 지식을 뜻하며, 동적 지식은 환자마다 변화하는 증상과 상태 등 정보를 뜻한다. 이 시스템은 의사에게 상담 프로그램을 통해 정적 지식을 기반으로 환자의 상태를 묻고 기록하여 동적 지식을 가져 방대한 지식베이스를 가지게 된다. 참고로 정적 지식은 지식 획득 프로그램에서 지식 공학자들과 함께 이루어진다. 환자에 대한 지식이 얻어졌으면 시스템은 어떤 근거들로 특정 진단을 내릴 것인지 정하는 과정인 추론 엔진의 역할이 필요하다. A 병원에서 만든 시스템에서 설명 프로그램이 이에 해당된다. 마지막으로 의사가 시스템에게 진단 혹은 과정에 대한 간단한 질문을 할 때 답을 할 수 있는 질문–대답 프로그램이 있으며 이런 과정들을 통해 결과가 도출되게 된다.

57. 전문가 시스템에 대한 설명으로 옳지 않은 것은?

① 지식베이스는 추론엔진보다 변화가 쉽다.

② 지식베이스는 규칙해석기와 스케줄러로 구성되어 있다.

③ 전문가 시스템의 지식베이스에 정보를 넣는 사항은 해당 전문가들이다.

④ 추론엔진에는 문제를 해결하기 위해 논리적으로 지식을 제어하는 역할을 한다.

58. A 병원이 개발한 전문가 시스템 'CUE'에 대한 설명으로 적절하지 않은 것은?

① 지식베이스는 정적 지식과 동적 지식으로 구성되어 있다.

② 상담 프로그램은 의사가 시스템에게 환자의 정보를 요구하는 과정이다.

③ CUE에서 설명 프로그램이란 추론 엔진의 역할을 뜻한다.

④ 의사가 진단 과정에 대한 정보를 얻고 싶을 때에는 질문·대답 프로그램 과정을 이용한다.

1회 기출예상
2회 기출예상
3회 기출예상
4회 기출예상
5회 기출예상
인성검사
면접가이드

[59 ~ 60] B 사원은 AA 기업에서 안전관리 직무를 담당하고 있다. 다음 기사를 보고 이어지는 질문에 답하시오.

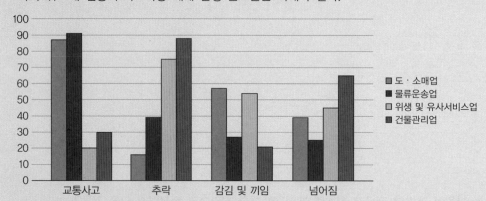

△△일보

최근 ○○안전공단은 서비스업에서 발생한 사고사망자 1,000명을 분석한 결과, 서비스업 중에서도 건물관리업, 물류운송업, 위생 및 유사서비스업 그리고 도·소매업 등 4개의 업종에서 전체의 절반 이상인 618명의 사망자가 발생하였다고 발표하였다.

특히 위 4개 업종의 사고사망 재해 발생 분포율은 아래와 같다.

지난달 12일 ○○시 ◇◇아파트 쓰레기 집하장에서 아파트 관리원인 K모 씨(66세)가 집하장 왼쪽 화단에 무단으로 버려진 쓰레기를 수거하던 중 중심을 잃고 5미터 아래 바닥으로 추락해 사망한 사고가 발생했습니다. 또한 지난 3월 △△시에서는 기계식 주차장에서 주차관리를 하던 Q모 씨(45세)가 방문객의 차량출고 요청에 따라 차량을 출고하려고 하다가 주차기가 제대로 작동하지 않아 이를 확인하던 중 바닥으로 추락하여 사망하는 사고도 있었습니다. 이 외에도 특히 물류배송 중 교통사고는 빈번하게 발생하는 사고입니다.

59. 다음 〈보기〉는 산업재해의 예방과 대책을 정리한 것이다. 이를 순서대로 바르게 나열한 것은?

보기

ㄱ. 원인 분석   ㄴ. 안전관리 조직 구성
ㄷ. 시정책의 선정   ㄹ. 사실의 발견
ㅁ. 시정책의 적용 및 뒤처리

① ㄱ → ㄴ → ㄷ → ㄹ → ㅁ   ② ㄱ → ㄴ → ㄹ → ㄷ → ㅁ
③ ㄴ → ㄹ → ㄱ → ㄷ → ㅁ   ④ ㄴ → ㄱ → ㄷ → ㄹ → ㅁ

60. 위에 제시된 기사 내용의 K 씨와 Q 씨에게 공통적으로 적용되는 산업재해의 원인으로 가장 적절한 것은?

① 교육적 원인   ② 기술적 원인
③ 불안전한 행동   ④ 불안전한 상태

01 ~ 36   공통영역

[01 ~ 02] 다음 ○○공사의 직원 포상 제도를 보고 이어지는 질문에 답하시오.

○○공사에서 근무하는 정아름 사원은 안전운전 실천을 위한 포상금 제도를 홍보하는 업무를 맡았다.

〈화물차 모범운전자 포상금 제도〉

- 시행 목적 : 교통사고 위험성이 높은 화물 운전자의 안전운행 실천 유도 및 사고 예방
- 응모 대상 : 1톤 초과 사업용 화물차 운전자
- 신청 방법 및 기간
  1. 방문신청 : 고속도로휴게소 종합안내소, 교통안전공단 자동차검사소, 운전적성정밀검사장
  2. 인터넷신청(모바일 포함) : ○○공사 홈페이지
     ※ 202X년 2월 17일 ~ 5월 31일(인터넷신청 시스템 오픈 : 202X년 2월 21일부터)
- 안전운전 실천기간 : 202X년 3 ~ 8월(신청일 다음 달 1일부터 8월 31일까지)
- 선발 기준
  1. 교통사고 유발 및 법규위반이 없으며 준법 운행을 한 자
  2. 안전위험 운전 점수가 70점 이상인 자 중 상위 30%

구분	배점(점)	평가산식
안전위험 운전 점수	100	화물차 평균치 대비 준수율 $=[100\times\{1-(\text{위험운전*횟수/화물차 평균 횟수})\}\times\text{가중치}]$ ※ 가중치(최댓값 1) : $0.5+0.5\times(\text{고속도로 주행거리}/40\text{만 km})$

* 위험운전 : 급감속, 급차로변경, 과속

- 포상 : 선발 기준을 모두 충족한 운전자에게 다음과 같이 포상

구분	대상 인원	구분	대상 인원	구분	대상 인원
500만 원	1%	250만 원	7%	80만 원	20%
350만 원	7%	120만 원	15%	50만 원	50%

※ 선발 기준에 해당되시는 모든 분들께는 도로 안전 지킴이 상을 수여합니다.
※ 재학 자녀 유무에 따라 자녀장학금 또는 포상금을 수여합니다.

- 운행기록 제출 방법
  1. 제출기준 : 안전운전 실천기간 내, 실운행일 50일 이상 기록 필수 제출
  2. 제출방법 : 홈페이지 업로드, 도로공사 지역본부 방문 제출

01. 정아름 사원은 위 내용을 게시한 후 질문 게시판에서 다음과 같은 글을 보고 수정할 사항을 메모하였다. 다음 중 질문 해결에 적절하지 않은 메모는?

질문 게시판	메모
교통안전공단 자동차검사소의 위치는 어디인가요?	① '신청 방법 및 기간' 하단에 자동차검사소 위치를 표시한 지도를 첨부한다.
저는 작년에 화물차 안전운전 포상금을 받았는데, 올해에도 재신청이 가능한가요?	② '포상' 하단에 작년 모범운전자 포상금 수여자의 재신청 시 포상 금액 제한에 대한 내용을 추가한다.
화물차의 교통사고 유발의 예시에는 어떤 것들이 있나요?	③ '선발 기준 1.'에 화물차의 과적, 적재불량으로 인한 교통사고 사례를 추가한다.
안전위험 운전점수를 구하려고 합니다. 기준이 되는 화물차 평균 위험운전횟수가 몇인가요?	④ 모범운전자 포상금 제도를 실시한 3년간 화물차의 평균 위험운전횟수 감소율을 추가한다.

02. 다음 운전자의 정보를 참고할 때 적절하지 않은 것은?

이름	김△△	고속도로 주행거리	36만 km
신청 날짜	202X년 2월 19일		
포상 결과	도로 안전 지킴이 표창장 수여		
위험운전	김△△(100km당)		화물차 평균(100km당)
급감속(회)	2		9
급차로변경(회)	2		12
과속(회)	5		15

① 김△△은 고속도로 주행거리가 36만 km이므로 0.95점의 가중치가 부여된다.

② 김△△은 안전위험 운전 점수가 70점 이상인 운전자 중 상위 30%에 해당하지 않는다.

③ 김△△은 3월 1일 ~ 8월 31일에 1톤 초과 사업용 화물차를 50일 이상 운전하였다.

④ 김△△은 고속도로휴게소 종합안내소, 교통안전공단 자동차검사소, 운전적성정밀검사장 중 한 곳에서 모범 운전자 포상금 제도를 신청하였다.

[03 ~ 04] 다음 자료를 읽고 이어지는 질문에 답하시오.

해외 인터넷 ○○기업 한국지사의 법무팀에서 근무하는 이민호 대리는 자사 검색 사이트의 개인정보취급방침에 대한 약관을 작성하고 수정, 검토하는 일을 담당하고 있다.

〈개인정보취급방침〉

■ 본 인터넷 검색 H 사이트(이하 '본 사이트'라 한다)의 계정에 가입할 때 사용자의 계정과 함께 보관하기 위하여 사용자 이름, 이메일 주소, 전화번호 또는 신용카드와 같은 개인정보를 요청합니다. 또한 본 사이트에서 제공하는 공유 기능을 최대한 활용하고자 하는 사용자에게 프로필을 만들도록 요청할 수 있으며, 이 프로필은 모든 이에게 공개되고 이름과 사진이 포함될 수 있습니다.

■ 본 사이트는 사용자가 서비스를 사용할 때 광고 서비스를 사용하는 웹사이트 방문 시점 또는 광고 및 콘텐츠를 보고 사용한 시점 등 사용하는 서비스 및 사용 방식에 대한 정보를 수집할 수 있습니다. 이러한 정보에는 다음의 사항들이 포함됩니다.

• 기기 정보 : 본 사이트는 하드웨어 모델, 운영체제 버전, 고유 기기 식별자, 모바일 네트워크 정보(전화번호 포함)와 같은 기기별 정보를 수집합니다. 본 사이트는 기기 식별자 또는 전화번호를 본 사이트의 계정에 연결할 수 있습니다.

• 로그 정보 : 본 사이트의 서비스를 사용하거나 본 사이트에서 제공하는 콘텐츠를 볼 때 서버 로그에 특정 정보를 자동으로 수집하고 저장합니다. 여기에는 다음이 포함됩니다.
  – 사용자가 본 사이트의 서비스를 사용한 방법에 대한 세부정보(예 검색어)
  – 전화 로그 정보(전화번호, 발신자 번호, 착신전환 번호, 통화 일시, 통화 시간, 통화 유형)
  – 인터넷 프로토콜 주소
  – 기기 이벤트 정보(다운, 하드웨어 설정, 시스템 활동, 브라우저 언어, 요청 날짜 및 시간, 참조 URL)
  – 사용자의 브라우저 또는 본 사이트의 계정을 고유하게 식별할 수 있는 쿠키

• 위치 정보 : 사용자가 본 사이트의 서비스를 사용할 때 본 사이트에서 사용자의 실제 위치에 대한 정보를 수집하고 처리할 수 있습니다(예 본 사이트가 제공하는 내비게이션 기능). 본 사이트는 IP 주소, GPS뿐 아니라 주변 기기, Wi-Fi 액세스 포인트, 기지국 등에 관련된 정보를 제공하는 기타 센서를 포함한 다양한 기술을 활용하여 위치를 파악합니다.

• 로컬 저장소 : 본 사이트는 브라우저 웹 저장소(HTML 5 포함) 및 애플리케이션 데이터 캐시 등의 메커니즘을 사용하여 정보(개인정보 포함)를 수집하고 이를 사용자의 기기에 로컬로 저장할 수 있습니다.

• 쿠키 및 유사한 기술 : 사용자가 본 사이트의 서비스를 방문할 때 본 사이트와 본 사이트의 파트너(사이트가 신뢰할 수 있는 외부 업체들)는 다양한 기술을 사용하여 한정적인 정보를 수집하고 저장합니다(쿠키 또는 유사한 기술을 사용해 사용자의 브라우저 또는 기기를 식별하는 것 포함). 또한 본 사이트가 파트너에게 제공하는 서비스(예 다른 사이트에 표시되는 본 사이트의 기능이나 광고 서비스)와 사용자 간 상호 작용이 있을 때 이러한 기술을 사용하여 정보를 수집하고 저장합니다. 비즈니스 및 사이트 소유자는 본 사이트의 분석 기술을 사용하여 웹사이트의 트래픽을 분석할 수 있습니다.

03. 다음 중 이민호 대리가 위의 개인정보취급방침에 대한 내용을 읽고 잘못 이해한 것은?

① 사용자가 광고에 접근하는 방식이나 시점을 외부 업체들과 공유할 수 있구나.

② 본 사이트가 직접 제공하는 기능 외에 여타 기술과도 연계하여 내 위치를 파악하는군.

③ 사용자가 사용하는 장치의 고유 정보가 자사 사이트의 사용자 계정과 연동될 수 있겠구나.

④ 사용자 기기의 시스템 활동, 요청 날짜 및 시간 등을 통해 사용자 기기의 이벤트 정보를 추적하는군.

04. 이민호 대리가 같은 법무팀 소속의 팀원으로부터 다음과 같은 질문을 받았을 때, 가장 적절한 답변은?

> 최근 △△ 대형 글로벌 인터넷 회사가 운영하는 검색사이트를 상대로 가입자가 낸 개인정보 관련 소송에서 '원고 승소' 판결이 났다고 합니다. 판결에 따르면 광고 서비스 등 사용자가 사용한 콘텐츠와 직접 관련이 있는 경우 외에는 사용자의 사이트 이용 정보를 상업적인 목적으로 제3자에게 제공할 수 없고, 만약 사용자의 요청이 있을 경우에는 제3자에게 제공한 개인정보에 대한 내용을 사용자에게 알려야 한다고 합니다. 이 판결에 따라 예상할 수 있는 내용으로는 무엇이 있습니까?

① 사용자가 사용한 콘텐츠와 직접적으로 관련이 있는 이용 정보는 제3자에게 제공할 수 있겠군.

② 사이트 내에서 광고 동영상을 시청한 사람의 프로필 정보가 광고주에게 보고될 수 있어.

③ 경찰이 공무상의 이유로 사용자 계정의 개인정보를 요청할 경우에는 경찰에게 정보를 제공할 수 있겠어.

④ 사용자의 위치를 파악하기 위해 정보를 제공한 GPS 사업자나 통신사를 사용자에게 의무적으로 알려야 되겠군.

1회 기출예상
2회 기출예상
3회 기출예상
4회 기출예상
5회 기출예상
인성검사
면접가이드

[05 ~ 06] 다음 제시글을 보고 이어지는 질문에 답하시오.

〈본 연구는 직접지불제(Direct Payment)의 개선방안을 제시하는 것을 목적으로 한다.〉
■ 직접지불은 국가가 농가에게 현금으로 직접 지급하는 방식의 농업보조를 의미한다.

1. 직불금 제도의 개념과 의의
• 등장 배경 : 정부의 농산물 시장개입에 의한 기존의 농산물 가격지지정책*이 시장왜곡에 따른 과잉 생산이라는 결과를 가져온다는 경제학적 논리에 근거함.
  – WTO 체제하에서 이를 점차 철폐하고 대신 농민들에게 정부가 직접 현금을 지급하는 생산중립적인 방식으로 전환하게 됨.
  – 유럽연합에서는 1992년 MacSharry 개혁을 통해 기존의 가격지지정책을 품목별 직접지불제로 전환하기 시작하였으며, 2003년부터 품목중립적인 단일직불제(SPS ; Single Payment Scheme)으로 통합하였음.

• 협의의 개념 : 정부가 직접 농업생산자에게 소득을 보조해 주는 정책을 뜻함.
  – 농산물 품목별 가격지지정책의 축소에 따른 농민들의 소득 감소분만큼 현금으로 농민들에게 직접 지급하는 정책
  – 품목 중립적, 생산 중립적 : 품목에 상관없고, 과거 생산액과도 상관없음.
  – 원칙적으로 농지를 대상으로 지급 : 농지소유가 클수록 비례하여 수급액이 커지는 구조
  – WTO하에서 허용보조(그린박스)로 분류 : 원칙적으로 무제한 지원 가능
  – 유럽연합의 단일직불제(SPS)가 대표적인 사례임.

• 광의의 개념 : 농업의 다원적 기능에 대한 지불
  – 지속가능한 농업이 집합적으로 수행하는 다원적 기능(사회적, 환경적)이 갖는 공공재적 성격의 서비스는 농산물 시장에서 농민들이 제대로 가격을 받지 못함.
  – 그에 따라 정부가 그러한 공공재 서비스에 대해 대신 농민들에게 직접 지불해 주는 개념 : 서비스에 대한 시장가격을 측정하기 곤란하기 때문에 실제로는 농민들의 농업 조방화로 인한 생산 감소분과 소요 비용분을 지불함.
  – 농업환경 지불(Agri-environment Payment), 조건불리지역 지불(Payment for less favorable area) 등이 대표적인 사례임.
  – 지불이라는 단어 대신 정책패키지로서 프로그램이라는 단어를 사용하기도 함 : 영국의 농업환경 프로그램 사례

* 농산물 가격지지정책 : 농산물 가격을 정부가 일정 수준으로 정해서 그 이하로는 거래되지 못하도록 하는 정책

---

05. 윗글을 읽고 이해한 내용으로 적절하지 않은 것은?

① 직접지불제는 농가에 현물이 아닌 현금으로 지급하는 방식이다.

② 외국도 농업 부문에서 각국 정부가 관여하는 정도가 크다.

③ 농업생산자들의 소득 감소분만큼 보조하는 것이 직접지불제의 개념이다.

④ 농산물은 식량생산으로서의 가치만이 시장가격에 반영되어야 한다.

06. 다음 세계무역에 관한 글을 읽고 직접지불제가 농업 정책에 가지고 있는 의미에 대해서 가장 적절하게 설명한 것은?

> 우루과이 라운드 협상은 7년이라는 장기간의 협상 끝에 1993년 12월에 타결되었고 뒤이어 세계무역기구(WTO)가 출범하였다. 우루과이 라운드 협정에 따라 회원국들은 원칙적으로 모든 비관세 수입규제들을 관세로 전환해야 했고 몇 년간 관세를 내려야 했다. 또한 각 나라들은 세계무역기구의 규정에 따라 농업 정책들을 전면 수정하도록 요구받았다. 먼저 인위적으로 가격을 떠받치는 가격보조금은 세계무역기구의 규정에 어긋나지만 시장가격에 영향을 미치지 않는 소득보조금은 허용하였다.

① 직접지불제는 비관세 수입규제에 포함되지 않는다.

② 직접지불제는 국내 농업 정책과 관련된 것이므로 세계무역기구의 규정과 무관하다.

③ 직접지불제는 세계무역기구의 규정에 어긋나지 않는 소득보조금의 형태이다.

④ 직접지불제는 농업의 다원적 기능을 반영하지 않아도 된다.

[07 ~ 08] ○○공단 고객지원실에 근무하는 A 사원은 운전면허 갱신안내와 관련된 업무를 담당한다. 다음의 제시 상황을 보고 이어지는 질문에 답하시오.

〈적성검사 및 면허갱신 안내〉

신청장소	적성검사(1종 면허, 70세 이상 2종 면허) 및 2종 면허갱신 : 전국 면허시험장 또는 경찰서 교통민원실(단, 강남경찰서는 적성검사, 면허갱신 업무를 하지 않으므로 인접한 강남면허시험장 이용. 문경, 강릉, 태백 면허시험장 내에는 신체검사장이 없으므로 가까운 병원에서 신체검사)	
대상자	적성검사	제1종 운전면허 소지자, 70세 이상 제2종 운전면허 소지자
	면허갱신	제2종 운전면허 소지자(신체검사 불필요)
적성검사 / 면허갱신 주기·기간	1종 운전면허	• 20X1. 12. 9. 이후 면허취득자·적성검사자는 10년 주기·1년 기간(※) • 20X1. 12. 8. 이전 면허취득자·적성검사자는 7년 주기·6개월 기간(면허증상 표기된 기간)
	2종 운전면허	• 20X1. 12. 9. 이후 면허취득자·면허갱신자는 10년 주기·1년 기간(※) • 20X1. 12. 8. 이전 면허취득자·면허갱신자는 9년 주기·6개월 기간(면허증상 표기된 기간)
	※ 1년 기간 산정 : 시험합격 또는 갱신받은 날로부터 10년이 되는 날이 속하는 해의 1월 1일 ~ 12월 31일 ※ 20X1. 12. 9. 이후 1종·2종 상관없이 65세 이상인 사람은 5년 주기 ※ 20X1. 12. 9. 이후 70세 이상 2종 면허 소지자도 면허갱신 시 적성검사 의무 ※ 20X9. 1. 1. 이후 1종·2종 상관없이 75세 이상인 사람은 3년 주기	
준비물	적성검사 (1종 면허, 70세 이상 2종 면허)	• 준비물 : 운전면허증, 6개월 이내 촬영한 컬러 사진 2매 • 적성검사 신청서(면허시험장, 경찰서, 병원 비치) • 수수료 : 13,000원(신체검사비 별도) • 신체검사비 : 시험장 입주 신체검사장 기준 1종 대형/특수 면허는 7,000원, 기타 면허는 6,000원 • 신체검사는 건강검진결과 내역 확인(시험장 및 경찰서 방문 시 행정정보 공동이용 동의로 활용 가능), 진단서 등으로 갈음 가능 • 진단서나 건강검진결과 내역 확인 시 사진 1매만 필요 • 신체검사 시력기준(교정시력 포함) : 좌, 우 둘 중 하나의 시력이 0.5 이상, 다른 한쪽 시력이 0.8 이상 • 보통 적성검사 대상자 중 국민건강보험공단 검진 자료를 보유한 경우, 인터넷 적성검사 신청 가능(면허증 대리수령 불가)
	2종 면허(갱신)	• 준비물 : 운전면허증, 6개월 이내 촬영한 컬러 사진(규격 3.5cm×4.5cm) 1매 • 수수료 : 8,000원
	• 1종 보통 및 70세 이상 2종 면허 소지자로 진단서나 건강검진결과 내역 확인(시험장 및 경찰서 방문 시 행정정보 공동이용 동의로 활용 가능)으로 신체검사서를 갈음하는 경우 대리인이 위 준비물, 대리인 신분증, 위임장(위임자가 작성)을 지참하면 대리접수 가능 • 2종 면허소지자는 인터넷접수 및 대리인이 위 준비물과 대리인 신분증과 위임장(위임자가 작성)을 지참하면 대리접수 가능	

적성검사 면허갱신 의무위반 시 처벌사항	1종 면허	• 적성검사기간 경과 시 과태료 30,000원 • 적성검사 만료일 다음 날부터 1년 경과 시 면허취소
	2종 면허	• 면허갱신기간 경과 시 과태료 20,000원 (단, 70세 이상 2종 면허 적성검사 대상자는 과태료 30,000원) • 갱신 미필 사유의 면허 행정처분(정지 처분 · 면허취소)은 20X1. 12. 9. 이후 폐지됨. • 20X1. 12. 9. 이전에 갱신 미필 사유로 취소된 면허는 회복되지 않으나 정지 처분 또는 통보를 받은 경우는 처분 말소(면허 취소되지 않음) • 70세 이상 2종 면허 소지자의 경우 적성검사 만료일 다음 날부터 1년 경과 시 면허취소 (단, 면허증 앞면에 적성검사 기간이라고 표시된 면허에 적용)
	과태료 미납 시	• 납부기간 경과 시 가산금(5%), 매 1월 경과 시 중가산금(1.2%) 부과 • 최대 77%까지 가산금이 부과되고, 체납처분의 예에 따라 강제 징수될 수 있음.

07. A는 고객들이 올린 질문사항에 답변을 제공하고 있다. 다음 답변 중 올바르지 않은 것은?

이름	질문내용
정○○	올해 75세가 되신 저희 할머니께서는 2종 운전면허를 가지고 계십니다. 면허갱신기간이 경과하여 과태료를 납부해야 하는데 납부기간이 지나면 어떻게 되나요?

↳ ① RE : 70세 이상 2종 면허 적성검사 대상자는 30,000원의 과태료가 부과됩니다. 납부기간이 경과하는 경우 5%의 가산금이 부과되고 1개월이 지날 때마다 중가산금 1.2%가 부과됩니다. 다만 가산금의 총합은 77%를 넘을 수 없습니다.

| 최□□ | 20X0년 4월 27일에 20살 생일 기념으로 2종 운전면허를 취득했습니다. 면허갱신 기간이 20X9년 1월 1일 ~ 6월 30일이 맞나요? |

↳ ② RE : 2종 운전면허의 경우 20X1년 12월 8일 이전 면허취득자는 9년 주기로 6개월의 기간 내에 면허를 갱신하시면 됩니다. 이때 6개월의 기간은 가지고 계신 면허증에 표기된 기간을 참고하시면 됩니다.

| 김△△ | 1종 대형면허 소지자입니다. 적성검사를 위한 준비물을 챙기고 있는데, 문경 면허시험장에서 적성검사를 받는 경우 얼마의 비용이 들게 될까요? |

↳ ③ RE : 적성검사를 받기 위해서는 수수료 13,000원과 1종 대형면허 기준 별도의 신체검사비 7,000원이 필요합니다.

| 소◇◇ | 1종 특수면허에 대한 적성검사를 신청하려고 합니다. 강남구에 거주하는 경우 가장 가까운 신청장소는 어디인가요? |

↳ ④ RE : 적성검사 및 2종 면허갱신은 전국 면허시험장 또는 경찰서 교통민원실에서 신청하실 수 있습니다. 다만 강남경찰서는 해당 업무를 하지 않으므로 가까운 강남면허시험장을 이용하시면 되겠습니다.

1회 기출예상 2회 기출예상 3회 기출예상 4회 기출예상 5회 기출예상 인성검사 면접가이드

08. A는 상사의 지시에 따라 홈페이지에 게시할 자주 묻는 질문(FAQ)을 제작하려 한다. 다음 지시사항의 내용을 참고했을 때 옳지 않은 것은?

편지쓰기 | 편지읽기 | 수신확인 | 환경설정 | 주소록 　　　　　　　　회신 전달

[업무하달] 홈페이지 게시판 제작 지시의 건(20X9년 11월 11일 작성)
[보내는 사람] : R 과장
[받는 사람] : A 사원

A 사원, R 과장입니다. FAQ에 삽입할 질문 리스트 제작 시 아래 사항을 참고해 주세요.

- FAQ의 구성은 접수방법 관련 2개, 준비물 관련 3개, 갱신 주기 및 기간 관련 1개 총 6개의 FAQ를 작성해야 한다.
- FAQ의 카테고리 순서는 준비물 → 갱신 주기 및 기간 → 접수방법 순으로 배치한다.
- 적성검사 및 2종 면허갱신을 신청할 때 인터넷 접수와 관련한 부분에 대한 질문이 자주 접수되므로 이와 관련한 내용을 반드시 포함한다.
- 적성검사의 건강검진 결과 내역 갈음에 대한 질문을 작성하고 행정정보 공동이용과 관련한 내용을 포함한다.
- 최근 고령화 추세로 인해 올해 새롭게 도입된 항목에 관한 질문을 작성한다.

카테고리	FAQ
준비물	② 신체검사를 건강검진결과 내역 확인으로 갈음하는 데 필요한 행정정보 공동이용은 어떻게 하는 건가요?
준비물	적성검사나 면허갱신 신청 시 운전면허증을 반드시 지참해야 하나요?
준비물	2종 면허의 경우 신체검사비가 별도로 필요한가요?
갱신 주기 및 기간	③ 1종 운전면허와 2종 운전면허의 적성검사 / 면허갱신 주기 · 기간은 동일한가요?
접수방법	적성검사 신청서는 어디에서 작성할 수 있나요?
접수방법	④ 1종 면허나 2종 면허 소지 시 모두 적성검사 및 면허갱신의 인터넷 접수와 대리인 접수가 가능한가요?

①

[09 ~ 10] 다음 지문을 읽고, 이어지는 질문에 답하시오.

진통제 하면 가장 먼저 떠오르는 약이 아스피린과 타이레놀이다. 약간 열이 나거나 두통이 있을 때 둘 중 어떤 약을 먹어야 하는지 혼란스러워하는 사람이 많다. 아스피린과 타이레놀의 차이점은 무엇일까? 진통제의 라이벌이라고도 불리는 아스피린과 타이레놀의 효능 및 차이점과 복용 시 주의사항을 살펴보자.

아스피린은 대표적인 '해열소염진통제'로 두통, 치통, 생리통뿐만 아니라 치은염, 근육염, 상처에 생긴 염증을 가라앉히는 등 진통과 염증 완화(소염)에 효과적이다. 아스피린은 혈전(피떡)을 없애는 효과가 있어 심혈관질환 예방 목적으로도 많이 사용된다. 하지만 위 자극이 심하므로 제산제나 음식과 함께 먹는 것이 좋다. 또한 임신·수유부와 독감, 수두에 걸린 15세 이하의 어린이는 부작용이 나타날 수 있어 복용하지 않도록 한다. 임산부가 진통 및 해열제가 필요한 경우에는 타이레놀을 복용하는 것이 좋다.

타이레놀은 대표적인 '해열진통제'로 해열과 진통의 효과가 있는 단일성분 제제이다. 해열 효과가 좋고 중등도의 통증 치료에 효과적이다. 하지만 아스피린과는 달리 소염 기능이 없어 염증이 동반되지 않는 두통, 치통, 생리통 등의 생활 통증 시 복용하는 것이 좋다. 타이레놀은 공복에 복용해도 되고 임산부와 어린이가 복용할 수 있는 등 아스피린보다 부작용이 적지만 '아세트아미노펜' 성분이 간 독성을 유발할 수 있으므로 평소 술을 많이 먹는 사람이나 간질 환자는 전문의와 상담 후 복용하도록 한다.

09. 윗글의 제목으로 가장 적절한 것은?

① 진통제의 올바른 복용 방법
② 아스피린과 타이레놀의 선택 기준
③ 진통제 오남용 문제의 심각성
④ 아스피린에 대한 타이레놀의 우수성

10. 윗글을 읽고 추론한 내용으로 적절하지 않은 것은?

① 아스피린은 해열 기능이 있다.
② 아스피린과 타이레놀의 선택 기준에 연령도 고려할 수 있다.
③ 두통, 치통, 생리통은 염증이 유발되지 않는 통증이다.
④ 아스피린은 타이레놀과 달리 간 독성을 일으키는 성분이 들어있다.

[11 ~ 12] 아래의 제시 상황을 보고 이어지는 질문에 답하시오.

　　화장품 업체에 근무하는 A는 최근 출시된 B 로션의 마케팅 업무를 위해 B 로션과 관련된 정보를 아래와 같이 정리하였다.

- 상품명 : B 로션
- 전성분 : 정제수, 사이클로펜타실록산, 부틸렌글라이콜, 세테아릴알코올, 소르비탄스테아레이트, 편백수, 물망초 추출물, 백년초열매추출물, 캐모마일꽃추추물, 카렌돌라꽃추출물, 홍화추출물, 쉐어버터, 포도씨 오일, 판테놀, 코코글리세라이드, 잔탄검, 소듐하이알루로네이트, 향료
- 사용법 : 목욕 후 물기를 닦고 적당량을 덜어 전신에 부드럽게 펴 발라 흡수시켜 줍니다. 차갑게 보관해 사용하시면 피부 진정과 수분 충전에 더욱 효과적입니다.
- 사용상의 주의사항
  1. 상처가 있는 곳 또는 습진 및 피부염의 이상이 있는 부위에는 사용하지 마십시오.
  2. 화장품을 사용하여 다음과 같은 이상이 있을 경우에는 사용을 중지할 것이며, 계속 사용하면 증상을 악화시키므로 피부과 전문의 등에게 상담하십시오.
     1) 사용 중 붉은 반점, 부어오름, 가려움증, 자극 등의 이상이 있는 경우
     2) 적용 부위가 직사광선에 의하여 위와 같은 이상이 있을 경우
- 보관 및 취급상의 주의사항
  1. 사용 후에는 반드시 마개를 닫아 두십시오.
  2. 유아의 손이 닿지 않는 곳에 보관하십시오.
  3. 고온(45도 이상)내지 저온의 장소, 직사광선이 닿는 곳에는 보관하지 마십시오.
  4. 사용 중 눈에 들어갔을 때에는 흐르는 물로 충분히 헹구어 내십시오.

11. A는 보도 자료를 써줄 기자로부터 B 로션과 관련된 정보를 간략하게 요약해 달라는 요청을 받았다. 다음 중 가장 적절한 것은?

① 목욕 후 바르는 바디로션이다.

② 특수 재질 용기를 사용하여 직사광선에 닿아도 내용물이 변질되지 않는다.

③ 코코넛 오일이 주성분이다.

④ 주름 개선과 피부 영양에 도움을 주는 제품이다.

12. A는 타사 제품 대비 B 로션이 지닌 장점을 강조하는 광고 카피를 제작하고자 한다. 다음 특허 기술에 관한 설명을 바탕으로 가장 적절한 광고 카피를 고르면?

> MLE 보습과학 포뮬러는 쉐어버터, 포도씨 오일, 판테놀 등 피부에 좋은 보습 성분에다가 ㈜ K기업의 특허기술 MLE를 접목시킨 B 로션의 핵심 포뮬러이다. MLE 보습과학 포뮬러는 보습성분의 피부 흡수를 돕고 지속 시간을 최대 48시간으로 유지하여 효과적인 피부 보습을 완성시키는 데 도움을 준다. 피부 자극 테스트를 완료해 민감한 피부도 안심하고 사용 가능하다.

① 촉촉한 하루를 위해 B 로션과 함께 하세요.

② 쉐어버터와 포도씨 오일의 만남! 한 번만 발라도 촉촉한 이틀이 될 수 있게 합니다.

③ 자외선 차단 기능이 포함된 바디 로션, B 로션은 어떠세요?

④ 부드럽고 수분감 있는 하루를 위해 당신이 선택할 B 로션

1회 기출예상 2회 기출예상 3회 기출예상 4회 기출예상 5회 기출예상 인성검사 면접가이드

[13 ~ 15] 다음 자료를 보고 이어지는 질문에 답하시오.

□□공사 인재경영실에서 근무하는 김영웅 대리는 신입사원 교육일정을 계획 중이다.

〈신입사원 교육일정 및 과정〉

1. 교육 기간 : 201X. 04. 27.(월) ~ 28.(화)
2. 교육 대상 : 신입사원 50명(2일 모두 참여)
3. 교육 장소 : 지사 ○○홀, ◆◆시청 대회의실
4. 세부 내용

교육일(장소)	교육과정	교육담당	주요 교육내용
201X. 04. 27. (지사 ○○홀)	공단에서의 첫걸음	인재경영실 내선번호 : 5432	교육과정안내 신입사원 명함 배부
	주요사업 현황	기획조정실 내선번호 : 5055	주요사업 현황 및 실적 소개
	공단의 기본규정 교육	직무전문가 갑(사내) 010-6789-6789	기본규정 및 업무절차 규정 교육
201X. 04. 28. (◆◆시청 대회의실)	비즈니스 매너	외부전문가 010-5678-5678	기초직장예절
	전자결재 교육	정보화본부 내선번호 : 2022	기안문 작성 근태현황 조회
	회계 지출의 기초과정	직무전문가 을(사내) 010-7942-7942	계약, 지출결의 등 공단 회계 기초교육

＊교육내용에 관한 자료는 각 교육과정별 담당부서 혹은 담당자 소관이다.
＊신입사원 교육 준비 일정과 관련하여 인재경영실에서 진행해야 하는 일은 김영웅 대리 담당이다.

〈신입사원 교육 준비 일정〉

업무	기한 및 구체적 내용
교육자료 제작	인재경영실 담당 교육자료 4월 17일까지 제작
교육자료 취합	세부 내용 참고하여 교육 준비 및 진행을 위해 각 교육 담당부서(담당자)와 업무 협조 • 4월 15일 각 교육 담당부서(담당자)에게 업무 협조 요청 • 교육 시작일(4월 27일) 최소 3일 전까지 모든 교육자료 취합 및 정리

장소 대관	장소 대관은 총무지원실에서 진행하므로 총무지원실에 장소 대관 일정 통보 • 지사 ○○홀 : 사용일 5일 전까지 예약 • ◆◆시청 대회의실 : 사용일 7일 전까지 예약
버스 대절	• 집결지에서 교육 장소까지 2일간 이동할 버스 전세 • 교육 시작일 5일 전까지 예약
도시락 예약	• 교육 양일에 필요한 신입사원 점심 도시락 사전 주문 • 4월 20일 도시락 사전 주문하기

13. 다음 중 김영웅 대리가 신입사원 교육을 준비하기 위해 해야 할 일이 아닌 것은?

① 010-6789-6789에 연락하여 업무 협조를 부탁한다.
② 신입사원의 명단을 확보하여 명함을 준비한다.
③ ◆◆시청에 연락하여 교육일정을 위해 대회의실을 대관한다.
④ 도시락 업체에 연락하여 교육기간 중 신입사원들의 점심을 주문한다.

14. 김영웅 대리는 각 교육 담당부서 혹은 전문가로부터 필요한 자료를 받아볼 수 있는 날짜를 다음과 같이 정리하였다. 일정을 참고하여 신입사원 교육 준비를 최대한 빨리 진행할 때, 〈신입사원 교육 준비 일정〉은 언제 마무리될 수 있는가? (단, 교육 준비 업무는 하루에 한 가지만 처리할 수 있으며, 주말에는 일을 하지 않는다)

오늘 날짜 : 201X.04.15.
※ 교육자료는 한꺼번에 인계받아서 취합할 것

기획조정실	16일 교육자료 편성 예정. 편성 다음 주 수요일에 완성 예정
외부전문가	업무 협조를 요청한 당일 교육자료 완성 예정
직무전문가 갑	17일 밤에 출장에서 돌아와서 다음 출근일에 교육자료 완성 예정
정보화본부	교육 시작일로부터 일주일 전에 자료 완성 예정
직무전문가 을	

① 4/17 　　　　　　　　　　② 4/20
③ 4/23 　　　　　　　　　　④ 4/26

15. 김영웅 대리는 상사로부터 신입사원 교육일정에 필요한 예산안을 작성해 달라는 요구를 받았다. 다음의 자료를 참고하였을 때, 신입사원 교육일정을 위해 필요한 총 예산은 얼마인가? (단, 다음의 자료에 제시된 것 이외의 비용은 고려하지 않는다)

구분		금액		비고
강사료 (1일 기준)	직무전문가(사내)	1인당	70,000원	–
	외부전문가		300,000원	–
	기타 사내강사		40,000원	교육을 담당하는 부서에서 한 명씩 파견
교통비 (1일 기준)	버스 대절	50인승 1대당 300,000원		교육일 양일 모두 대절
기타 경비	점심 식대	• (지사) 1인당 3,000원 • (시청) 1인당 3,500원		신입사원 인원에 맞게 주문
	장소 대관	• (지사) 무료 • (시청) 150,000원		–

① 1,515,000원

② 1,595,000원

③ 1,635,000원

④ 1,675,000원

16. R 회사에서는 행정직과 기술직에서 신입사원을 채용하려고 한다. 다음 조건들을 고려할 때 사원 선발에 대한 내용으로 옳은 것은?

- 행정직은 경상, 법정, 농학계열이 있다.
- 기술직은 기계, 전기, 토목, 건축계열이 있다.
- 각 계열별로 필요한 사원의 수는 두 명이다.
- 회사에서 선발하려는 사원의 수는 최대 12명이다.
- 동시에 두 가지 분야에서 일할 수 있다(단, 직무가 다른 계열은 겸할 수 없다).
- 농학계열 신입사원은 다른 계열을 겸할 수 없다.

① 채용조건을 만족하기 위해 필요한 최소 인원은 7명이다.

② 토목계열 지원자는 건축계열 외 다른 계열을 겸할 수 없다면 기계계열 지원자는 전기계열만 겸할 수 있다.

③ 최대 인원을 선발했을 때 두 가지 분야에서 일하는 지원자는 2명이다.

④ 기계·전기·법정계열에서 5명의 지원자를 채용한다면 채용조건을 만족하기 위해 필요한 최소 인원은 11명이다.

17. 다음 주어진 정보를 토대로 도출할 수 있는 휴대폰 비밀번호로 옳은 것은?

- 비밀번호는 서로 다른 6개의 정수로 이루어져 있다.
- 비밀번호에는 1자리 소수가 모두 포함되어 있다.
- 비밀번호 각 자릿수의 합은 25 미만이다.
- 비밀번호의 합은 3의 배수이다.

① 246537

② 195108

③ 431257

④ 236715

[18 ~ 20] 다음 자료를 참고하여 이어지는 질문에 답하시오.

〈음식별 영양성분표〉

음식	탄수화물(g)	지방(g)	단백질(g)
A	100	30	20
B	120	25	10
C	80	40	15
D	140	15	10

* 1g당 열량 – 탄수화물 : 3.75kcal/g, 지방 : 9kcal/g, 단백질 : 4kcal/g

〈운동종목별 체중당 열량 소모량(1시간 기준)〉

운동종목	열량 소모량(kcal/kg)	운동종목	열량 소모량(kcal/kg)
골프	5	축구	9
자전거	6	농구	8
수영	7.5	조깅	10

* 시간당 열량 소모량=(운동종목별 체중당 열량 소모량)×(운동 시간)×(체중)

〈다이어트 도전자 정보〉

이름	김철수	이영희	박영서	최동수
성별	남	여	여	남
체중(kg)	80	60	50	90

* 체중당 필요한 열량 – 남성 : 30kcal/kg, 여성 : 25kcal/kg
* 하루 필요 열량=(체중당 필요한 열량)×(체중)

18. 음식 A ~ D 중 열량이 제일 높은 음식은?

① A   ② B
③ C   ④ D

19. 다이어트에 도전하는 네 사람이 하루에 필요한 열량으로 알맞은 것은?

① 김철수 − 2,200kcal   ② 이영희 − 1,800kcal
③ 박영서 − 1,250kcal   ④ 최동수 − 2,250kcal

20. 다음은 다이어트 도전자들이 섭취한 음식과 운동량이다. 이들 중 운동량이 부족한 사람은? (단, 운동량이 부족하다는 의미는 하루 필요 열량 기준으로 초과 섭취한 열량에 비해 소모한 열량이 적다는 의미이다)

이름	하루 동안 섭취한 음식	운동량
김철수	A : 1개, B : 1개, C : 0개, D : 2개	농구 : 1시간
이영희	A : 1개, B : 1개, C : 2개, D : 0개	골프 : 1시간, 자전거 : 3시간
박영서	A : 3개, B : 0개, C : 0개, D : 0개	골프 : 1시간, 자전거 : 1시간, 수영 : 1시간
최동수	A : 1개, B : 2개, C : 2개, D : 2개	골프 : 1시간, 축구 : 1시간, 조깅 : 1시간

① 김철수   ② 이영희
③ 박영서   ④ 최동수

[21 ~ 22] 아래의 제시 상황을 보고 이어지는 질문에 답하시오.

고용노동부 고용센터에서 근무하는 사원 P는 직업훈련 전반을 맡아 진행하고 있다.

〈직업훈련〉

직업훈련은 취업이나 창업을 희망하는 사람에게 직업에 필요한 기술과 기능을 익히도록 도와주는 제도이다. 외국인은 고용보험 피보험자격 취득이력이 있어야 지원 가능하지만, 결혼이민자는 고용보험 이력이 없어도 지원받을 수 있다.

〈지원 대상〉

고용센터 등에 구직신청을 한 만 15세 이상 실업자, 결혼이민자와 그 가족인 만 15세 이상의 이주청소년, 영세자영업자(사업기간이 1년 이상 지났고 연간 매출액이 15,000만 원 미만일 것), 고3 재학생 중 비진학예정자, 대학졸업예정자 등

〈지원 내용〉

• 지원한도 : 1인당 최대 2백만 원까지 실제 훈련비의 20 ~ 95% 지원(나머지 훈련비는 훈련생이 직접 부담)
  - 취업성공패키지 2유형 참여자는 실제 훈련비의 50 ~ 95% 지원, 1유형은 최대 300만 원까지 훈련비의 전액 또는 90% 지원
  - 훈련종료일로부터 6개월 이내에 훈련받은 직종과 동일직종에 취업 또는 창업하여 6개월 이상 취·창업 상태를 유지한 사람(수료자 및 조기취업자)에게는 자비로 부담한 훈련비 전액 환급
  - 단위기간(1개월) 소정훈련일수의 80% 이상 출석한 경우 월 최대 116천 원의 훈련장려금 별도 지급

• 유효기간 : 계좌 발급일로부터 1년
  - 계좌 발급일로부터 6개월 이내에 훈련 미참여 시 계좌사용 중지 및 한도 전액 소멸되며(계좌 발급 관서에 계좌의 재사용신청 조치를 거쳐 사용 가능), 계좌 재발급 시 계좌한도를 50% 감액하여 지원

〈지원 절차〉

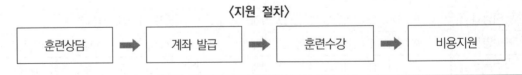

| 훈련상담 | ➡ | 계좌 발급 | ➡ | 훈련수강 | ➡ | 비용지원 |

21. 다음 중 사원 P가 맡아 진행하는 직업훈련 대상자로 적절하지 않은 사람은?

① 사업기간이 2년이며 연간 매출액이 10,000만 원인 영세자영업자 A

② 고용보험 피보험자격 취득이력이 없는 미혼의 베트남인 B

③ 졸업 후 시중은행에서 근무 예정인 고3 재학생 C

④ 고용보험 피보험자격 취득이력이 없고 한국인과 결혼한 중국인 이민자 D

22. 사원 P는 어제 들어온 질문에 대한 답변을 작성 중이다. 적절한 답변이 아닌 것은?

Q. 저희 아버지는 인도인, 어머니는 한국인으로 한국으로 이민온 지 3년 차인 만 15세 학생입니다. 저도 직업훈련대상자가 될 수 있을까요?
A. ① 네, 그렇습니다. 결혼이민자와 그 가족인 만 15세 이상의 이주청소년은 직업훈련 지원대상입니다.
Q. 저는 취업성공패키지 2유형 참여자입니다. 제가 훈련비로 3백만 원을 지출했고 아직 취업을 못한 상태라면 얼마까지 지원받을 수 있을까요?
A. ② 2유형 참여자는 실제 훈련비의 50 ~ 95% 지원을 받을 수 있으므로 1.5백만 원에서 2.85백만 원까지 지원받을 수 있습니다.
Q. 작년에 한도가 2백만 원인 계좌를 1월 1일에 발급받고 7월 1일에 직업훈련을 시작했다면 올해 계좌의 최대한도는 얼마까지 가능할까요?
A. ③ 작년에 계좌 발급일로부터 6개월 이내에 훈련에 미참여하셨기 때문에 계좌 재발급 시 계좌한도가 50% 감액됩니다. 따라서 올해 계좌는 최대 1백만 원까지 발급받으실 수 있습니다.
Q. 훈련 관련 상담 후 계좌를 발급받으면 바로 비용이 계좌로 이체되나요?
A. ④ 아닙니다. 계좌 발급 후 훈련수강을 완료하신 후에 비용을 지원받으실 수 있습니다.

[23 ~ 24] 아래의 제시 상황을 보고 이어지는 질문에 답하시오.

한국도로공사에서 근무하는 K는 다차로 하이패스에 대한 공식기사를 작성해야 하는 업무를 맡았다.

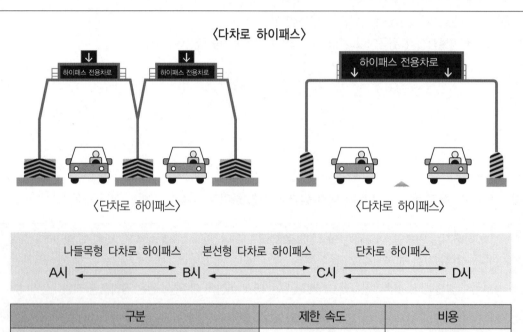

〈다차로 하이패스〉

〈단차로 하이패스〉   〈다차로 하이패스〉

나들목형 다차로 하이패스   본선형 다차로 하이패스   단차로 하이패스

A시 ◄─────────► B시 ◄─────────► C시 ◄─────────► D시

구분	제한 속도	비용
단차로 하이패스	30km/h	1,000원
본선형 다차로 하이패스	60km/h	2,000원
나들목형 다차로 하이패스	50km/h	3,000원

※ 각 시(市) 사이의 거리는 180km로 동일하다.

※ 하이패스 제한 속도가 적용되는 거리는 각 하이패스마다 10km로 동일하다.

※ 고속도로 주행 시 제한 속도는 100km/h이다.

23. K는 기사 작성을 위해 직접 12시에 D시에서 출발하여 A시까지 가는 데 걸리는 시간을 측정해 보려고 한다. 최대한 빠르게 이동했을 때 K가 A시에 도착하는 시간은 언제인가?

① 17시 42분

② 17시 44분

③ 17시 46분

④ 17시 48분

24. 아래의 표는 각 시로 이동하는 하루 평균 차 대수이다. 한국도로공사가 각 하이패스에서 하루에 얻는 평균 수익을 알맞게 짝지은 것은? (단, 차 대수는 도착지 기준으로 기록했으며 중복 계상되지 않았다)

구간	차 대수	구간	차 대수
D시 ~ C시	500대	C시 ~ B시	2,000대
D시 ~ B시	1,000대	C시 ~ A시	900대
D시 ~ A시	1,200대	B시 ~ A시	600대

	단차로 하이패스	본선형 다차로 하이패스	나들목형 다차로 하이패스
①	270만 원	1,020만 원	810만 원
②	270만 원	1,010만 원	820만 원
③	260만 원	1,010만 원	810만 원
④	260만 원	1,020만 원	820만 원

[25 ~ 26] 아래의 제시 상황을 보고 이어지는 질문에 답하시오.

관리부에서 물품관리 업무를 담당하고 있는 K 사원은 사내 물품들에 관리번호를 부여하여 관리하고 있다.

〈품목번호 부여 기준〉

물품은 아래의 기준에 따라 부여된 10자리 숫자 및 문자로 구성한다.

> 例 A001–1903–PL는 2019년 3월에 구입한 기획팀 사무용 책상이다.

<u>A001</u>	–	<u>1 9</u>	<u>0 3</u>	–	<u>PL</u>
물품코드		구매연도	구매월		부서코드

물품명	코드명		부서명	코드명
사무용 책상	A001		기획팀	PL
사무용 의자	A002		생산팀	PR
책상서랍	A003		인사팀	PE
프린터	B001		회계팀	AC
복사기	B002		구매팀	PU
스캐너	B003		영업팀	MK
팩스기	B004		경영혁신팀	HQ
컴퓨터	C001		경영전략팀	HS
노트북	C002		R&D팀	RD

25. K 사원이 부서별 물품에 대해 관리번호를 다음과 같이 부여하였을 때 알맞은 것은?

	부서	물품	구입일	관리번호
①	인사팀	프린터	2015-06-06	B001-0615-PE
②	경영전략팀	노트북	2018-05-19	C002-1805-HQ
③	구매팀	사무용 의자	2017-11-23	A003-1711-PU
④	생산팀	팩스기	2019-06-15	B004-1906-PR

26. 품목번호를 등록하던 K 사원이 영업팀 사원으로부터 다음과 같은 내용의 이메일을 전달받았을 때, 어떤 관리번호를 부여해야 하는가?

"오늘부터 2주 전인 2020년 5월 25일에 회계팀과 함께 복사기를 구매했던 적이 있습니다. 배송에 문제가 생겨 저희팀이 구매한 복사기가 오늘 막 도착하였습니다. 빠르게 등록해 주시면 정말 감사하겠습니다."

① B002-2005-MK
② B002-0525-MK
③ B002-2005-AC
④ B002-0525-AC

[27 ~ 31] 개발자로 일하고 있는 P는 다음과 같은 명령체계를 개발하였다. 주어진 내용을 바탕으로 이어지는 질문에 답하시오.

<명령어>

명령어	해석
include " "	x 집합 내에서 " " 안의 단어가 포함된 항목만 선정
if ~ , go to (i)	if 뒤의 조건을 만족하는 개체는 (i) 명령을 따름.
else, go to (ii)	앞의 if 조건을 만족하지 못하는 개체는 (ii) 명령을 따름.
apply +	단어 뒤에 한 칸 띄우고 +!일 경우 '개발'을, +@일 경우 '구축'을 덧붙임.
sort (개체) into (소집합)	해당 개체를 소집합으로 분류
/enter/	명령어 간 구분
printf()	( ) 내 항목들을 모두 출력 단, ( ) 안에 " "가 있을 경우 " " 안의 단어를 그대로 출력

예 x ={안전도로, 공정사회, 교통안전, 미래사회}일 경우

```
if x =include "안전", go to ( i )
else, go to (ii)
/enter/
( i ) sort (x apply +!) into (AABC001)
/enter/
(ii) sort (x apply +@) into (AABC002)
/enter/
printf(AABC002)
```

출력값

공정사회 구축, 미래사회 구축

27. x ={인공신경망, 기계학습시스템, 자연언어처리, 인공생명체}일 때, 다음 명령체계를 거쳐 최종적으로 출력되는 값은?

```
if x =include "인공", go to ( i )
else, go to ( ii )
/enter/
( i ) sort (x apply +@) into (AI4431)
/enter/
( ii ) sort (x apply +!) into (AI4432)
/enter/
printf(AI4431)
```

① 기계학습시스템 구축, 자연언어처리 구축
② 기계학습시스템 개발, 자연언어처리 개발
③ 인공신경망 구축, 인공생명체 구축
④ 인공신경망 개발, 인공생명체 개발

28. x ={스마트 팩토리, 스마트 빌딩, 자율주행 자동차, 스마트 워치}일 때, 다음 명령체계를 거쳐 최종적으로 출력되는 값은?

```
if x =include "스마트", go to ( i )
else, go to ( ii )
/enter/
( i ) sort (x apply +!) into (IOT1511)
/enter/
( ii ) sort (x apply +@) into (IOT1521)
/enter/
printf(IOT1521)
```

① 자율주행 자동차 구축
② 스마트 워치 개발
③ 스마트 팩토리 구축, 스마트 빌딩 구축
④ 스마트 팩토리 구축, 스마트 빌딩 구축, 스마트 워치 구축

1회 기출예상
2회 기출예상
3회 기출예상
4회 기출예상
5회 기출예상
인성검사
면접가이드

29. 다음 명령체계를 거쳐 최종적으로 출력된 값이 다음과 같을 때, 최초의 집합 x에 포함되어 있는지 확실히 알 수 없는 항목은?

---

if x =include "기술", go to (ⅰ)
else, go to (ⅱ)
/enter/
(ⅰ) sort (x apply +!) into (ARVR001)
/enter/
(ⅱ) sort (x apply +@) into (ARVR002)
/enter/
printf(ARVR001)

출력값

모션 캡쳐 기술 개발, 네트워크 통신 기술 개발, 컴퓨터 그래픽 기술 개발

---

① 모션 캡쳐 기술   ② 네트워크 통신 기술
③ 리얼타임 렌더링 기술   ④ 컴퓨터 그래픽 기술

30. x ={네트워크 모니터링, 컴퓨터 알고리즘, 소셜 네트워크}일 때, 다음 명령체계를 거쳐 최종적으로 출력되는 값은 무엇인가?

---

if x =include "네트워크", go to (ⅰ)
else, go to (ⅱ)
/enter/
(ⅰ) sort (x apply +@) into (BIGD1001)
/enter/
(ⅱ) sort (x apply +!) into (BIGD1002)
/enter/
printf("BIGD1001")

---

① 컴퓨터 알고리즘 개발   ② 네트워크 모니터링 구축
③ 네트워크 모니터링 구축, 소셜 네트워크 구축   ④ BIGD1001

31. x ={초음파 센서, 이미지 센서, 방향유지시스템, 위치정보시스템}일 때, 다음 명령체계에서 '?'에 들어갈 단어로 가장 적절한 것은?

---

if x =include "(?)", go to (i)
if not, go to (ii)
/enter/
(i) sort (x apply +@) into (THGJ1001)
/enter/
(ii) sort (x apply +!) into (THGJ1002)
/enter/
printf(THGJ1002)

출력값

초음파 센서 개발, 위치정보시스템 개발

---

① 시스템
② 센서
③ 지
④ 정보

[32 ~ 36] 다음 자료는 명령체계에 대한 설명이다. 각각의 상황에 따라 알맞은 답을 고르시오.

〈명령체계〉

명령	의미	True	False
▭	초기 데이터 묶음 항상 True를 출력	모든 값을 다음 명령으로 전달	–
▱	조건을 만족하는 값이 하나라도 있으면 True, 하나도 없으면 False	전달받은 값 중 앞쪽 3개의 값을 다음 명령으로 전달	전달받은 값 중 뒤쪽 3개의 값을 다음 명령으로 전달
◯	조건을 만족하는 값의 개수가 짝수면 True, 홀수면 False	명령을 하나 건너뛰고 그 다음 명령으로 모든 값 전달	조건을 만족하는 값을 다음 명령으로 전달
◇	모든 값이 조건을 만족하면 True, 그렇지 않으면 False	모든 값을 다음 명령으로 전달	조건을 만족하는 값만 다음 명령으로 전달
⬡	앞 명령어가 True였다면 False, False였다면 True	조건을 만족하는 값만 다음 명령으로 전달	조건을 만족하지 않는 값만 다음 명령으로 전달

* 데이터는 제시된 순서대로 전달되며, 다음 명령으로 전달해도 순서는 변하지 않음.
* 마지막 명령까지 통과한 값들을 모두 출력함.

예

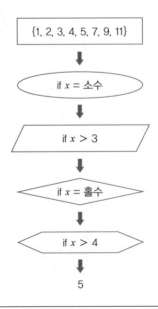

32. 다음 명령체계에서 출력되는 값은?

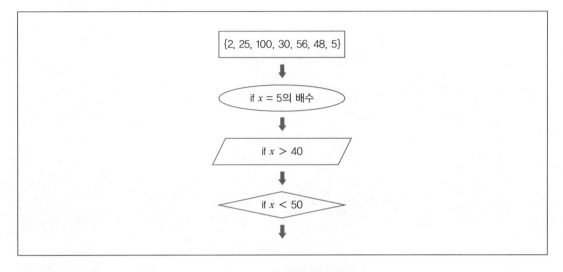

① 출력값 없음.

② 5, 25, 30

③ 2, 25, 30, 48

④ 2, 25, 30, 48, 5

33. 다음 명령체계를 통해 출력된 결과 값이 다음과 같을 때, (가)에 들어가야 할 조건은?

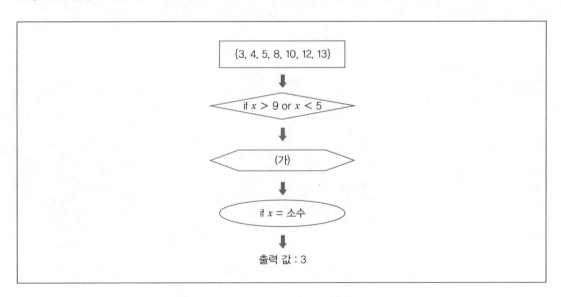

① if $x =$ 홀수

② if $x > 10$

③ if $x^2 < 100$

④ if $x + 5 > 10$

34. 다음 명령체계에서 출력되는 값은?

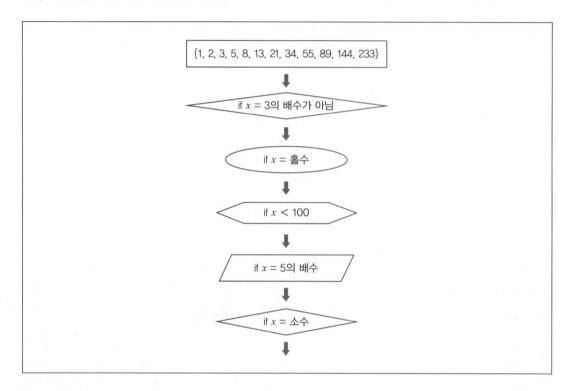

① 2, 5

② 2, 5, 13

③ 1, 2, 13

④ 5, 13, 55

35. 다음 명령체계에서 최종적으로 출력된 값이 3개일 때, (가)에 들어갈 수 없는 것은?

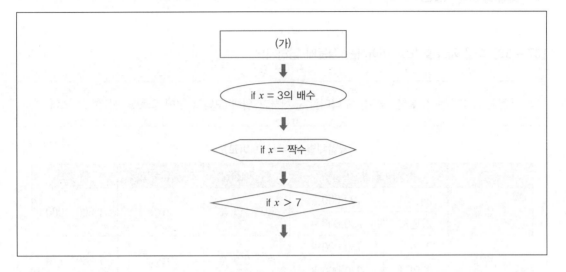

① {8, 9, 12}

② {12, 13, 18, 24}

③ {2, 6, 7, 18, 21, 24}

④ {1, 2, 4, 12, 18}

36. 다음 중 출력 값에 8이 포함되는 명령체계가 아닌 것은?

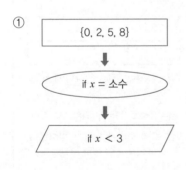

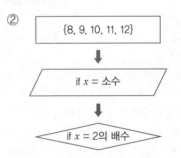

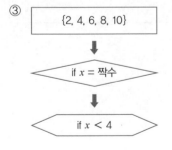

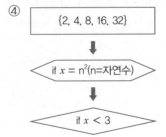

37 ~ 60 **행정직**

[37 ~ 38] 다음 자료를 보고 이어지는 질문에 답하시오.

운영팀 H 대리는 노후한 사무실 모니터를 교체하기 위해 모니터 구매 업체를 선정하고 있다.

〈업체별 세부사항 비교〉

구분	사이즈별 가격		설치예정일	응답속도	해상도
A 업체	24인치	190,000원	결제 1일 후	5m/s	1,600×900
	27인치	260,000원			
B 업체	24인치	150,000원	결제 5일 후	1m/s	1,280×720
	27인치	230,000원			
C 업체	24인치	200,000원	결제 2일 후	7m/s	1,920×1,080
	27인치	250,000원			
D 업체	24인치	220,000원	결제 3일 후	10m/s	2,560×1,440
	27인치	260,000원			

〈순위-점수 환산표〉

순위	1	2	3	4
점수	4	3	2	1

* 가격, 설치예정일, 응답속도, 해상도의 네 가지 기준에 따라 각 업체별 순위를 매기고, 〈순위-점수 환산표〉에 따른 환산점수를 부여한다.

* 가격은 저렴할수록, 설치예정일은 빠를수록, 응답속도는 숫자가 작을수록, 해상도는 클수록 높은 순위를 부여한다.

* 2개 이상의 업체의 순위가 동일할 경우, 그 다음 순위의 업체는 순위가 동일한 업체 수만큼 순위가 밀려난다 (예 A, B, C가 모두 동점이라면 그 다음 순위 D는 4위).

* 환산점수의 총점이 가장 높은 업체에서 모니터를 구매한다.

37. H 대리는 24인치 모니터 20개를 구매하기로 하였다. 다음 중 H 대리가 24인치 모니터를 구매할 업체는?

① A 업체   ② B 업체
③ C 업체   ④ D 업체

38. (37번과 연결됨) H 대리는 24인치 모니터를 구매한 업체와 다른 곳에서 27인치 모니터 40개를 추가로 구매하기로 하였다. 다음 중 H 대리가 27인치 모니터를 구매할 업체는?

① A 업체   ② B 업체
③ C 업체   ④ D 업체

[39 ~ 40] 다음 자료를 보고 이어지는 질문에 답하시오.

M은 △△마트에서 배송관련 업무를 수행하고 있다.

〈자료 1〉 배송구역

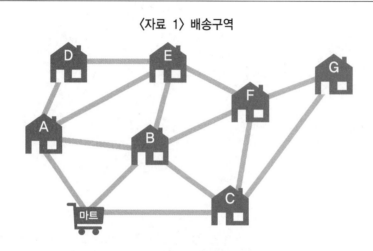

〈자료 2〉 27일 현재 배송 신청목록

이름	구역	주소	주문일시
우병찬	A	★★빌라	27일 11 : 00
정유미	E	△빌라	27일 12 : 10
박은선	C	○×아파트	27일 01 : 00
김수지	B	×○맨션	27일 14 : 10
정지혜	F	△△빌라	27일 10 : 10
이정희	A	XX아파트	27일 08 : 30
차재용	D	★×★아파트	27일 15 : 00
정선비	B	XX아파트	26일 15 : 00
임예은	F	○○빌라	27일 05 : 00
김가을	D	Y○아파트	27일 14 : 30
이정재	C	△△×빌라	27일 12 : 00
강지훈	G	○△맨션	27일 01 : 20
박다현	A	ZZ아파트	27일 06 : 20
김지우	C	★★×아파트	27일 03 : 00

※ 오후 2시까지 주문하시면 오늘 받으실 수 있습니다(단, 2시 1분 이후 주문 시 다음 날 배송됩니다).

39. M은 27일 현재 배송 신청목록을 바탕으로 오늘 진행할 배송목록을 정리한 뒤, 배송 경로를 선정하려고 한다. 오늘 배송할 경로와 건수가 바르게 짝지어진 것은? (단, 마트에서 출발하여 모든 배송구역을 한 번씩만 들른 뒤 다시 마트로 돌아와야 한다)

① 마트 − C − G − F − E − A − B − 마트, 10건

② 마트 − A − D − E − F − G − C − B − 마트, 10건

③ 마트 − A − E − B − F − G − C − 마트, 11건

④ 마트 − A − D − E − B − F − C − 마트, 11건

40. M은 다음과 같이 예약배송 신청목록이 누락된 것을 발견하였다. 이 목록을 고려하여 다시 배달 구역을 한 번씩만 들러 마트로 돌아오는 경로를 선정하려고 할 때, M이 선정할 경로로 바른 것은? (단, 배송 출발 시각은 오후 2시 30분이며 한 구역 내에서 물품을 배달하는 데 걸리는 시간은 40분, 배송 구역 간 이동 시간은 20분으로 동일하다고 가정한다)

〈예약배송 신청목록〉

이름	구역	주소	예약 시간
이대호	G	XX아파트	27일 오후 5시 이후
박성광	F	○×○오피스텔	27일 오후 5 ~ 7시
정우성	D	XY빌라	27일 오후 7시 이전
김영하	A	○S○아파트	27일 오후 3 ~ 5시
하지연	B	I○I아파트	27일 오후 7 ~ 9시
차수혜	E	S○S빌라	27일 오후 5 ~ 7시

① 마트 − B − C − G − F − E − D − A − 마트

② 마트 − A − D − E − B − F − G − C − 마트

③ 마트 − A − D − E − F − G − C − B − 마트

④ 마트 − C − G − F − B − E − D − A − 마트

1회 기출예상

2회 기출예상

3회 기출예상

4회 기출예상

5회 기출예상

인성검사

면접가이드

[41 ~ 42] 다음은 X 회사에서 올해 4개의 주요 제품을 선정하고 각 제품에 대하여 전담팀을 정하여 책임을 부여하고자 한다. 다음 표는 4가지 제품에 대해 각 팀에서 홍보 시 예상되는 소요비용과 수익을 정리한 것이다. 이를 참고하여 이어지는 질문에 답하시오.

〈팀별 제품 홍보 소요 비용 및 수익체계〉

(단위 : 천만 원)

제품	1팀	2팀	3팀	4팀
A	(8, 4)	(1, 2)	(7, 5)	(1, 6)
B	(3, 6)	(6, −8)	(6, 4)	(1, 3)
C	(6, −7)	(4, 6)	(5, −3)	(2, 10)
D	(5, 6)	(2, 1)	(2, 7)	(5, 7)

* 괄호 안의 숫자는 팀별 제품 홍보로 인한 소용 비용 및 수익을 뜻한다(팀별 홍보 소요 비용, 팀별 수익).
* 예) 1팀이 A 제품을 홍보할 때 소요된 비용은 8천만 원이고, 수익은 4천만 원이다.
* 분기별 괄호 안의 숫자의 금액만큼 비용이 소요되고, 수익을 창출한다.

〈분기별 소비자 선호제품〉

구분	1분기	2분기	3분기	4분기
선호제품	C 제품	B 제품	A 제품	D 제품

* 소비자가 선호하는 제품을 홍보하면 분기별 수익이 50% 증가한다.

41. 다음 중 소비자 선호도를 고려하지 않고 각 팀별로 소요되는 비용 대비 수익을 많이 내는 제품을 잘 연결한 것은?

① 1팀, D 제품
② 2팀, A 제품
③ 3팀, A 제품
④ 4팀, C 제품

42. X 회사에서 회사의 수익을 극대화하기 위해 4팀의 C 제품, 3팀의 D 제품만을 1년간 홍보하기로 했다. 소비자의 선호도를 고려하여 홍보하였을 때 X 회사의 총 수익은 얼마인가?

① 23.5천만 원
② 43.5천만 원
③ 60.5천만 원
④ 65.5천만 원

[43 ~ 44] 다음 자료를 바탕으로 이어지는 질문에 답하시오.

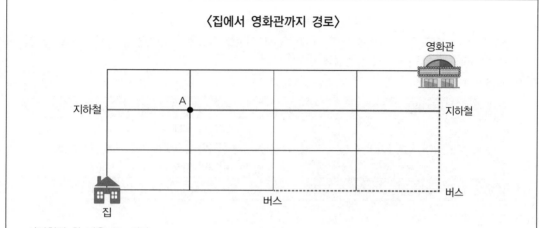

〈집에서 영화관까지 경로〉

영화관

지하철   A   지하철

집   버스   버스

* 사각형의 한 변은 5km이다.
* 기본요금은 탈 때마다 부과된다.

〈교통수단별 속도 및 요금〉

이동수단		속도	요금
도보		10km/h	–
────────	지하철	60km/h	기본요금 : 1,300원(5km) 추가요금 : 1km당 100원
··················	버스	50km/h	기본요금 : 1,000원(5km) 추가요금 : 1km당 50원

43. J가 영화관까지 최소비용을 지불하는 경로로 이동할 때, 소요되는 총 시간은 얼마인가? (단, 도보로만 이동할 경우는 제외한다)

① 50분   ② 1시간 30분   ③ 2시간   ④ 2시간 30분

44. J는 영화관에 가기 전 친척집 A에 들렀다가 가야 한다. 친척집 A에서 30분 머물다가 최단 시간이 걸리는 경로로 영화관에 가려고 할 때, 지불해야 하는 비용은 얼마인가?

① 3,300원   ② 3,600원   ③ 4,300원   ④ 4,600원

[45 ~ 46] 아래의 제시 상황을 보고 이어지는 질문에 답하시오.

〈2021년도 중소기업 기술개발 지원사업〉

1. 사업목적 : 고속도로의 기능 향상 및 서비스혁신에 기여할 수 있는 기술개발을 지원하여, 도로교통 분야 기술발전 및 중소기업의 경쟁력 확보

2. 사업별 지원내용

지원사업명	지원내용	
① 도공기술마켓 기술 R&D	기술개발 자금지원	• 과제당 최대 2년, 4억 원 이내 • 정부와 한국도로공사 44%, 중소기업 12% 사업비 분담
② 중소기업 기술혁신 지원사업(KOSBIR)		과제당 최대 1년, 5천만 원 이내

3. 지원분야(지정과제)
   (1) 고속도로졸음쉼터 이용환경 개선 기술(교통약자(장애인, 고령자) 및 여성운전자 고려)
   (2) 고속도로 주행 경관 향상 및 디자인 개선 기술

4. 신청자격 : 중소기업기본법 제2조 제1항 제1호*에 따른 중소기업 중 다음의 사업별 지원조건에 해당
   (1) 자본잠식 상태에 있지 않을 것
      * 단, 창업 3년 미만의 중소기업의 경우는 예외
   (2) 부채비율이 1,000% 미만이고, 기업신용평가등급이 B 이상일 것
      * 단, 창업 3년 미만의 중소기업의 경우는 예외
      * 업종별로 다르지만 어떤 경우에도 상시 근로자 수가 1천 명 이상인 기업이거나, 자산총액이 5천억 원 이상인 기업이거나, 자기자본이 1천억 원 이상인 기업이거나, 직전 3개 사업연도의 평균 매출액이 1천5백억 원 이상인 기업은 중소기업에 해당하지 아니한다.

5. 과제선정 절차

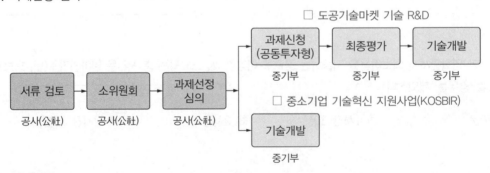

6. 평가방법
   (1) 서류검토 : 제출 서류의 적정성 적부 판정 / (2) 소위원회 : 기존 기술과의 차별성 적부 판정
   (3) 과제선정 심의 : 종합평점 60점 이상 과제 선정 / (4) 최종평가 : 종합평정 60점 이상 과제 선정

7. 향후 일정
   (1) 신청기간 : 2020. 8. 10.(월) ~ 9. 8.(화)(30일간)
   (2) 과제선정 일정(예정) : 과제선정 심의−10월 중, 최종평가−11월 중

45. 중소기업진흥공단에서는 위의 내용을 전달하려고 한다. 다음의 중소기업 리스트 중에서 중소기업 기술개발 지원사업에 참가할 수 있는 기업의 수는?

구분	A 기업	B 기업	C 기업	D 기업
창업일	2017. 3.	2017. 7.	2019. 9.	2019. 12.
부채비율	300%	500%	800%	1,200%
기업신용평가등급	AA	A	CCC	B
상시 근로자수	1,000명	500명	20명	100명
자산총액	6,000억 원	500억 원	100억 원	30억 원
자기자본	1천억 원	100억 원	40억 원	20억 원
직전 3개 사업연도 평균 매출액	100억 원	50억 원	1억 원	1천5백만 원

* 이 외 중소기업의 업종별 요건은 갖추었다고 가정한다.

① 1개 　　　　　② 2개 　　　　　③ 3개 　　　　　④ 4개

46. 다음은 최종평가 관련 평가항목과 점수이다. 도공기술마켓 기술 R&D의 기술지원금을 받을 수 있는 기술은 무엇인가?

(단위 : 점)

		A 기술	B 기술	C 기술
(1) 연구과제 독창성	세계수준의 비교를 통한 혁신성	15	12	10
	유사기술과 대비되는 차별성	12	8	8
(2) 기술개발역량	선행연구자산(관련 지식재산권 등)	5	5	8
	핵심기술의 지식재산권 확보 방안	8	8	12
	유사특허가 있는 경우 회피 방안	0	8	4
	최종목표 달성을 위한 단계적 계획	8	2	3
(3) 제품화 가능성	국내외 시장규모와 제품 경쟁력	4	5	3
	양산계획과 판로개척 방안	10	5	9

① 없음. 　　　　　② A 기술 　　　　　③ B 기술 　　　　　④ C 기술

[47 ~ 48] 다음 자료를 보고 이어지는 질문에 답하시오.

다음은 X월 12일 목요일부터 15일 일요일까지 추석 연휴 귀성길 고속도로 교통상황이다.

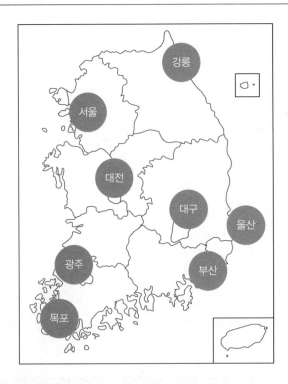

⟨주요 도시 간 평균 예상소요시간⟩

구분	서울-대전		서울-부산		서울-광주		서울-강릉		서울-대구		서울-울산	
	귀성	귀경	귀성	귀경	귀성	귀경	귀성	귀경	귀성	귀경	귀성	귀경
올해	2:40 (1:40)	3:40 (2:00)	5:20 (4:20)	6:40 (6:00)	4:20 (3:40)	5:40 (4:30)	3:00 (2:30)	4:00 (3:10)	4:30 (3:30)	5:50 (5:10)	5:30 (4:30)	6:50 (6:10)
작년	4:30 (2:50)	3:40 (1:50)	6:40 (6:00)	6:20 (6:00)	6:20 (5:10)	5:40 (4:20)	4:50	3:20	5:50	5:30	6:50	6:30

*( )는 버스 예상 소요 시간이다.

⟨일자별 교통 전망⟩

■ X월 12일 목요일
• 교통상황 : 귀성 방향 혼잡 극심함, 전일부터 시작된 귀성행렬이 지속되어 밤까지 이어질 것으로 전망

- (귀성 방향) 전일부터 지속, 11 ～ 12시 최대, 19 ～ 20시 해소

    * 20시 이후에 혼잡 완화
- (귀경 방향) 9 ～ 10시 시작, 12 ～ 13시 최대, 18 ～ 19시 해소

■ X월 13일 금요일

  • 교통상황 : 양방향 혼잡 극심하며 연휴 중 최대 정체 예상
  - (귀성 방향) 6 ～ 7시 시작, 15 ～ 17시 최대, 23 ～ 24시 해소
  - (귀경 방향) 8 ～ 9시 시작, 15 ～ 17시 최대, 익일 3 ～ 4시 해소

  • 특이사항
  - 서울 외곽선 혼잡 극심, 휴게소 혼잡 주의

■ X월 14일 토요일

  • 교통상황 : 귀경 방향으로 혼잡 극심하나 전일에 비해 낮은 수준
  - (귀성 방향) 10 ～ 11시 시작, 12 ～ 13시 최대, 20 ～ 21시 해소
  - (귀경 방향) 9 ～ 10시 시작, 16 ～ 18시 최대, 익일 3 ～ 4시 해소

■ X월 15일 일요일

  • 교통상황 : 귀경 방향으로 혼잡
  - (귀성 방향) 소통 원활
  - (귀경 방향) 8 ～ 10시 시작, 15 ～ 17시 최대, 23 ～ 24시 해소

    * 교통상황이 최대일 때 출발한 경우 평균 예상소요시간보다 1시간 더 걸린다.
    * 교통상황이 해소되었을 때 출발한 경우 평균 예상소요시간보다 30분 덜 걸린다.

47. 다음 〈조건〉과 위 자료를 참고하여 누나와 남동생이 회사에서 대전까지 이동하는데 걸리는 평균 예상소요 시간으로 옳은 것은? (단, 이동 시간만 고려한다)

> 조건
>
> • 누나는 강릉에서, 남동생은 서울에서 회사를 다니고 있다.
> • 남매는 자동차를 이용하여 움직인다.
> • 누나는 남동생에게 전달해 줄 물건이 있어 서울에 들렀다가 대전으로 12일에 간다.
> • 누나는 12일 12시에 강릉에서 서울로 출발한다.
> • 누나는 12일 18시에 서울에서 대전으로 출발하고, 남동생은 13일 16시에 대전으로 출발한다.

	누나	동생		누나	동생
①	6시간 40분	3시간 40분	②	7시간 40분	3시간 40분
③	7시간 40분	2시간 10분	④	6시간 40분	2시간 10분

48. 위 자료에 대한 설명 중 옳지 않은 것은?

① 연휴 기간 4일 중 귀성 방향과 귀경 방향 모두 최대 정체 예상시간이 가장 긴 요일은 금요일이다.

② 올해 기준으로, 서울에서 광주로 갈 때 버스를 이용하는 것보다 서울에서 부산으로 갈 때 버스를 이용하는 것이 더 효율적이다.

③ 가장 적은 시간을 소요하기 위하여 서울에서 고향으로 갈 때 목요일 20시에 출발하고, 고향에서 서울로 갈 14일 12시에 출발하는 것이 좋다.

④ 서울-강릉, 서울-대구의 각각의 귀경길의 평균 예상소요시간은 작년에 비해 길어졌다.

[49 ~ 50] 다음 설명을 읽고 이어지는 질문에 답하시오.

성과 관리는 조직 구성원들이 주어진 성과 목표를 달성하도록 피드백과 역량 개발의 기회를 주면서 능동적으로 직무를 수행하도록 자극하는 관리 방법으로서, 평가자가 공정한 피드백을 제공하여 조직 구성원의 직무 동기를 높이고 성과 목표를 달성하도록 하는 것이 중요하다.

피드백 속성	내·외부 인사의 다면 평가+상사의 하향식 인사 평가로 이루어지는 것이 바람직함.
	피평가자는 긍정적 피드백을 부정적 피드백보다 더 유연하게 수용함.
	피드백하는 시간은 짧더라도 높은 빈도수로 이루어지는 것이 효과적임.
	피평가자에 대한 타인 평가와 피평가자 본인의 자기 평가가 불일치하는 것은 자기인식을 증가시키고 성과 목표와 직무수행 사이의 차이를 보여주기 때문에, 피평가자에게 개선이 필요한 부분에 관한 타인 평가와 자기 평가를 함께 제공하는 것이 효과적임.

49. 영업팀 팀장 D 씨는 팀원들에게 효과적인 피드백을 제공하고자 한다. 위의 피드백 속성을 활용하여 D 씨가 수립할 전략으로 적절하지 않은 것은?

피드백 목표	개선사항 전달
피드백 시 우선 고려사항	상사의 시각이 아닌 다각화된 시각으로 팀원의 종합적인 업무 능력을 파악하고자 함.

① 자연스럽게 동료 평가가 이루어질 수 있는 사무실 분위기를 형성한다.
② 동료의 장단점을 서로 공유할 수 있는 공식적인 절차를 마련한다.
③ 상사, 동료, 부하의 피드백을 모두 들을 수 있는 360도 다면진단을 실시한다.
④ 부서별 업무 차이를 고려하여 업무 협조 요청 시, 동료를 지정할 수 있도록 한다.

50. 마케팅팀 팀장 E 씨는 팀원들의 전반적인 직무수행 동기를 향상시키고 성과 목표 달성에 도움을 주는 적절한 피드백을 제공하고자 한다. 위의 피드백 속성을 활용하여 E 씨가 제공할 피드백으로 적절하지 않은 것은?

① PT 발표에 약한 F 대리에게 발표 준비가 부족하다고 다그치기보다 PT 자료 제작에 탁월하다는 긍정적 피드백을 주고, 본인 스스로 발표 능력 향상을 향한 동기 부여를 받을 수 있도록 한다.
② 인사평가 기간 동안만 부하들에게 상사의 피드백이 제공되었던 기존 방식에서 탈피하여, 2주에 한 번씩 가벼운 분위기에서 동료 평가가 이루어질 수 있도록 한다.
③ 업무 중 실수가 잦은 G 사원에게 동료에게 피해를 입히는 행동이 계속 이어지는 점에서 문제가 있다고 단 둘만 있는 자리에서 조언을 해준다.
④ 한 달에 한 번씩 암묵적으로 이루어졌던 회식 문화를 폐기하는 대신, 직무 수행에 있어 스스로의 평가와 다른 팀원들의 평가를 동시에 제공받을 수 있는 익명 편지함 문화를 도입하여 업무 개선에 도움이 될 수 있도록 한다.

[51 ~ 52] 다음 자료를 바탕으로 이어지는 질문에 답하시오.

○○전자 전략기획팀에서 근무하는 박대한 대리는 스마트폰의 20X8년 신규 개발에 앞서 자사, 경쟁사 및 관련 사업에 대한 전반적인 환경 분석을 담당하고 있다.

신규 개발 기획서 초안

〈20X7년 기존 사업에 대한 분석〉

항목	경쟁사 △△전자와의 비교 분석
사업	• △△전자에 비해 높은 회사 브랜드 인지도를 가지고 있음. • 산업에 먼저 투입됨에 따라 풍부한 경험과 노하우를 보유
조직	• △△전자의 우수한 조직관리능력에 뒤처짐.
서비스	• 자사의 사후 관리가 우수하여 고객만족도 점수가 △△전자보다 높음.
제품	• 20X7년도 스마트폰 제품에서 볼 수 있는 자사의 약점은 특별한 (핵심)기술이 없다는 점 • 국내 공장 가동이 중단되면서 생산성이 낮았던 것도 취약점

〈20X8년도 스마트폰 시장에 대한 외부적 동향〉

항목	변화된 환경에 대한 분석
산업 동향	관련 제품 시장에 대한 성장 가능성
기술 동향	헬스케어 시장 확대에 따른 새로운 활용성
시장 동향	스마트폰 사용

51. 다음과 같이 팀장의 피드백을 받았다고 할 때, 박대한 대리가 제안할 적절한 전략은?

> 분석한 자료 잘 보았습니다. 신규 스마트폰은 20X7년도 기존 사업에 대해 경쟁사인 △△전자보다 유리한 강점을 기반으로 사업 환경에 기회가 될 만한 지점을 파악하며 신규 제품에 대한 전략을 세우려고 해요. 이에 적절한 전략에는 어떤 것이 있을지 한번 고려해 보면 좋을 것 같습니다.

① 고객 맞춤으로 A/S를 제공함으로써 고객층을 다각화하는 전략

② 조직관리 체계 확립으로 조직원 능력을 강화하는 전략

③ 제품의 생산성에 대한 설비를 강화하여 제품 활용성을 높이는 전략

④ 자사만의 핵심기술을 개발하여 시장 내 제품의 점유율을 높이는 전략

52. 박대한 대리는 신규 스마트폰에 대한 전략을 수립하던 중 아래와 같은 신문 기사를 읽었다. 다음 중 기사에 대응하여 보완할 전략으로 적절하지 않은 것은?

> 〈스마트폰 산업의 성장, 과연 낙관적으로만 볼 수 있나〉
>
> ✓Check point
> • 스마트폰 제품에 대한 대중의 관심이 급증하면서 다수의 기업이 산업에 투입
> • 시대적 변화 따라 정부도 시장 개방에 박차
> • 선진국을 필두로 다양한 기술적 변화 가능성 시사

① 국내 시장 경쟁에서 우위를 차지하기 위해 차별화된 기술을 개발해야겠어.

② 국내 시장 개방에 대비하여 선진국 진출을 위한 전략이 필요할 것 같아.

③ 국내외 시장의 기술적 동향을 파악해야 할 것 같아.

④ 선진 기술의 진입에 대비하여 제품 기술력을 높이는 방향에 초점을 맞춰야겠어.

[53 ~ 54] 다음 자료를 보고 이어지는 질문에 답하시오.

연구실 책임자인 J 씨는 연구실 소방안전 사고대응 매뉴얼을 익히고 사고 발생 시 다음 연락체계도에 따라 대처하려고 한다.

〈연구실 사고대응 연락체계도〉

연구실 사고 발생 – 전기 · 가스 등에 의한 화재 또는 폭발 – 화학물질 · 감염성 물질 누출로 인한 중독 또는 감염 – 공구 · 기타 연구설비에 의한 신체 손상			
최초 발견자 (연구실 책임자 등)	신고	화재 및 응급환자 발생 시	△△병원 : 02-999-9899 ○○소방서 : 119
	통제	초동 조치	• 부상자 응급처치 • 현장 출입통제 및 보존 • 피해 확산 방지 조치 및 대피
	보고	안전관리부서/ 연구실 안전환경관리자	김XX : 010-4434-5555
안전관리부서 / 연구실 안전환경관리자	실시	현장상황실 운영	• 현장사고조사반 구성 • 사고조사위원회 운영
	협조	연구실 안전 운영부서	• 사고자료 제공 • 비상연락체계 구축

사고수준별 대응	중 · 대형 사고	보고	• 사고발생 1차 보고 • 사고발생 2차 보고	040-222-3333
	일반 사고			사고 경위 서면 제출
	단순 사고	실시	자체처리 및 기록 유지	

53. 다음은 연구실 책임자인 J 씨가 매뉴얼을 이해한 내용이다. 바르게 이해하지 못한 것은?

① 소방안전 사고대응 매뉴얼이므로 화학약품으로 인한 사고에는 해당하지 않는 매뉴얼이구나.

② 최초 발견자는 신고와 통제, 보고를 해야 할 의무가 있구나.

③ 안전관리부서 또는 연구실 안전환경관리자는 사고조사반을 구성하여 현장상황실을 운영해야 하는구나.

④ 중 · 대형 사고인 경우 1차 보고와 2차 보고를 실시해야 하는구나.

54. 다음은 연구실 책임자 J 씨가 다음 매뉴얼을 참고하여 사고대응 시뮬레이션을 실시한 내용이다. 매뉴얼대로 바르게 대응하지 못한 것은?

	사고 시뮬레이션	이어질 매뉴얼
①	24시간 가동되던 연구실의 에어컨이 누전되어 화재가 발생하였다.	최초 발견자는 환자가 발생했는지 살펴보고 구비되어 있는 소화기로 화재를 진압한다.
②	신약 개발팀 연구실에서 근무하던 연구원의 실수로 신종 감기 바이러스가 실내로 퍼졌다.	실내에 있던 연구원들은 급히 연구실에서 대피하였고 바이러스 확산을 방지하기 위해 해당 연구실을 잠정 폐기하였다.
③	안전환경관리자 R은 전날 밤 발생한 화재 사고를 중 · 대형 사고로 분류하였다.	R은 오전에 현장사고조사반을 꾸리고 사고 경위를 알아본 다음, 혹시 모를 2차 사고를 대비하여 자체처리 후 기록을 남기기로 하였다.
④	로봇 개발팀 연구실에서 근무하던 연구원이 오작동한 로봇 팔에 타박상을 입었다.	연구실 책임자는 이 사고를 일반 사고로 분류하고 상부에 1차 보고 및 2차 보고를 진행하였다.

[55 ~ 56] 다음은 민원 이송의 유형별 처리방법과 주의사항을 설명한 표이다. 이어지는 질문에 답하시오.

〈유형별 처리방법〉

구분	처리방법
민원내용이 완전히 다른 기관(부서) 업무라고 명확히 판단되는 경우	소관부서, 이송사유를 법 규정, 직제 등 구체적으로 명시하여 해당 기관(부서)에 직접 이송(부서재지정)
민원내용이 여러 기관의 업무에 해당되는 경우 (다부처 민원)	기관별로 해당 이송사유 입력 및 소관기관을 복수 지정한 뒤 직접 이송하거나 평가담당실로 부서재지정 요청 A, B 부서 소관 다부처 민원 → A, B 부서를 모두 지정하여 이송
민원내용이 기관 내 여러 부서 업무에 해당되는 경우(복합 민원)	'주관' 부서와 '협조' 부서 지정사유를 구체적으로 명시하여 평가담당실로 복합민원지정 요청
업무소관에 대해 기관(부서) 간 이견이 있거나 업무소관이 불명확한 경우	• 평가담당실로 처리기관(부서) 재지정 요청 • '부서재지정' 요청은 부서 접수 후 1일 이내 원칙, 1일 경과 시 평가담당실에서 조정 * 타 기관(부서)과 협조 필요 시에도 해당사유 명시

* 다부처 민원 : 한 건의 민원에 여러 부처의 민원이 동시에 신청된 민원
* 복합 민원 : 한 건의 민원처리를 위해 다수의 관계 부서의 검토 및 확인을 거쳐 처리되는 민원

〈민원 이송 시 주의사항〉
• 접수민원이 소관이 아닌 경우, 지체 없이 소관기관으로 직접 이송(민원법 제12조)
  − 동일 기관 내에서 타부서 이송 : 3근무시간 이내
  − 다른 기관으로 이송 : 8근무시간 이내
• 민원 이송 사유는 법령·직제 등에 근거, 명확하게 기술
  − 이송사유 작성 기준
    ▶ 인·허가, 지도·관리·감독 등 개별법에 근거한 권한 보유 유무
    ▶ 개별기관 설치법, 직제 등 분장사무, 기타 동일·유사민원 처리이력 등
    ▶ 이송사유 작성은 공식적인 행정행위이며 공공기관의 정보공개에 관한 법률에 따른 공개대상 정보이므로 정확하고 신중하게 작성
    ▶ 다부처 소관인 경우에도 각 기관별 이송사유를 명확하게 기술
• 민원 떠넘기기('핑퐁' 민원) 방지 대책
  − 3회 이상 소관기관(부서) 변경 민원은 반드시 민원 총괄부서(평가담당실) 조정하에 소관 기관(부서)을 지정(이 경우 부서에서 임의로 타 부서 이송 금지)
    * 3회 이송부터는 '핑퐁' 민원으로 간주하고 시스템에서 자동 조정요청 처리

55. 민원 처리방법을 보고 나눈 다음의 대화 중 내용을 올바르게 이해하지 못한 것은?

① "복합 민원은 주관 부서와 협조 부서를 구분 지정하여 이송을 해야 되네."

② "명확한 민원 이송이 애매한 경우에는 평가담당실로 부서재지정 요청을 하면 되겠어."

③ "다부처 민원이 접수되면 가장 핵심 내용에 해당하는 소관 부서명을 지정하여 이송해야겠어."

④ "민원이 완전히 다른 부서의 내용이라고 판단될 경우에는 이송하는 사유를 명확히 기재하여 이송해야 하는구나."

56. 다음 〈보기〉 중 위의 규정에 의거한 적절한 민원 처리 행위와 가장 거리가 먼 것은?

보기

㉠ 이송사유: 민원 내용은 외국인 고용 관련 법령해석 요청사항으로 해당 법령 소관부서인 □□부에서 답변할 사항임.

㉡ 이송시기: 동 건은 금일 오후 공단으로 접수된 건이며 □□와 관련된 건으로 귀 공단의 업무 소관으로 판단되어 이송함.

㉢ 이송사유: 민원내용 중 □□와 관련된 사항은 우리 부서에서 단독 처리할 권한이 없으므로 해당 부서인 □□부서의 업무 협조를 위해 부서재지정을 요청함.

㉣ 이송사유: 우리 부서 소관이 아니어서 재분류 요청함.

① ㉠   ② ㉡

③ ㉢   ④ ㉣

[57 ~ 58] 아래의 제시 상황을 보고 이어지는 질문에 답하시오.

○ 출판사에서 근무하는 A는 K 작가의 신작 소설 마케팅 회의에 참석한 후 본인이 진행해야 할 업무를 정리하였다.

회의날짜 : 20XX년 9월 1일

구분	세부 내용		비고
추천사 받기	베스트셀러 작가 I, 유명 북튜버 P 외 문학평론가 3명에게 추천사 의뢰하기		• 띠지 인쇄 기간을 맞추려면 9월 10일까지 완료되어야 함. • 작가당 평균 추천사 작성 기간은 1일을 넘지 않음.
띠지 인쇄	추천사 5개와 작가의 한 줄 로그라인을 담은 띠지 인쇄 10,000부 의뢰하기		• 9월 12일 오전 9시에 인쇄 공정 시작, 오후 1시에 찾으러 가야함.
작가 북토크	유명 북튜버 P가 사회를 맡은 북토크는 출판사 인스타그램에서 라이브 방송으로 진행		• 9월 15일 오후 7시 예정, 신간과 독자들 반응 및 굿즈 소개
	북토크 기획 및 큐카드 제작		• 9월 8일에 진행자와 회의를 통해 큐카드 작성 • 큐카드는 진행자용 1부만 필요
	신간에 대한 독자들 반응(기사 댓글, e북 앱 댓글, 출판사 인스타그램 댓글 등) 수집		• 인스타그램 라이브 예정일 전날까지의 '좋아요'와 '추천' 수가 가장 많은 댓글들을 10개 정도만 수집
굿즈 제작	신간 속 중요 소재인 헤드폰 모양을 활용하여 스티커, 포스트잇, 볼펜, 머그컵, 뱃지 제작. 인스타그램 라이브 방송 이전까지 모두 제작 완료 요망		• 스티커와 포스트잇, 볼펜은 X 제작사에서 주문을 할 수 있으나 머그컵은 Y 제작사, 뱃지는 Z 제작사에 주문해야 함.
	X 제작사	제작 기간	최대 3일 소요
		제작 단가	세 가지 굿즈를 한 세트로 묶어 세트당 2,000원
	Y 제작사	제작 기간	최대 5일 소요
		제작 단가	개당 3,000원
	Z 제작사	제작 기간	최대 2일 소요
		제작 단가	개당 1,000원

www.gosinet.co.kr

1회 기출예상

2회 기출예상

3회 기출예상

4회 기출예상

5회 기출예상

인성검사

면접가이드

57. 최대한 빠르게 업무를 처리한다고 할 때, A가 9월 10일까지 완료할 수 있는 업무로 적절하지 않은 것은? (단, 업무는 회의 일자 다음 날부터 진행하며 주말을 포함할 수 있다)

① 추천사 받기

② 북토크 기획 및 큐카드 제작

③ Y 제작사에 발주 넣고 머그컵 찾아오기

④ 신간에 대한 독자들 반응 수집

58. 다른 업무가 많아 신작 소설 마케팅 관련 업무 시작을 최대한 미룬다고 할 때, A가 차질 없이 인스타그램 라이브 방송을 진행할 수 있으려면 최소한 며칠에 업무를 시작해야 하는가? (단, 업무는 회의 일자 다음 날부터 진행하며 주말을 포함할 수 있다)

① 9월 2일

② 9월 5일

③ 9월 8일

④ 9월 10일

[59 ~ 60] 다음의 제시 상황을 보고 이어지는 질문에 답하시오.

○○공사는 부장, 차장, 과장, 대리, 사원으로 직급이 나뉘어 있다. 인사팀에서 근무하는 S는 타 기업 사례 등을 참고하여 직급 체계를 개편하는 방안을 모색 중이다.

〈기업들의 직급체계 개선 사례〉

〈직급체계 개편 Trend〉

구분	1. 직위등급제	2. 직능자격제	3. 역할등급제	4. 직무등급제
	사람 중심 →			→ 직무 중심
직급 분류기준	연차 및 과거 업적	업무숙련도	역할 및 책임 수준	직무의 중요도 및 난이도
장점	• 장기 근속을 통한 조직 충성도 강화	• 업무능력 개발을 위한 동기부여 강화	• 수평문화 형성 및 신속한 의사결정 가능 • 근로자의 높은 수용성	• 동일직무가치 동일임금으로 공정성 확보 • 직무전문가 확보 가능
단점	• 업무 신속성 저하 • 승진 적체 발생	• 연공서열적 운영 • 우수인재 확보의 어려움	• 승진 기회 축소 • 동기부여 방안 확보 필요	• 한국 기업문화와의 이질성으로 실패 사례 다수 • 직무 간 이동이 용이하지 않아 조직 경직성 발생

인사 Trend 동양계 기업 : 경영환경 변화에 따른 새로운 가치 필요

서양계 기업 : 지나친 관료화 방지 및 인력 운영의 유연성 필요

59. S는 위 자료의 타 기업 직급체계 개선 사례를 넣어 직급체계 개편안 및 그에 따른 매뉴얼을 작성했다. S가 작성한 매뉴얼을 읽은 사원들의 반응으로 가장 적절하지 않은 것은?

① K 차장 : 나는 D사의 직급 체계가 마음에 들어. 직급을 크게 세 단계로 분류하면 부담은 덜면서 동기부여도 동시에 가능할 거야. 호칭도 '님'으로 통일하게 되면 좀 더 수평적인 문화가 조성될 것 같군.

② H 대리 : 저는 B사처럼 특색 있는 호칭을 만들어 부르는 것도 좋아요. 우리 기업 문화에 맞는 호칭을 개발해서 부르면 애사심도 커질 것 같고요.

③ S 과장 : 호칭을 개발하는 게 그렇게 쉬운 일은 아닐 것 같은데. 직급을 세 단계로 분류하는 것도 어딘가에서는 불만이 있지 않을까? A사와 같이 직급을 없애면서 '님'으로 통일하는 것도 나쁘지 않을 것 같아.

④ J 부장 : C사의 직급체계는 복잡하네. 이러한 개선사례를 따를 때 내가 지금의 직급을 유지할 수 있을지는 나와 있지 않군. 이 개선사례를 따르면 우리 S 과장은 이제 S 팀장이나 S 파트장으로만 불리게 되겠네.

60. S는 현재 ○○공사의 직급체계가 직위등급제적 구조를 가지고 있다고 판단하여 역할등급제로의 혁신을 꾀하고 있다. 이러한 개편 트렌드에 따른 변화 시도 시 세워야 할 전략으로 가장 적절하지 않은 것은?

① 역할 및 책임 수준이 기업 내에서의 직급 분류기준이 되므로, 어떠한 역할 및 몇 개의 역할에 직급을 부여할지에 대해 연구한다.

② 역할등급제의 단점을 극복하기 위해 동기부여 차원에서 직급별 체류연한을 조정한다. 회사의 인력구조 및 타사의 체류연한을 조사하여 최적 방안을 모색한다.

③ 기존 직급에서 새로운 직급으로의 전환 방안을 수립하고, 이 과정에서 불리해진 그룹의 저항을 막기 위해 단기간에 빠르게 전환하여 높은 수용도를 추구한다.

④ 근로자의 수용도를 높이기 위해 호칭체계를 정비한다. 여러 옵션을 공모에 붙여 호응을 높이는 것이 하나의 방법일 수 있다.

37 ~ 60 **기술직**

37. 다음은 북미지역의 특허권 등록 건수에 대해 조사한 자료이다. 이에 대한 설명으로 옳은 것은?

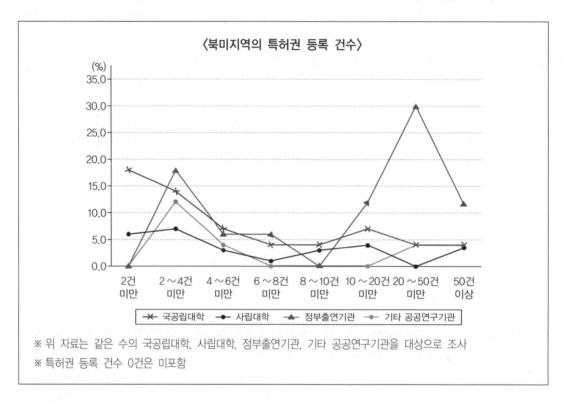

〈북미지역의 특허권 등록 건수〉

※ 위 자료는 같은 수의 국공립대학, 사립대학, 정부출연기관, 기타 공공연구기관을 대상으로 조사
※ 특허권 등록 건수 0건은 미포함

① 국공립대학 중에서는 특허권을 2 ~ 4건 미만 등록한 대학의 비율이 가장 높다.
② 사립대학 중에서는 특허권을 10 ~ 20건 미만 등록한 대학의 비율이 가장 높다.
③ 정부출연기관 중에서는 특허권을 2 ~ 4건 미만 등록한 기관의 비율이 가장 높다.
④ 특허권을 10 ~ 20건 미만 등록한 기관 중 비율이 가장 높은 것은 정부출연기관이다.

38. 다음은 ○○경제원의 A 연구원이 작성한 보고서의 일부이다. 자료에 대한 해석이 올바르지 못한 것은?

〈20X9 회계연도 총 세입 현황〉

(단위 : 조 원)

구분		20X8년 결산	20X9년		증감량	
			예산	결산	전년 대비	예산 대비
⑤ 국세수입		242.6	251.1	265.4	22.8	14.3
	일반회계	235.7	244.0	258.6	22.9	14.6
	소득세	68.5	69.6	75.1	6.6	5.5
	법인세	52.1	57.3	59.2	7.1	1.9
	부가가치세	61.8	62.6	67.1	5.3	4.5
	기타	53.3	54.6	57.3	4.0	2.7
	특별회계	6.8	7.1	6.9	0.1	−0.2
⑥ 세외수입		102.4	98.8	94.1	−8.3	−4.7
	일반회계	46.0	41.0	34.4	−11.6	−6.6
	특별회계	56.5	57.8	59.7	3.2	1.9
총 세입(⑤+⑥)		345.0	349.9	359.5	14.5	9.6

* 구성항목별 계산금액은 단수조정으로 조정될 수 있음.   – 출처 : 기획재정부

① 세외수입을 제외한 20X9 회계연도 총 세입은 359.5조 원이며 20X8년 대비 14.5조 원 증가하였다.

② 20X9년 세외수입은 94.1조 원으로 20X9년 예산 대비 4.7조 원 감소하였으며 20X8년 결산 대비 8.3조 원 감소하였다.

③ 20X9년 국세수입은 265.4조 원으로 20X9년 예산 대비 14.3조 원 초과하였으며 20X8년 대비 22.8조 원 증가하였다.

④ 세목별로 살펴보면 20X8년도와 비교하여 법인세는 59.2조 원으로 7.1조 원 증가하였고 부가가치세는 67.1조 원으로 5.3조 원 증가하였다.

39. 다음은 20XX년 목재 이용 실태에 관한 자료이다. 이에 대한 설명으로 옳지 않은 것은?

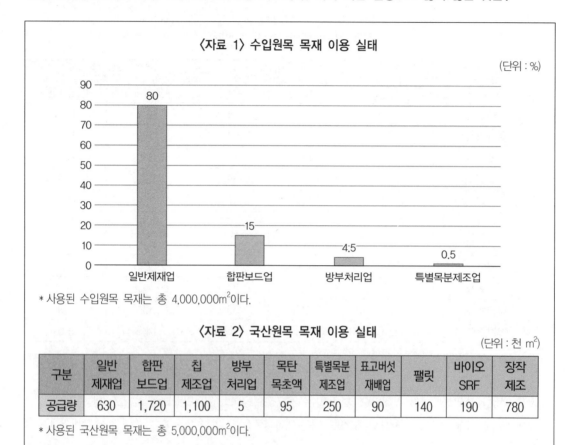

〈자료 1〉 수입원목 목재 이용 실태

(단위 : %)

일반제재업: 80, 합판보드업: 15, 방부처리업: 4.5, 특별목분제조업: 0.5

* 사용된 수입원목 목재는 총 4,000,000m²이다.

〈자료 2〉 국산원목 목재 이용 실태

(단위 : 천 m²)

구분	일반 제재업	합판 보드업	칩 제조업	방부 처리업	목탄 목초액	특별목분 제조업	표고버섯 재배업	팰릿	바이오 SRF	장작 제조
공급량	630	1,720	1,100	5	95	250	90	140	190	780

* 사용된 국산원목 목재는 총 5,000,000m²이다.

① 수입원목 중에서 방부처리업에 공급되는 양은 180,000m²이다.

② 국산원목 중에서 방부처리업에 공급되는 양은 0.1%를 차지한다.

③ 전체 특별목분제조업 공급량 중에서 수입원목의 비율은 10% 미만이다.

④ 일반제재업에 공급되는 양은 전체 원목 공급량의 과반수를 차지한다.

www.gosinet.co.kr
gosinet

1회 기출예상
2회 기출예상
3회 기출예상
4회 기출예상
5회 기출예상
인성검사
면접가이드

40. 다음은 연도별 전력수급실적을 나타낸 표이다. 이에 대한 설명으로 옳은 것은?

〈전력수급실적〉

(단위 : MW, %)

구분	설비용량	공급능력	최대전력	최대전력 발생일	평균전력	설비 예비율	공급 예비율
20X1년	81,808	79,972	75,987	12.26.(수)	58,012	7.7	5.2
20X2년	82,296	80,713	76,522	1.3.(목)	59,035	7.5	5.5
20X3년	93,216	89,357	80,153	12.17.(수)	59,586	(가)	11.5
20X4년	94,102	87,926	78,790	2.9.(월)	60,284	19.4	11.6
20X5년	100,180	92,395	85,183	8.12.(금)	61,694	17.6	(나)
20X6년	116,657	96,095	85,133	12.12.(화)	63,188	37.0	12.9
20X7년	117,205	99,570	92,478	7.24.(화)	65,142	26.7	7.7

※ 설비예비율(%) = $\dfrac{\text{설비용량} - \text{최대전력}}{\text{최대전력}} \times 100$

※ 공급예비율(%) = $\dfrac{\text{공급능력} - \text{최대전력}}{\text{최대전력}} \times 100$

① (가)는 10% 이하이다.
② (나)는 10% 이상이다.
③ 평균전력은 매년 증가하였다.
④ 설비용량과 공급능력은 매년 증가하였다.

[41 ~ 42] 다음의 자료를 보고 이어지는 질문에 답하시오.

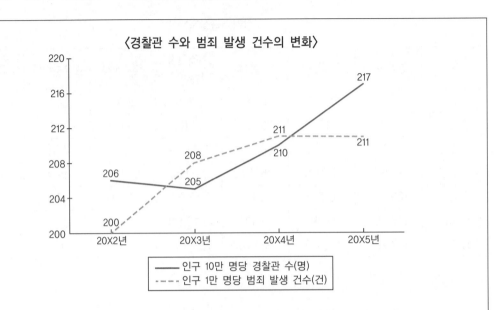

〈경찰관 수와 범죄 발생 건수의 변화〉

— 인구 10만 명당 경찰관 수(명)
--- 인구 1만 명당 범죄 발생 건수(건)

〈성별과 나이에 따른 범죄에 대한 두려움의 정도〉

(단위 : %)

구분	두려움의 정도	느낌	약간 느낌	보통	별로 느끼지 못함	전혀 느끼지 못함
남성	10대	14.3	42.9	26.6	12.7	3.5
	20대	14.9	43.4	27.7	12.4	1.6
	30대	17.1	45.2	26.3	9.8	1.6
	40대	16.4	42.9	25.8	12.4	2.5
	50대 이상	12.7	38.1	26.3	17.3	5.6
여성	10대	16.9	45.1	26.7	10.3	1.0
	20대	17.9	46.1	26.0	9.6	0.4
	30대	21.0	46.8	23.2	8.8	0.2
	40대	18.4	45.0	25.9	10.5	0.2
	50대 이상	14.9	36.1	26.3	15.1	7.6

41. 다음 설명 중 옳지 않은 것은?

① 경찰관 1인당 범죄 발생 건수는 10건 정도로 매해 큰 변화가 없다.

② 인구 수 대비 범죄 발생 건수가 늘면 인구 수 대비 경찰관 수도 증가한다.

③ 모든 성별과 연령대에서 범죄에 대한 두려움이 있다고 응답한 사람들은 절반을 넘는다.

④ 남녀 모두 30대까지는 나이가 들수록 범죄를 두려워하는 사람들의 비율이 높아진다.

42. 〈경찰관 수와 범죄 발생 건수의 변화〉 그래프를 보고 인구 1만 명당 범죄 발생 건수의 증감률을 그래프로 그린다면, 다음 중 그 모양에 가장 가까운 것은? (단, 가로축을 연도, 세로축을 증감률로 한다)

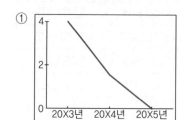

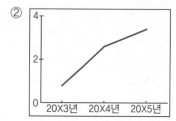

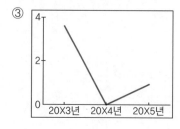

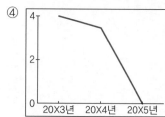

[43 ~ 44] 다음은 재무정보의 일부인 유동자산과 비유동자산에 대한 자료이다. 이어지는 질문에 답하시오.

〈연도별 유동자산〉

(단위 : 백만 원)

구분	20X4년 12월 말	20X5년 12월 말	20X6년 12월 말	20X7년 12월 말	20X8년 12월 말
현금 및 현금성자산	1,678,801	1,608,979	1,007,690	1,336,613	1,271,190
매출채권 및 기타채권	5,912,162	5,746,433	6,799,105	7,053,565	7,722,433
미청구공사	4,666,234	4,181,091	4,967,728	6,675,112	7,085,973
재고자산	5,039,417	6,478,003	6,191,140	6,129,287	6,038,318
기타	5,432,505	5,058,774	6,213,964	8,059,607	7,188,253

〈연도별 비유동자산〉

(단위 : 백만 원)

구분	20X4년 12월 말	20X5년 12월 말	20X6년 12월 말	20X7년 12월 말	20X8년 12월 말
관계기업 및 공동기업투자	1,125,213	972,467	851,041	661,664	649,732
장기금융자산	3,722,137	3,697,006	3,062,838	3,322,604	3,507,147
유형자산	14,779,132	15,564,732	15,556,464	15,712,997	15,789,357
무형자산	2,411,099	2,323,660	2,291,411	2,285,549	2,292,725
기타	1,687,211	3,366,163	2,226,795	1,967,874	1,772,962

43. 다음 중 연도별 증감 추세가 '미청구공사'와 동일한 자산항목은?

① 현금 및 현금성자산
② 매출채권 및 기타채권
③ 관계기업 및 공동기업투자
④ 장기금융자산

44. 다음 중 자료에 대한 설명으로 옳은 것은?

① 비유동자산 중 '유형자산'은 매해 증가와 감소를 반복한다.
② 20X4년부터 매해 감소하는 항목은 '현금 및 현금성자산'이다.
③ 유동자산 중 '재고자산'은 20X6년을 제외하고 꾸준히 증가하고 있다.
④ 비유동자산 중 '기타'는 20X4년부터 증가-감소-감소-감소의 추세를 보인다.

1회 기출예상

2회 기출예상

3회 기출예상

4회 기출예상

5회 기출예상

인성검사

면접가이드

[45 ~ 46] 아래의 제시 상황을 보고 이어지는 질문에 답하시오.

> F 대리는 환경정책자금 융자에 대한 상환관리 업무를 맡고 있다.
>
> 〈환경기업 금융지원 현황〉
>
> | 기업 | 자금 구분 | 대출금리 | 대출기간 | 업체당 지원한도액 |
> |---|---|---|---|---|
> | A | 환경산업육성자금 | 고정금리 | 3년 거치 4년 상환 | 3억 원 |
> | B | 환경개선자금 | | 3년 거치 4년 상환 | 5억 원 |
> | C | 재활용산업육성자금 | 연도별 변동금리 | 2년 거치 5년 상환 | 2억 원 |
> | D | 천연가스공급시설 설치자금 | | 2년 거치 10년 상환 | 3억 원 |
>
> * 변동금리는 1년 단위로 정해진다.
> * 원금 상환은 거치기간 이후부터 시작한다(예 대출시기가 20X1년이고, 1년 거치 3년 상환일 경우 1년 동안은 이자만 납부하고, 2년이 되는 20X3년부터 3년 동안 원금을 상환한다).
> * 거치기간에도 원금에 대한 이자는 납부해야 하며, 상환기간에는 남은 원금에 대한 이자를 납부해야 한다.
> * 이자는 대출한 다음 해부터 납부하며, 전년도 원금에 대해 고정금리 혹은 변동금리를 적용하여 계산한다.

45. A와 B 기업의 대출 현황 및 상환계획이 다음과 같을 때 20X8년까지 두 기업이 지급한 이자를 포함한 총 상환금은?

〈A, B 기업 대출 현황〉

기업	대출금액(만 원)	대출시기	금리
A	10,000	20X3년	2%
B	5,000	20X2년	3%

* A 기업은 원금 상환 시기부터 해마다 원금의 25%를 상환한다.
* B 기업은 원금 상환 시기부터 해마다 각각 원금의 10%, 20%, 20%, 50%를 상환한다.

① 66,900,000원   ② 82,100,000원

③ 92,900,000원   ④ 141,150,000원

46. C와 D 기업의 대출 현황 및 상환계획이 다음과 같을 때 20X9년까지 두 기업이 지급한 이자를 포함한 총 상환금은?

〈예상 변동금리표〉

구분	20X6년	20X7년	20X8년	20X9년
금리	3%	1%	3%	5%

〈C, D 기업 대출 현황〉

기업	대출금액(만 원)	대출시기
C	10,000	20X5년
D	20,000	20X7년

* C 기업은 원금 상환 시기부터 해마다 원금의 20%를 상환할 계획이다.
* D 기업은 원금 상환 시기부터 해마다 원금의 10%를 상환할 계획이다.

① 65,400,000원

② 66,800,000원

③ 67,000,000원

④ 105,400,000원

[47 ~ 48] 재경팀에서 근무하는 S는 사옥과 제조 공장 관련 전기요금을 정산하고 보고하는 업무를 담당하고 있다. 이어지는 질문에 답하시오.

1) 산업용 전력

광업, 제조업 및 기타사업에 전력을 사용하는 전력 4kW 이상 300kW 미만의 고객

패키지 구분	월별 기본요금 (원)	전력량 요금(원/kWh)			
		시간대	여름철 (6 ~ 8월)	봄 · 가을철 (3 ~ 5, 9 ~ 10월)	겨울철 (11 ~ 2월)
(1)	6,490	경부하	60.5	60.5	67.9
		중간부하	86.3	65.3	84.8
		최대부하	119.8	84.5	114.2
(2)	7,470	경부하	55.6	55.6	63.0
		중간부하	81.4	60.4	79.9
		최대부하	114.9	79.6	109.3

2) 일반용 전력

주택용 · 산업용 종별을 제외한 고객으로 전력 300kW 미만 고객

패키지 구분	월별 기본요금 (원)	전력량 요금(원/kWh)			
		시간대	여름철 (6 ~ 8월)	봄 · 가을철 (3 ~ 5, 9 ~ 10월)	겨울철 (11 ~ 2월)
(1)	7,170	경부하	62.7	62.7	71.4
		중간부하	113.9	70.1	101.8
		최대부하	136.4	81.4	116.6
(2)	8,230	경부하	57.4	57.4	66.1
		중간부하	108.6	64.8	96.5
		최대부하	131.1	76.1	111.3

3) 계절별 시간대 구분

구분	여름철, 봄 · 가을철 (6 ~ 8월), (3 ~ 5, 9 ~ 10월)	겨울철 (11 ~ 2월)
경부하 시간대	23 : 00 ~ 09 : 00	23 : 00 ~ 09 : 00
중간부하 시간대	09 : 00 ~ 10 : 00 12 : 00 ~ 13 : 00 17 : 00 ~ 23 : 00	09 : 00 ~ 10 : 00 12 : 00 ~ 17 : 00 20 : 00 ~ 22 : 00
최대부하 시간대	10 : 00 ~ 12 : 00 13 : 00 ~ 17 : 00	10 : 00 ~ 12 : 00 17 : 00 ~ 20 : 00 22 : 00 ~ 23 : 00

47. S가 본사 사옥에 사용될 전력 패키지 요금 제도에 대해 분석한 다음의 내용 중 적절하지 않은 것은? (단, 사옥에 사용되는 전력은 일반용 전력이다)

① 오전 8시부터 9시에는 패키지와 계절에 관계없이 1kWh당 75원 미만의 요금이 부과된다.

② 7월 한 달 동안 중간부하 시간대에 200kWh를 사용할 경우 패키지 (2)가 패키지 (1)보다 유리하다.

③ 경부하 시간대의 경우, 어떤 패키지를 선택하더라도 1kWh당 요금은 겨울철이 여름철보다 높다.

④ 패키지 (1)을 선택할 경우, 겨울철 오후 3시는 중간부하 시간대에 포함되어 1kWh당 101.8원이 부과된다.

48. S는 200kW 전력을 사용하는 제조 공장에 적합한 전력 패키지를 선택하기 위해 지난 1년간의 해당 공장 전력 사용 내역을 분석하고 있다. 다음 중 적절하지 않은 설명은? (단, 패키지 요금 계산 시 기본요금을 포함한다)

〈전력 사용량〉

(단위 : kWh)

구분	1월	2월	3월	4월	5월	6월	7월	8월	9월	10월	11월	12월
경부하	20	30	10	10	20	40	40	60	30	20	40	20
중간부하	80	20	50	30	40	80	70	200	100	50	90	90
최대부하	100	100	90	30	60	200	200	300	200	50	100	100

① 지난해 여름철 경부하 시간대에 발생된 요금은 어떤 패키지를 선택하더라도 4만 원을 넘지 않는다.

② 지난해 겨울철 최대부하 시간대의 요금은 패키지 (2)를 선택했을 때가 패키지 (1)을 선택했을 때보다 높다.

③ 지난해 여름철 중간부하 시간대의 요금은 패키지 (2)를 선택했을 때가 패키지 (1)을 선택했을 때보다 높다.

④ 지난해 사용량을 기준으로 봄 · 가을철 총 요금이 9만 원을 넘지 않게 하기 위해서는 패키지 (2)를 선택해야 한다.

49. 다음 사례에서 기술이 성공하지 못한 원인으로 지적될 수 있는 것을 〈보기〉에서 고르면?

　　얼마 전 한 TV 프로그램에서는 오목한 판에 태양빛을 반사시켜 열로 전환해 그 판 위에서 가스 불 없이 조리하거나 열을 다시 불로 만들어 취사 행위를 가능하게 만든 조리 기구를 선보였다. 설치와 관리 비용은 많이 들지만 전기나 가스 등 소비적인 에너지 자원 대신 태양을 이용해 영구적으로 쓸 수 있다는 장점이 있고, 바람의 영향만 막을 수 있으면 가계의 비용 절감에도 크게 기여할 수 있을 것으로 기대되었다. 하지만 이 장치가 농사나 일에 쓰이는 거대한 용도가 아니라 단순히 조리를 위한 용도로 소개되었기 때문에 큰 주목을 받지 못하였고 결국 실패로 끝나게 되었다.

보기

가. 차례 미준수　　　　　나. 오만　　　　　　　　다. 조사, 검토 부족
라. 조건의 변화　　　　　마. 기획 불량　　　　　　바. 가치관 불량

---

① 가, 바　　　　　　　　　　　② 나, 라
③ 다, 마　　　　　　　　　　　④ 마, 바

50. 다음은 ○○기업 홈페이지에 올라온 고객 문의사항이다. 이를 해결하기 위해 준비해야 하는 것은?

제목	카메라 사용법이 궁금합니다.
작성자	박○○
작성일	202X-08-13

　　쉽게 해당 제품을 사용할 수 있도록 기능 설명, 사용방법, 간단한 고장 조치 방법 등에 대해 정보를 제공해 주셨으면 합니다. 특히 제품의 사용 중에 하지 말아야 할 일이 있다면 안내해 주시길 바랍니다.

① 운영 매뉴얼　　　　　　　　② 작업지시서
③ 체크리스트　　　　　　　　　④ 제품 매뉴얼

51. 정부는 산업재해를 선진국 수준으로 감소시키기 위해 '중대 산업재해 예방대책'을 발표하였다. 다음 자료를 바탕으로 세운 예방대책 중 적절하지 않은 것은?

〈산업안전 패러다임 전환〉

구분	현재		개선
01 책임주체	사업주 중심	→	원청·발주자 등 책임 강화
02 보호대상	근로자	→	특수형태근로종사자 등 포함
03 보호범위	신체건강 보호	→	정신건강까지 보호
04 사고조사	수사·처벌	→	조사·구조개선까지 유도
05 안전보건관리	외부위탁	→	정규직이 직접 수행

① 원청 사업주가 안전관리비용 투자계획 및 집행내역을 소속 근로자 및 하청 근로자에게도 공개한다.

② 현장 관리자의 권한 위임을 강화하여 위험 요인 잠재 시의 작업 지속여부 판단을 일임한다.

③ 상시 근로자 1인 미만 사업장, 영세사업자, 가전제품 설치 및 수리 기사 등 고위험 업종에 대한 산재보험 적용을 추진한다.

④ 고객응대 근로자에 대한 보호법안의 제정을 추진한다.

52. 직원 A는 점심시간에 신문을 보다가 산업재해로 인한 사망자가 1년에 500명이 넘는다는 것을 알고 사망의 원인이 무엇인지 알아보기로 했다. 직원 A가 알아낸 산업재해의 기본적인 원인은?

〈산업재해 현황분석 자료에 따른 사망자 수〉

(단위 : 명)

안전 관리 조직의 결함	1	인원 배치 부적당	149
안전 수칙 미제정	55	작업 지시 부적당	9
작업 준비 불충분	282	기타	35

① 교육적 원인

② 기술적 원인

③ 작업관리상 원인

④ 불안전한 행동

[53 ~ 54] 다음 〈보기〉는 그래프 구성 명령어 실행 예시이다. 이를 참고하여 이어지는 질문에 답하시오.

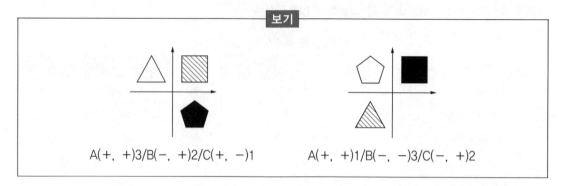

A(+, +)3/B(−, +)2/C(+, −)1   A(+, +)1/B(−, −)3/C(−, +)2

53. 다음 그래프에 알맞은 명령어는 무엇인가?

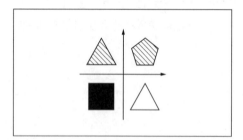

① C(+, +)3 / B(−, +)3 / A(−, +)2 / B(+, −)1
② C(+, +)3 / B(−, +)3 / A(−, −)1 / B(+, −)2
③ C(+, +)3 / A(−, +)3 / B(−, +)2 / B(+, −)1
④ C(+, +)1 / B(−, −)3 / B(−, +)2 / B(+, −)1

54. 다음 중 명령어 C(−, +)1 / B(−, −)3을 올바르게 나타낸 것은?

① 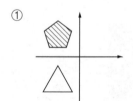   ②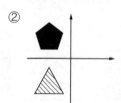

③ 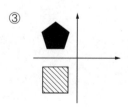   ④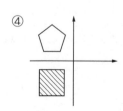

55. 다음과 같은 자료의 특징으로 옳지 않은 것은?

• 주의 및 안전사항
 – 전선을 잡아당겨 기기를 옮기거나 움직이는 경우 전선이 손상될 수 있으며 플러그를 뽑을 때에도 심하게 잡아당겨 손상되지 않도록 주의하세요.
 – 전선이 날카로운 모서리에 닿거나 문틈 등에 끼어 손상되지 않도록 하세요. 기기에 손상이 있는 경우 안전에 위험할 수 있으니 사용하지 마세요.
 – 전원코드가 손상된 기기는 사용하지 마세요. 만약 전원코드가 손상된 경우 전원코드 감개 전체를 교체해야 하며 반드시 서비스센터 또는 유자격자가 교체해야 합니다.

• 올바른 기기 사용방법
 – 이 진공청소기는 상업용이 아닙니다. 따라서 일반 가정 또는 이와 유사한 환경에서만 사용할 수 있습니다.
 – 이 진공청소기는 야외에서 사용할 수 없습니다.
 – 기기, 기기의 액세서리 그리고 흡입관 등은 머리 높이에서 사용하지 마세요. 눈이나 귀 등에 부상을 입을 수 있습니다.
 – 먼지봉투를 올바르게 끼우지 않은 경우 본체 뚜껑이 정상적으로 닫히지 않으니 억지로 힘을 주어 닫지 마세요.
 – 담배나 석탄재 등 불에 타고 있거나 불씨가 남은 물체를 흡입하지 마세요.

---

① 제품 설계상의 결함이나 위험 요소를 포함하여 소비자가 결함을 인식하도록 해야 한다.
② 제품 사용자의 유형과 사용 능력을 파악하고 혹시 모를 사용자의 오작동까지 고려하여 만들어져야 한다.
③ 사용자를 위해 제품의 특징이나 기능, 사용방법, 고장조치 방법 등을 설명한 것이다.
④ 제품과 관련한 소비자가 알아야 할 모든 서비스에 대한 정보를 기술해야 한다.

[56 ~ 57] 다음 내용을 참고로 이어지는 질문에 답하시오.

구분	권장 규칙	회피 규칙
문자구성 및 길이	• 3가지 종류 이상의 문자구성으로 8자리 이상의 길이로 구성된 패스워드 • 2가지 종류 이상의 문자구성으로 10자리 이상의 길이로 구성된 패스워드 ※ 문자 종류는 알파벳 대문자와 소문자, 특수기호, 숫자의 4가지임.	• 2가지 종류 이하의 문자구성으로 8자리 이하의 길이로 구성된 패스워드 • 문자구성과 관계없이 7자리 이하 길이로 구성된 패스워드 ※ 문자 종류는 알파벳 대문자와 소문자, 특수기호, 숫자의 4가지임.
패턴조건	• 한글, 영어 등의 사전적 단어를 포함하지 않은 패스워드 • 널리 알려진 단어를 포함하지 않거나 예측이 어렵도록 가공한 패스워드 ※ 널리 알려진 단어인 컴퓨터 용어, 기업 등의 특정 명칭을 가공하지 않고 명칭 그대로 사용하는 경우 ※ 속어, 방언, 은어 등을 포함한 경우 • 사용자 ID와 연관성이 있는 단어구성을 포함하지 않은 패스워드 • 제3자가 쉽게 알 수 있는 개인정보를 포함하지 않은 패스워드 ※ 개인정보는 가족, 생일, 주소, 휴대전화번호 등을 포함하는 패스워드	• 키보드상에서 연속한 위치에 있는 문자로 구성된 패스워드 • 한글, 영어 등을 포함한 사전적인 단어로 구성된 패스워드 ※ 스펠링을 거꾸로 구성한 패스워드도 포함 ※ 한글 단어를 영어 모드에서 타이핑한 패스워드도 포함(반대의 경우도 동일) • 널리 알려진 단어로 구성된 패스워드 ※ 컴퓨터 용어, 사이트, 기업 등의 특정 명칭으로 구성된 패스워드도 포함 • 사용자 ID를 이용한 패스워드 ※ 사용자 ID 혹은 사용자 ID를 거꾸로 구성한 패스워드도 포함 • 제3자가 쉽게 알 수 있는 개인정보를 바탕으로 구성된 패스워드 ※ 가족, 생일, 주소, 휴대전화번호 등을 포함하는 패스워드

※ 악성 프로그램이나 해킹 프로그램으로 패스워드가 노출될 경우를 대비하기 위해 네트워크를 통해 패스워드를 전송할 때 반드시 패스워드를 암호화하거나 암호화된 통신 채널을 이용하도록 한다.

56. 다음 중 위의 안내문을 바르게 이해하지 못한 것은?

① 사용자 또는 사용자 이외의 특정 인물, 유명인, 연예인 등의 이름을 포함하는 패스워드는 피하여야 한다.

② 키보드상에서 연속한 위치에 존재하는 문자들의 집합은 노출되기 쉬운 패스워드이다.

③ 네트워크를 통해 패스워드를 전송하는 경우 반드시 패스워드를 암호화하거나 암호화된 통신 채널을 이용해야 한다.

④ 영어 단어를 한글 모드에서 타이핑하여 입력하게 되면 쉽게 노출되지 않는 패스워드 조합을 구성할 수 있다.

57. 다음 중 위의 안내문에 따라 만든 가장 적절한 패스워드는?

① bo3$&K

② S3797a?sx@4@

③ @ytisrevinu!

④ 1h1o1u1s1e?

58. 다음은 ○○공사의 20XX년 산업재산권 유형별 현황이다. 이에 대한 설명으로 옳은 것을 〈보기〉에서 모두 고르면?

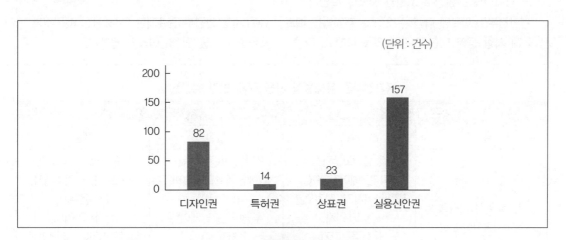

보기

㉠ 등록 비율이 2번째로 높은 것은 회사가 자사의 제품에 표시하는 상호에 대한 권리이다.

㉡ 자연법칙을 이용한 기술적 아이디어의 창작으로서 기술 수준이 높은 산업재산권의 등록건수가 가장 적다.

㉢ 발명처럼 수준이 높지는 않으나 물품의 형상, 구조 및 조합이 대상이 되는 권리의 등록건수의 비율이 가장 높다.

㉣ 물품의 외관에 미적 감각을 느낄 수 있게 하여 등록한 산업재산권은 23건이다.

① ㉠, ㉡

② ㉠, ㉣

③ ㉡, ㉢

④ ㉢, ㉣

1회 기출예상

2회 기출예상

3회 기출예상

4회 기출예상

5회 기출예상

인성검사

면접가이드

[59 ~ 60] 다음 자료를 읽고 이어지는 질문에 답하시오.

　　내년 1월부터 플라스틱을 부드럽게 만드는 유해성 화학물질인 프탈레이트를 전자제품에 사용할 수 없게 된다. 프탈레이트는 현재 가전 전원 코드부터 냉장고 소음방지고무, 충전용 케이블 등에 사용되고 있다. TV, 냉장고, 세탁기 같은 대형 가전부터 헤어드라이기 같은 소형 가전까지 이 물질이 널리 사용되고 있어 전자제품 업계에 미치는 영향이 클 것으로 전망된다.

　　프탈레이트는 동물이나 사람의 생체 호르몬 작용을 방해하는 내분비 교란 물질이다. 프탈레이트는 카드뮴에 비견될 정도의 독성을 갖고 있으며 동물실험 결과 간과 신장, 심장, 허파 등에 부정적인 영향을 미치고, 여성 불임, 정자 수 감소 등으로 생식기관에 유해한 독성 물질로 보고된 바 있다. 사용이 금지되는 물질은 디에틸헥실프탈레이트(DEHP), 부틸벤질프탈레이트(BBP), 디부틸프탈레이트(DBP), 디이소부틸프탈레이트(DIBP) 등 프탈레이트계 물질 4가지다.

　　유해물질 사용 금지 대상 품목도 확대된다. 지금까지는 TV, 냉장고, 가정용 세탁기, 에어컨, 개인용 컴퓨터(PC), 프린터 등 보급률이 가장 높은 26가지 인기 가전류에만 규제를 적용했다. 하지만 내년 1월부터는 헤어드라이기, 제습기, 내비게이션 등 23개 제품이 유해물질 사용 금지 대상에 추가로 포함된다. 사용 불가능한 유해물질 종류를 늘리고 단속 적용 가전 범위도 확대하여 유해물질에 대한 규제를 강화하려는 환경부 조치인 것으로 보인다.

　　환경부는 이르면 다음 주 안으로 재입법을 예고할 계획이다. 환경부 관계자는 "유해물질 4종 추가 규제 사항 등에 대한 기관 협의를 마쳤고, 다음 주 재입법 예고를 할 것"이라고 말했다.

〈가전제품 유해물질 사용 규제 변경 상황〉

기존 규제 대상		추가되는 규제 대상	
물질	제품	물질	제품
납, 수은, 육가크롬, 폴리브롬화비페닐, 폴리브롬화디페닐에테르, 카드뮴	TV, 냉장고, 가정용 세탁기, 에어컨, PC, 프린터 복사기, 전기오븐, 전자레인지, 음식물처리기, 식기건조기, 공기청정기, 전기히터, 오디오, 전기밥솥, 연수기, 가습기, 전기다리미 등	프탈레이트계 4종 – 디에틸헥실프탈레이트(DEHP), 부틸벤질프탈레이트(BBP), 디부틸프탈레이트(DBP), 디이소부틸프탈레이트(DIBP)	자동판매기, 제습기, 토스트기, 전기주전자, 전기온수기, 전기프라이팬, 헤어드라이어, 러닝머신, 감시카메라, 식품건조기, 전기안마기, 족욕기, 유·무선 공유기, 제습기 등

59. 다음 중 프탈레이트에 관한 설명으로 적절하지 않은 것은?

① 플라스틱을 유연하게 만들어 전자제품에 사용된다.

② 간, 신장, 심장, 허파 등에 악영향을 준다.

③ 내분비계의 작용을 원활하도록 도와준다.

④ 생체 호르몬 작용에 영향을 끼치는 물질이다.

60. A 기업이 취해야 할 행동으로 적절한 것은?

- A 기업은 전자제품을 판매하는 회사이다.
- A 기업의 모든 제품은 기존 규제를 준수하고 있다.
- A 기업은 추가 규제 사항에 대해서 적절히 대응하려고 한다.

① 추가 규제 품목인 가습기, 연수기 등에 대한 대책을 마련한다.

② 현재 판매하고 있는 제품 중에 납, 수은, 카드뮴이 포함된 것이 있는지 파악한다.

③ 제습기와 같은 소형 가전은 유해물질 사용 금지 대상 품목에 포함되어 있지 않으므로 계속해서 판매한다.

④ 제품들의 전원 코드, 소음방지고무, 충전용 케이블에 포함된 물질의 성분을 점검한다.

5회 기출예상문제

[01 ~ 02] 다음 주어진 자료를 보고 이어지는 질문에 답하시오.

○○업체에 근무하는 B 사원은 다음 제시된 정보를 토대로 △△음료와 관련된 고객 응대 업무를 담당하고 있다.

〈기본 정보〉

• 식품명 : △△음료
• 식품의 유형 : 혼합음료
• 원재료명 : 정제수, 프락토올리고당, 트로피칼후르츠믹스농축액(이탈리아), 허브 농축액, 표고버섯 분말, 칡농축액기스
• 섭취량 및 섭취 방법 : 100m/1일 1 ~ 2회, 음주 후 혹은 다음 날 숙취 해소를 위해 1포씩 섭취
• 보관방법 : 직사광선을 피하고 서늘한 곳에 보관
• 포장재질 : 용기 폴리에틸렌

〈영양 성분〉

• 1회 제공량 : 1포(100ml)
• (   ) 안의 수치는 1일 영양소 기준치에 대한 비율
• 1회 제공량당 함량 열량 55kcal, 탄수화물 13g(4%), 당류 8g, 단백질 1g 미만(1%), 지방 0g(0%), 포화지방 0mg(0%), 트랜스지방 0g, 콜레스테롤 0g, 나트륨 75mg(4%)

〈주의사항〉

• 음용 후 개인에 따라 이상 반응이 나타날 수 있으며 이상 반응이 나타날 즉시 의사와 상담하십시오. 기존 질환이 있는 분은 본사 고객 상담실과 상의 후 음용하십시오.
• 영유아, 어린이, 수유부, 임산부, 노약자는 섭취를 권하지 않습니다.
• 전자레인지를 이용하실 때는 반드시 전용 용기에 옮긴 후 데워 주십시오.
• 개봉 후 분리된 컵을 삼키지 않도록 주의하시길 바랍니다.
• 개봉 시 내용물이 튀어나올 수 있으니 주의하시길 바랍니다.
• 제품 보관 시 음료 고유성분에 의해 침전물이 생길 수 있으나 제품에는 이상이 없으니 안심하고 잘 흔들어 드시길 바랍니다.

※ 이 제품은 계란, 메밀, 땅콩, 밀가루, 돼지고기를 첨가한 제품과 같은 제조시절에서 제조되었습니다. 본제품은 공정 거래위원회 고시 소비분쟁해결에서 교환 또는 보상받을 수 있습니다.

※ 부정, 불량식품 신고는 국번 없이 1399

---

01. B 사원은 C 팀장으로부터 △△음료와 관련된 정보를 간략하게 정리해 달라는 요청을 받았다. 다음 중 B 사원이 정리한 내용으로 알맞지 않은 것은?

① 숙취 해소를 위한 음료이며 당분과 칡 성분을 포함한다.
② 전자레인지에 제품을 넣어 바로 가열하면 안 된다.
③ 돼지고기 성분이 들어 있는 제품과 같은 시설에서 제조된다.
④ 제품 보관 시 생기는 침전물에는 대부분의 영양 성분이 응축되어 있다.

02. B 사원은 △△음료와 관련하여 다음과 같은 문의 메일을 받았다. 문의 내용에 대한 답변으로 알맞지 않은 것은?

> 받는 사람 : △△음료 고객 응대 담당자(aaj1234@mail.com)
> 제목 : △△음료 관련하여 문의 드립니다.

> 　안녕하세요, 저는 평소 △△음료를 즐겨 마시는 회사원입니다. 직장 생활을 하다 보면 회식이 잦아 술을 많이 마시는데, 다음 날 △△음료를 마시면 숙취 해소에 효과가 좋아 자주 찾아 마시고 있습니다. 그런데 한 가지 걱정되는 게 있습니다. 제가 지금 다이어트를 하고 있는데요, 음료가 많이 달아서 다이어트에 나쁜 영향을 미칠까 걱정이 됩니다. 혹시 음료의 성분이 다이어트에 미치는 영향과 관련된 내용을 추가적으로 더 자세히 알려 주실 수 있을까요?

① 10포를 전부 마신다고 하더라도 하루 탄수화물 기준치의 절반을 넘지 않습니다.
② 나트륨과 단백질의 경우 1포에 1일 영양소 기준치의 5% 미만이 첨가되어 있습니다.
③ 저희 제품은 트로피칼후르츠믹스농축액을 사용하며 당이 첨가되어 있지 않습니다.
④ 포화지방, 트랜스지방 등 지방 성분이 전혀 들어 있지 않습니다.

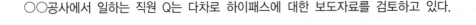

[03 ~ 05] 다음의 제시상황과 자료를 보고 이어지는 질문에 답하시오.

○○공사에서 일하는 직원 Q는 다차로 하이패스에 대한 보도자료를 검토하고 있다.

○○공사는 14일 다차로 하이패스*를 본격적으로 운영한 결과 톨게이트 통과속도(제한속도) 상승, 하이패스 차로 사고 감소 등의 효과가 확인됐다고 밝혔다. 이에 도로공사는 운영 효과가 확인된 다차로 하이패스를 신설할 예정이다.

ㄱ 다차로 하이패스 통과속도는 톨게이트 통과 이후 교통흐름과 안전을 고려해 80km/h(본선형), 50km/h
│ (나들목형)로 제한되었으며, 이는 기존 제한속도 30km/h보다 20 ~ 50km/h 높다. 이에 따라 실제
ⓐ 차량들의 통과속도도 기존 대비 10 ~ 20km/h 빨라졌으며, 영업소 부근 교통흐름도 개선된 것으
│ 로 나타났다. 또한 다차로 하이패스를 본격적으로 설치한 이후, 다차로 하이패스 차로에서 한 건의
ㄴ 사고도 발생하지 않아 사고 예방에도 효과가 있는 것으로 확인됐다.

ㄱ 전국 하이패스 센터 및 특판장에서 노후 하이패스 단말기 보상판매를 실시한다. 도로공사는 지속
│ 적인 통신장비 개선 등을 통해 하이패스 오류 발생을 점차 줄이고 있지만, 단말기가 노후화되면
ⓑ 하이패스 구간을 제대로 통과해도 오류가 발생할 가능성이 높아진다고 밝혔다. 하이패스 오류 등
ㄴ 으로 인한 미납 발생 시 추후 통행료를 빈도로 납부해야 하는 등의 불편을 겪을 수 있다.

ㄱ ○○공사는 다차로 하이패스를 보다 많은 국민이 이용할 수 있도록 내년 설치 예정이었던 남원주,
│ 남세종, 북천안, 송악 등 4곳을 계획보다 앞당겨 올해 설치할 계획이다. 이로써 작년까지 완료된
│ 15개소와 올해 설치 예정이었던 13개소, 앞당겨 설치하는 4개소를 포함해 올해 말까지 총 32개소
ⓒ 에 설치가 완료된다. 올해 다차로 하이패스가 신설되는 영업소는 수도권 6곳, 충청권 4곳, 광주전
│ 남권 1곳, 대구경북권 1곳, 부산경남권 5곳으로 총 17개소이며, 다음 주 화요일부터 본격적인 공
ㄴ 사에 들어갈 예정이다.

ㄱ ○○공사 관계자는 "공사 중에는 기존 하이패스 차로가 폐쇄되고, 임시차로로 운영되기 때문에
│ 해당 영업소를 지나는 운전자들은 감속 운행 등 안전운전을 부탁드린다"며 "고객 불편을 최소화하
ⓓ 기 위해 대상 영업소, 공사 기간, 주의사항 등을 교통정보 앱(App), 공사 홈페이지와 블로그 등을
ㄴ 통해 안내하고, 현수막과 VMS 전광판을 이용한 현장안내도 병행할 예정"이라고 말했다.

* 다차로 하이패스는 두 개 이상 하이패스 차로를 연결하고, 차로 간 시설물을 없애 차로 폭이 본선과 같은 넓이이다.

03. 윗글의 제목으로 가장 적절한 것은?

① 다차로 하이패스, 올해 전국에 17개 신설 예정
② 다차로 하이패스 설치 후 드러나는 문제점 진단
③ 다차로 하이패스, 빨라진 통과속도로 사고 위험 급증
④ 다차로 하이패스, 차로 단말기 오류로 인한 통행료 미납 속출

04. 다음 중 윗글을 이해한 내용으로 가장 적절한 것은?

① 다차로 하이패스는 두 개 이상의 하이패스 차로를 연결한 것으로, 차로 간 시설물을 제거하여 차로 폭이 본선보다 넓어진다.
② 다차로 하이패스 공사 시 공사 홈페이지, 교통정보 앱, 블로그 등을 통해 안내를 진행할 예정이므로 현장 안내는 불필요하다.
③ 본선형 다차로 하이패스의 제한속도와 나들목형 다차로 하이패스의 제한속도는 다르며 모두 기존 제한속도보다 20km/h 이상 높다.
④ ○○공사는 올해 다차로 하이패스를 17개소에 설치할 예정이며, 설치 장소는 수도권을 비롯하여 전라도, 경상도, 충청도, 강원도이다.

05. 다음 ㉠ ~ ㉣ 중 문맥을 고려할 때, 글의 통일성을 해치는 문단으로 가장 적절한 것은?

① ㉠   ② ㉡
③ ㉢   ④ ㉣

1회 기출예상

2회 기출예상

3회 기출예상

4회 기출예상

5회 기출예상

인성검사

면접가이드

06. 다음은 ○○회사 직원들이 신문 기사를 읽고 나눈 대화 내용이다. 문맥상 빈칸 ㉠에 들어갈 문장으로 알맞은 것은?

　자는 동안 우리 몸은 휴식을 취하며, 쌓인 피로를 해소해 심신을 건강하게 만든다. 그런데 불면증으로 괴로움을 호소하는 이가 갈수록 늘고 있다. 불면증이 지속해 잠자는 시간이 절대적으로 부족하거나 수면의 질이 떨어지면 육체·정신적으로 다양한 문제가 생길 수 있다. 고혈압·당뇨·뇌졸중에 급성 심근경색과 같은 심장질환의 발병 위험도가 커진다. 비만의 원인이 되기도 하며 우울증·불안 장애가 생기기 쉽다. 면역기능의 저하로 각종 감염성 질환에도 취약해진다.

　불면증은 노년층에 특히 많이 발생한다. 최근 건강보험심사평가원의 조사에 따르면 20X7년 불면증 환자는 20X3년 대비 48.3% 증가했는데 60대 환자가 가장 많았다. 20X3년 대비 증가율이 높은 연령대는 80세 이상이었다. 노년기의 불면증은 자는 동안 자주 깨서 다시 잠들기 힘들거나 깊이 잠들지 못하는 '수면 유지 장애'가 많다. 특히 충분한 시간을 잤는데 아침에 일어나기 힘들거나 극심한 피로를 자주 느끼는 경우 '수면의 질'이 낮은 수면장애를 의심해 봐야 한다.

　최근 연구에 따르면 수면의 질이 치매의 발병에도 영향을 미치는 것으로 나타났다. 알츠하이머 치매는 뇌 신경세포에 베타-아밀로이드라는 단백질이 축적되며 시작한다. 단백질 덩어리들은 신경세포의 신호전달을 방해하거나 단백질 침착 같은 병적 과정을 유발해 뇌세포를 파괴한다. 제대로 숙면하지 못하면 뇌의 베타-아밀로이드가 깊은 잠을 자는 동안 배출되지 못한다. 따라서 깊은 잠을 자지 못하는 수면장애가 있는 경우 적절한 치료와 생활습관 개선으로 숙면하도록 노력하는 것이 치매 예방을 위해 중요하다.

A : 불면증이 여러 가지 질병의 발병률에 많은 영향을 미치는구나.
B : 특히 노년층의 불면증 발생비율이 그렇게 높을 줄은 몰랐어.
C : 그러게. 수면 유지 장애는 깊은 잠을 못 자게 해서 사람들을 참 피곤하게 하지. 근데 깊은 잠을 자는게 뇌 건강에 그렇게 중요한 이유는 뭘까?
D : (　　　　　　　㉠　　　　　　　)

---

① 새로운 뇌 신경세포가 성장할 시간이 필요하기 때문이야.
② 숙면하는 동안 신경세포끼리 신호전달이 이루어지기 때문이야.
③ 숙면하는 동안 신경세포에서 배출되어야 하는 물질이 있기 때문이야.
④ 각종 감염성 질환과 우울, 불안 증세에 도움이 되는 물질을 분비하기 때문이야.

07. 다음 글의 제목으로 가장 적절한 것은?

오스트리아-헝가리 제국이 세워진 1867년부터 제1차 세계대전이 일어날 때까지의 50여 년을 사람들은 '벨 에포크(Belle Époque)', 즉 '좋은 시절'이라고 부른다. 유럽 대륙에 상당히 오랜 기간 전쟁이 없고, 각 나라에 경제적 부흥이 일어났던 시기였기 때문이다. 같은 시기를 '팽 드 시에클(fin de siècle)'이라 부르기도 한다. 이는 '세기말'을 뜻하는데, '퇴폐' 또는 '쇠락'을 의미한다. 전통적인 가치가 붕괴하였기 때문이다.

이 시기 오스트리아-헝가리 제국의 수도 빈에서 잉태된 '빈 모더니즘'이라 불리는 독특한 문화적 실험들은 오늘날에도 다양한 방식으로 영향을 미치고 있다. 바로 경계를 뛰어넘는 새로운 종류의 편집 방식, 즉 '종합예술'이다. 19세기 말, 빈에는 다른 유럽의 대도시에서는 경험할 수 없는 '지식공동체'가 존재했다. 의학·미술·건축·음악·디자인·철학의 경계를 뛰어넘는 지식인들의 모임이었다.

당시 빈의 과학자·화가·의사·언론인들은 살롱과 카페 하우스에서 수시로 만났다. 지금도 카페 첸트랄이나 카페 란트란 같은 빈의 카페 하우스들은 당시 단골손님들의 흔적을 자랑하고 있다. 유럽의 다른 도시에서 볼 수 없는 이 같은 '학제 간(interdisciplinary)' 교류가 빈에서는 어떻게 가능했을까? 1848년, 유럽을 휩쓸었던 자유주의 혁명이 오스트리아에도 밀어닥쳤다. 열여덟에 황제가 된 프란츠 요제프 1세는 다양한 개혁적인 정책들을 펼쳤고 그가 던진 신의 한 수는 '링슈트라세(Ringstraße)'의 건설이었다.

요제프 1세는 1858년부터 빈 외곽의 방어용 성곽을 철거하고 그 자리에 '링슈트라세'라는 순환도로를 설치했다. 도로 주변에는 박물관·제국의회의사당·오페라하우스 같은 국가를 대표하는 기념비적 건물들이 한꺼번에 건설되었다. 이후 약 30년에 걸쳐 세워진 링슈트라세 주변의 고딕·르네상스·바로크적 건물들은 나폴레옹 3세의 파리 개조를 능가하는 발전으로 여겨졌다. 황제의 배려에 감동한 오스트리아 부르주아들은 황제를 아버지처럼 여기며 충성을 다짐했다. 정치에 대한 이들의 무관심은 연극과 음악 같은 공연예술에 대한 과도한 관심으로 옮겨 갔다. 공연예술에 관한 토론은 각양각색의 지식인들에게 유행했으며 예술을 토론하는 자리는 으레 각 분야의 전문가들의 학제 간 교류로 연결되곤 했다.

① 다른 도시에는 없던 학제 간 교류가 빈에서만 가능했던 이유
② '지식인 융합 모임', 빈의 지식혁명을 이끌다.
③ 기술과 과학의 결합에 예술이 포함되기까지의 여정
④ 요세프 1세의 심미안적 도시개발

[08 ~ 10] 다음 지문을 읽고 이어지는 질문에 답하시오.

기계학습, 즉 ㉠머신러닝은 인공지능(AI)의 학습방법 중 하나이다. 머신러닝은 방대한 양의 자료를 컴퓨터에 입력하면 비슷한 내용끼리 분류할 수 있도록 학습시키는 연산 체계이다. ㉡딥 러닝은 머신러닝의 진화된 형태로서 인간의 뉴런 구조를 본떠 만든 머신러닝 모델인 인공신경망을 겹겹이 쌓아 만든 심층 신경망이다.

머신러닝은 크게 ㉢지도학습, ㉣비지도학습, ㉤강화학습으로 나누어진다. 지도학습이란 컴퓨터에게 정답이 무엇인지 알려 주고 학습을 시키는 방법이다. 지도학습은 '이런 이미지가 나무다'라고 하나하나 교육하는 것과 같다. 처음엔 미숙하더라도 계속 학습하다 보면 어떤 특징이 나무라는 개념을 형성하는지 알 수 있다. 비지도학습은 분류되지 않은 데이터를 제공하고 기계가 '이런 특징을 가진다면 나무구나'라는 것을 깨닫고 나무를 분류하도록 하는 방식이다. 비지도학습을 적용하기 위해서는 고도의 연산 능력이 요구되기 때문에 웬만한 컴퓨팅 능력으로는 시도하기 쉽지 않다.

지도학습과 비지도학습의 핵심은 분류이다. 스팸메일 분류를 예로 들면 어떤 내용은 스팸메일이고 어떤 내용이 스팸메일이 아닌지 정답을 알려 주는 지도학습의 머신러닝을 할 수도 있고, 스스로 특징을 알아차리는 비지도학습을 통해 컴퓨터가 스팸메일이 무엇인지는 모르지만, A 그룹(공적 메일)/B 그룹(사적 메일)/C 그룹(스팸메일) 등으로 분류하는 머신러닝을 할 수도 있다.

강화학습은 각 상황에서 행위를 한 뒤 그에 대한 보상이나 벌칙을 부여받음으로써 컴퓨터 스스로 정책을 수정해 가며 최적의 행위만을 선택해 보상을 최대화하는 방향으로 학습하는 방식이다. 보상이 행동 직후 주어지지 않는 경우가 많아 난이도가 지도/비지도학습에 비해 대폭 상승한다. 우리가 컴퓨터게임에서 컴퓨터와 대전하는 경우가 강화학습을 통해 학습한 인공지능과 대결한다고 볼 수 있다. △△대 컴퓨터공학 이○○ 교수에 따르면 강화학습은 인간의 틀이 아닌 인공지능이 스스로 할 수 있는, 인간의 한계를 초월하는 인공지능의 새로운 지평을 여는 머신러닝 방식이다.

머신러닝은 여러 변수에서 사람이 놓치는 중요한 관계를 드러내는 패턴을 찾을 수 있다. 심층 신경망으로 학습한 (A) 알파고가 이세돌과의 대결에서 전문가들이 이해할 수 없는 수를 놓았지만 결과적으로 이긴 것이 바로 그 예이다. 그러나 이와 같게 중요한 관계를 발견하지 못하거나 때로는 위험한 추천을 하기도 한다.

대표적인 예로 한 머신러닝 모델은 천식이 있는 폐렴 환자에게 천식을 앓고 있다면 폐렴으로 인한 합병증이 거의 없다는 이유로 퇴원해도 된다고 결정했다. 그러나 천식과 폐렴이 모두 있는 환자에 합병증이 거의 없는 이유는 병원에서 집중 치료를 받기 때문이다. 환자의 상태와 진료의 질이라는 변수 사이의 연결 고리가 알고리즘에 반영되지 않은 것이다. 이 경우엔 비교적 단순했던 알고리즘의 문제지점을 파악하고 결함을 수정할 수 있었다. 그러나 최근 머신러닝의 대부분은 딥 러닝을 활용하기 때문에 예측 논리의 결함을 발견하고 수정하기가 훨씬 어렵다. 따라서 데이터 과학자들은 모델의 결과물 못지않게 모델에 투입하는 데이터들의 변수 간 관계에도 신경을 써야 한다.

08. 윗글을 통해 알 수 있는 내용으로 적절하지 않은 것은?

① 머신러닝은 인공지능 학습 방법 중 하나이며, 머신러닝이 진화된 형태가 딥 러닝이다.

② 비지도학습이 강화학습보다 더 많은 컴퓨팅 능력을 필요로 한다.

③ 머신러닝을 통해 도출된 결과는 일반적인 통념과 다른 결과일 수도 있다.

④ 데이터 과학자들은 머신러닝 모델을 만들 때 변수 간의 관계를 잘 설정해야 한다.

09. 다음 중 윗글에서 나타난 서술 방식으로 적절하지 않은 것은?

① 권위자의 의견을 인용하며 대상에 대한 설명을 보충하였다.

② 여러 상황을 가정하여 각 결과에 대응하는 해결책을 제시하였다.

③ 대상을 처음 설명할 때 비유를 통해 개념을 확립하는 데 도움을 주었다.

④ 예상되는 문제점과 그에 따른 태도를 요구하고 있다.

10. 윗글의 ㉠ ~ ㉤ 중 (A)에 활용된 학습방식을 모두 고른 것은?

① ㉠, ㉡

② ㉠, ㉡, ㉢

③ ㉠, ㉣

④ ㉠, ㉡, ㉤

[11 ~ 12] 다음의 제시 상황을 보고 이어지는 질문에 답하시오.

> 한국도로공사에서 근무하는 A는 지원금 단말기를 홍보하는 업무를 맡았다.

〈지원금 하이패스 단말기〉

• 용어 정리

① 하이패스란 단말기(OBU)에 하이패스 카드를 삽입 후 무선통신(적외선 또는 주파수)을 이용하여 하이패스 차로를 30Km/h 이하로 무정차 주행하면서 통행료를 지불하는 최첨단 전자요금수납시 스템입니다.

② 지원금 단말기란 한국도로공사에서 단말기별 보조금*을 제조사에 지급하여 고객이 보다 저렴하게 구매할 수 있는 실용적 단말기입니다.

  * 전기 · 수소차, 비상자동제동장치 장착 차량 단말기 : 1만 원, 화물자동차 단말기 : 1.5만 원, 감면자동차 단말기 : 6만 원

• 사업 목표 : 2021년 지원금 단말기 보급계획에 의거, 선정된 제조사의 단말기를 2021년 12월말까지 10만 대 보급

유형별	전기 · 수소차 (친환경)	비상자동제동장치 장착 차량(AEBS)	화물자동차 (4.5톤 이상)	감면자동차 (장애인, 국가유공자 등)
보조금 적용 구입가(대당)	약 2.5만 원	약 2.5만 원	약 2.5만 원	약 3.5만 원

※ 단, 감면단말기 지원금 사업기간(2015. 8. ~ 현재)중 기 지원자는 지원 혜택 제한 → 구입가 확인 필요

• 참여 기관

지원금 단말기 사업 참여 제조사(6개사) : (주)에어포인트, (주)영원, (주)아이트로닉스, (주)에스디시 스템, 엠피온(주), (주)휴먼케어

• 지원금 단말기 구입방법

① 전기 · 수소차 ,비상자동제동장치 장착 차량, 화물차(4.5톤 이상)용 단말기 구매

  – 온라인 구매 : 옥션, G마켓, 11번가 등 대부분의 온라인 쇼핑몰에서 구매 가능

  – GS25 편의점 구매 : 5,000여 개소 일부 편의점에서도 구매 가능

  – 제조사 오프라인 대리점 방문 : 제조사, 총판 전화문의를 통하여 대리점 위치 확인

② 감면자동차용 단말기 구매

  – 단말기 제조사 전화문의 또는 홈페이지 접속 후 구매 가능

• 단말기 특판장 운영현황

① 총 195개소(영업소 : 53, 하이패스 센터 : 20, 휴게소 : 122) (2020. 8. 1. 기준)

② 2020년 12월 말까지 운영 예정 / 운영시간 : 09 : 00 ~ 18 : 00

☞ 감면단말기는 영업소 특판장 일부에서만 판매되오니, 지역별 연락처로 사전 문의 후 방문하시기 바랍니다.

☞ 현장판매 여건에 따라 운영장소(시간) 및 판매 모델의 종류가 제한될 수 있사오니 양해하여 주시기 바랍니다.

11. A는 위 내용을 게시한 후 질문 게시판에서 다음과 같은 글을 보고 수정할 사항을 메모하였다. 다음 중 메모의 내용으로 적절하지 않은 것은?

질문 게시판	메모
Q. 감면단말기 지원금 기 지원자는 어떤 지원 혜택을 받을 수 있나요?	① 사업 목표 하단에 기 지원자의 감면단말기 구입가에 따른 지원제한에 대한 표를 첨부한다.
Q. 화물자동차용 감면단말기 중에 적외선 무선통신을 활용한 모델이 있나요?	② 지원금 단말기 항목을 새로 만들고 차량분류에 따른 감면단말기 구매 가능 모델명과 모델 개수를 첨부한다.
Q. 감면자동차용 단말기 구매방법에 대해 알고 싶습니다.	③ 참여 기관 하단에 단말기 제조사의 주소와 연락처, 인터넷 홈페이지를 첨부한다.
Q. 죽전 휴게소에서도 감면단말기를 파나요?	④ 단말기 특판장 운영현황에 운영장소와 지역별 연락처가 적힌 표를 추가한다.

12. 위 홍보 안내문에 대해 이해한 내용으로 적절하지 않은 것은?

① 하이패스 차로를 15km/h로 주행한다면 하이패스 단말기를 활용한 요금수납을 할 수 있다.

② 6톤 화물차량을 운전하는 김안전씨는 지원금 단말기를 구매함으로써 1.5만 원을 절약할 수 있다.

③ 지원금 단말기 보급계획이 없다면 전기 · 수소차, 비상자동제동장치 장착 차량 단말기는 약 3.5만 원, 화물자동차 단말기는 약 4.5만 원, 감면자동차 단말기는 약 9.5만 원에 구매할 수 있다.

④ 단말기 특판장은 영업소와 하이패스 센터를 합친 것보다 휴게소에 더 많이 개설되어 있다.

[13 ~ 15] 가게 홍보를 위해 베이커리 박람회에 참가한 B는, 박람회 기간 동안 디저트 부스 한 개를 운영하려고 한다. 다음은 B가 작성한 기획서이다. 제시된 표를 바탕으로 이어지는 질문에 답하시오.

〈디저트 종류별 단가〉

종류	마카롱	브라우니	초코쿠키	아메리카노	카페라테
단가(원)	2,000	2,000	1,000	1,500	2,000

〈세트 상품 기획〉

구성	세트 가격	예상 판매 개수(개)
마카롱+커피	3,000원	50
브라우니+커피	3,000원	30
초코쿠키+커피	2,000원	20
마카롱 3개 세트+커피	(마카롱 단가)×3의 10% 할인가격+1,000원	20
브라우니+초코쿠키+커피	3,500원	10

※ 세트 상품 커피를 카페라테로 주문할 경우, 세트 가격에 500원 추가
※ 예상 판매액(원)=(세트 가격)×(예상 판매 개수)

13. 예상 판매액이 가장 높은 세트 상품 기획은?

① 마카롱+커피

② 브라우니+커피

③ 초코쿠키+커피

④ 브라우니+초코쿠키+커피

14. '브라우니＋커피' 세트 상품을 구입한 모든 손님들이 커피를 카페라테로 주문할 때의 예상 판매액은 '브라우니＋커피' 세트 상품을 구입한 모든 손님들이 커피를 아메리카노로 주문할 때의 예상 판매액보다 얼마 더 많은가?

① 2,000원

② 1,500원

③ 15,000원

④ 20,000원

15. '마카롱＋커피' 세트 상품을 구입한 모든 손님들이 커피를 카페라테로 주문할 때 예상 판매액과 '마카롱 3개 세트＋커피' 세트 상품을 구입한 모든 손님들이 커피를 아메리카노로 주문할 때의 예상 판매액 중, 그 금액이 더 큰 세트 상품과 예상 판매액의 차이로 적절하게 짝지어진 것은?

① 마카롱＋커피, 47,000원

② 마카롱＋커피, 48,000원

③ 마카롱 3개 세트＋커피, 47,000원

④ 마카롱 3개 세트＋커피, 48,000원

1회 기출예상

2회 기출예상

3회 기출예상

4회 기출예상

5회 기출예상

인성검사

면접가이드

[16 ~ 17] 다음 제시된 자료를 보고 이어지는 질문에 답하시오.

△△법인 민자도로 운영평가 평가팀 박치국 팀장은 운영평가 매뉴얼을 살펴보고 있다.

---

1. 민자도로 운영평가 개요

(1) 목적 : 민자고속도로 이용자에게 안전성과 편리성을 제공하여 공공성을 강화하고 민자고속도로 운영 효율성을 유도

(2) 근거 : 유료도로법 제23조의 2 제3항, 유료도로법 시행규칙 제8조의 2, 민자도로의 운영평가 기준 (국토부 고시)

2. 민자도로 운영평가 처리 절차

(1) 운영평가 계획 수립(기한 : 매년 3월 31일까지)
- 평가 대상 법인 및 일정, 평가단 구성 방향, 평가항목 및 방법 등이 포함된 민자고속도로 평가계획 방침 마련

(2) 운영평가 계획 통보(기한 : 평가 30일 전까지)
- 운영평가 항목, 평가방법, 평가일정 등 평가계획을 평가 대상 민자고속도로 법인에 통보

(3) 수검자료 취합(기한 : 평가 15일 전까지)
- 평가 대상 법인이 제출한 정량 및 정성평가 수검자료에 대하여 종합 및 정리표 작성

(4) 수검자료 사전 검토(기한 : 평가 10일 전까지)
- 평가 대상 민자법인이 제출한 수검자료에 대하여 계산 오류 수정, 근거자료 파악 등 사전 점검

(5) 평가단 확정 및 교육(기한 : 평가 5일 전까지)
- 평가위원 7 ~ 8명을 대상으로 평가단을 최종 확정하고, 필요한 경우 평가위원을 대상으로 교육 시행

(6) 운영평가 시행(기한 : 매년 2분기 내)
- 평가 전 : 수검자료, 매뉴얼, 평가위원 명패, 평가표 등 자료 준비, 평가위원 평가장소 도착 확인 등
- 평가 후 : 민자고속도로 현장을 직접 순회하여 청소 상태, 교량 및 터널 등 시설 유지관리 상태, 휴게소 및 졸음쉼터 운영 현황 등 점검

(7) 평가결과 종합 및 통보
- 평가결과 집계 및 종합, 민자법인별 우수사항 및 미흡사항 등을 기재하여 해당 법인에 통보, 미흡사항 개선 · 보완 계획 제출 요청(평가결과 국장님 방침 및 보도자료 배포 등 시행)

(8) 개선 · 보완 계획 접수 등(기한 : 결과통보 후 30일 이내)
- 민자법인은 미흡사항에 대한 개선 · 보완 계획을 주무관청에 제출해야 하며, 주무관청은 개선계획 등 검토 및 개선현황 모니터링 시행

3. 평가 당일 평가위원 숙지 사항

(1) 정량평가 및 정성평가 항목이 많으므로 평가위원별로 항목을 분업화, 객관적인 사실에 입각하여 집중적이고 책임성 있게 평가하는 것이 효율적임.
　- 근거자료와 백데이터·참고자료, 현장 방문·점검 등을 통해 사실관계 확인 필요
(2) 정량평가 점수는 계량화한 점수이므로 평가위원 모두 점수가 동일해야 함.
(3) 정성평가 점수는 평가위원별로 점수가 다를 수도 있음.
(4) 평가위원은 정량평가 및 정성평가 점수표를 반드시 작성하여 서명 날인 후 제출해야 함.
(5) 평가팀장 또는 간사는 평가 대상 법인의 가점 및 감점 사항이 있는 경우 반드시 가점 또는 감점 사항에 대하여 평가표에 작성·제출해야 함.
(6) 평가팀장은 당일 평가한 법인 관계자를 대상으로 우수한 점 및 미흡한 점 등 평가결과에 대한 사항을 간략하게 설명 필요

4. 운영평가 항목 및 배점

구분	평가항목	평가내용	점수	구분	평가항목	평가내용	점수
정량평가	도로안전실	돌발사항 대응 신속성	6	정성평가	도로안전성	교통사고 예방 노력	12
		교통사고 발생률	20			재난 대응시스템 운영 적정성	3
		도로 안전조치 신속성	11		이용편의성	이용자 편익 향상	9
	이용편의실	도로청결성	10				
		민원처리 시스템운영효율성	11		운영효율성	관리조직 운영 적정성	2
		이용자서비스 제공실적	10			도로관리 효율성 향상 노력	1
	운영효율성	운영비 집행효율성	5		도로공공성	사회편익 기여활동	3
		유지관리 계획이행여부	10				
	도로공공성	운영평가 결과 개선 실적	10				
		도로운영 관련 법령/규정 등 준수여부	20				

16. 다음 중 박치국 팀장이 위 자료를 보고 이해한 내용으로 가장 적절하지 않은 것은?

① 운영평가 7일 전까지 최소 5명의 평가위원이 확정되어야 한다.
② 평가단에 의한 민자도로 운영평가가 시행되는 기간은 6개월이다.
③ 평가팀장은 법인 관계자에게 평가결과에 대한 사항을 간략히 설명해야 할 의무가 있다.
④ 평가 대상 법인은 운영평가를 위해 정량 및 정성평가 점수표를 제출해야 한다.

17. 위의 자료와 〈보기〉를 바탕으로 보았을 때, 박치국 팀장이 작성한 평가 점수표에서 옳지 않은 것은?

〈○○법인 민자도로 운영평가 종합 평가표〉

구분	평가항목	평가내용	점수	구분	평가항목	평가내용	점수
정량 평가	도로 안전실	돌발사항 대응 신속성	3	정성 평가	도로 안전성	교통사고 예방 노력	8.5
		교통사고 발생률	13			재난 대응시스템 운영 적정성	2
		도로 안전조치 신속성	7		이용 편의성	이용자 편익 향상	7
	이용 편의실	도로청결성	8				
		민원처리 시스템운영효율성	11		운영 효율성	관리조직 운영 적정성	1
		이용자서비스 제공실적	9			도로관리 효율성 향상 노력	1
	운영 효율성	운영비 집행효율성	4		도로 공공성	사회편익 기여활동	1.5
		유지관리 계획이행여부	6				
	도로 공공성	운영평가 결과 개선 실적	4				
		도로운영 관련 법령/규정 등 준수여부	20				

※ 평가표의 점수는 평가위원들의 점수들의 평균값임.

비고
– 운영비 이용자 서비스 제공실적 항목 평가 산식에 모순이 있다는 의견이 제기됨. 추후 평가기준 개정 검토 필요
– 도로 안전조치 신속성의 하위 평가항목 중 로드킬 발생건수에 있어 이 지역에서 발생한 적 없는 신종 야생동물의 로드킬 건수가 발생. 주변 생태계의 변화로 인한 특이사항으로 간주하여 평가팀장 설명하에 위원 다수 결로 점수를 결정함.

〈○○법인 민자도로 운영평가 종합 점수표〉

평가위원 : 박치국 팀장

구분	평가항목	평가내용	점수	구분	평가항목	평가내용	점수
정량 평가	도로 안전실	돌발사항 대응 신속성	3	정성 평가	도로 안전성	교통사고 예방 노력	8
		교통사고 발생률	13			재난 대응시스템 운영 적정성	1
		도로 안전조치 신속성	7		이용 편의성	이용자 편익 향상	8
	이용 편의실	도로청결성	8				
		민원처리 시스템운영효율성	11		운영 효율성	관리조직 운영 적정성	2
		이용자서비스 제공실적	9			도로관리 효율성 향상 노력	1
	운영 효율성	운영비 집행효율성	4		도로 공공성	사회편익 기여활동	4
		유지관리 계획이행여부	6				
	도로 공공성	운영평가 결과 개선 실적	4				
		도로운영 관련 법령/규정 등 준수여부	20				

확인 ㉑

① 교통사고 발생률　　　　　　　② 도로 청결성

③ 교통사고 예방 노력　　　　　　④ 사회편익 기여활동

[18 ~ 20] Y 호텔은 반려견 동반 객실 오픈을 기념하여 패키지 상품을 구성하기 위해 기획서를 작성하고 있다. 제시된 표를 바탕으로 이어지는 질문에 답하시오.

〈패키지 구성 품목별 단가〉

품목	반려견 전용 침대	반려견 전용 간식	반려견 배변용품	2인 조식권	루프탑 이용권
단가(원)	5,000	1,500	2,000	3,000	500

〈패키지 구성 기획〉

목록	패키지 구성	패키지 가격(원)	예상 판매 개수(개)
A	객실+전용 침대+배변용품	14,500	200
B	객실+전용 침대+2인 조식권	15,000	230
C	객실+전용 침대+2인 조식권+루프탑 이용권	16,000	250
D	객실+전용 침대+배변용품+2인 조식권+루프탑 이용권	16,500	300
E	객실+전용 간식+전용 침대	15,500	350

※ 객실 할인가격(원)=(패키지 가격)-(객실을 제외한 패키지 구성 품목 단가의 합)
※ 예상 판매액(원)=(패키지 가격)×(예상 판매 개수)
※ 패키지 구성을 제외한 객실의 정가는 10,000원이다.

18. 예상 판매 개수가 가장 많은 패키지의 객실 할인가격은?

① 7,000원 　　　② 7,500원 　　　③ 8,000원 　　　④ 9,000원

19. 객실 할인가격이 가장 높은 패키지의 예상 판매액은?

① 495만 원 　　　② 515.5만 원 　　　③ 530만 원 　　　④ 542.5만 원

20. A 패키지의 객실 할인가격과 객실 할인가격이 동일한 패키지는?

① B 패키지 　　　② C 패키지 　　　③ D 패키지 　　　④ E 패키지

[21 ~ 22] ○○공사 도로개량팀 갑 사원은 서해안 고속도로 노후 도로포장 보수 관련 업무를 담당하고 있다. 다음의 〈자료 1, 2〉를 보고 이어지는 질문에 답하시오.

〈자료 1〉 보도자료

한국○○공사, 서해안 고속도로 일부 구간 포장공사 시행

한국○○공사는 올해 3월 15일부터 6월 20일까지 약 3개월간 고속도로 서해안선의 노후 도로 포장 보수 공사를 위해 서평택IC부터 당진IC까지 22km 구간 양방향 차로의 진입 및 통행을 제한할 계획이라고 밝혔다. 단, 이용객의 불편을 최소화하기 위해 평일 야간 시간대(21 ~ 06시)에만 차로를 차단하고 공사를 시행할 예정이다.

서울과 목포 간 통행을 위하여 우회도로로 국도 33, 39, 32번 도로를 이용하거나 고속도로를 이용하는 두 가지 방법이 있다. 한국○○공사는 공사 시행으로 인해 교통 혼잡이 우려됨에 따라 교통방송, 도로전광표지판(VMS) 등을 통해 교통상황 및 우회도로 정보를 확인할 것을 당부하였다.

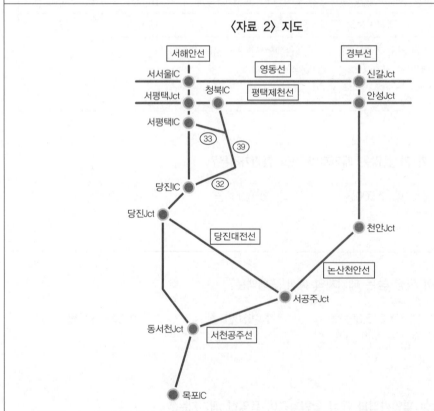

〈자료 2〉 지도

※ 분기점은 Jct, 나들목은 IC로 표기하며 나들목을 통해서만 고속도로 진·출입이 가능하다.

21. 한국○○공사 갑 사원은 다음과 같은 상사의 지시를 받고 〈자료 2〉를 바탕으로 〈자료 1〉에 추가할 우회도로 삽화를 제작하려고 한다. 가장 바르게 제작한 것은?

보도자료에 삽입할 우회도로 삽화제작을 부탁드립니다. 삽화를 제작하실 때 공사 예정인 고속도로 구간을 잘 알아볼 수 있도록 따로 표기해 주시고, 고속도로와 다른 도로 간의 구분이 잘 이루어질 수 있도록 다른 종류의 선으로 표시 부탁드립니다. 또한 공사 구간을 우회하여 국도나 시도 등에서 고속도로에 진·출입이 가능한 곳은 화살표 등으로 확실하게 표기해 주세요.

①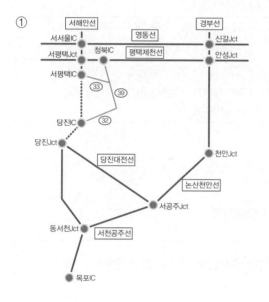

②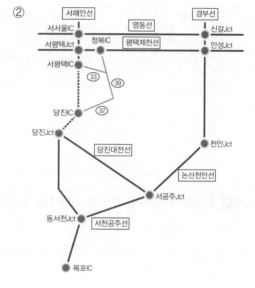

③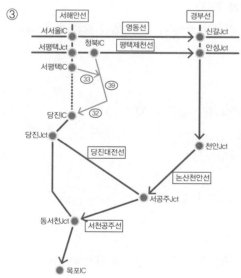

④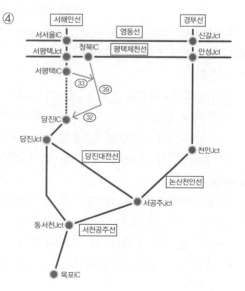

22. 갑 사원은 다음을 참고하여 〈자료 1〉에 제시된 고속도로 공사로 인해 서울에서 출발하여 목포까지 갈 때 필요한 우회도로 정보를 제공하려고 한다. 가장 바르게 작성된 것은?

	도로분류	구간
①	국도 우회	서서울IC – 서평택IC – 32 – 39 – 33 – 당진IC – 목포IC
	고속도로 우회	서서울IC – 영동선 – 경부선 – 논산천안선 – 당진대전선 – 서해안선(목포IC)
②	국도 우회	서서울IC – 서평택IC – 33 – 39 – 32 – 당진IC – 목포IC
	고속도로 우회	서서울IC – 서평택Jct – 평택제천선 – 경부선 – 논산천안선 – 서천공주선 – 서해안선(목포IC)
③	국도 우회	서서울IC – 서평택IC – 33 – 39 – 32 – 당진IC – 목포IC
	고속도로 우회	서서울IC – 영동선 – 경부선 – 당진대전선 – 서천공주선 – 서해안선(목포IC)
④	국도 우회	서서울IC – 서평택Jct – 33 – 39 – 32 – 당진IC – 목포IC
	고속도로 우회	서서울IC – 영동선 – 경부선 – 평택제천선 – 논산천안선 – 서천공주선 – 서해안선(목포IC)

[23 ~ 24] 다음의 제시 상황을 보고 이어지는 질문에 답하시오.

창업지원센터에서 근무하는 T는 새로 시작하는 창업지원사업의 전반을 맡아 진행하고 있다.

〈20△5년 창업지원사업 안내〉

'창업지원사업'이란, 우수한 아이디어와 기술을 보유한 창업자 및 창업 초기기업을 발굴, 체계적인 사업화를 지원하기 위한 사업입니다.

◈ 신청대상
• 예비창업자 : 신청일 현재 창업을 하지 않은 자
• 1년 이내 창업기업 대표 : 신청일 기준 1년 이내 창업(개인, 법인)한 자
  – 개인사업자 : 사업자등록증명상 '사업개시일' 기준
  – 법인사업자 : 법인등기부등본상 '법인설립등기일' 기준

◈ 지원 제외대상
• 금융기관 등으로부터 채무불이행으로 규제 중인 자 또는 기업
• 모집공고일 기준 6개월 이내에 폐업한 자
• 국세 또는 지방세 체납으로 규제 중인 자
• 중소기업청의 창업사업화 지원사업을 통해 지원받은 자(기업), 이미 선정되어 사업을 수행 중인 자(기업)

◈ 지원 내용
- 창업자 지원금 : 시제품제작(인건비, 외주용역비 등), 창업준비 활동비, 마케팅 등 창업사업화에 필요한 자금 지원(최대 5천만 원 한도)
- 창업 프로그램 : 회계, 법률 등 교육 프로그램과 멘토링, 창업 단계별 맞춤형 특화 프로그램 지원을 통한 사업 지원

◈ 신청 및 접수
- 신청기간 : 20△5년 4월 1일(화) ~ 4월 22일(화) 17:00까지
- 신청방법 : 창업넷(www.changup.net)을 통해 신청

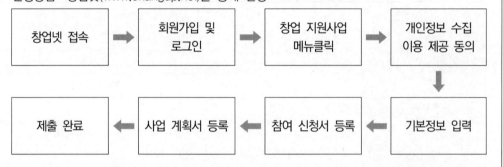

23. 다음 중 위 자료에 따른 창업지원대상에 해당하지 않는 대상은?

① 세금 체납 이력이 없는 자
② 법인등기부등본상 20△3년 10월에 폐업한 기업
③ 법인등기부등본의 법인설립등기일이 20△4년 1월인 법인의 대표자
④ 개인 또는 법인 창업 이력이 전혀 없는 자

24. T는 상사의 지시를 받고 다음과 같이 보도 자료를 작성했다. 다음 중 잘못 정리된 것은?

창업넷에서는 우수한 아이디어와 기술을 보유한 창업자 및 창업기업을 발굴하고 이를 지원하기 위한 '20△5년 창업지원사업'을 진행한다. 선정된 창업자 및 창업기업에게는 시제품제작 및 창업준비 활동비, 마케팅 등 ① 창업 사업화에 필요한 자금을 최대 5천만 원 한도까지 지원하며, ② 회계·법률 등 교육 프로그램과 창업단계별 특화 프로그램 지원을 통해 체계적인 창업활동을 지원할 방침이다. ③ 신청대상은 예비창업자 및 신청일 기준 1년 이내 창업한 자이며, 오는 4월 1일부터 22일까지 ④ 창업넷 홈페이지(www.changup.net)을 통해 별도의 회원가입 없이 신청이 가능하다.

[25 ~ 28] 다음의 제시상황과 자료를 보고 이어지는 질문에 답하시오.

전산팀 신입 직원 H가 다니는 회사의 시스템 모니터링 프로그램에 에러의 종류를 분석해 주는 기능이 추가되면서 사용법이 아래와 같이 대대적으로 개편되어 모든 팀원들에게 사용설명서가 새로 배부되었다.

〈시스템 항목 및 세부사항〉

항목	세부사항	
Error Type	에러의 종류	Com(컴파일 에러)
		Run(런타임 에러)
		Logic(논리 에러)
		Link(경로 에러)
Criteria Value(C.V)	해당 에러의 기준값	
Error Code ○×○× …	• 에러를 발생시킨 각 요소들의 발생 위치와 심각도로 구성된 식별 코드 • ○ : 에러가 발생한 Sector × : 에러 심각도 　⑩ Error Code A12B46 : A Sector의 에러 심각도 12, B Sector의 에러 심각도 46	
Error Value(E.V)	Criteria Value와 비교하여 시스템 상태를 결정하는 에러의 상태값	

〈Error Value의 계산〉

에러 종류	세부사항	적용 방식
Com(Compile)	프로그램 자체의 문제 발생	모든 에러 요소들의 심각도의 합을 Error Value로 지정
Run(Run-time)	수행할 수 없는 작업 시도	가장 높은 섹터에서 발생한 에러 요소의 심각도를 Error Value로 지정
Logic	실행 작업의 결과가 정상적이지 않음	가장 큰 심각도를 지닌 에러 요소의 심각도를 Error Value로 지정
Link	작업 수행에 필요한 파일을 찾을 수 없음	가장 높은 섹터에서 발생한 에러 요소와 가장 낮은 섹터에서 발생한 에러 요소의 심각도 차를 Error Value로 지정

* 모든 Sector들은 하나의 에러 요소를 가진다.
* Error Code는 가장 높은 Sector가 가진 에러 요소로 결정된다.
* Sector는 알파벳 순서대로 높은 위치에 있다(A가 가장 높고 Z가 가장 낮은 위치).
* 에러의 심각도는 숫자가 클수록 크다.

〈시스템 상태 표〉

시스템 상태	판단 기준	입력코드
Red	Error Value 값이 Criteria Value의 2배 이상	Dispatch
Yellow	Error Value 값이 Criteria Value보다 큼	Overwatch
Green	Error Value 값이 Criteria Value와 동등	Approach
White	Error Value 값이 Criteria Value보다 작음	Exit

* 시스템 상태는 White에서 Red로 갈수록 높은 등급

• 시스템 관리 예시 1

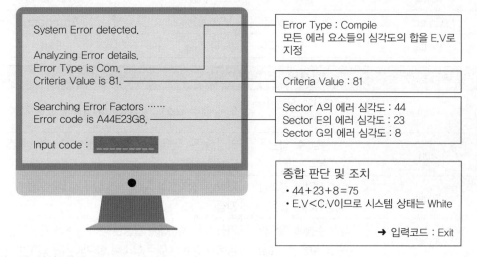

• 시스템 관리 예시 2

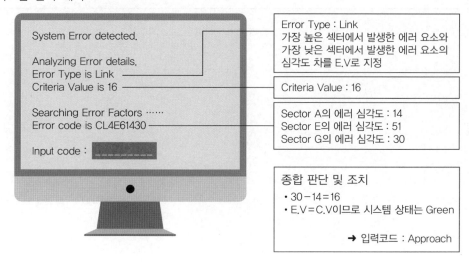

〈시스템 설정〉

항목	세부사항	
Criteria Value(C.V)	해당 에러의 기준값	
Error Code ○×○×...	에러를 발생시킨 각 요소들의 발생 위치와 심각도로 구성된 식별 코드	○ : 에러가 발생한 Sector × : 에러 심각도
Error Value(E.V)	C.V와 비교하여 시스템 상태를 결정하는 에러의 상태값	

시스템 상태	판단기준	입력 코드
Red	E.V 값이 C.V의 2배 이상	Dispatch
Yellow	E.V 값이 C.V보다 큼.	Overwatch
Green	E.V 값이 C.V와 동등	Approach
White	E.V 값이 C.V보다 작음.	Exit

에러 종류	세부사항	적용 방식
Com	프로그램 자체의 문제 발생	모든 에러 요소들의 심각도의 합을 E.V로 지정
Run	수행할 수 없는 작업 시도	가장 높은 섹터에서 발생한 에러 요소의 심각도를 E.V로 지정
Logic	실행 작업의 결과가 정상적이지 않음.	가장 큰 심각도를 지닌 에러 요소의 심각도를 E.V로 지정
Link	작업 수행에 필요한 파일을 찾을 수 없음.	가장 높은 섹터에서 발생한 에러 요소와 가장 낮은 섹터에서 발생한 에러 요소의 심각도 차를 E.V로 지정

25. 다음 시스템 화면에서 입력해야 할 코드로 옳은 것은?

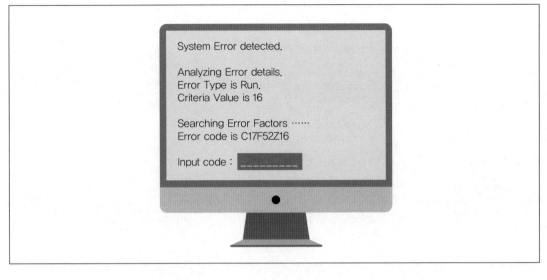

① Dispatch   ② Overwatch   ③ Approach   ④ Exit

26. 다음 시스템 화면에서 입력해야 할 코드로 옳은 것은?

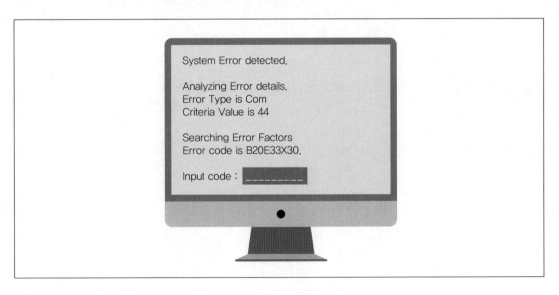

① Dispatch   ② Overwatch   ③ Approach   ④ Exit

27. 다음 시스템 화면에서 입력해야 할 코드로 옳은 것은?

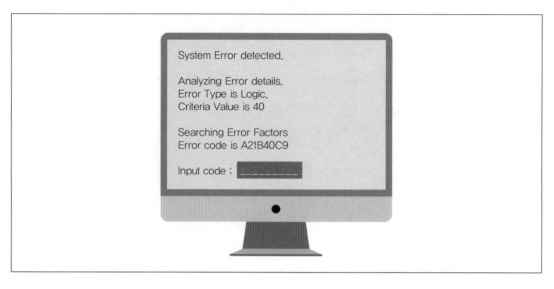

```
System Error detected.

Analyzing Error details.
Error Type is Logic.
Criteria Value is 40

Searching Error Factors
Error code is A21B40C9

Input code : _____
```

① Dispatch　　　② Overwatch　　　③ Approach　　　④ Exit

28. 다음 시스템 화면에서 입력해야 할 코드로 옳은 것은?

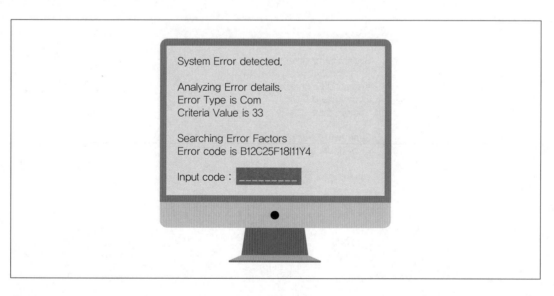

```
System Error detected.

Analyzing Error details.
Error Type is Com
Criteria Value is 33

Searching Error Factors
Error code is B12C25F18I11Y4

Input code : _____
```

① Dispatch　　　② Overwatch　　　③ Approach　　　④ Exit

[29 ~ 32] 다음은 한 명령체계에 대한 설명이다. 이어지는 질문에 답하시오.

〈명령체계〉

명령	의미	True	False
▭	초기 데이터 묶음. 항상 True를 출력	모든 값을 다음 명령으로 전달	–
▱	조건을 만족하는 값이 하나라도 있으면 True, 하나도 없으면 False	전달받은 값 중 앞쪽 3개의 값을 다음 명령으로 전달	전달받은 값 중 뒤쪽 3개의 값을 다음 명령으로 전달
◯	조건을 만족하는 값의 개수가 짝수 개면 True, 홀수 개면 False	명령을 하나 건너뛰고 그 다음 명령으로 모든 값 전달	조건을 만족하는 값을 다음 명령으로 전달
◇	모든 값이 조건을 만족하면 True, 그렇지 않으면 False	모든 값을 다음 명령으로 전달	조건을 만족하는 값만 다음 명령으로 전달
⬡	앞 명령어 True였다면 False, False였다면 True	조건을 만족하는 값만 다음 명령으로 전달	조건을 만족하지 않는 값만 다음 명령으로 전달

* 데이터는 제시된 순서대로 전달되며, 다음 명령으로 전달해도 순서는 변하지 않음.
* 마지막 명령까지 통과한 값들을 모두 출력함.

예시)

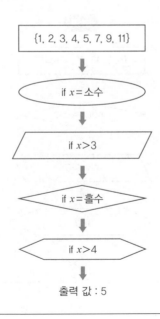

출력 값 : 5

29. 다음 명령체계에서 출력되는 값들로 알맞은 것은?

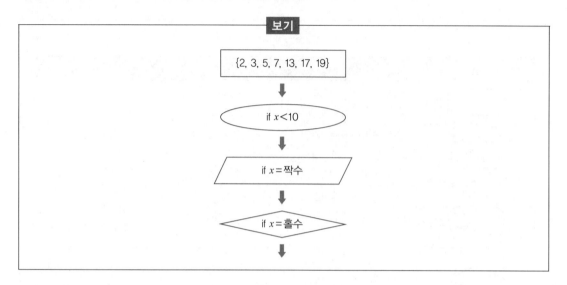

① {3, 5}

② {3, 5 ,7}

③ {11, 13, 17, 19}

④ {3, 5, 7, 11, 13, 17, 19}

30. 다음 명령체계를 통해 출력된 값이 다음과 같았을 때, (가)에 들어가야 할 조건은?

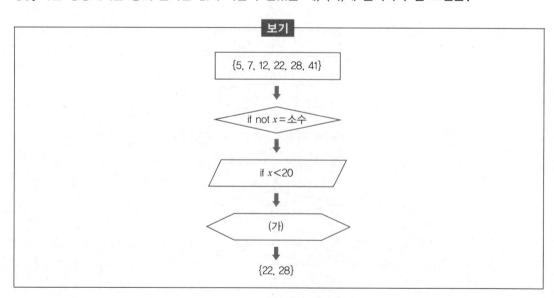

① if x =3의 배수

② if x <30

③ if x +1=소수

④ if not x =약수의 개수가 4개인 수

31. 다음 명령체계에서 최종적으로 출력된 값은 2개였다. 다음 중 (가)에 들어갈 것은?

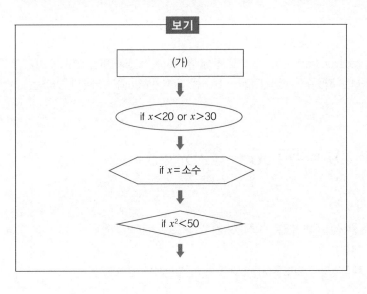

보기

(가)

if $x<20$ or $x>30$

if $x=$ 소수

if $x^2<50$

① {2, 3, 5, 7, 26, 29, 43}
② {2, 3, 7, 26, 29, 33, 34}
③ {2, 4, 5, 20, 29, 34, 43}
④ {3, 5, 7, 26, 33, 34, 43}

32. 다음 명령체계를 통해 출력되는 값들로 알맞은 것은?

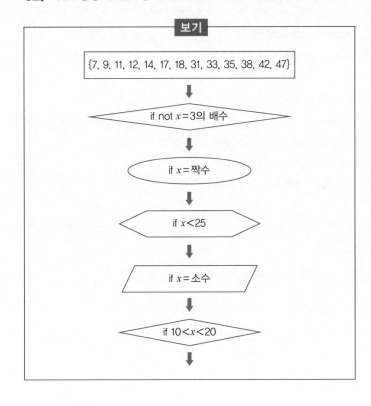

보기

{7, 9, 11, 12, 14, 17, 18, 31, 33, 35, 38, 42, 47}

if not $x=$ 3의 배수

if $x=$ 짝수

if $x<25$

if $x=$ 소수

if $10<x<20$

① {11}
② {11, 14}
③ {11, 17}
④ {11, 12, 14}

[33 ~ 36] 다음은 ISBN-13 코드에 대한 설명이다. 자료를 보고 이어지는 질문에 답하시오.

〈ISBN-13〉

ISBN(International Standard Book Number)은 국제적으로 책에 부여하는 식별자이다. ISBN은 10 자리 또는 13자리를 사용하며, 사용하는 자릿수에 따라 ISBN-10 또는 ISBN-13이라고 부른다. 아래는 ISBN-13을 부여하는 방식이다.

$$978 - 89 - 5460 - 326 - 3$$

㉠ ㉡ ㉢ ㉣ ㉤

㉠ GS1 접두어, 978 또는 979 사용
㉡ 출판 국가 또는 언어 번호, 한국은 89(978로 시작) 또는 11(979로 시작) 사용
㉢ 출판사 번호(2 ~ 6자리 중 부여)
㉣ 항목 번호(출판사 번호와 합쳐 7자리가 되도록 사용, 예를 들어 출판사 번호가 5자리인 경우 항목 번호는 2자리 사용)
㉤ 확인 숫자, 아래 항목 참조

㉮ 출판사 번호가 85001이고 항목 번호가 00인 한국(978-89)에서 출간된 책 → 978-89-85001-00-7

〈ISBN-13 확인 숫자〉

ISBN-13의 마지막 한 자리는 아래의 검증식에 의해 결정된다.

(홀수 자리 숫자의 합) + (짝수 자리 숫자의 합) × 3 = (10의 배수)

예시) 확인 숫자를 제외한 숫자가 978-89-85001-00인 ISBN-13 코드
(확인 숫자를 제외한 홀수 자리 숫자의 합)+(짝수 자리 숫자의 합)×3
=(9+8+9+5+0+0)+(7+8+8+0+1+0)×3=31+24×3=103
∴ (확인 숫자)=7

33. ISBN-13 코드 978-89-954321-4-3에 대한 설명으로 옳지 않은 것은?

① 이 출판사 번호를 가질 수 있는 책은 최대 10권이다.
② GS1 접두어와 국가 번호가 979-11로 변경될 경우 확인 숫자는 1로 변경된다.
③ 항목 번호가 다른 숫자로 바뀌면 확인 숫자도 반드시 바뀐다.
④ 출판사 번호와 항목 번호의 위치가 바뀌어도 유효한 ISBN-13 코드가 된다.

34. 다음 중 ISBN-13 코드로 옳지 않은 것은?

① 978-89-5372-148-7

② 978-89-87803-27-2

③ 979-11-76110-06-8

④ 979-11-372-0449-5

35. 다음 세 개의 ISBN-13 코드에서 같은 문자는 한 자리의 같은 숫자를 의미한다. (a)+(b)+(c)의 값은 얼마인가? (단, (a)는 5보다 크거나 같으며, (b)와 (c)는 5보다 작다)

9	7	8	–	8	9	–	(a)	9	7	0	(b)	–	0	2	–	(c)
9	7	9	–	1	1	–	4	0	3	–	0	(a)	1	(c)	–	(b)
9	7	8	–	8	9	–	5	9	(c)	9	–	(b)	7	(a)	–	2

① 9

② 11

③ 13

④ 15

36. ISBN-10 코드는 ISBN-13 코드에서 GS1 접두어를 생략한 뒤 다음과 같은 검증식을 사용하여 확인 숫자를 결정한다. ISBN-13 코드 978-89-954321-4-3를 ISBN-10으로 나타낼 때의 확인 숫자는?

ISBN-10 코드가 $abcdefghij$일 때("–"을 생략함),

$10a + 9b + 8c + 7d + 6e + 5f + 4g + 3h + 2i + j = (11$의 배수$)$

예시) 확인 숫자를 제외한 숫자가 89-85001-00-j인 ISBN-10 코드

$10 \times 8 + 9 \times 9 + 8 \times 8 + 7 \times 5 + 6 \times 0 + 5 \times 0 + 4 \times 1 + 3 \times 0 + 2 \times 0 + j$

$= 264 + j = (11$의 배수$)$

$\therefore$ (확인 숫자)$= j = 0$

---

① 1

② 4

③ 6

④ 9

[37 ~ 38] 다음의 제시 상황을 보고 이어지는 질문에 답하시오.

○○공단에서는 사내 평가 기준에 의해 점수를 산출 · 합산하여 점수가 높은 순으로 4명을 채용하려고 한다.

〈평가 기준〉

1. 보훈 대상자의 경우 20점 가산(비대상자의 경우 0점)
2. 제2외국어 능력 보유자의 경우 10점 가산(비보유자의 경우 0점)
3. 학력, 영어 점수 상(10점), 중(5점), 하(0점)에 따라 가산
4. 경력 유무(경력 10점, 인턴 경험 5점, 비대상자 0점) 또는 자격증 유무(대상자 10점, 비대상자 0점)에 따라 가산(단 경력과 자격증의 가산점은 중복 적용되지 않으며 둘중 높은 점수를 가산함)
5. 업무 특성에 따라 26 ~ 34세 남성의 경우 10점 가산
6. 동점자는 전원 합격 처리

〈채용 대상자 후보 명단〉

구분 (연령, 성별)	학력	영어 점수	제2외국어	경력	자격증	인성면접 점수	비고
A(26, 남)	중	중	무	무	무	25점	–
B(27, 남)	중	중	무	무	유	10점	–
C(26, 여)	상	중	유	무	유	25점	–
D(40, 남)	중	상	무	경력	무	20점	보훈 대상자
E(30, 여)	상	중	무	인턴경험	무	30점	–
F(27, 남)	상	하	유	인턴경험	무	25점	–
G(29, 여)	하	중	유	경력	무	5점	보훈 대상자

37. 다음은 ○○공단의 인사담당자에게 동료 T가 보낸 이메일이다. 이메일을 받은 뒤 인사담당자가 판단한 내용으로 적절하지 않은 것은?

> 이번 채용 대상자 후보 명단에 누락된 인원이 1명 있어 누락된 H 씨에 대한 정보를 보내 드립니다. H 씨는 30세 남성이며, 학력과 영어 점수 모두 '상'입니다. 경력은 없으며 자격증을 1개 보유하고 있습니다. 인성면접 점수는 면접관에게 다시 확인 후 알려 드리겠습니다. 기타 궁금하신 사항 있으면 내선 번호로 연락 주시면 감사하겠습니다.

① H 씨가 보훈 대상자라면 합격할 수 있겠군.
② H 씨가 제2외국어 능력을 보유하고 있다면 합격할 수 있겠군.
③ H 씨가 합격하기 위해서는 인성면접 점수로 최소한 15점 이상을 받아야겠군.
④ H 씨는 어쩌면 1등으로 합격할 수도 있겠군.

38. (37번과 이어짐) 다음은 인사담당자가 동료 T에게 추가적으로 받은 메일이다. 인사담당자가 합격시킬 최종후보 명단으로 올바른 것은?

> 요청하신 H 씨의 추가 정보입니다. H 씨는 제2외국어 능력을 보유하고 있지 않으며, 보훈 대상자 또한 해당사항 없습니다. 이번 인성면접 점수는 5점으로 확인되었습니다.

구분 (연령, 성별)	학력	영어 점수	제2외국어	경력	자격증	인성면접 점수	비고
H(30, 남)	상	상	무	무	유	5점	–

① C, D, E, F
② D, E, F, G
③ A, C, D, E, F
④ C, D, E, F, G

[39 ~ 40] 다음의 제시 상황을 보고 이어지는 질문에 답하시오.

C 택배사 배송사원으로 근무 중인 L 사원은 ○○대리점에서 배송 업무를 수행하고 있다.

〈배송구역〉

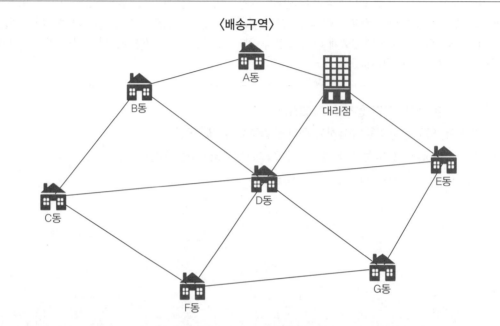

〈29일 15시 기준 배송 신청목록〉

성함	구역	주문일시	성함	구역	주문일시
이성혁	B동	29일 09 : 00	박현호	C동	28일 15 : 00
최솔아	A동	29일 12 : 40	서호진	B동	29일 07 : 30
윤여랑	E동	28일 11 : 00	김민규	A동	29일 14 : 30
김창성	A동	29일 14 : 10	이승택	C동	28일 22 : 00
이은철	G동	29일 09 : 50	장인석	G동	29일 00 : 20
김태용	F동	29일 08 : 30	이지후	F동	29일 06 : 20
박창연	D동	29일 15 : 00	정다현	D동	29일 03 : 00

※ 오전 10시까지 주문하시면 오늘 배송 출발합니다(이후 주문은 다음 날 배송).

※ 배송은 14시에 대리점에서 출발하여 22시까지만 실시하며, 주문량이 많을 경우 익일 배송으로 지연될 수 있습니다.

39. L 사원은 ○○대리점에서 출발하여 모든 배송 구역을 한 번씩만 들른 뒤 다시 ○○대리점으로 돌아올 수 있도록 경로를 선정하려고 한다. 가능한 배송경로는 총 몇 가지인가?

① 7가지   ② 8가지
③ 9가지   ④ 10가지

40. L 사원이 29일 배송업무를 당일에 모두 마치려고 할 때, 한 건의 배송에 소요되는 시간은 최대 몇 분이어야 하는가? (단, 배송구역의 어느 지점에 있던지 타 배송구역으로 이동하는 시간은 20분으로 동일하다.)

① 29분   ② 31분
③ 32분   ④ 34분

1회 기출예상

2회 기출예상

3회 기출예상

4회 기출예상

5회 기출예상

인성검사

면접가이드

[41 ~ 42] 다음 정보를 보고 이어지는 질문에 답하시오.

〈○○ 스키장〉

• 기본정보
 − 위치 : 강원도 강릉시 ○○길 ○○스키장
 − 개장시간 : 09 : 00 ~ 18 : 00
 − 입장료

구분	성인	소인(초등학생)
평일	15,000원	10,000원
주말	20,000원	15,000원

• 스키장 내 호텔 가격 비교

구분		노래호텔	악기호텔	댄스호텔
평일	2인실	55,000원	65,000원	70,000원
	4인실	65,000원	70,000원	90,000원
주말/공휴일	2인실	75,000원	85,000원	95,000원
	4인실	90,000원	100,000원	110,000원
추가비용		15,000원/인	20,000원/인	25,000원/인

* 숙박시설 모두 최대 4인실까지 있으며 인원 추가는 2인까지만 가능하다.
* 추가비용은 주말과 평일 모두 동일하다.
* 댄스호텔은 5성, 악기호텔은 4성, 노래호텔은 3성 호텔이다.

41. 철수는 일요일에 이모네와 같이 1박 2일 ○○스키장으로 여행을 갔다. 초등학생인 사촌동생 2명과 철수를 포함하여 총 6명이 함께 숙박하였는데 숙박비가 총 15만 원을 초과하지 않는 방을 예약했다. 이모네는 숙박비가 초과하지 않는 선에서 높은 등급의 호텔에 묵기를 원했다. 총 경비는 얼마인가? (초등학생을 제외한 인원은 모두 성인이다.)

① 250,000원

② 260,000원

③ 270,000원

④ 280,00원

42. 철수는 2주 뒤 월요일에 친구들과 ○○스키장으로 놀러가기로 하고 ○○스키장 안에 있는 호텔을 예약하였다. 친구는 총 9명이고 노래호텔 4인실에 4명, 악기호텔 2인실에 2명, 댄스호텔에 2인실에 3명을 예약하였다. 그러나 코로나가 발생하여 숙박을 취소하기로 결정하였다. 오늘 숙박 예약 취소를 한다면 환불금액과 수수료는 얼마인가?

구분	노래호텔	악기호텔	댄스호텔
30일 전	전액 환불	전액 환불	전액 환불
14일 전	80% 환불, 수수료 10,000원	60% 환불, 수수료 5,000원	50% 환불, 수수료 11,000원
7일 전	10% 환불, 수수료 5,000원	15% 환불, 수수료 10,000원	20% 환불, 수수료 13,000원

* 인원을 추가하여 지불한 비용은 숙박비에 포함되어 환불 가능하다.

* 노래호텔은 특수 재난상황인 경우 취소 시 수수료를 받지 않는다(코로나 포함).

① 환불금액 137,500원, 수수료 15,000원

② 환불금액 138,000원, 수수료 16,000원

③ 환불금액 138,500원, 수수료 16,000원

④ 환불금액 139,000원, 수수료 16,000원

[43 ~ 44] P 회사와 J 회사는 동일 시장에서 경쟁한다. 다음은 각 회사가 가격할인을 했을 때의 수익을 정리한 표이다. 이어지는 질문에 답하시오.

〈가격할인에 따른 수익〉

(단위 : 억 원)

할인율		P 회사			
		0%	10%	20%	30%
J 회사	0%	(2, 4)	(−2, 5)	(5, 8)	(3, 5)
	10%	(3, 5)	(3, 6)	(3, 9)	(9, −2)
	20%	(3, −3)	(5, 6)	(2, −8)	(5, −4)
	30%	(5, −6)	(6, −5)	(5, −1)	(7, 9)

* 괄호 안의 숫자는 J 회사와 P 회사의 가격할인에 따른 수익을 나타낸다.
  (J 회사 수익, P 회사 수익)

* ex) J 회사가 10%를 할인했을 때 P 회사가 10%를 할인했다면, J 회사의 수익은 3억 원, 수익 P 회사의 수익은 6억 원이다.

43. 두 회사의 할인율이 10% 차이가 나고 J 회사와 P 회사와의 수익 차이가 가장 큰 경우, 각 회사의 할인율은 얼마인가?

	J 회사	P 회사		J 회사	P 회사
①	0%	10%	②	10%	20%
③	30%	20%	④	20%	30%

44. J 회사에서 30% 가격할인을 진행할 경우, P 회사가 어떻게 대응할지 예상하기 위해서 시뮬레이션을 해 본 결과는 다음과 같다. J 회사가 30% 할인을 한다고 가정하였을 때, J 회사의 총 수익 기댓값은?

〈J 회사에서 30% 할인 시 P 회사의 할인율 시뮬레이션 결과〉

P 회사 할인율	0%	10%	20%	30%
확률	10%	20%	30%	40%

① 1억 5,000만 원 ② 1억 6,000만 원
③ 1억 7,000만 원 ④ 1억 8,000만 원

[45 ~ 46] 다음의 제시 상황을 보고 이어지는 질문에 답하시오.

- 아르바이트 모집부문 및 조건
  - 업체명 : I 카페
  - 업무내용 : 매대정리 및 카운터 업무
  - 근무조건 : 최소 3개월 이상/월 ~ 일(협의 가능)/10 : 00 ~ 20 : 00 (협의 가능)
  - 급여 : 희망 임금 참고

부문	부서	인원(명)	응시자격
바리스타	매니저	1	전문 바리스타 자격증 소지자 우대
	아르바이트생	2	카페 아르바이트 경력자 우대
카운터		1	경력 무관
베이커리		2	관련 직종 경력자 우대

- 지원자 명단

성명	나이	희망 임금(원)	기타
김○○	25	8,000	바리스타 자격증 소지자
이○○	24	7,000	–
박○○	25	7,500	–
최○○	27	8,500	베이커리 경력자
오○○	23	8,500	베이커리 경력자
안○○	26	7,500	바리스타 자격증 소지자
윤○○	22	8,000	카페 알바 경력자

45. 위의 모집 조건과 희망 임금이 적은 지원자를 우선적으로 고려할 때 카페 사장이 뽑지 않을 지원자는?

① 윤○○　　　　② 김○○　　　　③ 박○○　　　　④ 안○○

46. 주중에는 바리스타 2명, 카운터 1명, 베이커리 2명으로 총 5명의 직원이 하루 종일 근무하고 주말에는 6명의 직원이 모두 하루 종일 근무한다고 할 때, 사장이 한 주마다 지급해야 하는 총 임금은 최소 얼마인가? (단, 45에서 결정한대로 직원들을 채용했다고 가정하며 바리스타 매니저는 매일 출근해야 한다.)

① 280만 원　　　　② 285만 원　　　　③ 289만 원　　　　④ 292만 원

[47 ~ 48] ○○기업은 건축업을 영위한다. 빌라 리모델링을 요구받은 ○○기업은 리모델링에 필요한 건축자재를 구매하려 한다. 이어지는 질문에 답하시오.

〈건축자재 가격 표〉

구분	가격	배송료	할인율
A(개당)	100,000원	5,000원	25%
B(개당)	110,000원	4,000원	60%
C(개당)	90,000원	2,000원	55%
D(kg당)	70,000원	3,000원	30%
E(kg당)	210,000원	3,500원	15%
F(개당)	120,000원	6,000원	
G(kg당)	190.000원	2,500원	
H(kg당)	210,000원	2,000원	10%
I(kg당)	250,000원	3,500원	20%

* 건축자재는 주말에 배송하면 배송비가 무료이다.
* 할인율은 제품 가격에 각각 적용되며, 배송료에는 적용되지 않는다.
* 배송료는 제품 수량에 영향을 받지 않는다.

47. ○○기업은 할인율이 적용되는 건축자재는 평일에 주문하고, 할인율이 적용되지 않는 건축자재는 주말에 주문하려 한다. 단위를 (개)로 사용하는 건축자재는 한 개씩 구매하고, 단위를 kg으로 사용하는 건축자재는 2kg씩 구매하려 한다. 최저 비용으로 구매하였다고 할 때 지불해야 하는 금액은 얼마인가?

① 1,915,500원　　　　　　　　　　　② 1,916,000원
③ 1,916,500원　　　　　　　　　　　④ 1,917,000원

48. ○○기업은 건축자재를 구매한 후 가공하여 판매하는 사업을 한다. 다음의 표는 ○○기업의 상품을 제조하기 위해 필요한 건축자재의 양을 기록한 것이다. 모든 건축자재를 최소한 한 번씩은 구매하여 상품을 제조했을 때 재고가 남지 않는 총 마진의 최솟값은 얼마인가? (총 소요원가에는 배송료가 포함되지 않는다)

구분	필요한 건축자재	마진율
스타(star)	A 1개, D 2.5kg, H 2.5kg	총 소요원가의 30%
문(moon)	B 1.5개, F 1.5개, I 1.5kg	총 소요원가의 50%
선(sun)	C 1개, E 2kg, G 1.5kg	총 소요원가의 20%

① 1,220,000원　　　　　　　　　　　② 1,221,000원
③ 1,222,000원　　　　　　　　　　　④ 1,223,000원

[49 ~ 50] 다음은 어느 마케팅 기법에 대한 설명이다. 이를 바탕으로 이어지는 질문에 답하시오.

> 시장의 빈틈을 공략하는 새로운 상품을 잇따라 시장에 내놓는 판매전략으로 대중시장 붕괴 후의 세분화한 시장 또는 소비상황을 설명하는 말이기도 하다. 특정한 성격을 가진 소규모의 소비자를 대상으로 판매목표를 설정하여, 남이 아직 모르고 있는 좋은 곳을 찾아 그 빈틈을 공략하는 마케팅 기법이다.

49. 위 마케팅 기법에 대한 설명으로 올바르지 않은 것은?

① 시장 내 경쟁자가 적어 성공의 잠재성이 높다.
② 기존에 없었던 새로운 상품으로 시장을 선점할 수 있다.
③ 위험요소가 많지만 더 많은 소비자를 공략할 수 있다.
④ 소수의 특정 상품에만 비용이 들어가기 때문에 초기 투자비용이 낮다.

50. 위 마케팅 기법을 적용한 사례가 아닌 것은?

① 군 생활 중 훈련용 위장크림을 바르고 장시간 활동하거나 좋지 않은 조건에 피부가 오래 노출됨에 따라 인한 피부 트러블이 발생하는 경우가 많았기 때문에 군인용 화장품을 출시하였다.
② 인구 구조와 라이프 스타일의 다양성 심화로 중소형 아파트 선호도가 높아지는 가운데 여러 건설사들이 중소형 아파트 위주의 공급 비중을 늘렸으며, 이런 아파트 분양 가구는 10년 사이에 8배 이상 늘었다.
③ 김치만을 보관할 수 있는 김치냉장고를 선보임으로써 김치 개별 보관의 중요함을 알리고, 과거 항아리에 넣어 김치를 보관하던 향토적인 모습을 현대적으로 재해석하여 김치냉장고의 중요성을 알렸다.
④ 신발 하나를 구매하면 아프리카 아이들에게 신발 하나를 선물한다는 캠페인을 시작한 후 백만 켤레가 넘는 신발이 기부되었으며 소비자는 신발로 얻는 만족감과 어려운 아이들을 도왔다는 충족감을 얻을 수 있었다.

[51 ~ 52] 다음은 조작적 조건 형성 이론에 대한 내용이다. 이어지는 질문에 답하시오.

> 조작적 조건 형성은 특정 행동을 증가시키는 강화(reinforcement)와 특정 행동을 감소시키거나 소멸시키는 처벌(punishment)이라는 두 가지 원리에 의해 발생한다.
> 먼저 강화는 행동의 결과에 기인한 행동의 증가를 의미하며, 정적 강화(positive reinforcement)와 부적 강화(negative reinforcement)의 두 가지 형태로 구분할 수 있다. 정적 강화는 행동 뒤에 특정

자극이 제시되거나 자극의 강도가 강해져 선행하는 행동을 증가시키는 형태를 말하며, 부적 강화는 행동 뒤에 특정 자극이 제거되거나 자극의 강도가 감소함으로써 선행하는 행동을 증가시키는 형태를 말한다.

다음으로 처벌은 행동의 결과에 기인한 행동의 감소를 의미하는 것으로 정적 처벌(positive punishment)과 부적 처벌(negative punishment)로 구분된다. 정적 처벌은 행동 뒤에 특정 자극이 제시되거나 자극의 강도가 강해져 선행하는 행동을 줄이거나 제거하는 형태를 뜻하고, 부적 처벌은 행동 뒤에 특정 자극이 제거되거나 자극의 강도가 약해져 선행하는 행동을 줄이거나 제거하는 형태를 뜻한다.

51. 다음은 위의 이론을 표로 나타낸 것이다. ㉠ ~ ㉢에 들어갈 단어로 올바르게 짝지어진 것은?

		절차의 형태	
		자극제시	자극제거
목표	행동증가	㉠	㉡
	행동감소	㉢	㉣

	㉠	㉡	㉢	㉣
①	정적 강화	부적 강화	정적 처벌	부적 처벌
②	정적 강화	정적 처벌	부적 처벌	부적 강화
③	정적 강화	부적 강화	부적 처벌	정적 처벌
④	부적 강화	정적 처벌	정적 강화	부적 처벌

52. 다음의 사례들 중 위의 이론에서 제시된 조작적 조건 형성의 종류가 다른 것들과 다른 하나는?

① 3회 이상 무단 지각할 경우 징계위원회에 회부된다.
② 장난감 코너에서 떼를 쓰고 우는 아이를 본 엄마는 아이를 무시했다.
③ 6개월 이상 새로운 프로모션을 기획하지 못하는 팀은 회식비를 차감한다.
④ 친구와 한 번 더 싸울 경우 용돈을 받지 않기로 엄마와 약속했다.

[53 ~ 54] 다음은 허시와 블랜차드의 상황적 리더십 모형에 대한 설명이다. 이를 바탕으로 이어지는 질문에 답하시오.

> 허시와 블랜차드는 부하의 성숙도를 중요한 상황 요인으로 보고 부하의 성숙도에 따라 효과적인 리더십 스타일이 달라짐을 증명했다.

〈허시와 블랜차드의 상황 이론에 따른 리더십 유형〉

리더십 유형	세부 내용
지시형	특정 지시를 내리고 업무 과정을 지켜보는 방식임. 의사 결정이 시급하거나 위험 부담이 큰 경우에 적합함. 경험이 없는 신입사원에게 적합함.
코치형	한 번의 지시에서 멈추는 것이 아닌 계속해서 지시를 내리고 직원의 제안을 받기도 하며 자신의 의사 결정에 대한 이유도 설명하는 코칭 형식으로 진행 과정을 돕는 방식임. 적당한 지시를 하고 칭찬과 격려를 하며 부정적인 감정을 누그러뜨리는 방식임.
참여형	경험이 많고 해박한 직원들은 리더가 자신의 말에 귀를 기울여 주고 자신의 뜻을 지지해 주길 바라는 경향이 있음. 이들의 능력을 최대치로 끌어내기 위해 가장 적합한 리더 유형임.
위임형	부하의 성숙도가 가장 높은 수준일 경우 의사 결정권을 대폭 위임해 주는 방식임. 일상적인 업무는 스스로 하게 맡기고 중요사안만 지원함.

53. 다음 상황에서 필요한 리더십으로 가장 적절한 것은?

> Z 회사는 10년 넘게 운영 중인 글로벌 회사이다. 최근 들어 유래 없는 세계 경제 위기와 외교 분쟁으로 인해 거래처와의 관계가 좋아지지 않는 와중에 만에 하나라도 계약을 잘못 따내면 도산 위기에 놓일 수 있다. Z 회사의 대표는 창업하기 전에 일했던 회사에서 이러한 위기를 겪어 극복한 경험이 있었는데, 현재의 직원들은 예기치 못한 어려움에 당황하고 있다.

① 지시형
② 코치형
③ 참여형
④ 위임형

54. 다음은 허시와 블랜차드의 상황 이론 모델을 나타낸 것이다. 〈허시와 블랜차드의 상황 이론에 따른 리더십 유형〉를 참고하여 A ~ D에 들어갈 리더십 행동으로 적절한 것은?

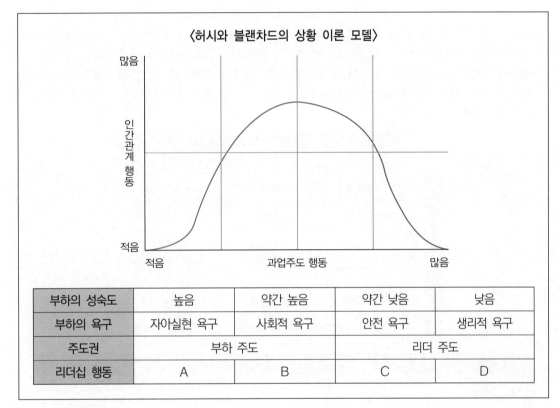

〈허시와 블랜차드의 상황 이론 모델〉

부하의 성숙도	높음	약간 높음	약간 낮음	낮음
부하의 욕구	자아실현 욕구	사회적 욕구	안전 욕구	생리적 욕구
주도권	부하 주도		리더 주도	
리더십 행동	A	B	C	D

	A	B	C	D
①	위임형-책임/결정 위임	참여형-정보 공유/공동 결정	코치형-지도/감독	지시형-구체적 지시/밀착 감독
②	위임형-정보공유/공동 결정	참여형-책임/결정 위임	코치형-구체적 지시/밀착 감독	지시형-지도/감독
③	참여형-정보 공유/공동 결정	위임형-책임/결정 위임	지시형-구체적 지시/밀착 감독	코치형-지도/감독
④	참여형-책임/결정 위임	위임형-정보 공유/공동 결정	지시형-지도/감독	코치형-구체적 지시/밀착 감독

[55 ~ 56] 다음은 GE-맥킨지 매트릭스에 대한 설명이다. 이를 바탕으로 이어지는 물음에 답하시오.

GE-맥킨지 매트릭스는 산업 및 시장의 장기매력도(성장률, 규모, 경쟁강도, 자본집약도, ROI 등)와 사업단위의 경쟁력(시장점유율, 고객충성도, 품질, 기술적 노하우, 가격경쟁력 등)으로 사업유형을 9개 셀로 분류한다. 실제 전략적 사업단위의 시장 크기는 원형으로, 파이 비율은 시장 점유율을 의미하며 화살표는 방향성을 나타낸다. 사업단위가 위치한 칸이 경쟁력과 매력도가 상위인 승리자의 3개 칸이라면 투자하고, 경쟁력과 매력도가 하위인 패배자의 3개 칸이라면 수확, 혹은 퇴출하며 나머지 칸이라면 유보하고 선택적으로 개선한다.

		사업단위의 경쟁력		
		고	중	저
산업 및 시장의 장기매력도	고	**프리미엄** 시장 지위 유지/ 포지션 공고화	**선택적 집중** 시장 지위 구축 위한 선택적 투자	**보호 및 재집중** 매력적인 부문에 재집중/ 수확 또는 퇴출시점 파악
	중	**도전** 강점 육성/ 약점 보완	**프라임** 시장세분화	**구조조정** 불필요한 투입 중지/ 매력적인 부문 이동
	저	**기회관망 1** 시장유지/ 인수를 통한기회모색	**기회관망 2** 현금흐름 촉진, 판매기회 추구	**수확 또는 퇴출** 현재가치 극대화 시점 결정

사업 유형	주요 전략
프리미엄	투자를 통해 시장의 매력도가 더 올라갈 것이라 예상된다면 다각화 전략을 활용할 수 있다. 지나친 미래지향적 전략보다는 시장지위를 유지하며 단기적인 수익을 수용할 필요도 있다.
선택적 집중	부문 선택과 집중적 투자를 진행하며 경쟁자나 대체자와 차별화되는 비즈니스 강점을 육성하여 시장 지위를 구축하려는 전략이 필요하다.
보호 및 재집중	수익을 내기 위한 선택적 투자와 매력적인 비즈니스 모델에 대한 재집중이 필요하다. 사업의 경쟁력이 언제든지 감소할 수 있기에 수확 또는 퇴출 시점을 파악하여 전략을 구상해야 한다.
도전	성장을 위한 투자와 취약점을 보완하는 전략이 중요할 수 있다.
프라임	시장의 세분화를 진행해 새로운 포지션을 취해야 하며 취약점이 수면 위로 올라올 시점의 대응방안을 준비한 후 전략을 수립해야 한다.
구조조정	인원 감축이 아닌 구조조정의 의미로, 불필요한 투자를 중단하고 산업, 시장, 사업의 매력도가 높은 모델로 이동할 전략을 세워야 한다.
기회관망 1	수익을 위한 선택과 집중적 투자를 진행하며 시장에서의 비즈니스 모델을 유지하고 전문화를 추구하는 전략을 구상해야 한다. 시장 및 산업의 매력도가 낮기 때문에 진행 중인 사업의 강점을 파악하고 극대화하여 새로운 산업으로 이전할 기회를 엿보아야 한다.
기회관망 2	현금 흐름을 최대한 보존하거나 촉진하여 판매의 기회를 극대화하는 전략이 필요하다.
수확 또는 퇴출	비즈니스 모델의 생산 라인, 유통 등 전반에 걸쳐 규모를 축소해야 한다. 단, 수확 또는 퇴출 전략을 구사하는 시점의 현재가치 가치를 극대화하기 위한 결정이 필요하다.

55. 다음 식품회사의 두 가지 전략적 사업단위를 GE-맥킨지 매트릭스를 활용해 분석한 내용 중 가장 적절하지 않은 것은?

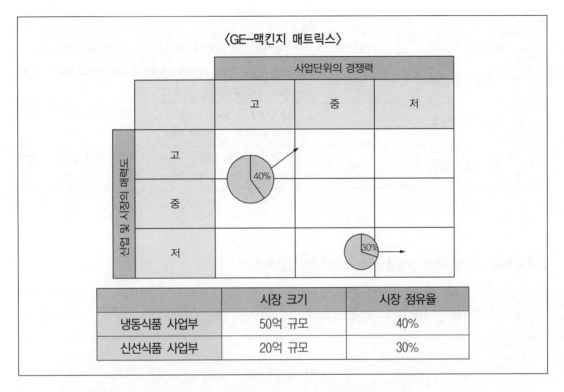

〈GE-맥킨지 매트릭스〉

	시장 크기	시장 점유율
냉동식품 사업부	50억 규모	40%
신선식품 사업부	20억 규모	30%

① 냉동식품 사업부는 승리자의 칸에, 신선식품 사업부는 패배자에 칸에 가깝다.

② 냉동식품 사업부의 경쟁력은 낮아지지만 냉동식품 시장의 매력도는 증가하는 방향성을 보인다.

③ 냉동식품 사업부는 시장의 세분화를 진행해 새로운 포지션을 취해야 하며, 취약점이 드러날 경우를 대비해 전략을 수립해 놓아야 한다.

④ 신선식품 사업부는 기회관망 2 유형이었기 때문에 현금흐름을 최대한 보존해야 했으나, 결과적으로 사업 전반의 규모를 축소해야 한다.

www.gosinet.co.kr gosinet

1회 기출예상
2회 기출예상
3회 기출예상
4회 기출예상
5회 기출예상
인성검사
면접가이드

56. (55번과 이어짐) 위 분석내용을 바탕으로 시장 매력도와 사업단위의 경쟁력 평가에 따른 대응 전략으로 가장 적절한 것은?

	구분	산업 및 시장의 매력도	대응 전략
①	냉동식품 사업부	높음	시장세분화를 진행해 새로운 포지셔닝을 구축해야 한다.
②	냉동식품 사업부	높음	진행 중인 사업의 강점을 파악하고 극대화하여 새로운 산업으로 이전할 기회를 엿보아야 한다.
③	신선식품 사업부	낮음	경쟁자나 대체자와 차별화되는 비즈니스 강점을 육성하여 시장 지위를 구축해야 한다.
④	신선식품 사업부	낮음	수확 또는 퇴출 전략을 구사하는 시점의 현재가치를 극대화하기 위한 결정이 필요하다.

[57 ~ 58] 다음의 제시 상황을 보고 이어지는 질문에 답하시오.

A 기업은 새로운 사업을 시작하려고 한다. 다음은 사업 계획서 초안이다.

사업 계획서 초안

〈A 기업 신사업 계획〉

기존 사업	피자, 파스타류 등의 양식 위주 외식 사업
현황	• 외식 사업 양식 부문 브랜드 가치 9위 • 신사업에 투자 가능한 자본금 800억 보유
신규 계획 사업	남아메리카 음식 외식 사업 및 브랜드화
전략 수립	• 국내에 남아메리카 음식의 브랜드화가 아직까지 이루어지지 않았음. 따라서 우리 기업을 남아메리카 음식에 특화된 기업으로 구매자에게 강하게 인식시킬 수 있다고 봄. • 우리 기업보다 규모가 큰 외식 기업 Z는 동남아시아 음식 외식 사업에 과감한 투자를 할 것으로 추정됨. • 최근 들어 남아메리카에 방문하는 우리나라 여행자들이 급격히 늘어난 만큼 남아메리카 음식에 대한 관심도 커질 것으로 전망.
향후 확장 사업 전망	• 남아메리카 레토르트 간편식으로의 진출 • K-POP 스타의 광고를 활용한 남아메리카 시장 진출

57. 다음 사업 계획서에 대한 반응으로 적절하지 않은 것은?

① 새로운 사업은 기업을 크게 성장시킬 수 있는 기회라고 생각해.

② 우리 기업은 브랜드 순위가 높지 않은 편이지만 오히려 포지셔닝을 할 수 있는 좋은 기회라고 생각해. 우리 기업을 남아메리카 음식에 특화된 기업으로 각인시키는 거지.

③ 남아메리카는 위험한 국가라는 인식이 있어. 그래서 남아메리카를 관광하는 우리나라 사람들도 줄어들었고, 결국 남아메리카에 대한 관심도 크지 않을 거라고 생각해.

④ 남아메리카에 진출한 K-POP 스타는 몸값이 높아서 광고에 활용하기에는 우리 자본금이 부족할 거라고 생각해.

58. 다음 제시문을 바탕으로 할 때, A 기업의 새로운 남아메리카 음식 사업이 가지고 있는 특성으로 적절하지 않은 것은?

> 기업들은 경쟁 전략 수립에 있어 선발자와 후발자의 우위성도 고려한다.
>
> 선발자의 장점으로 원조라 불리는 개척자 혹은 선도자로서의 명성을 얻을 수 있다. 또한 고객이 가장 중요하게 여기는 속성을 택해 포지셔닝을 할 수 있다. 자원 측면에서도 유통 경로, 인재 등과 같은 희소 자원을 선점할 수 있다. 단점으로는 미래 수요의 불확실성이라는 위험 부담을 감수해야 한다. 또한 고객 욕구의 변화가능성을 감당해야 하고, 후발자의 기술적, 비용적 우위를 동원하여 시장에 진입할 경우 부담을 느낄 수 있다.

① 수요의 불확실성 여부를 미리 파악할 수 있다.

② 고객의 심리 속에 다른 기업에 대한 진입 장벽을 형성할 수 있다.

③ 희소한 자원을 선점할 수 있다.

④ A 기업에 뒤이어 외식 기업 Z가 남아메리카 음식 사업에 큰 투자를 한다면 A 기업이 확보한 명성이 흔들릴 수 있다.

[59 ~ 60] 다음 제시문을 읽고 이어지는 질문에 답하시오.

국가 경쟁 우위 다이아몬드 모형은 국가의 경쟁 우위에 중요한 4가지 조건을 보여 주는 이론이다.

조건	특징
수요 조건	기업의 수요와 소비자 니즈를 관찰하는 것에서 새로운 제품과 산업이 시작된다. 일반적으로 이는 자국 수요이고 생산도 자국에서 시작하는 경우가 많다. 기존 수요 조건과 달리 양적 측면보다는 질적 측면의 수요가 혁신을 자극하는 경쟁 우위의 원천이라고 본다. 즉 시장의 크기가 아니라 소비자 니즈의 강도(까다로움)가 혁신을 자극한다는 것이다.
요소 조건	마이클 포터 교수는 기본 요소보다는 지식과 같은 고급 요소를 보유하는 것이 현대 경쟁 환경에 더 필요하다고 주장했다. 고급 요소를 창출할 수 있는 시스템 구축을 구축하면 요소에 의해 경쟁 우위를 창출할 수 있다.
관련 및 지원 산업	관련 및 지원 산업의 집적인 클러스터는 공급자와 수요자 간 또는 공급자 간 시너지 효과를 발생시키는 국가 경쟁력 원천 중 하나이다. 예를 들어 부품의 공급 업자와 관련 기업들이 한 곳에 모여 있거나, 유기적인 협력이 가능한 인프라가 잘 발달됐다면 해당 기업들의 신기술 개발과 혁신 능력에 긍정적인 시너지 효과를 낼 수 있다.
기업의 전략, 구조 및 경쟁	경쟁 우위를 확보하고 유지시키는 기업들의 역량은 네 번째 조건, 즉 '기업의 전략, 구조 및 경쟁'에 대한 유리한 상황을 필요로 한다. 자국 내에서 산업 특성에 맞춘 기업의 전략과 조직구축은 세계 시장에서 경쟁 우위로 작용할 수 있다. 특히 국내에 존재하는 강력한 경쟁자는 기업의 혁신 욕구를 자극한다.

〈국가 경쟁력 다이아몬드 모형〉

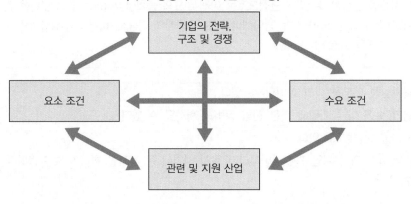

59. 윗글의 내용에 대한 설명으로 적절하지 않은 것은?

① 예시를 들어 관련 및 지원 산업 항목을 설명했다.

② 새로운 제품과 산업은 소비자의 니즈로부터 시작된다.

③ 권위 있는 학자에 따르면 현대 경쟁 환경에서는 지식의 필요성이 높아졌다고 한다.

④ 소비자 니즈의 강도는 소비자가 그 제품에 얼만큼의 비용을 지불할 수 있는가를 의미한다.

60. 다음 제시문은 '국가 경쟁 우위 다이아몬드 모형'에서 어떤 요소를 보여 주는가?

〈편견이 만든 '탈모 치료제 선진국'〉

우리 사회에 만연한 탈모에 대한 편견(차별)이 아이러니하게도 한국을 '탈모 치료제 선진국'으로 만들고 있다. 글로벌 제약업체 관계자는 '미국에서는 탈모 임상시험을 2상까지 완료한 후 우선순위에서 밀려 있었지만 한국에서 적극적인 관심을 보여 한국에서만 3상을 진행해 허가를 받았다'고 밝혔다. △△대학병원 피부과 이○○ 교수는 '커지는 탈모 치료제 시장은 사회적으로 탈모에 대해 관용이 낮은 한국 사회가 만들어 낸 것'이라고 말했다.

① 수요 조건

② 요소 조건

③ 관련 및 지원 산업

④ 기업의 전략, 구조 및 경쟁

1회 기출예상

2회 기출예상

3회 기출예상

4회 기출예상

5회 기출예상

인성검사

면접가이드

37 ~ 60 기술직

37. 다음은 시도별 1인당 자동차 등록대수와 자동차 등록대수를 나타낸 표이다. 2010년 제주특별자치도의 인구가 604,128명이라고 할 때, 자료에 대한 해석으로 적절하지 않은 것은?

〈2010년, 2020년 자동차 등록대수〉

(단위 : 대)

구분	2010년		2020년	
	1인당 자동차 등록대수	자동차 등록대수	1인당 자동차 등록대수	자동차 등록대수
서울특별시	0.3	2,954,704	0.3	3,124,157
부산광역시	0.3	1,116,719	0.4	1,395,183
대구광역시	0.4	909,222	0.5	1,190,154
인천광역시	0.3	895,818	0.6	1,635,323
광주광역시	0.3	494,460	0.5	676,281
대전광역시	0.4	553,857	0.5	673,899
울산광역시	0.4	427,610	0.5	565,639
세종특별자치시	–	–	0.5	163,339
경기도	0.4	4,014,392	0.4	5,765,692
강원도	0.4	587,707	0.5	782,700
충청북도	0.4	591,478	0.5	837,602
충청남도	0.4	796,918	0.5	1,118,117
전라북도	0.4	683,103	0.5	929,061
전라남도	0.4	686,384	0.6	1,056,239
경상북도	0.4	1,067,507	0.5	1,446,262
경상남도	0.4	1,303,680	0.5	1,721,503
제주특별자치도	0.4	(가)	0.9	596,215

① (가)에 들어갈 수치는 362,477이다.

② 2020년 강원도의 인구는 1,565,400명이다.

③ 2010년 대비 2020년에 자동차 등록대수가 백만 대 이상 증가한 곳은 한 곳뿐이다.

④ 2010년 대비 2020년에 1인당 자동차 등록대수가 가장 많이 증가한 곳은 제주도이다.

38. 다음 자료에 대한 보고서를 작성하려고 한다. ㉠에 들어갈 수치로 옳은 것은? (단, 소수점 아래 둘째 자리에서 반올림한다)

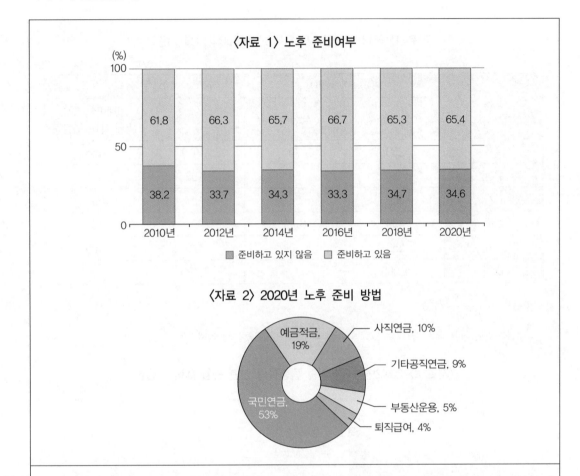

〈자료 1〉 노후 준비여부

〈자료 2〉 2020년 노후 준비 방법

2020년 조사에서 노후를 준비하고 있다고 대답한 사람은 2010년보다 3.6%p 증가했다. 2020년에 노후를 준비한다고 대답한 사람들에게 노후 준비 방법에 대해 질문하였더니 국민연금으로 노후 준비를 하는 인원이 가장 많았으며, 이는 전체 조사대상자 중 약 _____㉠_____ 에 해당한다.

① 6.3%

② 9.8%

③ 22.9%

④ 34.7%

39. 다음은 어느 기간의 국내 저가항공사 실적에 대한 자료이다. 자료를 통해 추론한 20X2년 11월 A사의 공급석은 모두 몇 석인가?

〈자료 1〉 국내 저가항공사 국내선 여객실적(11월 기준)

(단위 : 천 석, %, 천 명)

구분	20X1년 11월		20X2년 11월	
	공급석	탑승률	국내여객	국내여객 전년 동월 대비 증감량
A사	250	70	(?)	105
B사	80	50	102	62
C사	200	90	198	18
D사	400	87.5	480	130
E사	350	90	420	105
소계	1,280		1,480	

* 탑승률 $= \dfrac{(국내여객)}{(공급석)} \times 100$

* 국내여객 전년 동월 대비 증감량 = 20X2년 11월 국내여객 − 20X1년 11월 국내여객

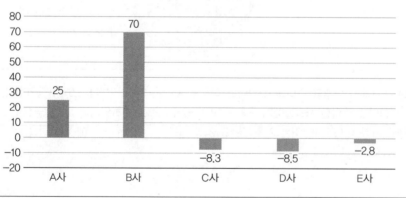

〈자료 2〉 20X2년 11월 기준 탑승률의 전년 동월 대비 증감률

(단위 : %)

① 206,000석 　　　　　　② 217,000석

③ 268,800석 　　　　　　④ 320,000석

40. 다음은 인구 천 명당 주택 수에 관한 자료이다. 이에 대한 설명으로 적절하지 않은 것은?

〈인구 천 명당 주택 수〉

(단위 : 천 명, 천 호, 호/천 명)

구분	20X0년			20X5년		
	인구수	주택 수	인구 천 명당 주택 수	인구수	주택 수	인구 천 명당 주택 수
전국 계	48,580	17,672.1	363.8	51,069	19,559	383.0
수도권	23,836	8,173.2	342.9	25,274	9,017	356.8
서울	9,794	3,399.8	347.1	9,904	3,633	366.8
부산	3,415	1,243.1	364.0	3,449	1,370	397.2
대구	2,446	886.8	362.6	2,466	943	382.4
인천	2,663	936.7	351.7	2,890	1,055	365.1
광주	1,476	528.1	357.8	1,503	587	390.6
대전	1,502	536.1	356.9	1,538	595	386.9
울산	1,083	387.2	357.5	1,167	453	388.2

* 수도권은 서울, 인천, 경기를 말함.

* 전국 인구에는 기타 지역 인구수도 포함됨.

* 인구 천 명당 주택 수는 소수점 아래 둘째 자리에서 반올림함.

① 20X5년에 인구 천 명당 주택 수가 가장 많은 곳은 부산이다.

② 20X5년 수도권의 주택 수는 20X0년 대비 10% 이상 증가했다.

③ 울산의 20X0년 대비 20X5년의 인구 증가율은 주택 증가율보다 높다.

④ 전국적으로 20X0년에 비해 20X5년에 인구수와 주택 수 모두 증가했다.

41. 다음은 우리나라 에너지부문의 온실가스 배출량에 관한 자료이다. 이를 통해서 알 수 있는 사실로 적절한 것을 〈보기〉에서 모두 고르면?

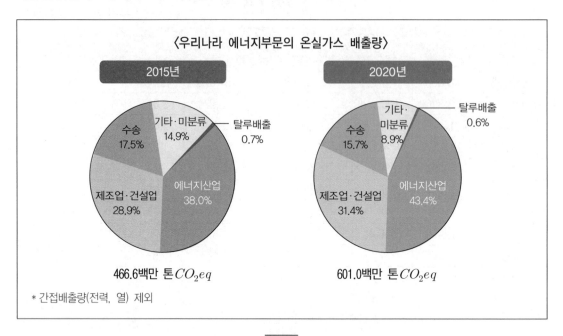

〈우리나라 에너지부문의 온실가스 배출량〉

2015년

수송 17.5%
기타·미분류 14.9%
탈루배출 0.7%
에너지산업 38.0%
제조업·건설업 28.9%

466.6백만 톤 $CO_2 eq$

2020년

기타·미분류 8.9%
탈루배출 0.6%
수송 15.7%
에너지산업 43.4%
제조업·건설업 31.4%

601.0백만 톤 $CO_2 eq$

* 간접배출량(전력, 열) 제외

보기

㉠ 우리나라 온실가스 전체 배출량은 2015년과 2020년이 같다.

㉡ 에너지부문의 온실가스는 에너지를 많이 사용하는 에너지산업, 제조업·건설업, 수송 분야에서 주로 배출된다.

㉢ 2015년에 비해 2020년의 에너지산업부문 배출비중이 5.4%p, 제조업·건설업부문의 배출비중이 2.5%p 늘어났다.

㉣ 2015년에 비해 2020년의 수송부문의 배출비중은 1.8%p, 기타부문(미분류 포함)의 배출비중은 6.0%p 감소했다.

① ㉠, ㉢   ② ㉡, ㉣

③ ㉠, ㉡, ㉢   ④ ㉡, ㉢, ㉣

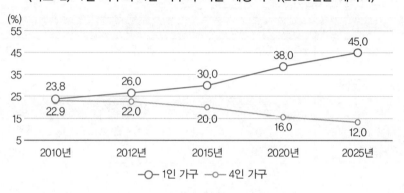

42. 다음은 우리나라 가구 수에 관한 자료이다. 〈보기〉 중 자료에 대한 해석으로 옳은 것은 모두 몇 개인가?

〈자료 1〉 우리나라 평균가구원 수 및 1인 가구 비율

(단위 : 명, %)

구분	1980년	1985년	1990년	1995년	2000년	2005년	2010년
평균가구원 수	4.47	4.08	2.74	3.42	3.12	2.88	2.76
1인 가구 비율	4.5	6.7	9.1	12.9	16.3	20.4	23.8

〈자료 2〉 1인 가구와 4인 가구의 비율 예상 추이(2025년은 예측치)

보기

㉠ 2012년 평균가구원 수는 최소 2.13명이다.
㉡ 1980년 이후 평균가구원 수는 5년마다 꾸준히 감소하였다.
㉢ 2015년 2 ~ 3인 가구의 비율은 전체 가구에서 절반 이하이다.
㉣ 1995년 1인 가구 비율은 1990년 대비 50% 이상 증가하였다.

① 0개 ② 1개
③ 2개 ④ 3개

[43 ~ 44] 다음은 ○○공사 성과상여금 지급 기준이다. A 팀의 성과보고를 참고하여 이어지는 질문에 답하시오.

〈12월 성과상여금 지급 기준〉

1. 지급원칙
   • 성과상여금은 팀의 전체 사원에 대하여 성과(근무성적, 업무 난이도, 조직 기여도의 평점 합) 순위를 매긴 후 적용대상에 해당되는 사원에 한하여 지급한다.
   • 적용대상 사원에는 계약직을 포함한 4급 이하 모든 사원이 포함된다.

2. 상여금의 배분
   성과상여금은 다음의 지급기준액을 기준으로 한다.

4급	5급	6급	계약직
400만 원	300만 원	200만 원	100만 원

3. 지급등급 및 지급률

지급등급	S 등급	A 등급	B 등급
성과 순위	1 ~ 2위	3 ~ 4위	5위 이하
지급률	150%	130%	100%

4. 지급액 등
   • 개인별 성과상여금 지급액은 지급기준액에 해당 등급의 지급률을 곱하여 산정한다.
   • 계약직의 경우 12월 기준 S 등급인 경우, 1월 1일자로 정규직 6급으로 전환한다.

〈12월 A 팀 성과 및 직급〉

사원	평점			직급
	근무성적	업무 난이도	조직 기여도	
가	8	6	8	계약직
나	10	8	7	5급
다	7	4	8	5급
라	8	9	7	6급
마	6	5	7	4급
바	8	9	10	계약직
사	8	8	5	4급
아	8	8	7	3급

43. A 팀의 적용대상 사원 중 12월 성과상여금을 가장 많이 받는 사원과 가장 적게 받는 사원의 금액 차이는?

① 150만 원

② 250만 원

③ 350만 원

④ 450만 원

44. 구성원 변동이 없다고 가정할 때, 1월 기준으로 A 팀 정규직 직원들 중에서 5급 이하 직원의 비율은? (단, 1월 1일 기준으로 정규직 전환 외 직급의 변동은 없다고 가정한다)

① $\frac{2}{7}$

② $\frac{3}{7}$

③ $\frac{4}{7}$

④ $\frac{5}{7}$

www.gosinet.co.kr gosinet

1회 기출예상

2회 기출예상

3회 기출예상

4회 기출예상

5회 기출예상

인성검사

면접가이드

[45 ~ 46] 다음은 우리나라의 연도별 · 학교급별 학급당 학생 수와 분석 자료이다. 이어지는 질문에 답하시오.

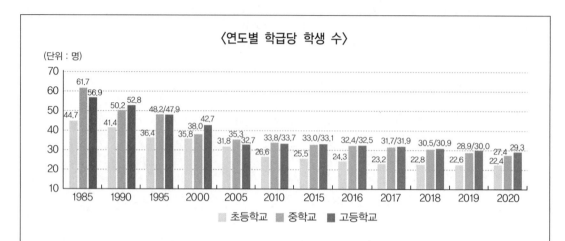

〈연도별 학급당 학생 수〉

〈시도별 학급당 학생 수(2020년)〉

(단위 : 명)

학교급		초등학교	중학교	고등학교
전체		22.4	27.4	29.3
지역규모	대도시	22.9	27.2	29.6
	중소도시	25.0	29.8	30.2
	읍 · 면 지역	17.8	23.0	26.6
	도서 · 벽지	8.8	15.6	22.4
지역	서울	23.4	26.6	29.7
	부산	22.0	26.9	27.4
	대구	22.6	26.4	30.2
	인천	23.0	28.7	28.4
	광주	22.4	27.8	33.0
	대전	21.7	28.6	30.8
	울산	22.8	27.1	30.6
	세종	21.6	22.5	23.3

45. ㉠ ~ ㉣ 중 위 자료의 내용과 부합하지 않는 것은?

초 · 중 · 고등학교의 교육 여건의 개선과 함께 학급당 학생 수는 지속적으로 감소해 왔다. 초등학교의 경우 ㉠ <u>1985년 44.7명이었던 학급당 학생 수는 이후 지속적으로 감소하여 2020년에는 22.4명을</u> 나타내고 있다. 중학교의 경우 1985년 61.7명에서 2020년 27.4명을 나타내고 있으며, ㉡ <u>고등학교는 1985년 56.9명에서 2020년 29.3명을</u> 나타내고 있다.

학급당 학생 수는 지역별로 다소 차이를 보인다. 지역규모별로는 ㉢ <u>중소도시의 학급당 학생 수가 다른 지역에 비해 높게</u> 나타난다. 2020년 중소도시의 학급당 학생 수는 초등학교는 25.0명, 중학교는 29.8명, 고등학교는 30.2명으로 대도시가 각각 22.9명, 27.2명, 29.6명을 나타낸 것에 비해 높게 나타난다. 반면 읍 · 면 지역은 초등학교가 17.8명, 중학교가 23.0명, 고등학교가 26.6명으로 나타났으며, 도서 · 벽지는 각각 8.8명, 15.6명, 22.4명이었다.

또한 ㉣ <u>서울은 초등학교와 중학교에서 학급당 학생 수가 가장 많았으며,</u> 고등학교에서는 광주가 33.0명으로 가장 높게 나타났다. 규모가 작은 세종은 초등학교, 중학교, 고등학교 모두에서 비교 대상 지역 중 가장 적은 학급당 학생 수를 나타내고 있으며 부산과 광주의 고등학교 학급당 학생 수는 거의 6명 정도의 차이를 보이고 있다.

① ㉠

② ㉡

③ ㉢

④ ㉣

46. 2020년 8개 비교 대상 지역의 초 · 중 · 고등학교 학급당 평균 학생 수를 순서대로 올바르게 나열한 것은? (단, 지역별 학급 수는 동일하다고 가정하며 계산은 소수점 아래 둘째 자리에서 반올림한다)

	초등학교	중학교	고등학교		초등학교	중학교	고등학교
①	26.8명	22.4명	23.5명	②	22.4명	26.8명	29.2명
③	23.2명	26.8명	28.5명	④	22.4명	29.2명	27.5명

[47 ~ 48] 다음은 연구실 사고 관련 자료이다. 이어지는 질문에 답하시오.

〈자료 1〉 최근 3년(20X5 ~ 20X7년)간 발생한 연구실 사고

(단위 : 건)

구분	전기사고 (누전, 합선 등)	연구장비 및 기구관련사고	생물체 사고 (교상, 감염 등)	유해인자 누출 및 접촉	화학물질 (폐기물 반응 및 폭발)	기타 부주의 (넘어짐, 부딪힘 등)
기계/물리	8	88	–	22	2	33
생물/보건	5	87	86	60	7	89
전기/전자	9	6	–	11	3	6
화학/화공	9	72	1	104	29	18
건축/토목/자원	2	83	–	32	–	45
합계	33	336	87	229	41	191

〈자료 2〉 기관별 연구실 사고 현황

(단위 : 건)

구분	20X2년	20X3년	20X4년	20X5년	20X6년
대학	102	97	153	170	212
연구기관	6	13	14	15	38
기업부설연구소	–	2	8	30	17
합계	108	112	175	215	267

47. 다음 중 위의 도표를 바르게 분석한 내용만으로 짝지어진 것은?

> (ㄱ) 최근 3년간 발생한 연구실 분야별 사고 수는 생물/보건, 화학/화공, 건축/토목/자원, 기계/물리, 전기/전자 순으로 많다.
>
> (ㄴ) 20X2 ~ 20X6년 기관별 연구실 사고 발생 건수는 전체적으로 매년 증가하고 있으며, 사고가 가장 많이 발생하는 기관은 대학이다.
>
> (ㄷ) 20X5 ~ 20X7년의 연구실 사고 유형 중 35% 이상의 비율을 차지하는 것은 연구장비 및 기구관련사고뿐이다.

① (ㄱ)   ② (ㄴ)

③ (ㄱ), (ㄴ)   ④ (ㄱ), (ㄴ), (ㄷ)

48. 다음 그래프는 연구실 분야별 사고 유형을 백분율로 표현한 것이다. A ~ D에 들어갈 내용으로 가장 적절한 것은?

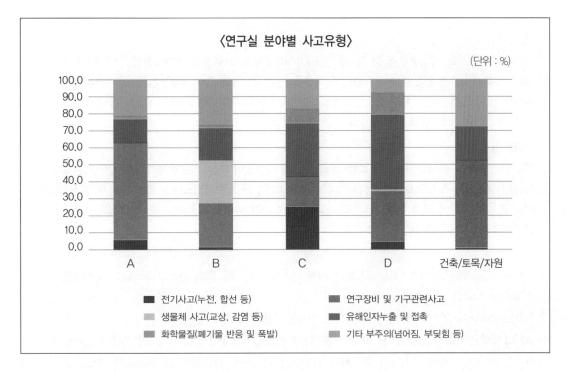

	A	B	C	D
①	기계/물리	생물/보건	전기/전자	화학/화공
②	생물/보건	기계/물리	화학/화공	전기/전자
③	전기/전자	기계/물리	생물/보건	화학/화공
④	화학/화공	기계/물리	생물/보건	전기/전자

49. 다음 기술개발 사례에서 알 수 있는 기술선택을 위한 의사결정 방법에 대한 설명으로 옳지 않은 것은?

[사례 1]

A사에서는 회사의 경영슬로건 중 하나인 '글로벌 리더'로서의 위상을 세계시장에 구현하자는 목표를 가지고, 경영혁신에 필요한 선진기업의 노하우를 벤치마킹하고 그에 따른 선진경영기술을 도입하기 위하여 많은 인재들에게 현지 협력업체로의 출장의 기회를 부여해왔고 현지의 전문가들을 본사로 초청해 강연회를 통한 경영기술 공유의 장을 마련하였다.

[사례 2]

B사 영업본부 내 마케팅팀에서는 매번 해외영업 시 아쉬웠던 부분을 보완하기 위해 영업직원들이 자신들의 경험에서 스스로 도출해 낸 아이디어를 종합하여 새로운 영업모델을 개발하는 데 성공하였다. 이를 적용하기 위해 국내 우수업체들과 논의한 끝에 동반 해외진출을 이룰 수 있게 되어 해외영업의 성과를 배가시키는 쾌거를 이루었다.

---

① A사는 기술경영진과 기술기획담당자들에 의한 체계적인 분석을 통해 기업이 획득해야 하는 대상 기술과 목표기술 수준을 결정하였다.

② B사는 연구자나 엔지니어들이 자율적으로 기술을 선택하였다.

③ A사의 방법은 기술개발 실무를 담당하는 기술자들의 흥미를 유발하고 창의적인 아이디어를 이끌어낼 수 있다.

④ B사의 방법은 시장의 고객들이 요구하는 제품이나 서비스를 개발하는 데 부적합한 기술이 선택될 수 있는 단점이 있다.

50. 다음 글에서 사회기술 시스템의 발전이 시사하는 바로 가장 적절한 것은?

• 기술 시스템은 인공물의 집합체만이 아니라 회사, 투자 회사, 법적 제도, 정치, 과학, 자연자원을 모두 포함하는 것이기 때문에, 기술 시스템에는 기술적인 것(the technical)과 사회적인 것(the social)이 결합해서 공존하고 있다. 이러한 의미에서 기술 시스템은 사회기술 시스템(sociotechnical system)이라고 불리기도 한다.

• 기술 시스템은 경쟁 단계에서 기업가들의 역할이 더 중요하게 부상하며, 시스템이 공고해지면 자문 엔지니어와 금융전문가의 역할이 중요해진다.

• 기술 시스템의 사회기술적 접근의 일례로 경비원 대신 폐쇄회로 시스템을 설치하여 관리를 용이하게 한 어느 박물관의 경우, 수천 건에 달하는 침입 중 단지 5%만을 적발했다. 이는 경비원 간 상호작용을 무시한 설계로 소외와 단조로움을 유발한 것이 원인이라는 연구 결과가 있다.

---

① 사회기술 시스템은 기술만으로 완성되는 것이 아니다.

② 시회기술 시스템은 단계적인 발전을 거친다.

③ 사회기술 시스템은 기술과 사람의 혼합과 조정이 중요하다.

④ 기업가와 자금력은 사회기술 시스템의 핵심 요소이다.

51. 다음의 표는 기술경영자와 기술관리자가 갖추어야 할 능력들을 비교한 것이다. 표에 대한 설명으로 적절하지 않은 것은?

기술경영자	기술관리자
기술을 기업의 전반적인 전략 목표에 통합시키는 능력	기술을 운용하거나 문제 해결을 할 수 있는 능력
빠르고 효과적으로 새로운 기술을 습득하고 기존의 기술에서 탈피하는 능력	기술적, 사업적, 인간적인 능력을 통합할 수 있는 능력
기술을 효과적으로 평가할 수 있는 능력	혁신적인 환경을 조성할 수 있는 능력
기술 이전을 효과적으로 할 수 있는 능력	기술직과 의사소통을 할 수 있는 능력
새로운 제품개발 시간을 단축할 수 있는 능력	시스템적인 관점에서 인식하는 능력
크고 복잡하거나 서로 다른 분야에 걸쳐 있는 프로젝트를 수행할 수 있는 능력	공학적 도구나 지원방식에 대한 이해 능력
조직 내의 기술 이용을 수행할 수 있는 능력	기술이나 추세에 대한 이해 능력
기술 전문 인력을 운용할 수 있는 능력	기술팀을 통합할 수 있는 능력

① 기술경영자는 기술개발 과제의 전 과정을 전체적으로 조망할 수 있는 능력을 가져야 한다.

② 기술경영자는 기계적인 관리보다는 조직 및 인간 행동상의 요인들이 더 중요하게 작용함을 인식해야 한다.

③ 기술관리자는 다기능적인 프로그램을 계획하고 조직할 수 있는 능력이 요구된다.

④ 기술관리자는 기술의 성격 및 이와 관련된 동향, 사업 환경 등을 이해해야 한다.

52. ○○공사의 기술팀 사원 B는 다음 기술 적용과 관련한 강의 내용을 업무 프로세스의 효율성을 높일 수 있는 기술 업무에 적용하려고 한다. 강의 내용에서 적절하지 않은 것을 모두 고르면?

〈기술 적용 시 고려사항〉

(가) 기술 적용에 따른 비용이 성과보다 더 많이 들었지만, 자신의 직장에 적합한 기술임과 동시에 성과를 높일 수 있는 기술이라면 좋은 기술로 볼 수 있다.

(나) 좋은 기술이란 자신의 직장생활에서 반드시 요구됨과 동시에 업무 프로세스의 효율성을 높이고 성과를 향상시키면서 기술을 적용하는 데 요구되는 비용이 합리적이어야 한다.

(다) 지금 현재 자신의 직장생활에서 요구되는 기술이라 할지라도 단기간에 기술이 변화하지 않을 것으로 예상되는 기술을 적용하는 것은 바람직하지 못하다.

(라) 기술이라는 것은 보다 발전된 방향으로 변화하고자 하는 특성이 있기 때문에 끊임없이 연구하고 개발해야 한다. 따라서 현재 받아들이고자 하는 기술이 자신의 직장에 대한 특성과 회사의 비전과 전략에 맞추어 응용 가능한가를 고려하는 것이 중요하다.

(마) 새로운 기술을 선택하여 적용하는 데 있어 해당 기술이 얼마나 자신의 직장생활의 성과 향상을 위해 전략적으로 중요한가를 확인해야 한다.

① 0개 ② 1개 ③ 2개 ④ 3개

53. 다음은 디자인권과 저작권에 대한 설명이다. ㉠ ～ ㉣ 중 옳지 않은 것은?

〈디자인 및 저작권 등록〉

- 물품의 형상, 모양, 색채는 디자인보호법에 의해 등록되어 보호받을 수 있다. 여기서 디자인이란 물품의 형상, 모양, 색채 또는 이들을 결합한 것으로서 시각을 통하여 심미감을 일으키게 하는 것을 말한다. 물품이란 하나로서 독립적으로 거래될 수 있으며 구체적인 형태를 갖춘 동산을 말한다. 예외적으로 물품이 아닌 '글자체'의 디자인도 보호가 가능하다.
- 저작권은 인간의 사상 또는 감정을 표현한 창작물인 저작물에 대한 배타적·독점적 권리이다. 이러한 저작물에는 소설·시·논문·강연·연설·각본·음악·연극·무용·회화·서예·도안·조각·공예·건축물·사진·영상·지도·컴퓨터프로그램 등이 있다. 저작권은 등록의 유무와 상관없이 창작한 날로부터 권리가 생긴다.

구분	디자인권	저작권
정의	물품의 형상, 모양, 색채 또는 이들을 결합한 것으로서 시각을 통하여 심미감을 일으키게 하는 것	인간의 사상 또는 감정을 표현한 창작물인 저작물에 대한 배타적·독점적 권리
관할기관	㉠ 특허청	한국저작권위원회
목적	디자인 창작을 장려하여 산업발전에 이바지함.	문화 및 관련 산업의 향상 발전에 이바지함.
상품과의 관련성	있음	㉡ 있음
보호 범위 및 효력	−국내에서만 보호되는 것이 원칙. 그러나 공개 디자인일 경우 신규성이 상실되어 타국의 타인 등록 불가 −㉢ 독점권과 동일 또는 유사디자인의 등록을 금지시키는 배타권이 발생	국내외에 동일 또는 유사 저작물에 대해 배타권을 가짐
등록원칙	−선출원주의 −디자인보호법에서 정하는 실체심사를 거쳐서 등록	㉣ 무방식주의로 등록요건 없음.
존속기간	출원일로부터 20년	저작자가 생존하는 동안과 사망한 후 70년간 존속

① ㉠   ② ㉡

③ ㉢   ④ ㉣

54. 다음은 프린터 사용 시 발생하는 에러 메시지별 원인 및 대책에 관한 사용 설명서의 일부이다. 이를 참고할 때, 〈상황〉에서 P 대리가 확인한 에러 메시지는?

에러 메시지	원인 및 대책
JOB REJECT	• 지정된 에뮬레이션이 존재하지 않습니다. － 기기가 지원하는 에뮬레이션을 지정합니다. 자세한 내용은 온라인 설명서 웹 사이트에서 기기 설정을 참조하십시오.
WORK FULL	• 전용 작업 메모리가 부족하여 인쇄할 수 없습니다. － 인쇄를 취소하고, 프린터를 초기화하여 사용 가능 메모리를 늘린 다음 다시 인쇄를 시도하십시오. 단, 프린터를 초기화하면 기기 메모리의 모든 데이터가 지워집니다. 자세한 내용은 온라인 설명서 웹 사이트에서 "기기 설정(PS/PCL/UFR II 프린터)"을 참조하십시오.
Div. Print. Bffr Full	• 분할 인쇄 시 데이터를 버퍼에 등록할 수 없어 분할 인쇄를 수행할 수 없습니다. － 인쇄를 취소하고(인쇄 취소), HP－GL 설정 메뉴에서 〈분할 모드〉를 〈아니오〉로 설정하고 〈확대/축소〉를 〈자동〉으로 설정하고 출력 용지 크기를 지정하고 다시 인쇄를 수행합니다. 단, 데이터는 인쇄 시 확대/축소됩니다.
TLS 에러	• WebDAV 서버가 TLS 암호화 통신을 지원하지 않습니다. － 환경에 따라 WebDAV 서버 측에서 TLS를 설정합니다. • 프록시 서버가 TLS 암호화 통신을 지원하지 않습니다. － WebDAV 클라이언트가 프록시를 통해 인터넷에 연결되면 프록시 서버 측에서 TLS를 설정합니다.
FF FONT FULL	• 등록할 글꼴이 너무 많아 글꼴표에 글꼴 정보를 등록할 수 없습니다. － 인쇄를 취소하고, 프린터를 초기화하여 사용 가능 메모리를 늘린 다음 다시 인쇄를 시도하십시오. 단, 프린터를 초기화하면 기기 메모리의 모든 데이터가 지워집니다.

〈상황〉

P 대리는 오전에 정리한 자료를 프린트하기 위해 프린터기를 작동했는데 에러 메시지가 뜨면서 자료가 출력되지 않았다. 이에 P 대리는 인쇄를 취소하고 설정으로 들어가 〈분할 모드〉를 〈아니오〉로 설정하고 용지 크기를 재설정하여 다시 인쇄하였더니 정상적으로 작동하였다.

① JOB REJECT
② WORK FULL
③ Div. Print. Bffr Full
③ TLS 에러

[55 ~ 56] 스위치를 두 번 누르자 다음과 같이 바뀌었다. 다음 표를 참고하여 누른 스위치를 순서대로 고르시오.

스위치	기능	스위치	기능
1	모든 기계 시계 방향으로 한 칸 이동	5	더하기 빼기 색 반전
2	모든 기계 시계 방향으로 두 칸 이동	6	모든 기계 색 반전
3	모든 기계 시계 방향으로 세 칸 이동	7	더하기 나누기 위치 변경
4	곱하기 나누기 색 반전		

55.

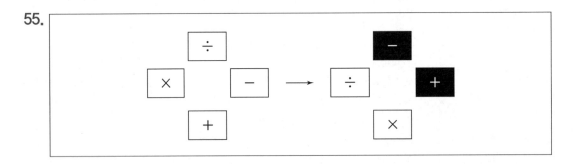

① 1, 2   ② 2, 4

③ 3, 4   ④ 3, 5

56.

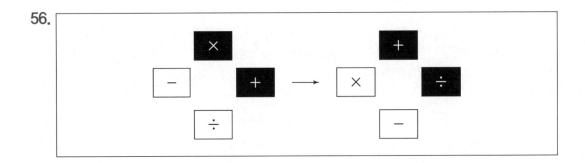

① 1, 2   ② 2, 5

③ 3, 4   ④ 4, 5

[57 ~ 58] 다음은 그래프 구성 명령어 실행 예시이다. 이어지는 질문에 답하시오.

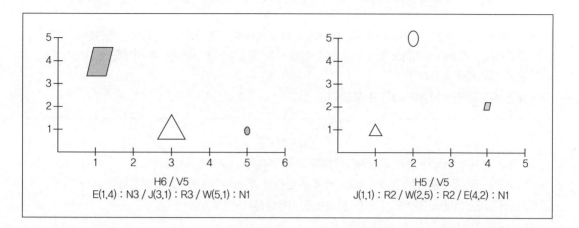

57. 다음의 그래프에 알맞은 명령어는?

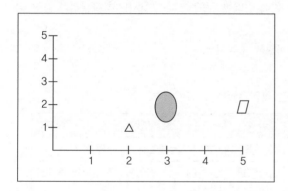

① H5 / V5, J(2,1) : R1 / W(3,2) : N3 / E(5,2) : R1

② H5 / V5, J(2,1) : R1 / W(3,2) : N2 / E(5,2) : R2

③ H5 / V5, J(2,1) : R1 / W(3,2) : N3 / E(5,2) : R2

④ H5 / V5, E(2,1) : R1 / W(3,2) : N3 / E(5,2) : R2

58. H6 / V5, W(1,3) : N2 / E(2,1) : R3 / J(3,4) : N2 / W(6,1) : R2의 그래프를 산출할 때 오류가 발생하여 다음과 같은 결과가 산출되었다. 다음 중 오류가 발생한 값은?

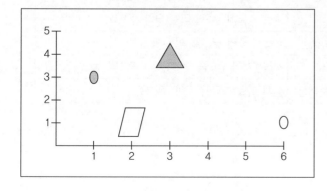

① H6 / V5

② W(1,3) : N2

③ E(2,1) : R3

④ J(3,4) : N2

1회 기출예상 2회 기출예상 3회 기출예상 4회 기출예상 5회 기출예상 인성검사 면접가이드

[59 ~ 60] 다음의 제시 상황을 보고 이어지는 질문에 답하시오.

- T 회사는 회사 전체 화장실에 비데를 설치하기 위해 비데를 구매하였다. T 회사는 화장실과 가까운 영업팀에게 비데를 설치하도록 지시하였다. 이에 따라 영업팀의 K 사원은 새 비데를 설치하기 위해 제품 설명서를 참고하였다.
- 제품 설명서에는 다음의 내용이 포함되어 있다.

<**설치방법**>

1) 비데 본체의 변좌와 변기의 앞면이 일치되도록 전후로 고정시키십시오.
2) 비데용 급수호스를 정수필터와 비데 본체에 연결한 후 급수밸브를 열어 주십시오.
3) 전원을 연결하십시오(반드시 전용 콘센트를 사용하십시오).
4) 비데가 작동하는 소리가 들릴 것입니다.

<**주의사항**>

- 전원은 반드시 교류 220V에 연결하십시오(반드시 전용 콘센트를 사용하십시오).
- 변좌에 걸터 앉지 말고 항상 중앙에 앉고, 변좌 위에 어떠한 것도 놓지 마십시오(착좌센서가 동작하지 않을 수도 있습니다).
- 정기적으로 수도필터와 정수필터를 청소 또는 교환해 주십시오.
- 급수 밸브를 열어 주십시오.

<**A/S 신청 전 확인 사항**>

현상	원인	조치방법
물이 나오지 않을 경우	급수밸브가 잠김	매뉴얼을 참고하여 급수밸브를 열어 주세요.
	정수필터가 막힘	매뉴얼을 참고하여 정수필터를 교체하여 주세요 (A/S콜 하세요).
	본체 급수호스 등이 동결	더운 물에 적신 천으로 급수호스 등의 동결 부위를 녹여 주세요.
기능 동작이 되지 않을 경우	수도필터가 막힘	흐르는 물에 수도필터를 닦아 주세요.
	착좌센서 오류	착좌센서에서 의류, 물방울, 이물질을 치워 주세요.
수압이 약할 경우	수도필터에 이물질이 낌	흐르는 물에 수도필터를 닦아 주세요.
	본체의 호스가 꺾임	호스의 꺾인 부분을 펴 주세요.
노즐이 나오지 않을 경우	착좌센서 오류	착좌센서에서 의류, 물방울, 이물질을 치워 주세요.
본체가 흔들릴 경우	고정 볼트가 느슨해짐	설치 볼트를 다시 조여 주세요.

비데가 작동하지 않을 경우	급수밸브가 잠김	매뉴얼을 참고하여 급수밸브를 열어 주세요.
	급수호스의 연결문제	급수호스의 연결상태를 확인해 주세요. 계속 작동하지 않는다면 A/S상담실로 문의하세요.
변기의 물이 샐 경우	급수호스가 느슨해짐	급수호스 연결부분을 조여 주세요. 계속 샐 경우 급수밸브를 잠근 후 A/S상담실로 문의하세요.

59. 비데를 설치하고 일주일이 지난 뒤, A 주임이 비데의 수압이 약하다고 K 사원에게 알려 주었다. K 사원이 비데의 수압이 약해지는 원인을 파악하기 위해 확인해야 할 사항은?

① 급수밸브의 잠김 여부
② 수도필터의 청결 상태
③ 정수필터의 청결 상태
④ 급수밸브의 연결 상태

60. 위의 사항이 원인으로 확인되었을 때, 동일한 문제가 재발하지 않도록 하기 위한 근본적인 해결방안으로 적절한 것은?

① 수도필터의 청결을 위해 수시로 닦아 준다.
② 정수필터가 막히지 않도록 수시로 점검한다.
③ 위생상의 문제로 부착하였던 시트를 제거한다.
④ 급수호스의 연결부분을 수시로 체크하여 조여 준다.

1회 기출예상 2회 기출예상 3회 기출예상 4회 기출예상 5회 기출예상 인성검사 면접가이드

인성검사란? 개개인이 가지고 있는 사고와 태도 및 행동 특성을 정형화된 검사를 통해 측정하여 해당 직무에 적합한 인재인지를 파악하는 검사를 말한다.

01 인성검사의 이해

✉ 1 인성검사, 왜 필요한가?

채용기업은 지원자가 '직무적합성'을 지닌 사람인지를 인성검사와 NCS기반 필기시험을 통해 판단한다. 인성검사에서 말하는 인성(人性)이란 그 사람의 성품, 즉 각 개인이 가지는 사고와 태도 및 행동 특성을 의미한다. 인성은 사람의 생김새처럼 사람마다 다르기 때문에 몇 가지 유형으로 분류하고 이에 맞추어 판단한다는 것 자체가 억지스럽고 어불성설일지 모른다. 그럼에도 불구하고 기업들의 입장에서는 입사를 희망하는 사람이 어떤 성품을 가졌는지 정보가 필요하다. 그래야 해당 기업의 인재상에 적합하고 담당할 업무에 적격한 인재를 채용할 수 있기 때문이다.

지원자의 성격이 외향적인지 아니면 내향적인지, 어떤 직무와 어울리는지, 조직에서 다른 사람과 원만하게 생활할 수 있는지, 업무 수행 중 문제가 생겼을 때 어떻게 대처하고 해결할 수 있는지에 대한 전반적인 개성은 자기소개서를 통해서나 면접을 통해서도 어느 정도 파악할 수 있다. 그러나 이것들만으로 인성을 충분히 파악할 수 없기 때문에 객관화되고 정형화된 인성검사로 지원자의 성격을 판단하고 있다.

채용기업은 필기시험을 높은 점수로 통과한 지원자라 하더라도 해당 기업과 거리가 있는 성품을 가졌다면 탈락시키게 된다. 일반적으로 필기시험 통과자 중 인성검사로 탈락하는 비율이 10% 내외가 된다고 알려져 있다. 물론 인성검사를 탈락하였다 하더라도 특별히 인성에 문제가 있는 사람이 아니라면 절망할 필요는 없다. 자신을 되돌아보고 다음 기회를 대비하면 되기 때문이다. 탈락한 기업이 원하는 인재상이 아니었다면 맞는 기업을 찾으면 되고, 경쟁자가 많았기 때문이라면 자신을 다듬어 경쟁력을 높이면 될 것이다.

✉ 2 인성검사의 특징

우리나라 대다수의 채용기업은 인재개발 및 인적자원을 연구하는 한국행동과학연구소(KIRBS), 에스에이치알(SHR), 한국사회적성개발원(KSAD), 한국인재개발진흥원(KPDI) 등 전문기관에 인성검사를 의뢰하고 있다.

이 기관들의 인성검사 개발 목적은 비슷하지만 기관마다 검사 유형이나 평가 척도는 약간의 차이가 있다. 또 지원하는 기업이 어느 기관에서 개발한 검사지로 인성검사를 시행하는지는 사전에 알 수 없다. 그렇지만 공통으로 적용하는 척도와 기준에 따라 구성된 여러 형태의 인성검사지로 사전 테스트를 해 보고 자신의 인성이 어떻게 평가되는가를 미리 알아보는 것은 가능하다.

인성검사는 필기시험 당일 직무능력평가와 함께 실시하는 경우와 직무능력평가 합격자에 한하여 면접과 함께 실시하는 경우가 있다. 인성검사의 문항은 100문항 내외에서부터 최대 500문항까지 다양하다. 인성검사에 주어지는 시간은 문항 수에 비례하여 30 ~ 100분 정도가 된다.

문항 자체는 단순한 질문으로 어려울 것은 없지만 제시된 상황에서 본인의 행동을 정하는 것이 쉽지만은 않다. 문항 수가 많을 경우 이에 비례하여 시간도 길게 주어지지만 단순하고 유사하며 반복되는 질문에 방심하여 집중하지 못하고 실수하는 경우가 있으므로 컨디션 관리와 집중력 유지에 노력하여야 한다. 특히 같거나 유사한 물음에 다른 답을 하는 경우가 가장 위험하다.

🙂 **3 인성검사 척도 및 구성**

❶ 미네소타 다면적 인성검사(MMPI)

MMPI(Minnesota Multiphasic Personality Inventory)는 1943년 미국 미네소타 대학교수인 해서웨이와 매킨리가 개발한 대표적인 자기 보고형 성향 검사로서 오늘날 가장 대표적으로 사용되는 객관적 심리검사 중 하나이다. MMPI는 약 550여 개의 문항으로 구성되며 각 문항을 읽고 '예(YES)' 또는 '아니오(NO)'로 대답하게 되어 있다.

MMPI는 4개의 타당도 척도와 10개의 임상척도로 구분된다. 500개가 넘는 문항들 중 중복되는 문항들이 포함되어 있는데 내용이 똑같은 문항도 10문항 이상 포함되어 있다. 이 반복 문항들은 응시자가 얼마나 일관성 있게 검사에 임했는지를 판단하는 지표로 사용된다.

구분	척도명	약자	주요 내용
타당도 척도 (바른 태도로 임했는지, 신뢰할 수 있는 결론인지 등을 판단)	무응답 척도 (Can not say)	?	응답하지 않은 문항과 복수로 답한 문항들의 총합으로 빠진 문항을 최소한으로 줄이는 것이 중요하다.
	허구 척도 (Lie)	L	자신을 좋은 사람으로 보이게 하려고 고의적으로 정직하지 못한 답을 판단하는 척도이다. 허구 척도가 높으면 장점까지 인정받지 못하는 결과가 발생한다.
	신뢰 척도 (Frequency)	F	검사 문항에 빗나간 답을 한 경향을 평가하는 척도로 정상적인 집단의 10% 이하의 응답을 기준으로 일반적인 경향과 다른 정도를 측정한다.
	교정 척도 (Defensiveness)	K	정신적 장애가 있음에도 다른 척도에서 정상적인 면을 보이는 사람을 구별하는 척도로 허구 척도보다 높은 고차원으로 거짓 응답을 하는 경향이 나타난다.
임상척도 (정상적 행동과 그렇지 않은 행동의 종류를 구분하는 척도로, 척도마다 다른 기준으로 점수가 매겨짐)	건강염려증 (Hypochondriasis)	Hs	신체에 대한 지나친 집착이나 신경질적 혹은 병적 불안을 측정하는 척도로 이러한 건강염려증이 타인에게 어떤 영향을 미치는지도 측정한다.
	우울증 (Depression)	D	슬픔·비관 정도를 측정하는 척도로 타인과의 관계 또는 본인 상태에 대한 주관적 감정을 나타낸다.
	히스테리 (Hysteria)	Hy	갈등을 부정하는 정도를 측정하는 척도로 신체 증상을 호소하는 경우와 적대감을 부인하며 우회적인 방식으로 드러내는 경우 등이 있다.
	반사회성 (Psychopathic Deviate)	Pd	가정 및 사회에 대한 불신과 불만을 측정하는 척도로 비도덕적 혹은 반사회적 성향 등을 판단한다.
	남성-여성특성 (Masculinity-Feminity)	Mf	남녀가 보이는 흥미와 취향, 적극성과 수동성 등을 측정하는 척도로 성에 따른 유연한 사고와 융통성 등을 평가한다.

편집증 (Paranoia)	Pa	과대 망상, 피해 망상, 의심 등 편집증에 대한 정도를 측정하는 척도로 열등감, 비사교적 행동, 타인에 대한 불만과 같은 내용을 질문한다.
강박증 (Psychasthenia)	Pt	과대 근심, 강박관념, 죄책감, 공포, 불안감, 정리정돈 등을 측정하는 척도로 만성 불안 등을 나타낸다.
정신분열증 (Schizophrenia)	Sc	정신적 혼란을 측정하는 척도로 자폐적 성향이나 타인과의 감정 교류, 충동 억제불능, 성적 관심, 사회적 고립 등을 평가한다.
경조증 (Hypomania)	Ma	정신적 에너지를 측정하는 척도로 생각의 다양성 및 과장성, 행동의 불안정성, 흥분성 등을 나타낸다.
사회적 내향성 (Social introversion)	Si	대인관계 기피, 사회적 접촉 회피, 비사회성 등의 요인을 측정하는 척도로 외향성 및 내향성을 구분한다.

❷ 캘리포니아 성격검사(CPI)

CPI(California Psychological Inventory)는 캘리포니아 대학의 연구팀이 개발한 성검사로 MMPI와 함께 세계에서 가장 널리 사용되고 있는 인성검사 툴이다. CPI는 다양한 인성 요인을 통해 지원자가 답변한 응답 왜곡 가능성, 조직 역량 등을 측정한다. MMPI가 주로 정서적 측면을 진단하는 특징을 보인다면, CPI는 정상적인 사람의 심리적 특성을 주로 진단한다.

CPI는 약 480개 문항으로 구성되어 있으며 다음과 같은 18개의 척도로 구분된다.

구분	척도명	주요 내용
제1군 척도 (대인관계 적절성 측정)	지배성(Do)	리더십, 통솔력, 대인관계에서의 주도권을 측정한다.
	지위능력성(Cs)	내부에 잠재되어 있는 내적 포부, 자기 확신 등을 측정한다.
	사교성(Sy)	참여 기질이 활달한 사람과 그렇지 않은 사람을 구분한다.
	사회적 자발성(Sp)	사회 안에서의 안정감, 자발성, 사교성 등을 측정한다.
	자기 수용성(Sa)	개인적 가치관, 자기 확신, 자기 수용력 등을 측정한다.
	행복감(Wb)	생활의 만족감, 행복감을 측정하며 긍정적인 사람으로 보이고자 거짓 응답하는 사람을 구분하는 용도로도 사용된다.
제2군 척도 (성격과 사회화, 책임감 측정)	책임감(Re)	법과 질서에 대한 양심, 책임감, 신뢰성 등을 측정한다.
	사회성(So)	가치 내면화 정도, 사회 이탈 행동 가능성 등을 측정한다.
	자기 통제성(Sc)	자기조절, 자기통제의 적절성, 충동 억제력 등을 측정한다.
	관용성(To)	사회적 신념, 편견과 고정관념 등에 대한 태도를 측정한다.
	호감성(Gi)	타인이 자신을 어떻게 보는지에 대한 민감도를 측정하며, 좋은 사람으로 보이고자 거짓 응답하는 사람을 구분한다.
	임의성(Cm)	사회에 보수적 태도를 보이고 생각 없이 적당히 응답한 사람을 판단하는 척도로 사용된다.

제3군 척도 (인지적, 학업적 특성 측정)	순응적 성취(Ac)	성취동기, 내면의 인식, 조직 내 성취 욕구 등을 측정한다.
	독립적 성취(Ai)	독립적 사고, 창의성, 자기실현을 위한 능력 등을 측정한다.
	지적 효율성(Le)	지적 능률, 지능과 연관이 있는 성격 특성 등을 측정한다.
제4군 척도 (제1~3군과 무관한 척도의 혼합)	심리적 예민성(Py)	타인의 감정 및 경험에 대해 공감하는 정도를 측정한다.
	융통성(Fx)	개인적 사고와 사회적 행동에 대한 유연성을 측정한다.
	여향성(Fe)	남녀 비교에 따른 흥미의 남향성 및 여향성을 측정한다.

❸ SHL 직업성격검사(OPQ)

OPQ(Occupational Personality Questionnaire)는 세계적으로 많은 외국 기업에서 널리 사용하는 CEB 사의 SHL 직무능력검사에 포함된 직업성격검사이다. 4개의 질문이 한 세트로 되어 있고 총 68세트 정도 출제되고 있다. 4개의 질문 안에서 '자기에게 가장 잘 맞는 것'과 '자기에게 가장 맞지 않는 것'을 1개씩 골라 '예', '아니오'로 체크하는 방식이다. 단순하게 모든 척도가 높다고 좋은 것은 아니며, 척도가 낮은 편이 좋은 경우도 있다.

기업에 따라 척도의 평가 기준은 다르다. 희망하는 기업의 특성을 연구하고, 채용 기준을 예측하는 것이 중요하다.

척도	내용	질문 예
설득력	사람을 설득하는 것을 좋아하는 경향	- 새로운 것을 사람에게 권하는 것을 잘한다. - 교섭하는 것에 걱정이 없다. - 기획하고 판매하는 것에 자신이 있다.
지도력	사람을 지도하는 것을 좋아하는 경향	- 사람을 다루는 것을 잘한다. - 팀을 아우르는 것을 잘한다. - 사람에게 지시하는 것을 잘한다.
독자성	다른 사람의 영향을 받지 않고, 스스로 생각해서 행동하는 것을 좋아하는 경향	- 모든 것을 자신의 생각대로 하는 편이다. - 주변의 평가는 신경 쓰지 않는다. - 유혹에 강한 편이다.
외향성	외향적이고 사교적인 경향	- 다른 사람의 주목을 끄는 것을 좋아한다. - 사람들이 모인 곳에서 중심이 되는 편이다. - 담소를 나눌 때 주변을 즐겁게 해 준다.
우호성	친구가 많고, 대세의 사람이 되는 것을 좋아하는 경향	- 친구와 함께 있는 것을 좋아한다. - 무엇이라도 얘기할 수 있는 친구가 많다. - 친구와 함께 무언가를 하는 것이 많다.
사회성	세상 물정에 밝고 사람 앞에서도 낯을 가리지 않는 성격	- 자신감이 있고 유쾌하게 발표할 수 있다. - 공적인 곳에서 인사하는 것을 잘한다. - 사람들 앞에서 발표하는 것이 어렵지 않다.

1회 기출예상

2회 기출예상

3회 기출예상

4회 기출예상

5회 기출예상

인성검사

면접가이드

겸손성	사람에 대해서 겸손하게 행동하고 누구라도 똑같이 사귀는 경향	– 자신의 성과를 그다지 내세우지 않는다. – 절제를 잘하는 편이다. – 사회적인 지위에 무관심하다.
협의성	사람들에게 의견을 물으면서 일을 진행하는 경향	– 사람들의 의견을 구하며 일하는 편이다. – 타인의 의견을 묻고 일을 진행시킨다. – 친구와 상담해서 계획을 세운다.
돌봄	측은해 하는 마음이 있고, 사람을 돌봐 주는 것을 좋아하는 경향	– 개인적인 상담에 친절하게 답해 준다. – 다른 사람의 상담을 진행하는 경우가 많다. – 후배의 어려움을 돌보는 것을 좋아한다.
구체적인 사물에 대한 관심	물건을 고치거나 만드는 것을 좋아하는 경향	– 고장 난 물건을 수리하는 것이 재미있다. – 상태가 안 좋은 기계도 잘 사용한다. – 말하기보다는 행동하기를 좋아한다.
데이터에 대한 관심	데이터를 정리해서 생각하는 것을 좋아하는 경향	– 통계 등의 데이터를 분석하는 것을 좋아한다. – 표를 만들거나 정리하는 것을 좋아한다. – 숫자를 다루는 것을 좋아한다.
미적가치에 대한 관심	미적인 것이나 예술적인 것을 좋아하는 경향	– 디자인에 관심이 있다. – 미술이나 음악을 좋아한다. – 미적인 감각에 자신이 있다.
인간에 대한 관심	사람의 행동에 동기나 배경을 분석하는 것을 좋아하는 경향	– 다른 사람을 분석하는 편이다. – 타인의 행동을 보면 동기를 알 수 있다. – 다른 사람의 행동을 잘 관찰한다.
정통성	이미 있는 가치관을 소중히 여기고, 익숙한 방법으로 사물을 대하는 것을 좋아하는 경향	– 실적이 보장되는 확실한 방법을 취한다. – 낡은 가치관을 존중하는 편이다. – 보수적인 편이다.
변화 지향	변화를 추구하고, 변화를 받아들이는 것을 좋아하는 경향	– 새로운 것을 하는 것을 좋아한다. – 해외여행을 좋아한다. – 경험이 없더라도 시도해 보는 것을 좋아한다.
개념성	지식에 대한 욕구가 있고, 논리적으로 생각하는 것을 좋아하는 경향	– 개념적인 사고가 가능하다. – 분석적인 사고를 좋아한다. – 순서를 만들고 단계에 따라 생각한다.
창조성	새로운 분야에 대한 공부를 하는 것을 좋아하는 경향	– 새로운 것을 추구한다. – 독창성이 있다. – 신선한 아이디어를 낸다.
계획성	앞을 생각해서 사물을 예상하고, 계획적으로 실행하는 것을 좋아하는 경향	– 과거를 돌이켜보며 계획을 세운다. – 앞날을 예상하며 행동한다. – 실수를 돌아보며 대책을 강구하는 편이다.

치밀함	정확한 순서를 세워 진행하는 것을 좋아하는 경향	– 사소한 실수는 거의 하지 않는다. – 정확하게 요구되는 것을 좋아한다. – 사소한 것에도 주의하는 편이다.
꼼꼼함	어떤 일이든 마지막까지 꼼꼼하게 마무리 짓는 경향	– 맡은 일을 마지막까지 해결한다. – 마감 시한은 반드시 지킨다. – 시작한 일은 중간에 그만두지 않는다.
여유	평소에 릴랙스하고, 스트레스에 잘 대처하는 경향	– 감정의 회복이 빠르다. – 분별없이 함부로 행동하지 않는다. – 스트레스에 잘 대처한다.
근심 · 걱정	어떤 일이 잘 진행되지 않으면 불안을 느끼고, 중요한 일을 앞두면 긴장하는 경향	– 예정대로 잘되지 않으면 근심 · 걱정이 많다. – 신경 쓰이는 일이 있으면 불안하다. – 중요한 만남 전에는 기분이 편하지 않다.
호방함	사람들이 자신을 어떻게 생각하는지를 신경 쓰지 않는 경향	– 사람들이 자신을 어떻게 생각하는지 그다지 신경 쓰지 않는다. – 상처받아도 동요하지 않고 아무렇지 않은 태도를 취한다. – 사람들의 비판에 크게 영향받지 않는다.
억제력	감정을 표현하지 않는 경향	– 쉽게 감정적으로 되지 않는다. – 분노를 억누른다. – 격분하지 않는다.
낙관적	사물을 낙관적으로 보는 경향	– 낙관적으로 생각하고 일을 진행시킨다. – 문제가 일어나도 낙관적으로 생각한다.
비판적	비판적으로 사물을 생각하고, 이론 · 문장 등의 오류에 신경 쓰는 경향	– 이론의 모순을 찾아낸다. – 계획이 갖춰지지 않은 것이 신경 쓰인다. – 누구도 신경 쓰지 않는 오류를 찾아낸다.
행동력	운동을 좋아하고, 민첩하게 행동하는 경향	– 동작이 날렵하다. – 여가를 활동적으로 보낸다. – 몸을 움직이는 것을 좋아한다.
경쟁성	지는 것을 싫어하는 경향	– 승부를 겨루게 되면 지는 것을 싫어한다. – 상대를 이기는 것을 좋아한다. – 싸워 보지 않고 포기하는 것을 싫어한다.
출세 지향	출세하는 것을 중요하게 생각하고, 야심적인 목표를 향해 노력하는 경향	– 출세 지향적인 성격이다. – 곤란한 목표도 달성할 수 있다. – 실력으로 평가받는 사회가 좋다.
결단력	빠르게 판단하는 경향	– 답을 빠르게 찾아낸다. – 문제에 대한 빠른 상황 파악이 가능하다. – 위험을 감수하고도 결단을 내리는 편이다.

📧4 인성검사 합격 전략

❶ 포장하지 않은 솔직한 답변

"다른 사람을 험담한 적이 한 번도 없다.", "물건을 훔치고 싶다고 생각해 본 적이 없다."

이 질문에 당신은 '그렇다', '아니다' 중 무엇을 선택할 것인가? 채용기업이 인성검사를 실시하는 가장 큰 이유는 '이 사람이 어떤 성향을 가진 사람인가'를 효율적으로 파악하기 위해서이다.

인성검사는 도덕적 가치가 빼어나게 높은 사람을 판별하려는 것도 아니고, 성인군자를 가려내기 위함도 아니다. 인간의 보편적 성향과 상식적 사고를 고려할 때, 도덕적 질문에 지나치게 겸손한 답변을 체크하면 오히려 솔직하지 못한 것으로 간주되거나 인성을 제대로 판단하지 못해 무효 처리가 되기도 한다. 자신의 성격을 포장하여 작위적인 답변을 하지 않도록 솔직하게 임하는 것이 예기치 않은 결과를 피하는 첫 번째 전략이 된다.

❷ 필터링 함정을 피하고 일관성 유지

앞서 강조한 솔직함은 일관성과 연결된다. 인성검사를 구성하는 많은 척도는 여러 형태의 문장 속에 동일한 요소를 적용해 반복되기도 한다. 예컨대 '나는 매우 활동적인 사람이다'와 '나는 운동을 매우 좋아한다'라는 질문에 '그렇다'고 체크한 사람이 '휴일에는 집에서 조용히 쉬며 독서하는 것이 좋다'에도 '그렇다'고 체크한다면 일관성이 없다고 평가될 수 있다.

그러나 일관성 있는 답변에만 매달리면 '이 사람이 같은 답변만 체크하기 위해 이 부분만 신경 썼구나'하는 필터링 함정에 빠질 수도 있다. 비슷하게 보이는 문장이 무조건 같은 내용이라고 판단하여 똑같이 답하는 것도 주의해야 한다. 일관성보다 중요한 것은 솔직함이다. 솔직함이 전제되지 않은 일관성은 허위 척도 필터링에서 드러나게 되어 있다. 유사한 질문의 응답이 터무니없이 다르거나 양극단에 치우치지 않는 정도라면 약간의 차이는 크게 문제되지 않는다. 중요한 것은 솔직함과 일관성이 하나의 연장선에 있다는 점을 명심하자.

❸ 지원한 직무와 연관성을 고려

다양한 분야의 많은 계열사와 큰 조직을 통솔하는 대기업은 여러 사람이 조직적으로 움직이는 만큼 각 직무에 걸맞은 능력을 갖춘 인재가 필요하다. 그래서 기업은 매년 신규채용으로 입사한 신입사원들의 젊은 패기와 참신한 능력을 성장 동력으로 활용한다.

기업은 사교성 있고 활달한 사람만을 원하지 않는다. 해당 직군과 직무에 따라 필요로 하는 사원의 능력과 개성이 다르기 때문에, 지원자가 희망하는 계열사나 부서의 직무가 무엇인지 제대로 파악하여 자신의 성향과 맞는지에 대한 고민은 반드시 필요하다. 같은 질문이라도 기업이 원하는 인재상이나 부서의 직무에 따라 판단 척도가 달라질 수 있다.

❹ 평상심 유지와 컨디션 관리

역시 솔직함과 연결된 내용이다. 한 질문에 오래 고민하고 신경 쓰면 불필요한 생각이 개입될 소지가 크다. 이는 직관을 떠나 이성적 판단에 따라 포장할 위험이 높아진다는 뜻이기도 하다. 긴 시간 생각하지 말고 자신의 평상시 생각과 감정대로 답하는 것이 중요하며, 가능한 건너뛰지 말고 모든 질문에 답하도록 한다. 300 ~ 400 개 정도 문항을 출제하는 기업이 많기 때문에, 끝까지 집중하여 임하는 것이 중요하다.

특히 적성검사와 같은 날 실시하는 경우, 적성검사를 마친 후 연이어 보기 때문에 신체적 · 정신적으로 피로한 상태에서 자세가 흐트러질 수도 있다. 따라서 컨디션을 유지하면서 문항당 7 ~ 10초 이상 쓰지 않도록 하고, 문항 수가 많을 때는 답안지에 바로바로 표기하자.

02 인성검사 연습

1 인성검사 출제유형

인성검사는 기업이 추구하는 내부 기준에 따라 적합한 인재를 찾기 위해 가치관과 태도를 측정하는 것이다. 응시자 개인의 사고와 태도·행동 특성 및 유사 질문의 반복을 통해 거짓말 척도 등으로 기업의 인재상에 적합한지를 판단하므로 특별하게 정해진 답은 없다.

2 문항군 개별 항목 체크

❶ 각 문항의 내용을 읽고 자신이 동의하는 정도에 따라 '① 매우 그렇지 않다 ② 그렇지 않다 ③ 보통이다 ④ 그렇다 ⑤ 매우 그렇다' 중 해당되는 것을 표시한다.

❷ 각 문항의 내용을 읽고 평소 자신의 생각 및 행동과 유사하거나 일치하면 '예', 다르거나 일치하지 않으면 '아니오'에 표시한다.

❸ 구성된 검사지에 문항 수가 많으면 일관된 답변이 어려울 수도 있으므로 최대한 꾸밈없이 자신의 가치관과 신념을 바탕으로 솔직하게 답하도록 노력한다.

인성검사 Tip

1. 직관적으로 솔직하게 답한다.
2. 모든 문제를 신중하게 풀도록 한다.
3. 비교적 일관성을 유지할 수 있도록 한다.
4. 평소의 경험과 선호도를 자연스럽게 답한다.
5. 각 문항에 너무 골똘히 생각하거나 고민하지 않는다.
6. 지원한 분야와 나의 성격의 연관성을 미리 생각하고 분석해 본다.

🖃 3 모의 연습

| 01~100 | 모든 문항에는 옳고 그른 답이 없습니다. 다음 문항을 잘 읽고 ① ~ ⑤ 중 본인에게 해당되는 부분에 표시해 주십시오.
| 주의사항 | 자신의 모습 그대로 솔직하게 응답하십시오. 솔직하고 성의 있게 응답하지 않을 경우 결과가 무효 처리됩니다.

번호	문항	매우 그렇지 않다	그렇지 않다	보통이다	그렇다	매우 그렇다
1	내가 한 행동이 가져올 결과를 잘 알고 있다.	①	②	③	④	⑤
2	다른 사람의 주장이나 의견이 어떤 맥락을 가지고 있는지 생각해 본다.	①	②	③	④	⑤
3	나는 어려운 문제를 보면 반드시 그것을 해결해야 직성이 풀린다.	①	②	③	④	⑤
4	시험시간이 끝나면 곧바로 정답을 확인해 보는 편이다.	①	②	③	④	⑤
5	물건을 구매할 때 가격 정보부터 찾는 편이다.	①	②	③	④	⑤
6	항상 일을 할 때 개선점을 찾으려고 한다.	①	②	③	④	⑤
7	사적인 스트레스로 일을 망치는 일은 없다.	①	②	③	④	⑤
8	일이 어떻게 진행되고 있는지 지속적으로 점검한다.	①	②	③	④	⑤
9	궁극적으로 내가 달성하고자 하는 것을 자주 생각한다.	①	②	③	④	⑤
10	막상 시험기간이 되면 계획대로 되지 않는다.	①	②	③	④	⑤
11	다른 사람에게 궁금한 것이 있어도 참는 편이다.	①	②	③	④	⑤
12	요리하는 TV프로그램을 즐겨 시청한다.	①	②	③	④	⑤
13	후회를 해 본 적이 없다.	①	②	③	④	⑤
14	스스로 계획한 일은 하나도 빠짐없이 실행한다.	①	②	③	④	⑤
15	낮보다 어두운 밤에 집중력이 좋다.	①	②	③	④	⑤
16	인내심을 가지고 일을 한다.	①	②	③	④	⑤
17	많은 생각을 필요로 하는 일에 더 적극적이다.	①	②	③	④	⑤
18	미래는 불확실하기 때문에 결과를 예측하는 것은 무의미하다.	①	②	③	④	⑤
19	매일 긍정적인 감정만 느낀다.	①	②	③	④	⑤
20	쉬는 날 가급적이면 집 밖으로 나가지 않는다.	①	②	③	④	⑤

21	나는 약속 시간을 잘 지킨다.	①	②	③	④	⑤
22	영화보다는 연극을 선호한다.	①	②	③	④	⑤
23	아무리 계획을 잘 세워도 결국 일정에 쫓기게 된다.	①	②	③	④	⑤
24	생소한 문제를 접하면 해결해 보고 싶다는 생각보다 귀찮다는 생각이 먼저 든다.	①	②	③	④	⑤
25	내가 한 일의 결과물을 구체적으로 상상해 본다.	①	②	③	④	⑤
26	새로운 것을 남들보다 빨리 받아들이는 편이다.	①	②	③	④	⑤
27	나는 친구들의 생일선물을 잘 챙겨 준다.	①	②	③	④	⑤
28	나를 알고 있는 모든 사람은 나에게 칭찬을 한다.	①	②	③	④	⑤
29	일을 할 때 필요한 나의 능력에 대해 정확하게 알고 있다.	①	②	③	④	⑤
30	나는 질문을 많이 하는 편이다.	①	②	③	④	⑤
31	가급적 여러 가지 대안을 고민하는 것이 좋다.	①	②	③	④	⑤
32	만일 일을 선택할 수 있다면 어려운 것보다 쉬운 것을 선택할 것이다.	①	②	③	④	⑤
33	나는 즉흥적으로 일을 한다.	①	②	③	④	⑤
34	배가 고픈 것을 잘 참지 못한다.	①	②	③	④	⑤
35	단순한 일보다는 생각을 많이 해야 하는 일을 선호한다.	①	②	③	④	⑤
36	갑작스럽게 힘든 일을 겪어도 스스로를 통제할 수 있다.	①	②	③	④	⑤
37	가능성이 낮다 하더라도 내가 믿는 것이 있으면 그것을 실현시키기 위해 노력할 것이다.	①	②	③	④	⑤
38	내가 잘하는 일과 못하는 일을 정확하게 알고 있다.	①	②	③	④	⑤
39	어떤 목표를 세울 것인가 보다 왜 그런 목표를 세웠는지가 더 중요하다.	①	②	③	④	⑤
40	나는 성인이 된 이후로 하루도 빠짐없이 똑같은 시간에 일어났다.	①	②	③	④	⑤
41	다른 사람들보다 새로운 것을 빠르게 습득하는 편이다.	①	②	③	④	⑤
42	나는 모르는 것이 있으면 수단과 방법을 가리지 않고 알아낸다.	①	②	③	④	⑤
43	내 삶을 향상시키기 위한 방법을 찾는다.	①	②	③	④	⑤
44	내 의견이 옳다는 생각이 들면 다른 사람과 잘 타협하지 못한다.	①	②	③	④	⑤

1회 기출예상

2회 기출예상

3회 기출예상

4회 기출예상

5회 기출예상

인성검사

면접가이드

45	나는 집요한 사람이다.	①	②	③	④	⑤
46	가까운 사람과 사소한 일로 다투었을 때 먼저 화해를 청하는 편이다.	①	②	③	④	⑤
47	무엇인가를 반드시 성취해야 하는 것은 아니다.	①	②	③	④	⑤
48	일을 통해서 나의 지식과 기술을 후대에 기여하고 싶다.	①	②	③	④	⑤
49	내 의견을 이해하지 못하는 사람은 상대하지 않는다.	①	②	③	④	⑤
50	사회에서 인정받을 수 있는 사람이 되고 싶다.	①	②	③	④	⑤
51	착한 사람은 항상 손해를 보게 되어 있다.	①	②	③	④	⑤
52	내가 잘한 일은 남들이 꼭 알아줬으면 한다.	①	②	③	④	⑤
53	상황이 변해도 유연하게 대처한다.	①	②	③	④	⑤
54	나와 다른 의견도 끝까지 듣는다.	①	②	③	④	⑤
55	상황에 따라서는 거짓말도 필요하다.	①	②	③	④	⑤
56	평범한 사람이라고 생각한다.	①	②	③	④	⑤
57	남들이 실패한 일도 나는 해낼 수 있다.	①	②	③	④	⑤
58	남들보다 특별히 더 우월하다고 생각하지 않는다.	①	②	③	④	⑤
59	시비가 붙더라도 침착하게 대응한다.	①	②	③	④	⑤
60	화가 날수록 상대방에게 침착해지는 편이다.	①	②	③	④	⑤
61	세상은 착한 사람들에게 불리하다.	①	②	③	④	⑤
62	여러 사람과 이야기하는 것이 즐겁다.	①	②	③	④	⑤
63	다른 사람의 감정을 내 것처럼 느낀다.	①	②	③	④	⑤
64	내게 모욕을 준 사람들을 절대 잊지 않는다.	①	②	③	④	⑤
65	우리가 사는 세상은 살 만한 곳이라고 생각한다.	①	②	③	④	⑤
66	속이 거북할 정도로 많이 먹을 때가 있다.	①	②	③	④	⑤
67	마음속에 있는 것을 솔직하게 털어놓는 편이다.	①	②	③	④	⑤
68	일은 내 삶의 중심에 있다.	①	②	③	④	⑤
69	내가 열심히 노력한다고 해서 나의 주변 환경에 어떤 바람직한 변화가 일어나는 것은 아니다.	①	②	③	④	⑤
70	웬만한 일을 겪어도 마음의 평정을 유지하는 편이다.	①	②	③	④	⑤
71	사람들 앞에 서면 실수를 할까 걱정된다.	①	②	③	④	⑤
72	점이나 사주를 믿는 편이다.	①	②	③	④	⑤
73	화가 나면 언성이 높아진다.	①	②	③	④	⑤

74	차근차근 하나씩 일을 마무리한다.	①	②	③	④	⑤
75	어려운 목표라도 어떻게 해서든 실현 가능한 해결책을 만든다.	①	②	③	④	⑤
76	진행하던 일을 홧김에 그만둔 적이 있다.	①	②	③	④	⑤
77	사람을 차별하지 않는다.	①	②	③	④	⑤
78	창이 있는 레스토랑에 가면 창가에 자리를 잡는다.	①	②	③	④	⑤
79	다양한 분야에 관심이 있다.	①	②	③	④	⑤
80	무단횡단을 한 번도 해 본 적이 없다.	①	②	③	④	⑤
81	내 주위에서는 즐거운 일들이 자주 일어난다.	①	②	③	④	⑤
82	다른 사람의 행동을 내가 통제하고 싶다.	①	②	③	④	⑤
83	내 친구들은 은근히 뒤에서 나를 비웃는다.	①	②	③	④	⑤
84	아이디어를 적극적으로 제시한다.	①	②	③	④	⑤
85	규칙을 어기는 것도 필요할 때가 있다.	①	②	③	④	⑤
86	친구를 쉽게 사귄다.	①	②	③	④	⑤
87	내 분야에서 1등이 되어야 한다.	①	②	③	④	⑤
88	스트레스가 쌓이면 몸도 함께 아프다.	①	②	③	④	⑤
89	목표를 달성하기 위해서는 때로 편법이 필요할 때도 있다.	①	②	③	④	⑤
90	나는 보통사람들보다 더 존경받을 만하다고 생각한다.	①	②	③	④	⑤
91	내 주위에는 나보다 잘난 사람들만 있는 것 같다.	①	②	③	④	⑤
92	나는 따뜻하고 부드러운 마음을 가지고 있다.	①	②	③	④	⑤
93	어떤 일에 실패했어도 반드시 다시 도전한다.	①	②	③	④	⑤
94	회의에 적극 참여한다.	①	②	③	④	⑤
95	나는 적응력이 뛰어나다.	①	②	③	④	⑤
96	서두르지 않고 순서대로 일을 마무리한다.	①	②	③	④	⑤
97	나는 실수에 대해 변명한 적이 없다.	①	②	③	④	⑤
98	나는 맡은 일은 책임지고 끝낸다.	①	②	③	④	⑤
99	나는 눈치가 빠르다.	①	②	③	④	⑤
100	나는 본 검사에 성실하게 응답하였다.	①	②	③	④	⑤

1회 기출예상

2회 기출예상

3회 기출예상

4회 기출예상

5회 기출예상

인성검사

면접가이드

[01~50] 모든 문항에는 옳고 그른 답이 없습니다. 문항의 내용을 읽고 평소 자신의 생각 및 행동과 유사하거나 일치하면 '예', 다르거나 일치하지 않으면 '아니오'로 표시해 주십시오.

| 주의사항 | 자신의 모습 그대로 솔직하게 응답하십시오. 솔직하고 성의 있게 응답하지 않을 경우 결과가 무효 처리됩니다.

1	나는 수줍음을 많이 타는 편이다.	○ 예	○ 아니오
2	나는 과거의 실수가 자꾸만 생각나곤 한다.	○ 예	○ 아니오
3	나는 사람들과 서로 일상사에 대해 이야기하는 것이 쑥스럽다.	○ 예	○ 아니오
4	내 주변에는 나를 좋지 않게 평가하는 사람들이 있다.	○ 예	○ 아니오
5	나는 가족들과는 합리적인 대화가 잘 안 된다.	○ 예	○ 아니오
6	나는 내가 하고 싶은 일은 꼭 해야 한다.	○ 예	○ 아니오
7	나는 개인적 사정으로 타인에게 피해를 주는 사람을 이해할 수 없다.	○ 예	○ 아니오
8	나는 많은 것을 성취하고 싶다.	○ 예	○ 아니오
9	나는 변화가 적은 것을 좋아한다.	○ 예	○ 아니오
10	나는 내가 하고 싶은 일과 해야 할 일을 구분할 줄 안다.	○ 예	○ 아니오
11	나는 뜻대로 일이 되지 않으면 화가 많이 난다.	○ 예	○ 아니오
12	내 주변에는 나에 대해 좋게 얘기하는 사람이 있다.	○ 예	○ 아니오
13	요즘 세상에서는 믿을 만한 사람이 없다.	○ 예	○ 아니오
14	나는 할 말은 반드시 하고야 마는 사람이다.	○ 예	○ 아니오
15	나는 변화가 적은 것을 좋아한다.	○ 예	○ 아니오
16	나는 가끔 부당한 대우를 받는다는 생각이 든다.	○ 예	○ 아니오
17	나는 가치관이 달라도 친하게 지내는 친구들이 많다.	○ 예	○ 아니오
18	나는 새로운 아이디어를 내는 것이 쉽지 않다.	○ 예	○ 아니오
19	나는 노력한 만큼 인정받지 못하고 있다.	○ 예	○ 아니오
20	나는 매사에 적극적으로 참여한다.	○ 예	○ 아니오
21	나의 가족들과는 어떤 주제를 놓고도 서로 대화가 잘 통한다.	○ 예	○ 아니오
22	나는 사람들과 어울리는 일에서 삶의 활력을 얻는다.	○ 예	○ 아니오
23	학창시절 마음에 맞는 친구가 없었다.	○ 예	○ 아니오
24	특별한 이유 없이 누군가를 미워한 적이 있다.	○ 예	○ 아니오
25	내가 원하는 대로 일이 되지 않을 때 화가 많이 난다.	○ 예	○ 아니오
26	요즘 같은 세상에서는 누구든 믿을 수 없다.	○ 예	○ 아니오

27	나는 여행할 때 남들보다 짐이 많은 편이다.	○ 예	○ 아니오
28	나는 상대방이 화를 내면 더욱 화가 난다.	○ 예	○ 아니오
29	나는 반대 의견을 말하더라도 상대방을 무시하는 말을 하지 않으려고 한다.	○ 예	○ 아니오
30	나는 학창시절 내가 속한 동아리에서 누구보다 충성도가 높은 사람이었다.	○ 예	○ 아니오
31	나는 새로운 집단에서 친구를 쉽게 사귀는 편이다.	○ 예	○ 아니오
32	나는 다른 사람을 챙기는 태도가 몸에 배여 있다.	○ 예	○ 아니오
33	나는 항상 겸손하여 노력한다.	○ 예	○ 아니오
34	내 주변에는 나에 대해 좋지 않은 이야기를 하는 사람이 있다.	○ 예	○ 아니오
35	나는 가족들과는 합리적인 대화가 잘 안 된다.	○ 예	○ 아니오
36	나는 내가 하고 싶은 일은 꼭 해야 한다.	○ 예	○ 아니오
37	나는 스트레스를 받으면 몸에 이상이 온다.	○ 예	○ 아니오
38	나는 재치가 있다는 말을 많이 듣는 편이다.	○ 예	○ 아니오
39	나는 사람들에게 잘 보이기 위해 마음에 없는 거짓말을 한다.	○ 예	○ 아니오
40	다른 사람을 위협적으로 대한 적이 있다.	○ 예	○ 아니오
41	나는 부지런하다는 말을 자주 들었다.	○ 예	○ 아니오
42	나는 쉽게 화가 났다가 쉽게 풀리기도 한다.	○ 예	○ 아니오
43	나는 할 말은 반드시 하고 사는 사람이다.	○ 예	○ 아니오
44	나는 터질 듯한 분노를 종종 느낀다.	○ 예	○ 아니오
45	나도 남들처럼 든든한 배경이 있었다면 지금보다 훨씬 나은 위치에 있었을 것이다.	○ 예	○ 아니오
46	나는 종종 싸움에 휘말린다.	○ 예	○ 아니오
47	나는 능력과 무관하게 불이익을 받은 적이 있다.	○ 예	○ 아니오
48	누군가 내 의견을 반박하면 물러서지 않고 논쟁을 벌인다.	○ 예	○ 아니오
49	남이 나에게 피해를 입힌다면 나도 가만히 있지 않을 것이다.	○ 예	○ 아니오
50	내가 인정받기 위해서 규칙을 위반한 행위를 한 적이 있다.	○ 예	○ 아니오

면접이란? 지원자가 보유한 직무 관련 능력 및 직무적합도와 더불어 인품. 언행 등을 직접 만나 평가하는 것을 말한다.

3
파트

한국도로공사
면접가이드

NCS 면접의 이해

※ 능력중심 채용에서는 타당도가 높은 구조화 면접을 적용한다.

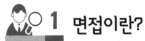 **1 면접이란?**

일을 하는 데 필요한 능력(직무역량, 직무지식, 인재상 등)을 지원자가 보유하고 있는지를 다양한 면접기법을 활용하여 확인하는 절차이다. 자신의 환경, 성취, 관심사, 경험 등에 대해 이야기하여 본인이 적합하다는 것을 보여 줄 기회를 제공하고, 면접관은 평가에 필요한 정보를 수집하고 평가하는 것이다.

- 지원자의 태도, 적성, 능력에 대한 정보를 심층적으로 파악하기 위한 선발 방법
- 선발의 최종 의사결정에 주로 사용되는 선발 방법
- 전 세계적으로 선발에서 가장 많이 사용되는 핵심적이고 중요한 방법

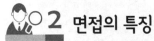 **2 면접의 특징**

서류전형이나 인적성검사에서 드러나지 않는 것들을 볼 수 있는 기회를 제공한다.

- 직무수행과 관련된 다양한 지원자 행동에 대한 관찰이 가능하다.
- 면접관이 알고자 하는 정보를 심층적으로 파악할 수 있다.
- 서류상의 미비한 사항과 의심스러운 부분을 확인할 수 있다.
- 커뮤니케이션, 대인관계행동 등 행동·언어적 정보도 얻을 수 있다.

3 면접의 평가요소

❶ **인재적합도**

해당 기관이나 기업별 인재상에 대한 인성 평가

❷ **조직적합도**

조직에 대한 이해와 관련 상황에 대한 평가

❸ **직무적합도**

직무에 대한 지식과 기술, 태도에 대한 평가

👨‍💼🔍 4 면접의 유형

구조화된 정도에 따른 분류

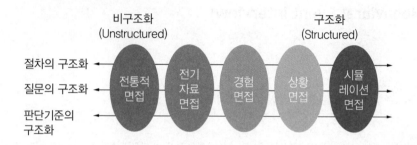

비구조화 (Unstructured) ──────────── 구조화 (Structured)

절차의 구조화
질문의 구조화
판단기준의 구조화

전통적 면접 / 전기자료 면접 / 경험 면접 / 상황 면접 / 시뮬레이션 면접

❶ 구조화 면접(Structured Interview)

사전에 계획을 세워 질문의 내용과 방법, 지원자의 답변 유형에 따른 추가 질문과 그에 대한 평가역량이 정해져 있는 면접 방식(표준화 면접)

> • 표준화된 질문이나 평가요소가 면접 전 확정되며, 지원자는 편성된 조나 면접관에 영향을 받지 않고 동일한 질문과 시간을 부여받을 수 있음.
> • 조직 또는 직무별로 주요하게 도출된 역량을 기반으로 평가요소가 구성되어, 조직 또는 직무에서 필요한 역량을 가진 지원자를 선발할 수 있음.
> • 표준화된 형식을 사용하는 특성 때문에 비구조화 면접에 비해 신뢰성과 타당성, 객관성이 높음.

❷ 비구조화 면접(Unstructured Interview)

면접 계획을 세울 때 면접 목적만 명시하고 내용이나 방법은 면접관에게 전적으로 일임하는 방식(비표준화 면접)

> • 표준화된 질문이나 평가요소 없이 면접이 진행되며, 편성된 조나 면접관에 따라 지원자에게 주어지는 질문이나 시간이 다름.
> • 면접관의 주관적인 판단에 따라 평가가 이루어져 평가 오류가 빈번히 일어남.
> • 상황 대처나 언변이 뛰어난 지원자에게 유리한 면접이 될 수 있음.

1회 기출예상 / 2회 기출예상 / 3회 기출예상 / 4회 기출예상 / 5회 기출예상 / 인성검사 / 면접가이드

NCS 구조화 면접 기법

※ 능력중심 채용에서는 타당도가 높은 구조화 면접을 적용한다.

 1 경험면접(Behavioral Event Interview)

면접 프로세스

안내 ⟶ 지원자는 입실 후, 면접관을 통해 인사말과 면접에 대한 간단한 안내를 받음.

⌄

질문 ⟶ 지원자는 면접관에게 평가요소(직업기초능력, 직무수행능력 등)와 관련된 주요 질문을 받게 되며, 질문에서 의도하는 평가요소를 고려하여 응답할 수 있도록 함.

⌄

세부질문 ⟶ • 지원자가 응답한 내용을 토대로 해당 평가기준들을 충족시키는지 파악하기 위한 세부질문이 이루어짐.
• 구체적인 행동·생각 등에 대해 응답할수록 높은 점수를 얻을 수 있음.

• **방식**
해당 역량의 발휘가 요구되는 일반적인 상황을 제시하고, 그러한 상황에서 어떻게 행동했었는지(과거경험)를 이야기하도록 함.

• **판단기준**
해당 역량의 수준, 경험 자체의 구체성, 진실성 등

• **특징**
추상적인 생각이나 의견 제시가 아닌 과거 경험 및 행동 중심의 질의가 이루어지므로 지원자는 사전에 본인의 과거 경험 및 사례를 정리하여 면접에 대비할 수 있음.

• **예시**

지원분야		지원자		면접관		(인)
경영자원관리 조직이 보유한 인적자원을 효율적으로 활용하여, 조직 내 유·무형 자산 및 재무자원을 효율적으로 관리한다.						
주질문						
A. 어떤 과제를 처리할 때 기존에 팀이 사용했던 방식의 문제점을 찾아내 이를 보완하여 과제를 더욱 효율적으로 처리했던 경험에 대해 이야기해 주시기 바랍니다.						
세부질문						
[상황 및 과제] 사례와 관련해 당시 상황에 대해 이야기해 주시기 바랍니다. [역할] 당시 지원자께서 맡았던 역할은 무엇이었습니까? [행동] 사례와 관련해 구성원들의 설득을 이끌어 내기 위해 어떤 노력을 하였습니까? [결과] 결과는 어땠습니까?						

기대행동	평점
업무진행에 있어 한정된 자원을 효율적으로 활용한다.	① - ② - ③ - ④ - ⑤
구성원들의 능력과 성향을 파악해 효율적으로 업무를 배분한다.	① - ② - ③ - ④ - ⑤
효과적 인적/물적 자원관리를 통해 맡은 일을 무리 없이 잘 마무리한다.	① - ② - ③ - ④ - ⑤

척도해설

1 : 행동증거가 거의 드러나지 않음	2 : 행동증거가 미약하게 드러남	3 : 행동증거가 어느 정도 드러남	4 : 행동증거가 명확하게 드러남	5 : 뛰어난 수준의 행동증거가 드러남
관찰기록 :				
총평 :				

※ 실제 적용되는 평가지는 기업/기관마다 다름.

2 상황면접(Situational Interview)

면접 프로세스

안내 — 지원자는 입실 후, 면접관을 통해 인사말과 면접에 대한 간단한 안내를 받음.

질문 —
- 지원자는 상황질문지를 검토하거나 면접관을 통해 상황 및 질문을 제공받음.
- 면접관의 질문이나 질문지의 의도를 파악하여 응답할 수 있도록 함.

세부질문 —
- 지원자가 응답한 내용을 토대로 해당 평가기준들을 충족시키는지 파악하기 위한 세부질문이 이루어짐.
- 구체적인 행동·생각 등에 대해 응답할수록 높은 점수를 얻을 수 있음.

- **방식**
  직무 수행 시 접할 수 있는 상황들을 제시하고, 그러한 상황에서 어떻게 행동할 것인지(행동의도)를 이야기하도록 함.
- **판단기준**
  해당 상황에 맞는 해당 역량의 구체적 행동지표
- **특징**
  지원자의 가치관, 태도, 사고방식 등의 요소를 평가하는 데 용이함.

1회 기출예상 2회 기출예상 3회 기출예상 4회 기출예상 5회 기출예상 인성검사 면접가이드

• 예시

지원분야		지원자		면접관	(인)

유관부서협업
타 부서의 업무협조요청 등에 적극적으로 협력하고 갈등 상황이 발생하지 않도록 이해관계를 조율하며 관련 부서의 협업을 효과적으로 이끌어 낸다.

주질문
당신은 생산관리팀의 팀원으로, 2개월 뒤에 제품 A를 출시하기 위해 생산팀의 생산 계획을 수립한 상황입니다. 그러나 원가가 곧 실적으로 이어지는 구매팀에서는 최대한 원가를 줄여 전반적 단가를 낮추려고 원가절감을 위한 제안을 하였으나, 연구개발팀에서는 구매팀이 제안한 방식으로 제품을 생산할 경우 대부분이 구매팀의 실적으로 산정될 것이므로 제대로 확인도 해보지 않은 채 적합하지 않은 방식이라고 판단하고 있습니다. 당신은 어떻게 하겠습니까?

세부질문
[상황 및 과제] 이 상황의 핵심적인 이슈는 무엇이라고 생각합니까?
[역할] 당신의 역할을 더 잘 수행하기 위해서는 어떤 점을 고려해야 하겠습니까? 왜 그렇게 생각합니까?
[행동] 당면한 과제를 해결하기 위해서 구체적으로 어떤 조치를 취하겠습니까? 그 이유는 무엇입니까?
[결과] 그 결과는 어떻게 될 것이라고 생각합니까? 그 이유는 무엇입니까?

척도해설

1 : 행동증거가 거의 드러나지 않음	2 : 행동증거가 미약하게 드러남	3 : 행동증거가 어느 정도 드러남	4 : 행동증거가 명확하게 드러남	5 : 뛰어난 수준의 행동증거가 드러남
관찰기록 :				
총평 :				

※ 실제 적용되는 평가지는 기업/기관마다 다름.

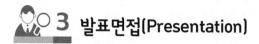

3 발표면접(Presentation)

면접 프로세스

안내
• 입실 후 지원자는 면접관으로부터 인사말과 발표면접에 대해 간략히 안내받음.
• 면접 전 지원자는 과제 검토 및 발표 준비시간을 가짐.

발표
• 지원자들이 과제 주제와 관련하여 정해진 시간 동안 발표를 실시함.
• 면접관은 발표내용 중 평가요소와 관련해 나타난 가점 및 감점요소들을 평가하게 됨.

질문응답
• 발표 종료 후 면접관은 정해진 시간 동안 지원자의 발표내용과 관련해 구체적인 내용을 확인하기 위한 질문을 함.
• 지원자는 면접관의 질문의도를 정확히 파악하여 적절히 응답할 수 있도록 함.
• 응답 시 명확하고 자신있게 전달할 수 있도록 함.

- 방식

  지원자가 특정 주제와 관련된 자료(신문기사, 그래프 등)를 검토하고, 그에 대한 자신의 생각을 면접관 앞에서 발표하며, 추가 질의응답이 이루어짐.

- 판단기준

  지원자의 사고력, 논리력, 문제해결능력 등

- 특징

  과제를 부여한 후, 지원자들이 과제를 수행하는 과정과 결과를 관찰 · 평가함. 과제수행의 결과뿐 아니라 과제수행 과정에서의 행동을 모두 평가함.

4 토론면접(Group Discussion)

면접 프로세스

안내
- 입실 후, 지원자들은 면접관으로부터 토론 면접의 전반적인 과정에 대해 안내받음.
- 지원자는 정해진 자리에 착석함.

⌄

토론
- 지원자들이 과제 주제와 관련하여 정해진 시간 동안 토론을 실시함(시간은 기관별 상이).
- 지원자들은 면접 전 과제 검토 및 토론 준비시간을 가짐.
- 토론이 진행되는 동안, 지원자들은 다른 토론자들의 발언을 경청하여 적절히 본인의 의사를 전달할 수 있도록 함. 더불어 적극적인 태도로 토론면접에 임하는 것도 중요함.

⌄

마무리
(5분 이내)
- 면접 종료 전, 지원자들은 토론을 통해 도출한 결론에 대해 첨언하고 적절히 마무리 지음.
- 본인의 의견을 전달하는 것과 동시에 다른 토론자를 배려하는 모습도 중요함.

- 방식

  상호갈등적 요소를 가진 과제 또는 공통의 과제를 해결하는 내용의 토론 과제(신문기사, 그래프 등)를 제시하고, 그 과정에서의 개인 간의 상호작용 행동을 관찰함.

- 판단기준

  팀워크, 갈등 조정, 의사소통능력 등

- 특징

  면접에서 최종안을 도출하는 것도 중요하나 주장의 옳고 그름이 아닌 결론을 도출하는 과정과 말하는 자세 등도 중요함.

5 역할연기면접(Role Play Interview)

- 방식

  기업 내 발생 가능한 상황에서 부딪히게 되는 문제와 역할을 가상적으로 설정하여 특정 역할을 맡은 사람과 상호작용하고 문제를 해결해 나가도록 함.

- 판단기준

  대처능력, 대인관계능력, 의사소통능력 등

- 특징

  실제 상황과 유사한 가상 상황에서 지원자의 성격이나 대처 행동 등을 관찰할 수 있음.

 6 집단면접(Group Activity)

- 방식

  지원자들이 팀(집단)으로 협력하여 정해진 시간 안에 활동 또는 게임을 하며 면접관들은 지원자들의 행동을 관찰함.

- 판단기준

  대인관계능력, 팀워크, 창의성 등

- 특징

  기존 면접보다 오랜 시간 관찰을 하여 지원자들의 평소 습관이나 행동들을 관찰하려는 데 목적이 있음.

면접 최신 기출 주제

1 2020 하반기 면접 실제 기출 주제

– 다대다(지원자 4명, 면접관 3명, 감독관 1명)

1. 도로 상에서 문제 발생 시 대처 방법에 관해서 말해보시오.

2. 직장동료와 불화 시 해결 방법에 대해서 말해보시오.

3. 최근에 읽었던 책 중에 가장 감명 깊었던 책은?(소설, 만화 제외)

4. 전 직업 퇴직 후 2개월 동안 무엇을 하였는가?

5. 졸음 쉼터, 인공지능, 무인자동차에 관하여 말해보시오.

6. 도로공사에 대해 알고 있는 것과 이슈에 대해 말해보시오.

7. 통행료 할인제도에 대해 말해보시오.

8. 왜 공기업을 지원하는가?

9. 고속도로 유휴부지 활용 방안에 대해 말해보시오.

10. 도로공사의 비전, 미션이 무엇인지 말해보시오.

11. 전공이 업무에 어떻게 도움이 되겠는가?

12. 인공지능이 발달하고 자동화될수록 톨게이트에서의 일자리가 사라질 수 있는데 이에 대한 생각은?

13. 현재 워라벨이 많이 강조되고 있는데, 워라벨은 좋지만 실적이 좋지 않은 회사가 있다면 어떻게 해결해야 하는가?

14. 한국도로공사가 운영하는 고속도로와 민자도로의 차이에 대해 생각해 본 것이 있는가?

15. KTX와 같은 철도는 한국도로공사와 경쟁관계에 있는데 앞으로 한국도로공사가 경쟁에서 어떨 것 같은지?

16. 본인에게 있어 팀워크란?

17. 지원자가 중요시 여기는 가치관은 무엇인가?

18. 젠트리피케이션 현상에 대해 설명하고 대책을 말하시오.

19. 어떤 역량이 우리 공사에 기여할 수 있으리라 생각하는가?

20. 우리 공사에서는 같은 일을 20~30년 해야 한다. 지루할 수 있는데 어떻게 극복할 수 있다고 생각하는가?

21. 사람을 사귀는 데에 본인만의 기준이 있다면 무엇이 있는지 말해보시오.

22. 어떤 부서에 지원하고 싶은지 말해보시오.

23. 앞으로 한국도로공사가 나아가야 할 방향에 대해 말해보시오.

24. 자신이 동물이라면 어디에 비유할 것인가?

25. 여러 가지 순환근무나 멀티플레이어 같은 근무를 하게 될 텐데, 가장 중요하다고 생각하는 것과 이를 어떻게 업무에 적용할 것인지 말해보시오.

26. 문제해결을 위해 협력을 하고 창의적으로 해결한 경험에 대해 말해보시오.

1회 기출예상

2회 기출예상

3회 기출예상

4회 기출예상

5회 기출예상

인성검사

면접가이드

2 그 외 면접 실제 기출 주제

1. 어린이 보호구역에서 과속 차량을 효과적으로 줄이는 방법을 제시하시오.

2. 지구온난화 상황 중인 가운데 온실가스를 줄이는 방법을 제시하시오.

3. 운전면허 1종을 딴 이유에 대해 말해보시오.

4. 고속도로 무료화에 대해 말해보시오.

5. 고객과의 중요한 약속이 있는데, 개인 사정으로 약속 시간을 못지키게 될 상황이다. 이때 과속이나 신호위반 등 교통법규를 위반하면서 고객과의 약속시간을 지킬 것인가?

6. 금연장소에서 대놓고 흡연을 하고 있는 사람을 보았다. 담배를 끄라고 할 것인가, 그냥 지나칠 것인가?

7. 첫 출근하는 날, 30분 일찍 출근한 나에게 상사는 왜 이렇게 늦었냐며 나무란다. 어떻게 할 것인가?

8. 부모님께 죄송했던 일을 말해보시오.

9. 해보고 싶었지만 못해본 일이 있다면 말해보시오.

10. 주인의식을 가지고 일해 본 경험에 대해 말해 보시오.

11. 평소 자기관리를 어떻게 하는지 말해 보시오.

12. 스트레스를 어떻게 해소하는지 말해 보시오.

13. 나이가 많은 직원과 일한 경험이 있는가? 있다면 그때의 경험을 말해 보시오.

14. 지시에 따르지 않는 부하직원이 있을 때 어떻게 할 것인지 말해 보시오.

15. 4차 산업을 공사와 본인 업무에 어떻게 적용할 수 있는지 말해 보시오.

16. 선임자가 규정대로 일을 진행하지 않을 경우 어떻게 할 것인가?

17. 선임자와 의견충돌이 발생할 경우 어떻게 대처할 것인가?

18. 공부를 제외하고 성취한 것에 대해 말해 보시오.

19. 조직 간의 갈등을 해결하기 위해 가장 중요한 것은 무엇이라고 생각하는가?

20. 입사 후 자기개발을 위해 어떤 일을 할 것인지 말해 보시오.

21. 전공 외에 따로 공부해 본 것이 있다면 말해 보시오.

22. 회사 일과 개인적인 일이 겹친다면 어떻게 할 것인가?

23. 일할 때 가장 꺼리는 유형을 말해 보시오.

24. 원하는 부서에 배치되지 않는다면 어떻게 할 것인가?

25. 학생과 직장인의 차이가 뭐라고 생각하는가?

26. 여러 단체에 있으면서 소속감을 느꼈던 순간에 대해 말해 보시오.

27. 차량실명제에 대하여 어떻게 생각하는지 말해 보시오.

28. 자신만의 경쟁력을 말해 보시오.

29. 노조의 필요성과 파업에 대한 견해를 말해 보시오.

30. 공과 사를 구분한 경험이 있다면 구체적으로 말해 보시오.

31. 평소 친구들과 어떻게 연락하는가?

32. 살면서 가장 열정적으로 임했던 일이 있다면 말해 보시오.

33. 융통성을 깨고 성과를 이룬 경험에 대해 말해 보시오.

34. 아르바이트를 하면서 느낀 점에 대해 말해 보시오.

35. 본인이 속했던 집단이 가졌던 장점에 대해 말해 보시오.

36. 돌발 상황에 대처한 경험이 있다면 구체적으로 말해 보시오.

37. 다른 사람이 잘못했을 때 대신 희생한 경험이 있다면 구체적으로 말해 보시오.

38. 본인이 다른 지원자보다 뛰어나다고 생각하는 부분이 있는지 말해 보시오.

39. 본인은 안전을 추구하는 사람인지, 경제성을 추구하는 사람인지 말해 보시오.

40. 다른 사람들과 일을 할 때 불편한 게 보여서 누가 말하기 전에 본인이 먼저 나선 경험이 있는지 말해 보시오.

41. 새로운 기술을 사용해 본 경험이 있다면 그 기술을 어떻게 습득하였는지 말해 보시오.

42. 팀 과제나 프로젝트를 하면서 어려움이 있었던 경험에 대해 말해 보시오.

43. 지원한 직무를 선택한 동기와 해당 직무를 잘 수행하기 위해 어떤 역량이 가장 필요하다고 생각하는지 말해 보시오.

44. 책임감을 발휘했던 경험에 대해 말해 보시오.

45. 싫어하는 사람과 같이 일해 본 적 있는가? 있다면 구체적으로 말해 보시오.

46. A를 해야 하는 상황에서 선배가 B를 하라고 한다면, 어떻게 소통할 것인가?

47. 현재 어떤 제품의 점검 주기가 10달인데 해외에서는 5달에 한 번 점검을 한다. 따라서 5달에 한 번 점검을 하고 다른 사람들을 설득하고자 할 때 어떻게 할 것인가?

48. CEO라면 일은 잘하지만 대인관계가 안 좋은 사람과 일은 잘 못하지만 대인관계가 좋은 사람 중 누구를 뽑을지 말해보시오. 또한 그 이유는 무엇인지 말해보시오.

출제유형 100% 정복

수리 · 자료해석

기 초 부 터 심 화 까 지

출제유형 연습으로
만점에 도전한다.

- 수리가 쉬워진다 -

속산법 · 어림산법 · 빠른 풀이 비법 터득
나올 문제를 미리 알고 반복 연습하자

기초계산   수 · 문자추리/사칙연산

응용수리   거리/속력/시간
             농도, 일의 양, 금액
             경우의 수/확률, 간격, 나이
             약 · 배수, 부등식, 방정식
             평균/표준편차/최빈값/중앙값
             도형계산
             진로의 방향/물체의 흐름과 비율
             집합, 시계, 기타

자료해석   자료이해
             자료계산
             자료변환

문번	답란	문번	답란	문번	답란	문번	답란
1	① ② ③ ④	16	① ② ③ ④	31	① ② ③ ④	46	① ② ③ ④
2	① ② ③ ④	17	① ② ③ ④	32	① ② ③ ④	47	① ② ③ ④
3	① ② ③ ④	18	① ② ③ ④	33	① ② ③ ④	48	① ② ③ ④
4	① ② ③ ④	19	① ② ③ ④	34	① ② ③ ④	49	① ② ③ ④
5	① ② ③ ④	20	① ② ③ ④	35	① ② ③ ④	50	① ② ③ ④
6	① ② ③ ④	21	① ② ③ ④	36	① ② ③ ④	51	① ② ③ ④
7	① ② ③ ④	22	① ② ③ ④	37	① ② ③ ④	52	① ② ③ ④
8	① ② ③ ④	23	① ② ③ ④	38	① ② ③ ④	53	① ② ③ ④
9	① ② ③ ④	24	① ② ③ ④	39	① ② ③ ④	54	① ② ③ ④
10	① ② ③ ④	25	① ② ③ ④	40	① ② ③ ④	55	① ② ③ ④
11	① ② ③ ④	26	① ② ③ ④	41	① ② ③ ④	56	① ② ③ ④
12	① ② ③ ④	27	① ② ③ ④	42	① ② ③ ④	57	① ② ③ ④
13	① ② ③ ④	28	① ② ③ ④	43	① ② ③ ④	58	① ② ③ ④
14	① ② ③ ④	29	① ② ③ ④	44	① ② ③ ④	59	① ② ③ ④
15	① ② ③ ④	30	① ② ③ ④	45	① ② ③ ④	60	① ② ③ ④

기출예상문제_연습용

감독관 확인란

문번	답란	문번	답란	문번	답란	문번	답란
1	① ② ③ ④	16	① ② ③ ④	31	① ② ③ ④	46	① ② ③ ④
2	① ② ③ ④	17	① ② ③ ④	32	① ② ③ ④	47	① ② ③ ④
3	① ② ③ ④	18	① ② ③ ④	33	① ② ③ ④	48	① ② ③ ④
4	① ② ③ ④	19	① ② ③ ④	34	① ② ③ ④	49	① ② ③ ④
5	① ② ③ ④	20	① ② ③ ④	35	① ② ③ ④	50	① ② ③ ④
6	① ② ③ ④	21	① ② ③ ④	36	① ② ③ ④	51	① ② ③ ④
7	① ② ③ ④	22	① ② ③ ④	37	① ② ③ ④	52	① ② ③ ④
8	① ② ③ ④	23	① ② ③ ④	38	① ② ③ ④	53	① ② ③ ④
9	① ② ③ ④	24	① ② ③ ④	39	① ② ③ ④	54	① ② ③ ④
10	① ② ③ ④	25	① ② ③ ④	40	① ② ③ ④	55	① ② ③ ④
11	① ② ③ ④	26	① ② ③ ④	41	① ② ③ ④	56	① ② ③ ④
12	① ② ③ ④	27	① ② ③ ④	42	① ② ③ ④	57	① ② ③ ④
13	① ② ③ ④	28	① ② ③ ④	43	① ② ③ ④	58	① ② ③ ④
14	① ② ③ ④	29	① ② ③ ④	44	① ② ③ ④	59	① ② ③ ④
15	① ② ③ ④	30	① ② ③ ④	45	① ② ③ ④	60	① ② ③ ④

성명표기란

수험번호

⓪ ① ② ③ ④ ⑤ ⑥ ⑦ ⑧ ⑨

주민등록 앞자리 생년제외) 월일

⓪ ① ② ③ ④ ⑤ ⑥ ⑦ ⑧ ⑨

수험생 유의사항

※ 답안은 반드시 컴퓨터용 사인펜으로 보기와 같이 바르게 표기해야 합니다.
〈보기〉 ① ② ③ ❹ ⑤

※ 성명표기란 위 칸에는 성명을 한글로 쓰고 아래 칸에는 성명을 정확하게 표기하십시오. (맨 왼쪽 칸부터 성과 이름은 붙여 씁니다)

※ 수험번호/월일 위 칸에는 아라비아 숫자로 쓰고 아래 칸에는 숫자와 일치하게 표기하십시오.

※ 월일은 반드시 본인 주민등록번호의 생년월일을 제외한 월 두 자리, 일 두 자리를 표기하십시오.
〈예〉 1994년 1월 12일 → 0112

한국도로공사

기출예상문제_연습용

감독관
확인란

성명표기란

수험번호

(주민등록 앞자리 생년제외) 월일

문별	답란	문별	답란	문별	답란	문별	답란
1	① ② ③ ④	16	① ② ③ ④	31	① ② ③ ④	46	① ② ③ ④
2	① ② ③ ④	17	① ② ③ ④	32	① ② ③ ④	47	① ② ③ ④
3	① ② ③ ④	18	① ② ③ ④	33	① ② ③ ④	48	① ② ③ ④
4	① ② ③ ④	19	① ② ③ ④	34	① ② ③ ④	49	① ② ③ ④
5	① ② ③ ④	20	① ② ③ ④	35	① ② ③ ④	50	① ② ③ ④
6	① ② ③ ④	21	① ② ③ ④	36	① ② ③ ④	51	① ② ③ ④
7	① ② ③ ④	22	① ② ③ ④	37	① ② ③ ④	52	① ② ③ ④
8	① ② ③ ④	23	① ② ③ ④	38	① ② ③ ④	53	① ② ③ ④
9	① ② ③ ④	24	① ② ③ ④	39	① ② ③ ④	54	① ② ③ ④
10	① ② ③ ④	25	① ② ③ ④	40	① ② ③ ④	55	① ② ③ ④
11	① ② ③ ④	26	① ② ③ ④	41	① ② ③ ④	56	① ② ③ ④
12	① ② ③ ④	27	① ② ③ ④	42	① ② ③ ④	57	① ② ③ ④
13	① ② ③ ④	28	① ② ③ ④	43	① ② ③ ④	58	① ② ③ ④
14	① ② ③ ④	29	① ② ③ ④	44	① ② ③ ④	59	① ② ③ ④
15	① ② ③ ④	30	① ② ③ ④	45	① ② ③ ④	60	① ② ③ ④

gosinet
(주)고시넷

한국도로공사

기출예상문제_연습용

감독관
확인란

성명표기란

문번	답란	문번	답란	문번	답란	문번	답란
1	① ② ③ ④	16	① ② ③ ④	31	① ② ③ ④	46	① ② ③ ④
2	① ② ③ ④	17	① ② ③ ④	32	① ② ③ ④	47	① ② ③ ④
3	① ② ③ ④	18	① ② ③ ④	33	① ② ③ ④	48	① ② ③ ④
4	① ② ③ ④	19	① ② ③ ④	34	① ② ③ ④	49	① ② ③ ④
5	① ② ③ ④	20	① ② ③ ④	35	① ② ③ ④	50	① ② ③ ④
6	① ② ③ ④	21	① ② ③ ④	36	① ② ③ ④	51	① ② ③ ④
7	① ② ③ ④	22	① ② ③ ④	37	① ② ③ ④	52	① ② ③ ④
8	① ② ③ ④	23	① ② ③ ④	38	① ② ③ ④	53	① ② ③ ④
9	① ② ③ ④	24	① ② ③ ④	39	① ② ③ ④	54	① ② ③ ④
10	① ② ③ ④	25	① ② ③ ④	40	① ② ③ ④	55	① ② ③ ④
11	① ② ③ ④	26	① ② ③ ④	41	① ② ③ ④	56	① ② ③ ④
12	① ② ③ ④	27	① ② ③ ④	42	① ② ③ ④	57	① ② ③ ④
13	① ② ③ ④	28	① ② ③ ④	43	① ② ③ ④	58	① ② ③ ④
14	① ② ③ ④	29	① ② ③ ④	44	① ② ③ ④	59	① ② ③ ④
15	① ② ③ ④	30	① ② ③ ④	45	① ② ③ ④	60	① ② ③ ④

수험번호

⓪ ① ② ③ ④ ⑤ ⑥ ⑦ ⑧ ⑨

주민등록 앞자리 생년제외 월일

⓪ ① ② ③ ④ ⑤ ⑥ ⑦ ⑧ ⑨

수험생 유의사항

※ 답안은 반드시 컴퓨터용 사인펜으로 보기와 같이 바르게 표기해야 합니다.
〈보기〉 ① ② ③ ❹ ⑤

※ 성명표기란 위 칸에는 성명을 한글로 쓰고 아래 칸에는 성명을 정확하게 표기하십시오. (맨 왼쪽 칸부터 성과 이름은 붙여 씁니다)

※ 수험번호/월일 위 칸에는 아라비아 숫자로 쓰고 아래 칸에는 숫자와 일치하게 표기하십시오.

※ 월일은 반드시 본인 주민등록번호의 생년월일 제외한 월 두 자리, 일 두 자리를 표기하십시오.
〈예〉 1994년 1월 12일 → 0112

gosinet
(주)고시넷

고용보건복지_NCS

SOC_NCS

금융_NCS

저마다의 일생에는,

특히 그 일생이 동터 오르는 여명기에는

모든 것을 결정짓는 한 순간이 있다.

그 순간을 다시 찾아내는 것은 어렵다.

그것은 다른 수많은 순간들의 퇴적 속에

깊이 묻혀있다.

― 장 그르니에, 섬 LES ILES

고시넷 NCS 2021

기출예상 문제집

실전모의고사

한국 { 행정직 기술직 }

도로공사

직업기초
능력평가

■ 행정직_문제해결/정보/의사소통/자원관리/조직이해
■ 기술직_문제해결/정보/의사소통/수리/기술
■ 5회분/300문항 수록

정답과 해설

NCS
직업기초능력평가

고시넷 **NCS** 2021

기출예상 실전모의고사 문제집

한국 { 행정직 기술직 }

도로공사

직업기초
능력평가

■ 행정직_문제해결/정보/의사소통/자원관리/조직이해
■ 기술직_문제해결/정보/의사소통/수리/기술
■ 5회분/300문항 수록

정답과 해설

gosinet
(주)고시넷

정답과 해설

1회 기출예상문제

1회 공통영역
문제 16쪽

01	②	02	④	03	④	04	②	05	③
06	③	07	①	08	④	09	③	10	③
11	④	12	③	13	①	14	①	15	④
16	①	17	①	18	③	19	③	20	③
21	②	22	③	23	①	24	④	25	②
26	①	27	③	28	②	29	①	30	③
31	④	32	①	33	③	34	③	35	③
36	①								

---

01 문서작성능력 글의 제목 작성하기

| 정답 | ②

| 해설 | 첫 번째 문단에서 ○○공사와 ◎◎건설기술연구원은 스마트 건설 기술 개발 사업을 위해 업무 협약을 체결했다고 하였고, 세 번째 문단을 통해 두 기관이 협력한 목적이 스마트 건설기술 개발임을 알 수 있다.

| 오답풀이 |

①, ④ 이 글은 두 기관의 업무협력에 관한 내용이므로 한 기관에 대해서만 드러나는 제목은 적절하지 않다.

③ 두 기관은 같은 목적을 가지고 건설기술 사업에서 업무 협력을 하고 있으므로 적절하지 않다.

02 문서이해능력 세부 내용 이해하기

| 정답 | ④

| 해설 | 세 번째 문단을 보면 ○○공사와 ◎◎건설기술연구원은 업무협약에 따라 해외 개발사업을 추진하고, 해외 개발사업 추진을 위한 TF팀을 만든다고 하였으므로 적절하지 않다.

| 오답풀이 |

① 두 번째 문단을 보면 총 156개 기관, 총 1,076명의 연구자가 참여한다고 하였다.

② 네 번째 문단을 보면 ◎◎건설기술연구원은 SOC 실증센터, 스마트건설 지원센터 등의 인프라 운영경험이 있음을 알 수 있다.

③ 마지막 문단을 보면 ◎◎건설기술연구원은 이번 협력을 통해 도로 분야 스마트 건설기반을 마련하고, 이를 항만, 철도, 주택 등 건설 전 분야에 접목시킬 계획이라고 하였다.

03 문서이해능력 글의 내용 파악하기

| 정답 | ④

| 해설 | 운영방안을 보면 '학생 등 시민, 지역사회전문가 2개 분과로 구성하여 활동 다양화 추진 예정'이라고 하였으므로 3개 분과로 구성한다는 설명은 적절하지 않다.

| 오답풀이 |

① 추진내용을 보면 시민참여혁신단 구성은 위원장 1인 포함 20인 내외이며 임기는 임명일에서 2021년 12월까지라고 하였는데, 시민참여 혁신단은 2018년부터 시작되어 올해가 3년 차라고 하였으므로 올해는 2020임을 알 수 있고 따라서 임기는 2년이 안 되는 것을 알 수 있다.

04 문서이해능력 빈칸에 들어갈 내용 추론하기

| 정답 | ②

| 해설 | '활동 계획'에서 혁신 후보과제 및 혁신 계획 등 기관의 경영을 검토하고 자문하는 일을 한다고 제시되어 있지만, 이를 처분하는 일을 하는지에 대해서는 나와 있지 않다.

| 오답풀이 |

① '국민이 체감하는 R&D 성과 제고'를 통해 알 수 있다.

③ '사회적 가치 구현'을 통해 알 수 있다.

④ '기관 경영계획 참여'를 통해 알 수 있다.

www.gosinet.co.kr gosinet

1회 기출예상

2회 기출예상

3회 기출예상

4회 기출예상

5회 기출예상

05 문서이해능력 글의 내용과 일치하는 개념 파악하기

| 정답 | ③

| 해설 | 피아제는 아동의 혼잣말을 미성숙한 자기중심적 사고의 사례로 보았고, 비고츠키는 아동이 언어적 사고를 시작하게 될 때, 사고의 도구로서 혼잣말을 사용한다고 보았다.

| 오답풀이 |

① 아동이 인지 발달 단계에 따라 능동적으로 지식을 구성하는 면에서 어린 과학자와 같다고 여긴 사람은 피아제이다.

② 2 ~ 7세까지의 전조작기에는 성인과 같은 가역적 사고, 추론, 보존 개념, 유목 포함 개념의 학습을 할 수 없다.

④ 근접발달영역 과제를 수행하기 위해서는 성인이나 유능한 또래의 도움이 필요하므로, 비교적 쉽지 않은 과제이다.

06 문서작성능력 글의 서술방식 파악하기

| 정답 | ③

| 해설 | 제시된 지문은 아동의 인지발달이라는 하나의 주제에 대해 피아제와 비고츠키라는 두 이론가의 서로 다른 주장을 제시하며 글을 서술하고 있다.

07 문서이해능력 세부내용 파악하기

| 정답 | ①

| 해설 | 아동이 근접발달영역의 과제를 수행하기 위해서 성인이나 유능한 또래의 도움을 받는 과정을 비계설정이라고 한다. 선택지 ①에서는 이와 같은 비계설정이 제시되지 않았으므로 적절한 사례라고 볼 수 없다.

08 문서이해능력 글에 나타난 정보 파악하기

| 정답 | ④

| 해설 | 두 번째 문단에 최근 5년간 전체 교통량 대비 고속도로의 화물차 교통량 비율은 제시되어 있지만 최근 5년간 화물차 사고가 전체 교통사고에서 차지하는 비율은 언급되어 있지 않다.

| 오답풀이 |

① 두 번째 문단을 보면 '전체 고속도로 사망자 1,079명'으로 제시되어 있다.

② 첫 번째 문단을 보면 알 수 있다.

③ 다섯 번째 문단을 보면 알 수 있다.

09 문서이해능력 글의 내용 파악하기

| 정답 | ③

| 해설 | 세 번째 문단을 보면 '규제 및 단속 분야는 차량안전장치 해제차량, 적재불량 화물차 등에 대한 단속을 강화하고, 상습 법규위반차량에 대해서는 심야 통행료 할인 제한 등 규제를 강화하는 방안을 제시했다'고 언급되어 있다.

| 오답풀이 |

① 마지막 문단을 보면 교육 및 홍보 부문에서 현재 운영 중인 모범화물운전자 포상제도를 확대하는 방안도 검토 중이라고 하였으므로 적절하지 않다.

② 세 번째 문단을 보면 '이 날 세미나에서는 관련기관 전문가들이 안전장비, 규제 · 단속, 도로 · 시설 및 교육 · 홍보 각각의 측면에서 대책을 발표'했다고 하였으므로 적절하지 않다.

④ 첫 번째 문단을 보면 '화물차 공제조합 등 현장의 목소리를 듣는 기회도 가졌다'고 하였으므로 적절하지 않다.

10 문서작성능력 글의 흐름에 맞지 않는 문장 삭제하기

| 정답 | ③

| 해설 | 고속도로 쓰레기를 줄이기 위한 쓰레기 무단 투척 신고제도를 운영한다는 것은 '도로 및 시설 측면'의 대책으로 적절하지 않다.

11 문서이해능력 법조문 확인하기

| 정답 | ④

| 해설 | 포상금 지급은 포상금 지급 신청일부터 14일 이내에 이루어진다.

12 문서이해능력 포상금 액수 확인하기

|정답| ③

|해설| • 부정한 방법으로 고용안정사업을 지원받은 사업주 : $4,200 \times \dfrac{30}{100} = 1,260$(만 원)이며 이를 J 씨와 반씩 나누기로 했으므로 $\dfrac{1,260}{2} = 630$(만 원)이다.

• 육아휴직을 부정수급 받은 사람 : $3,000 \times \dfrac{20}{100} = 600$ (만 원)이나, 연간 지급한도가 500만 원이므로 500만 원이다.

• 실업급여를 부정수급 받은 사람 : $2,000 \times \dfrac{20}{100} = 400$ (만 원)이다.

따라서 총 630+500+400=1,530(만 원)이다.

13 문제처리능력 자료 이해하기

|정답| ①

|해설| 도로법에 해당하는 3대 명령에는 회차, 분리운송, 운행중지 명령이 있다.

14 문제처리능력 자료 분석하여 문제해결하기

|정답| ①

|해설| 측정차로 통행 속도가 10km/h를 초과할 경우 1년 이하 징역 또는 1천만 원 이하의 벌금이므로 가장 많은 벌금이 부과될 수 있다.

|오답풀이|

② 축 하중 10톤 초과, 총 중량 40톤 초과일 경우 벌칙이 적용되므로 벌금이 부과되지 않는다.

③ 후사경 후면 확인이 불가할 경우 벌금 5만 원, 벌점 15점을 받는다.

④ 폭 2.5미터 초과, 높이 4.2미터 초과, 길이 16.7미터 초과일 경우 500만 원 이하의 과태료가 부과된다.

15 문제처리능력 자료 읽고 추론하기

|정답| ④

|해설| 78조 3항에 해당하는 항목에는 측정차로 위반뿐 아니라 측정속도 초과도 있다.

16 문제처리능력 자료 이해하기

|정답| ①

|해설| 끝자리가 0으로 끝나는 노선은 서동방향의 간선노선이다.

|오답풀이|

④ 순환노선의 백의 자리 수는 지역별로 다르기 때문에 어느 지역의 노선인지 확인할 수 있다.

17 문제처리능력 노선번호 추론하기

|정답| ①

|해설| 남북노선이며 35번 간선노선보다 동쪽에 있으나 45번 간선노선보다는 서쪽에 있으므로 45보다 작은 홀수가 되어야 한다.

18 문제처리능력 노선번호 추론하기

|정답| ③

|해설| 제시된 보조노선 중 30번 간선노선보다 북쪽에 있으며 40번 간선노선보다 서쪽에 있는 ⓒ이 가장 적절하다.

19 문제처리능력 업무를 보는 데 걸린 시간 파악하기

|정답| ③

|해설| ㉺ IC에서 ㉮ IC를 지난 후 ㉯ IC에 도착하는 데 까지 도로 교통 상황에 따라 원활 단계 35km, 서행 단계 15km, 정체 단계 20km이다. 시간 $= \dfrac{거리}{속력}$이므로 총 이동하는 데 걸린 시간을 계산하면 $\dfrac{35}{75} + \left(\dfrac{6}{30} \times 2 \right) + \dfrac{8}{30} + \dfrac{15}{50} = 1\dfrac{28}{60}$ h로, 1시간 28분이 소요되었다. 따라서 업무를 보는 데 걸린 시간은 32분이다.

20 문제처리능력 경로별 소요시간 파악하기

|정답| ③

|해설| 각 구간별 예상 소요 시간은 다음과 같다.

① 36+48+36=120(분)

② 42+48+16=106(분)

③ 36+48+16=100(분)

④ 30+48+42=120(분)

구간	거리	하계휴가철 예상 운행 속도	소요 시간
㉮IC~㉯JC	30km	50km/h	36분
㉯JC~㉰IC	6km	10km/h	36분
㉯JC~㉱JC	8km	10km/h	48분
㉯JC~㉲IC	35km	50km/h	42분
㉱JC~㉲IC	8km	30km/h	16분
㉱JC~㉳IC	15km	30km/h	30분

따라서 ③이 가장 시간이 적게 걸린다.

21 문제처리능력 자료를 바탕으로 포인트 산출하기

|정답| ②

|해설| 기본 포인트+근속+가족+성과등급 순으로 포인트를 구해 계산하면 다음과 같다.

① 150+20+20+80=270

② 200+20+10+120=350

③ 100+20+30+40=190

④ 100+30+40+40=210

따라서 ②가 가장 많은 포인트를 지급받는다.

22 문제처리능력 자료를 바탕으로 답변하기

|정답| ③

|해설| 성과 평가 미시행 부서 사원은 M 수준으로 적용되므로 문의전화를 한 사원이 지급받는 포인트는 100+30+10+40=180(포인트)이다. 공통항목인 경조금은 금액 무관하게 지원되지만 선택항목 B에 해당하는 종합건강진단은 10,000원당 1포인트가 차감된다. 따라서 종합건강진단 최대 지원금은 180×10,000=1,800,000(원)이다.

23 문제처리능력 정보 추론하기

|정답| ①

|해설| 연금 기적립액이 많을수록 은퇴 후에 연금수령액이 증가하게 되지만 소득대체율이 낮으면 기존의 소득과 연금수령액의 차이가 크게 되어 여유롭게 지내기 어려울 수 있다. 따라서 '소득대체율이 높으면'은 올바른 의견이 아니다.

|오답풀이|

② 예상 투자수익률과 소득상승률이 하락한다면 노후에 연금 수령액이 줄어들게 되므로 은퇴 후 연간 예상 생활비를 낮춰야 한다.

③ 은퇴 예상 연령이 높다는 것은 연금 적립액이 늘어난다는 것이며 연평균 소득이 많아진다는 것 또한 연금적립액이 늘어나는 요인이므로 연금수령 시 연금 소진 속도는 감소하게 된다.

④ 기적립액이 증가하게 되므로 연금수령액을 높일 수 있는 방법이 된다.

24 문제처리능력 시뮬레이션 화면 구성하기

|정답| ④

|해설| 〈시뮬레이션 화면 구성 시 고려할 사항〉의 항목 중 은퇴 후 연령별 시뮬레이션 결과에 관한 내용은 문제의 상세 결과 화면에서 찾을 수 없다.

25 정보처리능력 규칙에 맞게 비밀번호 변환하기

|정답| ②

|해설| 예시에서 비밀번호 'SUPERB7'를 □ 방식으로 변환한 값 544w1v7b7d3o1g를 문자로 치환하면 '7BREPUS'이 된다. 즉 □ 방식은 입력된 비밀번호를 역순으로 바꾼 다음 변환문자로 변환하는 방식임을 유추할 수 있다. 따라서 비밀번호 'IYFR97!'를 □ 방식으로 변환하면 9z54781v6s2w2k 가 된다.

26 정보처리능력 규칙에 맞게 비밀번호 변환하기

| 정답 | ①

| 해설 | 예시에서 비밀번호 'ELECTRO'를 ◇ 방식으로 변환한 값 6s9L6s3r3olg7d를 문자로 치환하면 'FMFDUSP'가 된다. 즉 ◇ 방식은 입력된 문자의 알파벳 순서 다음 순서 글자로 바꾼 다음 변환문자로 변환하는 방식임을 유추할 수 있다. 따라서 비밀번호 'OB37HAB'를 ◇ 방식으로 변환하면 7d8h12692k4w8h가 된다.

27 정보처리능력 규칙에 맞게 비밀번호 변환하기

| 정답 | ③

| 해설 | 예시에서 비밀번호 'OCARINA'를 ◎ 방식으로 변환한 값 2k5i1a1v4u8h1a를 문자로 치환하면 'INAROCA'이 된다. 즉 ◎ 방식은 입력된 문자의 네 번째 글자를 기준으로 앞 세글자와 뒤 세글자를 바꾼 다음 변환문자로 변환하는 방식임을 유추할 수 있다. 즉 비밀번호 '49JYSBP'를 ◎ 방식으로 변환하면 1g4w7d2w12783y가 된다.

28 정보처리능력 규칙에 맞게 비밀번호 변환하기

| 정답 | ②

| 해설 | 예시에서 비밀번호 'SECRET1'을 ○ 방식으로 변환한 값 1g7b8h1v7b9n96를 문자로 치환하면 다시 'SECRET1'이 된다. 즉 ○ 방식은 입력된 문자에 특별한 변경 없이 순서대로 변환문자로 변환하는 방식임을 알 수 있다.
J 차장이 분실한 비밀번호를 ○ 방식으로 변환한 값이 4u9m41699n6e3x라면 J 차장의 비밀번호는 OQ68TWX가 된다.

29 정보처리능력 명령체계 파악하기

| 정답 | ①

| 해설 | 두 번째 명령체계에서 4의 배수인 값은 4, 8, 12 세 개로 한 자리수이다. True이므로 모든 값이 2, 4, 6, 8, 10, 12, 14가 다음 명령으로 전달된다. 세 번째 명령체계에서 12의 약수인 값은 2, 4, 6, 12 네 개로 3 이상이다. True이므로 12의 약수 중 가장 큰 값인 12가 출력된다.

30 정보처리능력 명령체계 파악하기

| 정답 | ③

| 해설 | 첫 번째 명령체계의 조건을 만족시키는 값은 3, 9, 15, 21로 모든 값이 조건을 만족하지 않으므로 False이다. 따라서 조건을 만족하는 값만 두 번째 명령체계로 전달된다. 두 번째 명령체계의 조건을 만족시키는 값은 21로, 앞 명령어가 False였기 때문에 두 번째 명령체계의 값 역시 False이다. 따라서 조건을 만족하지 않는 3, 9, 15만 다음 명령으로 전달된다. 세 번째 명령체계는 조건을 만족하는 값의 개수가 3 이상이면 True이고 이때 제일 큰 값만을 다음 명령으로 전달한다. 즉, 앞서 전달된 3, 9, 15 중 가장 큰 값인 15가 명령 값으로 출력되어야 함을 알 수 있으므로 세 번째 명령체계에는 True 값이 나올 수 있는 ③이 들어가야 한다.

31 정보처리능력 명령체계 파악하기

| 정답 | ④

| 해설 | 각 선택지를 (가)에 넣어 보면 출력되는 값은 다음과 같다.

① 첫 번째 명령체계에서 True이므로 모든 값을 전달한다. 두 번째 명령체계에서 True이므로 조건을 만족하는 5, 7, 9만 전달한다. 세 번째 명령체계에서 False이므로 조건을 만족하는 5만 최종적으로 출력한다.

② 첫 번째 명령체계에서 True이므로 모든 값을 전달한다. 두 번째 명령체계에서 True이므로 조건을 만족하는 5, 7, 8만 전달한다. 세 번째 명령체계에서 False이므로 조건을 만족하는 5만 최종적으로 출력한다.

③ 첫 번째 명령체계에서 True이므로 모든 값을 전달한다. 두 번째 명령체계에서 True이므로 조건을 만족하는 3, 7, 10만 전달한다. 세 번째 명령체계에서 False이므로 조건을 만족하는 5만 최종적으로 출력한다.

④ 첫 번째 명령체계에서 True이므로 모든 값을 전달한다. 두 번째 명령체계에서 True이므로 조건을 만족하는 3, 7, 10만 전달한다. 세 번째 명령체계에서 False이므로 조건을 만족하는 5, 10, 15를 최종적으로 출력한다.

따라서 ④의 경우, 출력되는 값이 3개이다.

32 정보처리능력 명령체계 파악하여 결과 도출하기

|정답| ①

|해설| 첫 번째 명령체계에서 조건을 만족하는 값의 개수는 한 자리수이므로 True이고 모든 값이 다음 명령으로 전달된다. 다음 두 번째 명령체계에서 12의 약수는 2, 4, 6, 12이므로 False이다. 이에 조건을 만족시킨 이 네 개의 값만 다음 명령으로 전달된다. 앞 명령어가 False였기 때문에 세 번째 명령체계의 명령어도 False이다. 따라서 4의 배수라는 조건을 만족하지 않는 2, 6만 다음 명령체계로 전달된다. 마지막 명령체계에서 조건을 만족하는 값 2는 1개로 3개 미만이기 때문에 False이고 이에 조건을 만족하는 값이자 가장 작은 값인 2가 최종 출력된다.

33 정보처리능력 명령체계 맞는 결과값 도출하기

|정답| ③

|해설| 각 선택지의 출력값을 구해 보면 다음과 같다.

① 첫 번째 명령체계에서 True이므로 모든 값을 전달한다. 두 번째 명령체계에서 False이므로 조건을 만족하는 2, 4를 최종적으로 출력한다.

② 첫 번째 명령체계에서 False이므로 조건을 만족하는 1, 2, 3, 4만 전달한다. 두 번째 명령체계에서 False이므로 조건을 만족하는 2, 4를 최종적으로 출력한다.

③ 첫 번째 명령체계에서 True이므로 모든 값을 전달한다. 두 번째 명령체계에서 True이므로 조건을 만족하는 값 중 제일 큰 값인 3을 최종적으로 출력한다.

④ 첫 번째 명령체계에서 False이므로 조건을 만족하는 2, 4만 전달한다. 두 번째 명령체계에서 True이므로 모든 값인 2, 4를 최종적으로 출력한다.

따라서 4가 포함되지 않는 것은 ③이다.

34 컴퓨터활용능력 결과값 출력하기

|정답| ③

|해설| 변수의 초기값인 1을 조건문에 대입하면 3보다 작으므로 참에 해당한다. 따라서 아래의 명령들을 차례대로

수행하면 "Go"라는 결과값이 출력되고, 1을 오른쪽 숫자만큼 증가시키면 i=2가 된다. 반복하여 2를 조건문에 대입하면 참에 해당하므로 한번 더 "Go"라는 결과값이 출력되고, 2를 오른쪽 숫자만큼 증가시키면 i=3이 된다. 3을 조건문에 대입하면 참을 만족하지 않으므로 end while 아래의 명령을 수행하여 "Stop"이라는 결과값이 출력된다.

따라서 최종 출력되는 결과값은 "Go Go Stop"이다.

35 컴퓨터활용능력 결과값 출력하기

|정답| ③

|해설| 변수 i의 초기값 0을 조건문에 대입하면 4보다 작으므로 참에 해당한다. 따라서 아래의 명령들을 차례대로 수행하면 변수 j는 초기값 4를 1만큼 증가시켜 j=5가 되고, 변수 i도 1만큼 증가시켜 i=1이 된다. 이를 반복하여 1을 조건문에 대입하면 4보다 작아 참에 해당하므로 변수 j와 i를 1만큼 증가시켜 j=6, i=2가 된다. 다시 2를 조건문에 대입하면 참에 해당하므로 변수 j와 i를 1만큼 증가시켜 j=7, i=3이 된다. 3도 조건문에 대입하면 참에 해당하므로 변수 j와 i를 1만큼 증가시켜 j=8, i=4가 된다. 4를 조건문에 대입하면 참을 만족하지 않으므로 end while 아래의 명령을 수행하여 변수 j의 값인 8이 출력된다.

따라서 최종 출력되는 결과값은 8이다.

36 컴퓨터활용능력 결과값에 따른 조건문 설정하기

|정답| ①

|해설| 조건문 아래의 명령을 보면 ㉠을 만족하는 변수 i는 1씩 증가하며 변수의 값만큼 "@"가 도출된다. 변수의 초기값은 0이며 최종적으로 "@"가 총 10번 출력되었으므로 i<4가 되어야 동일한 결과값이 도출된다.

1회 행정직   문제 43쪽

37	①	38	③	39	③	40	②	41	①
42	④	43	③	44	①	45	②	46	①
47	②	48	①	49	②	50	③	51	②
52	③	53	①	54	①	55	①	56	①
57	②	58	②	59	②	60	④		

37   예산관리능력   순수익 파악하기

|정답| ①

|해설| 〈제품 수익체계〉와 〈초기 시설건설 기간〉을 고려하여 건설 시작 후 1년 동안 순수익을 계산하면 다음과 같다.
- A 제품 : (450(만 원)×10(개월))−{1,000(만 원)+(150(만 원)×10(개월))}=2,000(만 원)
- B 제품 : 760(만 원)×9(개월))−{1,200(만 원)+(310(만 원)×9(개월)}=2,850(만 원)
- C 제품 : (650(만 원)×8(개월))−{1,500(만 원)+(150(만 원)×8(개월))}=2,500(만 원)
- D 제품 : (590(만 원)×11(개월))−{700(만 원)+(240(만 원)×11(개월))}=3,150(만 원)

따라서 건설 시작 후 1년 동안 순수익이 가장 작은 제품은 A 제품이다.

38   예산관리능력   순수익 파악하기

|정답| ③

|해설| C 제품의 〈제품 수익체계〉와 〈초기 시설건설 기간〉을 고려하여 초기 시설건설부터 시작하여 2년간 순수익을 계산하면 다음과 같다.

(650(만 원)×20(개월))−{1,500(만 원)+(150(만 원)×20(개월))}=8,500(만 원)

39   예산관리능력   성장성과급 계산하기

|정답| ③

|해설| 서태웅 사원의 상반기 대비 하반기 실적 증가율은 $\dfrac{130-90}{90}\times100≒44.4(\%)$이다. 서태웅 사원의 증가율은

30% 이상이므로 기본급의 70%에 해당하는 $300\times\dfrac{70}{100}=$ 210(만 원)을 성장성과급으로 지급받는다.

40   예산관리능력   성장성과급 계산하기

|정답| ②

|해설| 영업팀의 하반기 일반성과급을 구하면 다음과 같다.
- 강백호 사원의 하반기 실적은 100만 원이므로 S 등급에 해당한다. 따라서 $300\times\dfrac{40}{100}=120$(만 원)의 일반성과급을 지급받는다.
- 송태섭 대리의 하반기 실적은 90만 원이므로 B 등급 이하에 해당한다. 따라서 성과급이 지급되지 않는다.
- 서태웅 사원의 하반기 실적은 130만 원으로 S 등급에 해당한다. 따라서 $300\times\dfrac{40}{100}=120$(만 원)의 일반성과급을 지급받는다.
- 정대만 팀장의 하반기 실적은 150만 원으로 B 등급이다. 따라서 성과급이 지급되지 않는다.
- 채치수 과장의 하반기 실적은 170만 원으로 S 등급에 해당한다. 따라서 $400\times\dfrac{50}{100}=200$(만 원)의 일반성과급을 지급받는다.

영업팀 모두의 하반기 일반성과급의 합계는 120(만 원)+120(만 원)+200(만 원)=440(만 원)이다.

41   인적자원관리능력   조건에 맞는 직원찾기

|정답| ①

|해설| 〈보기〉에 따른 영업팀 직원들의 점수를 구하면 다음과 같다.
- 일반성과급 등급별 점수

	강백호	송태섭	서태웅	정대만	채치수
등급	S	B	S	B	S
점수	6	2	6	2	6

1회 기출예상

2회 기출예상

3회 기출예상

4회 기출예상

5회 기출예상

• 상반기 대비 하반기 실적 증가율별 점수

	강백호	송태섭	서태웅	정대만	채치수
등급	25%	−25%	44.4%	−11.8%	13.3%
점수	3	1	4	1	2

• 합산 점수

	강백호	송태섭	서태웅	정대만	채치수
총합	9	3	10	3	8

서태웅 사원이 가장 높은 점수이지만 서태웅 사원은 총 성과급은 성장성과급 210만 원과 일반성과급 120만 원을 합한 330만 원으로 영업팀 내에서 가장 많은 총 성과급을 받는다. 따라서 9점으로 2위를 한 강백호 사원이 상품을 받는다.

42 물질자원관리능력 이동경로 파악하기

| 정답 | ④

| 해설 | 본사에서 바로 매장 A에 갔다가 다른 경로로 본사에 돌아오기 위해서는 매장 A에서 창고 a로 가는 고가도로 혹은 매장 C에서 매장 B로 가는 고가도로를 거쳐야 한다.

| 오답풀이 |

① 본사에서 창고 e까지는 매장 E를 거치는 경로로 최소 13분이 걸린다.

② 창고 d에서 매장 D까지는 본사를 거치지 않고 바로 이동할 수 있다.

③ 창고 b→ 매장 A→ 본사→ 매장 E→ 창고 c→ 매장 B의 경로를 통해 도로요금을 내지 않고 이동할 수 있다.

43 시간관리능력 최단 소요시간 구하기

| 정답 | ③

| 해설 | 본사에서 출발하여 매장 C에 물건을 납품한 후 본사로 돌아 올 때의 최단 경로는 '본사→ 매장 E→ 창고 c (상차)→ 매장 B→ 매장 C (하차)→ 매장 B→ 매장 E→ 본사'이다. 이때 이동시간은 32분이며, 여기에 창고 c에서의 상차 시간과 매장 C에서의 하차 시간 각각 15분을 포함하여 총 62분이 소요된다.

44 예산관리능력 최저 비용 경로 파악하기

| 정답 | ①

| 해설 | 한 번 지난 길을 다시 지나지 않으면서 유료도로를 최대한 이용하지 않는 경로를 찾고, 만일 유료도로를 이용해야 한다면 교량보다 고가도로를 이용하는 경로를 찾는다.

본사→ 매장 E→ 창고 e→ 창고 d (상차)→ 매장 D (하차)→ 창고 a→ (고가도로)→ 매장 A→ 본사의 경로로 이동하면 고가도로 한 번(1,000원)만을 거쳐 이동할 수 있다.

45 시간관리능력 이동 시간 구하기

| 정답 | ②

| 해설 | 도보로만 이동하는 경우는 제외한다고 했으므로 다음과 같은 두 가지 경로가 가능하다.

1. 도보−지하철−도보

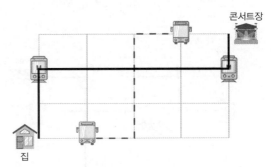

$5 \times 4 = 20$(km)를 지하철로 이동하므로 요금은 $1,200 + 10 \times 150 = 2,700$(원)이다.

2. 도보−버스−도보

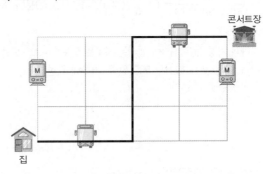

$5 \times 5 = 25$(km)를 버스로 이동하므로 요금은 $500 + 20 \times 100 = 2,500$(원)이다.

따라서 최소비용을 내는 경로는 도보−버스−도보이며 $\frac{5}{10} + \frac{25}{30} + \frac{5}{10} = 1 + \frac{50}{60}$(시간), 즉 1시간 50분이 걸린다.

46 예산관리능력 교통요금 구하기

|정답| ①

|해설| 도보로만 이동하는 것보다 버스나 지하철을 이용하는 것이 빠르므로 다음과 같은 두 가지 경로를 생각해볼 수 있다.

1. 도보-지하철-도보

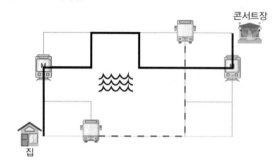

$\dfrac{10}{10}+\dfrac{30}{60}+\dfrac{5}{10}=2$(시간)이 소요된다.

2. 도보-버스-도보

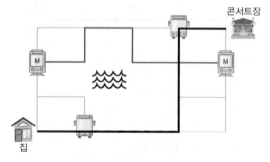

$\dfrac{5}{10}+\dfrac{25}{30}+\dfrac{5}{10}=1+\dfrac{50}{60}$(시간), 즉 1시간 50분이 소요된다.

따라서 가장 짧은 시간이 걸리는 경로는 도보-버스-도보이며 $500+20\times100=2,500$(원)을 지불해야 한다.

47 예산관리능력 회식 장소 선정하기

|정답| ②

|해설| 〈의사결정 기준〉에 따라 회식 장소별 점수를 구하면 다음과 같다.

	맛	가격	분위기	거리	방문 횟수	총점
싱싱횟집	5+2	2	4	1	3	17
한우마을	4	1	5+4	3	4	21
통통 삼겹살	3	4	1	5+2	1	16
원조 닭갈비	2	5+3	2	2	2	16
마늘족발 · 보쌈	3	3	3	4	5+1	19

따라서 회식 장소로 최종 선택되는 음식점은 21점을 받은 한우마을이다.

48 예산관리능력 변경사항을 고려하여 회식 장소 선정하기

|정답| ①

|해설| 후보 중 가격이 가장 비싼 한우마을과 팀장의 의견을 제외하고 총점을 구하면 다음과 같다.

	맛	가격	분위기	거리	방문 횟수	총점
싱싱횟집	5+2	2	4+4	1	3	21
통통 삼겹살	3	4	1	5+2	1	16
원조 닭갈비	2	5	2	2	2	13
마늘족발 · 보쌈	3	3	3	4	5+1	19

따라서 최종 선택되는 음식점은 21점을 받은 싱싱횟집이다.

49 경영이해능력 팀 기술 이해하기

|정답| ②

|해설| '지도력'의 기술을 강조하는 사례다. 각자 뛰어난 기량을 가졌지만 욕심을 부리기보다는 다른 선수들의 장점을 인정하고 팀의 이익을 위해 잘 발휘되도록 고무한다면, 팀 구성원들은 팀을 위하여 최선을 다하게 된다. 그 과정에서 가끔 단일팀에게 지는 경우도 있지만 이는 역설적으로 팀으로서 자신에게 주어진 바를 성실히 수행하는 데에서 나오는 결과인 것이다.

50 경영이해능력 팀 기술 이해하기

| 정답 | ③

| 해설 | '능동적 의견 청취'의 기술을 강조해야 한다. J가 먼저 M의 의견을 이해하려고 하면 M은 이해를 받는다는 느낌을 갖게 되고, 본인의 의견만 고집하기 보다는 다른 관점을 이해하려고 할 것이다.

51 경영이해능력 전략 분석하고 제안하기

| 정답 | ②

| 해설 | 클라이언트의 요구 사항이 가격 조정 없이 신규 손님을 유입할 수 있는 전략이었으므로 결과적으로 커피 가격을 낮추자는 ②번 전략은 O 대리가 제안할 전략으로 옳지 않다.

52 경영이해능력 SWOT 전략 세우기

| 정답 | ③

| 해설 | 외부환경의 기회를 활용하여 약점을 극복하는 WO의 전략을 올바르게 설명하였다.

| 오답풀이 |

① SW 전략은 SWOT 전략에 해당되지 않는다.

②, ④ 외부환경의 위협에 대한 강점을 살리는 전략으로 ST 전략에 해당한다.

53 업무이해능력 업무 일정 파악하기

| 정답 | ①

| 해설 | 홍보책자는 기획팀에서 8월 8일까지 구성하기로 되어 있으므로 기획팀과 홍보책자 제작에 대한 회의를 할 필요는 없다.

| 오답풀이 |

② 비고란에는 해당 내용에 대한 차우리 씨의 업무를 간략하게 정리해 놓은 것이므로 협력업체 및 자원봉사자 모집과 관련하여 비고에 '봉사프로그램에 참여할 자원봉사자 모집'을 추가하는 것은 적절하다.

③ 야간근무 최소화 방안에 대해 전체회의 때 안건을 상정할 예정이므로 이를 위한 준비 서류를 작성해 놓아야 한다. 따라서 적절한 행동이다.

④ 차우리 씨는 직원 한마음 1박 2일 체육대회를 위해 전 직원에게 참여 독려 알림 메일과 참가 신청 가족의 구성원 수를 파악하기 위한 메일을 발송해야 한다. 업무 마감 기한이 서로 다르지만 동시에 진행하는 것이 효율적이므로 함께 기재하여 메일을 보내는 것은 적절하다.

54 업무이해능력 업무 일정 파악하기

| 정답 | ①

| 해설 | 직원 한마음 체육대회 참여 신청 접수는 8월 10일까지이므로 8월 8일까지 완료하기는 어렵다.

| 오답풀이 |

② 부서별 휴게실 청소 순서는 8월 3일에 게시판에 부착되며, 이후 매일 진행사항을 모니터링하게 된다. 따라서 8월 8일 부서회의에서 현재 진행사항을 보고할 수 있다.

③ '기타'를 보면 상반기 문화행사 회의 결과는 금주 전체회의(8월 3일)에서 보고할 예정이다.

④ 봉사 프로그램과 관련하여 기획팀과의 협력 회의는 금주 중으로 이뤄질 예정이므로 늦어도 8월 8일 부서회의에서 회의 진행사항을 보고할 수 있다.

55 경영이해능력 브랜드 개발전략 파악하기

| 정답 | ①

| 해설 | 기업의 잉여생산설비를 활용하고 소비자의 다양성을 충족할 수 있는 것은 라인확장이며, 라인확장은 현존 브랜드의 기존 제품군을 개발하는 전략이다.

56 경영이해능력 브랜드 개발전략 파악하기

| 정답 | ①

| 해설 | 각 스마트폰의 기능이 큰 차이가 없을 정도로 기술이 발전했기 때문에 더 이상 새로운 발전된 기능을 개발할 필요는 없으며, 소비자의 수요가 없음에도 수평확장을 하는 전략은 적절하지 않다.

57 업무이해능력 직무특성 모형 이해하기

| 정답 | ②

| 해설 | 작업결과에 대한 책임감은 피드백이 아닌 자율성과 관련된다.

| 오답풀이 |

① 도표에 따르면 작업 의미의 충만한 정도는 기능의 다양성과 과업의 정체성, 과업의 중요성에서 연결된다.

③ 잠재적 동기지수 계산식에 따르면 직무의 자율성이나 피드백이 0의 값을 가지면 잠재적 동기지수는 0의 값을 가진다.

④ 직무특성이 직무결과에 영향을 미치기 위해선 심리상태를 거쳐야 하므로 심리는 중요한 요소이다.

58 업무이해능력 직무특성 모형을 바탕으로 전략세우기

| 정답 | ②

| 해설 | 조직성과를 증가하기 위해서는 피드백을 잘 해야하는데 매년 말에 공유하는 것은 업무의 성과와 효과성에 대한 정보가 매우 적게 주어지는 것으로 조직 성과를 증가하는데 도움이 되지 않는다.

| 오답풀이 |

① 수행업무가 조직 내외에서 타인의 삶에 얼마나 큰 영향을 미칠 수 있는지 알도록 교육하는 것은 조직과 타인에 미치는 영향력이므로 과업의 중요성을 증가시킨다.

③ 다양한 기술이 필요하도록 직무를 설계하면 기능의 다양성이 증가한다.

④ 직무가 독립적으로 완결되는 것을 확인할 수 있도록 체계를 확립하면 과업의 정체성이 증가한다.

59 업무이해능력 조직도 작성하기

| 정답 | ②

| 해설 | 〈조직 개편 및 명칭 변경〉에 따르면 '해외에서의 영업 업무의 중요성을 더욱 강조하기 위해 수출팀의 명칭을 해외영업팀으로 변경'해야 한다. 따라서 ②는 수출영업팀이 아닌 해외영업팀이 들어가야 한다.

60 업무이해능력 보고서 작성하기

| 정답 | ④

| 해설 | 제품 고장 등의 경우에 품질 보증 측면에서 고객서비스를 담당하는 부서가 별도로 존재하지 않았다고 할 수 없다. 기존의 품질보증팀이 이와 같은 업무를 담당했지만 대표이사 직속의 품질혁신팀을 신설함에 따라 업무 분담의 마찰을 방지하기 위해 명칭만 고객서비스팀으로 변경했을 뿐이다.

1회 기술직 문제 64쪽

37	④	38	②	39	④	40	④	41	④
42	④	43	②	44	②	45	②	46	③
47	④	48	②	49	①	50	④	51	③
52	③	53	②	54	④	55	①	56	③
57	①	58	④	59	②	60	①		

37 기초연산능력 수식의 빈칸 구하기

| 정답 | ④

| 해설 | 분모를 통일하면 $\dfrac{13A}{169} + \dfrac{B}{169} = \dfrac{31}{169}$, $13A + B = 31$이다. A, B는 한 자리 자연수이므로 A=2, B=5가 되어 A+B=7이다.

www.gosinet.co.kr **g**osi**net**

1회 기출예상

2회 기출예상

3회 기출예상

4회 기출예상

5회 기출예상

38 　기초연산능력　연산기호의 규칙 찾기

| 정답 | ②

| 해설 | 제시된 계산식들을 통해 ▷와 ◁의 규칙을 정리하면 다음과 같다.

- $A▷B=(A+1)×(B+1)$
- $A◁B=(A-1)×(B-1)$

따라서 $(4▷4)◁(3◁8)=(5×5)◁(2×7)=25◁14=24×13=312$이다.

39 　기초연산능력　학생 요금을 지불한 인원 구하기

| 정답 | ④

| 해설 | 해당 달의 첫째 주 수요일이 k일이면 수요일의 날짜를 모두 더한 값은 $k+(k+7)+(k+14)+(k+21)=4k+42=58$이고, $k=4$(일)이다. 즉 4, 11, 18, 25일은 수요일이므로 19일은 목요일이다. 성인 요금 낸 사람을 x명, 학생 요금을 낸 사람을 y명으로 두면 다음과 같이 정리할 수 있다.

$x+y=7$

$5,000x+4,000y=30,000$, $5x+4y=30$

$∴x=2, y=5$

따라서 학생 요금을 지불하고 입장한 사람은 5명이다.

40 　도표분석능력　신입사원 선발방법 분석하기

| 정답 | ④

| 해설 | 면접평가, 직무수행능력은 점수가 5의 배수이므로 필기평가 점수를 제외한 44점 중 일의 자리 4점은 체력검정의 점수에서 기인한다. 체력검정의 최소점이 11점이므로 가능한 점수는 14점, 19점이 된다. 이때 체력검정에서 두 종목 이상 실수를 하여 이를 만회하고자 했으므로 14점임을 추론할 수 있다. 체력검정이 14점일 때, 면접 20점과 직무수행능력 10점 또는 면접 25점과 직무수행능력 5점의 조합이 가능하다. 따라서 체력검정 점수가 면접점수보다 6점 이상 낮다.

| 오답풀이 |

① 한 문항당 0.5점이다.

② 60문제를 맞혔으므로 필기평가 점수는 30점이고, 합격을 위한 체력검정의 최소점은 11점(4개 종목 2점, 1개 종목 3점), 직무수행능력의 최소점은 5점이다. 따라서 면접평가 점수는 최대 $74-(30+11+5)=28$(점) 이하일 수밖에 없다.

③ 총 7개 등급이므로 등급 간 점수 간격은 $\dfrac{30}{6}=5$(점)이다.

41 　도표분석능력　자료의 수치 분석하기

| 정답 | ④

| 해설 | 중학교 졸업자 수는 $1,830×0.28=512.4$(만 명), 중학교 입학자 수는 $1,730×0.25=432.5$(만 명)이다. 따라서 중학교 졸업자 수가 입학자 수보다 많다. 이때 수를 계산할 필요 없이 1,830과 0.28, 1,730과 0.25를 각각 비교하면 1,830과 0.28이 크므로 졸업자 수가 많다고 추론할 수도 있다.

| 오답풀이 |

① 초등학생의 수는 $6,600×0.4=2,640$(만 명)이고, 초등학교 학급의 수는 $250×0.4=100$(만 개)이다. 따라서 초등학교 학급당 학생 수는 $\dfrac{2,640}{100}=26.4$(명)이다.

② 학교별 교원 1명당 학생 수를 계산하면 다음과 같다.

- 유치원
  - 학생 수 : $6,600×0.1=660$(만 명)
  - 교원 수 : $460×0.1=46$(만 명)

  $∴$ 교원 1명당 학생 수 : $\dfrac{660}{46}≒14.35$(명)

- 초등학교
  - 학생 수 : $6,600×0.4=2,640$(만 명)
  - 교원 수 : $460×0.4=184$(만 명)

  $∴$ 교원 1명당 학생 수 : $\dfrac{2,640}{184}≒14.35$(명)

- 중학교
  - 학생 수 : $6,600 \times 0.24 = 1,584$(만 명)
  - 교원 수 : $460 \times 0.2 = 92$(만 명)

  $\therefore$ 교원 1명당 학생 수 : $\dfrac{1,584}{92} ≒ 17.22$(명)

- 고등학교
  - 학생 수 : $6,600 \times 0.26 = 1,716$(만 명)
  - 교원 수 : $460 \times 0.3 = 138$(만 명)

  $\therefore$ 교원 1명당 학생 수 : $\dfrac{1,716}{138} ≒ 12.43$(명)

따라서 교원 1명당 학생 수는 중학교가 가장 많다.

③ 학생 수, 학급 수, 교원 수 항목에서는 초등학교의 비율이 가장 높으나 입학자 수, 졸업자 수 항목에서는 고등학교의 비율이 가장 높다.

42 도표분석능력 **빈칸에 들어갈 항목 나열하기**

| 정답 | ④

| 해설 | ⓒ 20X2년의 전년 대비 산업별 경기전망지수 증가율을 구하면 다음과 같다.

- A : $\dfrac{48.9 - 45.8}{45.8} \times 100 ≒ 6.77$(%)

- B : $\dfrac{39.8 - 37.2}{37.2} \times 100 ≒ 6.99$(%)

- 도소매업 : $\dfrac{41.4 - 38.7}{38.7} \times 100 ≒ 6.98$(%)

- C : $\dfrac{40.6 - 36.1}{36.1} \times 100 ≒ 12.47$(%)

- D : $\dfrac{41.1 - 39.3}{39.3} \times 100 ≒ 4.58$(%)

따라서 D가 해운업이다.

ⓔ 20X1년부터 20X5년까지 매년 5개의 산업 중 경기전망지수가 가장 높은 A가 제조업임을 알 수 있다.

ⓛ 20X3년에 경기전망지수가 전년 대비 증가한 산업은 A와 C인데 A는 제조업이므로 C가 조선업임을 알 수 있다.

ⓖ 20X1년부터 20X5년까지 경기전망지수가 40점 이상인 해가 2개인 산업은 B와 C인데 C는 조선업이므로 B가 보건업임을 알 수 있다.

43 도표분석능력 **자료를 바탕으로 비율 계산하기**

| 정답 | ②

| 해설 | • 평화의 댐 : $\dfrac{1,800}{2,600} \times 100 ≒ 69.2$(%)

- 화천댐 : $\dfrac{600}{1,000} \times 100 = 60$(%)

- 춘천댐 : $\dfrac{100}{150} \times 100 ≒ 66.7$(%)

- 소양강댐 : $\dfrac{1,300}{2,900} \times 100 ≒ 44.8$(%)

- 의암댐 : $\dfrac{30}{80} \times 100 = 37.5$(%)

- 청평댐 : $\dfrac{120}{185} \times 100 ≒ 64.9$(%)

따라서 현재 저수량이 최대 저수량의 60% 미만인 댐은 소양강댐, 의암댐 2개이다.

44 도표분석능력 **자료를 바탕으로 방류량 계산하기**

| 정답 | ②

| 해설 | 평화의 댐 최대 저수량의 70%는 $1,820km^3$이므로 저수량이 $520km^3$ 증가하면 $(1,800 + 520) - 1,820 = 500$ (km^3)를 방류해야 한다.

화천댐 최대 저수량의 70%는 $700km^3$인데, 평화의 댐으로부터 $500km^3$가 방류되고, 폭우로 저수량이 $180km^3$ 증가할 것으로 예상되기 때문에 $(600 + 500 + 180) - 700 = 580$ (km^3)를 방류해야 한다.

춘천댐 최대 저수량의 70%는 $105km^3$인데 화천댐으로부터 $580km^3$가 방류되고, 폭우로 저수량이 $30km^3$ 증가할 것으로 예상되기 때문에 $(100 + 580 + 30) - 105 = 605(km^3)$를 방류해야 한다.

45 도표분석능력 자료의 수치 분석하기

| 정답 | ②

| 해설 | 20X5년 한국 섬유산업 수출액은 전년 대비 15,802 −15,696=106(백만 달러) 감소하였다.

| 오답풀이 |

③ 20X8년 한국 섬유산업 수입액은 20X5년 대비 14,305 −11,730=2,575(백만 달러) 증가했다.

④ 20X9년 이탈리아의 섬유 수출액은 33,400백만 달러로 한국 섬유 수출액인 13,607백만 달러의 약 2.45배이다. 따라서 한국의 섬유 수출액보다 약 145% 더 많다.

46 도표분석능력 자료를 그래프로 변환하기

| 정답 | ③

| 해설 | ② $\dfrac{2,629}{7,263} \times 100 ≒ 36.2(\%)$

| 오답풀이 |

㉠ 20X6년 : $\dfrac{13,281 - 11,730}{11,730} \times 100 ≒ 13.2(\%)$

20X7년 : $\dfrac{14,356 - 13,281}{13,281} \times 100 ≒ 8.1(\%)$

㉡ $\dfrac{260}{7,263} \times 100 ≒ 3.6(\%)$

㉢ 20X8년 : $\dfrac{14,490}{14,305} \times 100 ≒ 101.3(\%)$

20X9년 : $\dfrac{13,607}{14,507} \times 100 ≒ 93.8(\%)$

47 도표분석능력 자료의 수치 분석하기

| 정답 | ④

| 해설 | 독일과 프랑스의 고등학교 졸업자 평균 임금이 동일하다면 두 나라의 임금지수를 직접적으로 비교할 수 있다. 독일의 고등교육 이상 졸업자의 임금지수는 166, 프랑스는 154이므로 두 나라의 임금지수 차이는 12이다.

| 오답풀이 |

① 뉴질랜드는 20X5년 118에서 20X9년 154로 증가하였다.

② 20X9년 한국의 중학교 이하 졸업자의 임금지수는 〈자료 1〉에서 72임을 알 수 있고, 고등교육 이상 졸업자 임금지수는 〈자료 3〉에서 141임을 알 수 있다. 따라서 두 그룹 간의 임금지수 차이는 69이다.

③ 한국의 중학교 이하 졸업자와 대학 졸업자의 임금 격차는 20X4년 98, 20X5년 93, 20X6년 90, 20X7년 79, 20X8년 71로 점차 감소하나 20X9년 73으로 소폭 증가하였다.

48 도표분석능력 자료를 바탕으로 수치 계산하기

| 정답 | ②

| 해설 | 〈자료 1〉을 보면 20X8년 한국의 전문대학 졸업자 임금지수는 112, 대학 졸업자는 145이므로 다음과 같은 식을 세울 수 있다.

$$112 : 145 = 180 : x$$

$$x = 180 \times \dfrac{145}{112}$$

$$\therefore \ x = 233(만 \ 원)$$

49 기술선택능력 벤치마킹 이해하기

| 정답 | ①

| 해설 | 벤치마킹이란 특정 분야에서 뛰어난 상품, 기술, 경영 방식 등을 합법적으로 응용하는 기법으로, 단순히 외부로부터 기술을 받아들이는 것이 아니라 자신의 환경에 적합한 기술로 새롭게 재창조하는 개념이다. 벤치마킹은 신상품 개발을 위한 아이디어나 조직 개선을 위한 출발점의 기법으로 이용되기도 한다.

C사의 경우에는 특정 분야에서 뛰어난 다른 기업으로부터 상품, 기술, 경영 방식 등을 응용하지 않고 해당 시장의 트렌드를 분석해 자사의 경쟁력을 높였다. 따라서 ①은 벤치마킹의 사례로 보기 어렵다.

50 기술능력 산업재해 사례 분석하기

| 정답 | ④

| 해설 | ○○역 스크린도어 사고는 2인 1조 작업 원칙을 지
키지 않고 혼자서 스크린도어 정비 작업을 하다 발생한 사
건이므로 예측 가능한 재해로 예방이 가능했다.

51 기술능력 기술 개발의 특징 이해하기

| 정답 | ③

| 해설 | ③의 내용은 '지속가능한 기술'에 관한 설명이며, 교
통카드시스템과 관련 있다고 볼 수 없다.

52 기술이해능력 전화 매뉴얼 파악하기

| 정답 | ③

| 해설 | 자동응답 버튼의 경우 불가피하게 전화를 받지 못하
는 경우 외에는 따로 사용되는 경우가 없다. 따라서 자동응
답 버튼은 매뉴얼에 첨부할 필요가 없다.

| 오답풀이 |

① 3번은 회사 전화를 내 핸드폰으로 받는 경우나 이 기능
을 해지할 때 중복으로 사용된다.

② *(별표)는 전화를 당겨 받거나 전화를 다른 직원에게
넘겨줄 때 중복으로 사용된다.

④ #(우물정자)는 회사 전화를 내 핸드폰으로 받는 경우나
자동응답 기능을 이용할 때 중복으로 사용된다.

53 기술이해능력 전화 매뉴얼 작성하기

| 정답 | ②

| 해설 | 핸드폰으로도 전화를 받기 어려운 상황을 대비한 내
선 전화 자동응답 기능 활성화 방법은 이미 매뉴얼에 나와
있으므로 새로 추가할 필요가 없다.

54 기술이해능력 전화 매뉴얼 파악하기

| 정답 | ④

| 해설 | 회사 전화를 내 핸드폰으로 받으려면 1+3+내 핸
드폰 번호+#를 눌러야 한다. 표에 제시된 2+3+내 핸드
폰 번호+#는 앞서 적용한 기능을 해제할 때 필요한 절차
이다.

55 기술이해능력 전화 매뉴얼 파악하기

| 정답 | ①

| 해설 | 일반 전화 걸기의 경우에는 한국의 국가번호 82를
누르지 않아도 된다. 수화기를 들고 0번을 누르고 (지역번
호)+전화번호를 누르면 된다.

56 기술적용능력 원격근무 효과적으로 활용하기

| 정답 | ③

| 해설 | 원격근무를 할 수 있는 직원과 할 수 없는 직원이
모두 존재하므로 주 사무실을 아예 없애는 것은 바람직한
방법이 아니다. 대신 사무실을 축소하고 각기 다른 시간대
에 사무실을 이용하는 '핫 데스킹' 전략을 사용하는 것이 적
절하다.

57 기술이해능력 그래프 명령어 이해하기

| 정답 | ①

| 해설 | 주어진 〈보기〉를 통해 알 수 있는 명령어의 의미는
다음과 같다.

• 가로축 : H, 세로축 : V

• 육각형 : S, 타원 : W, 사다리꼴 : K

• 내부 채색 : N, 내부 무채색 : R

• 소 : 1, 중 : 2, 대 : 3

따라서 제시된 그래프를 명령어로 나타내면 H4 / V5,
S(1,1) : N2 / W(2,3) : N3 / K(4,4) : R3이 된다.

1회 기출예상

2회 기출예상

3회 기출예상

4회 기출예상

5회 기출예상

58 기술이해능력 그래프 명령어 이해하기

| 정답 | ④

| 해설 | **57**번에서 도출해 낸 명령어의 의미를 바탕으로 그 래프를 그려 보면 대형 사다리꼴의 내부 채색 유무 값에 오 류가 발생해 R3가 N3로 잘못 산출된 것을 알 수 있다. 그 러므로 오류 값은 K(5, 2) : N3이다.

제시된 그래프의 올바른 결과 값은 H5 / V5, S(1, 4) : R3 / W(2, 1) : N2 / W(3, 1) : N1 / K(5, 2) : R3이다.

59 기술선택능력 산업재산권의 유형 알기

| 정답 | ②

| 해설 | '화물 유동량 증가를 유도하기 위한 M사의 인센티 브 지급 계획'은 아직 계획 단계이며, 무형의 전략 자체가 반드시 산업재산권으로 보호받을 수 있다고 할 수는 없다.

| 오답풀이 |

① 실용신안권에 해당한다.

③ 디자인권에 해당한다.

④ 상표권에 해당한다.

60 기술선택능력 산업재산권의 특징 파악하기

| 정답 | ①

| 해설 | 특허의 가장 기본적인 목적은 독점권을 보장받는 것 에 있다. 나만이 가지고 있는 독창적인 기술에 대한 보호이 며, 이러한 기술을 제3자가 무단으로 따라하지 않도록 하 는 힘을 가지고 있는 것이 특허이다.

| 오답풀이 |

③ 상표권의 가장 중요한 내용은 지정상품에 대하여 그 등 록상표를 사용하는 것이며 그 외에도 재산권의 일종으 로서 특허권 등과 같이 담보에 제공될 수 있고 지정상품 의 영업과 함께 이전할 수도 있다.

2회 기출예상문제

2회 공통영역
문제 84쪽

01	③	02	④	03	④	04	①	05	③
06	②	07	②	08	①	09	③	10	③
11	④	12	②	13	②	14	②	15	④
16	③	17	①	18	①	19	②	20	①
21	②	22	④	23	④	24	③	25	④
26	④	27	③	28	②	29	②	30	①
31	③	32	②	33	④	34	④	35	①
36	①								

01 문서이해능력 글의 제목 찾기

| 정답 | ③

| 해설 | 제시된 글은 20세기 후반에 독일에서 등장한 '뉴저먼 시네마'에 대해 소개하고 있다. 나치즘으로 인해 붕괴되어 있던 독일의 영화 산업에 '뉴저먼 시네마'가 핵심으로 등장해 독일 영화의 황금기를 이끌었다는 것이 주된 내용이므로 이 글의 제목은 ③이 가장 적절하다.

02 문서작성능력 빈칸에 들어갈 문장 찾기

| 정답 | ④

| 해설 | 제시된 기사문은 온라인 쇼핑 트렌드의 확장에 따라 대형마트의 매출이 크게 하락했다는 내용을 담고 있다. 2문단에서는 '온라인 쇼핑이 어려운 품목을 주로 취급하는 백화점'이라고 언급되어 있으므로 e커머스가 대형마트에 끼친 악영향이 백화점에 끼친 악영향보다 더 큰 이유는 백화점은 직접 눈으로 보고 구매할 필요성이 큰 제품을 취급하기 때문임을 추론할 수 있다. 따라서 ④가 가장 적절하다.

03 문서이해능력 공모전 이해하기

| 정답 | ④

| 해설 | 제출한 슬로건 각각에 대한 개별심사가 이루어지므로, 슬로건 3건에 대한 통합 심사가 이루어지지 않는다.

04 문서이해능력 기준에 따라 대상자 이해하기

| 정답 | ①

| 해설 | 영희가 $\frac{144.1}{2}=72.1$(점)으로 가장 높지만 20자 내외의 규정을 위반하여 선발 대상에서 제외된다.

철수와 미희가 $\frac{136.6}{2}=68.3$(점)으로 동점이나 철수의 작품은 영상으로 추가 3점을 받고 미희의 작품은 카드뉴스로 추가 2점을 받기 때문에 철수의 작품이 대상을 수상한다.

05 문서이해능력 공지문 이해하기

| 정답 | ③

| 해설 | 〈자주 묻는 문의사항〉의 두 번째 질문과 대답에 따라 페인트식과 반사필름식을 선택하여 교체할 수 있음을 알 수 있다.

06 문서작성능력 적절한 답변 작성하기

| 정답 | ②

| 해설 | 개인택시를 운영할 예정에 있는 사업자라고 하였으므로 2006년 이전 생산된 차량 또는 비사업용 및 렌터카 차량에 해당되지 않기 때문에 신규 번호판 적용의 의무 대상이 아니다.

| 오답풀이 |

① 사업 규모가 작은 개인택시 사업자 차량이 비사업용 차량으로 구분되는지에 대해 언급되어 있지 않다.

③ 친환경 자동차를 개인택시 차량으로 이용할 예정인지에 대해 언급되어 있지 않다.

④ 개인택시를 운영할 예정에 있다 하였으므로 기존 사업자라는 설명은 적절하지 않다.

07 문서이해능력 세부내용 이해하기

| 정답 | ②

| 해설 | 충전인프라 구축에 대한 내용을 보면 '배달기사들이 전기이륜차를 이용할 경우 배터리를 여러 차례 충전해야 하며, 충전에는 약 4시간이 걸려 배터리 교환방식의 충전인프라 구축이 필요하다는 의견이 주를 이뤘다'고 제시되어 있다. 따라서 '일체형 배터리 충전 방식의 인프라 구축이 필요하다'는 설명은 적절하지 않다.

08 문서작성능력 글의 제목 파악하기

| 정답 | ①

| 해설 | 제시된 글은 '그린배달 서포터즈'의 출범을 알리기 위한 보도자료이며, '그린배달 서포터즈'는 배달기사의 전기이륜차 이용 활성화를 위해 출범한 것이므로 이 글의 제목으로 가장 적절한 것은 ①이다.

09 문서작성능력 영양성분 표로 정리하기

| 정답 | ③

| 해설 | 모든 영양성분의 용량과 비율이 적절하게 정리되어 있는 표는 ③이다.

| 오답풀이 |

① 나트륨과 단백질 함량이 잘못 표기되어 있다.

② 나트륨과 콜레스테롤 함량이 잘못 표기되어 있다.

④ 탄수화물과 당류 함량이 잘못 표기되어 있다.

10 문서이해능력 제품정보 이해하기

| 정답 | ③

| 해설 | 필수아미노산 비율 정보에 대해서는 제공하고 있지 않다.

| 오답풀이 |

① 알레르기 체질인 경우 섭취에 주의를 요하고 있다.

② 섭취방법을 통해 알 수 있다.

④ 2스쿱이 30g이므로, 총 $\frac{2,000}{30} ≒ 66$(회) 섭취할 수 있으며 하루에 3회씩 섭취할 경우 $\frac{66}{3} = 22$(일) 섭취할 수 있다.

11 문서작성능력 설명서 도식화하기

| 정답 | ④

| 해설 | 제시된 설명서의 마지막 줄에서 공사감리자를 지정하지 않은 소규모 건축물은 담당공무원이 현장을 점검하여 합격된 건축물에 한해 사용승인서를 교부한다고 되어 있다.

| 오답풀이 |

① 건축사가 아닌 건축주가 확인해야 할 사항이다.

② 허가조건의 이행여부를 확인하는 것은 시공 시가 아닌 준공 시이다.

③ 모든 건물이 아니라 신축 건물의 경우에 해당한다고 나와 있다.

12 문서이해능력 설명서의 내용 이해하기

| 정답 | ②

| 해설 | 설명서에 따르면 설계가 완료된 후 감리자, 시공사와 계약체결을 한 이후에 착공신고를 접수해야 한다. 나연의 경우 착공신고 이후 시공사와 계약체결을 했으므로 적절한 순서가 아니다.

13 문제처리능력 상황에 따른 도착시간 추론하기

| 정답 | ②

| 해설 | 먼저 ㉯ IC에서 ㉰ IC로 가는 구간별 소요시간은 다음과 같다.

1) ㉯ IC → ㉯ JC(감속 구간)
$$= \frac{10}{1.5 \times \frac{2}{3}} = 10(분)$$

2) ㉺ JC → ㉲ JC

$$= \frac{10}{30}(시간) \Rightarrow 분으로 전환 = \frac{20}{60} = 20(분)$$

3) ㉲ JC → ㉴ IC(감속 구간)

$$= \frac{12}{1 \times \frac{2}{3}} = 18(분)$$

따라서 ㉳ IC에서 ㉴ IC까지 48분이 소요된다. ㉴ IC 1시간동안에 업무를 본 후 ㉴ IC에서 ㉵ IC로 이동시간은 다음과 같다.

4) ㉴ IC → ㉶ JC (감속 구간)

$$= \frac{12}{1 \times \frac{2}{3}} = 18(분)$$

5) ㉶ JC → ㉷ IC

$$= \frac{8}{1} = 8(분)$$

따라서 총 2시간 14분 소요됐으므로 ㉷ IC 도착시간은 15시 14분이다.

14 문제처리능력 소요시간이 적은 경로 추론하기

| 정답 | ②

| 해설 | 선택지를 살펴보면 ①과 ④가 순서만 다르고 시간은 동일하므로 제외한다. ②와 ③을 보면 ㉺ JC → ㉻ JC → ㉼ IC이 동일하므로 앞의 ㉽ IC → ㉾ JC, ㉠ IC → ㉡ JC 구간을 살펴보는데, 이때 속도가 30% 감소하는 것에 유의한다.

② ㉽ IC → ㉾ JC

$$= \frac{8}{21}(시간) \text{ 분으로 전환} = \frac{160}{7}$$

③ ㉠ IC → ㉡ JC

$$= \frac{20}{0.7} = \frac{200}{7}$$

따라서 시간이 가장 적게 소요되는 경로는 ②이다.

15 문제처리능력 수학여행 안내서 파악하기

| 정답 | ④

| 해설 | 과학 교과 선생님도 안내 책자 제작에 참여하므로 적절하지 않은 반응이다.

16 문제처리능력 경기의 승패 결정하기

| 정답 | ③

| 해설 | 가장 먼저 득실차를 고려하고, 득실차가 0일 경우 여자 경기에서 이긴 반이 승리한다. 따라서 득실차가 0인 2학년 5반 VS 2학년 6반 경기는 여자 경기에서 이긴 2학년 6반의 승리이다.

17 문제처리능력 예산 계산하기

| 정답 | ①

| 해설 | 각 일정에 따라 필요한 예산을 계산하면 다음과 같다.
- 합천 해인사 : $3,000 \times 15 + 1,500 \times 200 = 345,000(원)$
- 경주 불국사 : $6,000 \times 15 + 4,000 \times 200 = 890,000(원)$
- 경주 석굴암 : $6,000 \times 15 + 3,500 \times 200 = 790,000(원)$
- 교통비 : $400,000 \times 8 \times 2 = 6,400,000(원)$
- 식대 : $(3,000 \times 200 + 4,000 \times 15) \times 4 = 2,640,000(원)$
- 장소 대관 : $5,050,000(원)$

총 합계 금액은 16,115,000원이다.

18 사고력 비밀번호 추론하기

| 정답 | ①

| 해설 | • 0927은 서로 다른 4개의 정수로 이루어져 있다.
- 0927에는 3의 배수가 9로 하나, 2의 배수가 2로 하나씩만 포함되어 있다.
- 0927의 첫 번째, 두 번째 자리 수의 합은 $0+9=9$, 세 번째, 네 번째 자리 수의 합은 $2+7=9$로 같다.
- 0927의 각 자리 수를 더하면 $9+2+7=18$로, 3의 배수이다.

| 오답풀이 |
② 0523의 각 자리 수를 더하면 $5+2+3=10$으로, 3의 배수가 아니다.
③ 1635의 첫 번째, 두 번째 자리 수의 합은 $1+6=7$, 세 번째, 네 번째 자리 수의 합은 $3+5=8$로 서로 같지 않다.
④ 1423에는 2의 배수가 2, 4로, 두 개 포함되어 있다.

19 문제처리능력 자료를 바탕으로 금액 산출하기

| 정답 | ②

| 해설 | 각 패키지 구성의 신간 할인가격은 다음과 같다.

패키지 구성	신간 할인가격(원)
신간+달력+수첩	$11,000-2,300=8,700$
신간+달력+노트	$11,500-2,500=9,000$
신간+수첩+노트+볼펜	$13,000-2,300=10,700$
신간+달력+수첩+노트+볼펜	$13,500-3,800=9,700$
신간+에코백+달력	$14,500-6,500=8,000$

따라서 예상 판매 부수가 가장 많은 '신간+에코백+달력'의 신간 할인가격은 8,000원이다.

20 문제처리능력 자료를 바탕으로 금액 산출하기

| 정답 | ①

| 해설 | 19 해설에 따라 신간 할인가격이 가장 높은 구성은 '신간+수첩+노트+볼펜'이고 이 구성의 예상 판매액은 $13,000 \times 2,500 = 32,500,000$(원)이다.

21 문제처리능력 조건을 바탕으로 가격 추론하기

| 정답 | ②

| 해설 | 신간 할인가격은 '패키지 가격-구성용품 단가의 합'이므로 9,000원에 구성용품 단가의 합을 더하면 패키지 가격을 구할 수 있다. 이를 계산하면 다음과 같다.

- 신간+달력+수첩
  $=9,000+(1,500+800)=11,300$(원)
- 신간+달력+노트
  $=9,000+(1,500+1,000)=11,500$(원)
- 신간+수첩+노트+볼펜
  $=9,000+(800+1,000+500)=11,300$(원)
- 신간+달력+수첩+노트+볼펜
  $=9,000+(1,500+800+1,000+500)=12,800$(원)
- 신간+에코백+달력
  $=9,000+(5,000+1,500)=15,500$(원)

따라서 가장 저렴한 패키지 구성의 가격은 11,300원이다.

22 문제처리능력 A/S 규정 이해하기

| 정답 | ④

| 해설 | 운송비는 제품 초기불량일 경우에만 제외되며, 이외에는 운송비를 부담하여야 한다.

23 문제처리능력 A/S 비용 계산하기

| 정답 | ④

| 해설 | A/S가 필요한 항목을 정리하면 다음과 같다.

- 네트워크 연결 불량 : 20,000원
- 27인치 모니터 : 270,000원
- 하드디스크 기능점검 : 10,000원
- SSD 카드 추가 장착(250G) : 50,000원

따라서 지불해야 할 A/S 비용은 350,000원이다.

24 문제처리능력 A/S 비용 계산하기

| 정답 | ③

| 해설 | A/S를 실시한 항목을 정리하면 다음과 같다.

- 메인보드 교체 : $10,000+85,000=95,000$(원)
- 메모리카드 교체(8G) : 30,000원
- HDMI 선 교체 : 5,000원

따라서 청구해야 할 A/S 비용은 130,000원이다.

25 정보처리능력 품목번호 이해하기

| 정답 | ④

| 해설 | 1217C-C는 조미료이며, 17년 3분기에 경영혁신팀 신청으로 구매하였다.

1회 기출예상 2회 기출예상 3회 기출예상 4회 기출예상 5회 기출예상

26 정보처리능력 품목번호 부여하기

| 정답 | ④

| 해설 | 종합감기약의 대분류는 4, 소분류는 1이고 구매연도는 20, 분기는 2분기이므로 B이고 신청부서는 영업팀이므로 E이다. 따라서 품목번호는 4120B−E이다.

27 정보처리능력 명령체계 이해하기

| 정답 | ③

| 해설 | 'if X=include "장애인", go to (i) if not, go to (ii)'이므로 '장애인'이 포함된 항목은 (i) 명령을, '장애인'이 포함되지 않은 항목은 (ii) 명령을 따른다. 명령체계의 마지막 줄을 확인하면 'print ANOP1001'이므로 ANOP1001로 분류되는 (i) 명령 'x apply+@', 즉 '장애인'이 포함된 항목에 '개선'을 덧붙여야 한다. 따라서 최종 출력값은 '장애인배려석 개선, 장애인전용 주차공간 개선'이다.

28 정보처리능력 명령체계 이해하기

| 정답 | ②

| 해설 | 'if X=include "교통시설", go to (i) if not, go to (ii)'이므로 '교통시설'이 포함된 항목은 (i) 명령을, '교통시설'이 포함되지 않은 항목은 (ii) 명령을 따른다. 명령체계의 마지막 줄을 확인하면 'print SWYQ1011'이므로 SWYQ1011로 분류되는 (i) 명령, 'x apply+!', 즉 '교통시설'이 포함된 항목에 '공사'를 덧붙여야 한다. 따라서 최종 출력값은 '교통시설 확충 공사'이다.

29 정보처리능력 명령체계 이해하기

| 정답 | ②

| 해설 | 'if X=include "수리", go to (i) if not, go to (ii)'이므로 '수리'가 포함된 항목은 (i) 명령을, '수리'가 포함되지 않은 항목은 (ii) 명령을 따른다. 명령체계의 마

지막 줄을 확인하면 'print BGEP001'이므로 최종 출력값은 BGEP001로 분류되는 (i) 명령 'x apply+!', 즉 '수리'가 포함된 항목에 '공사'를 덧붙여야 한다. 따라서 '화장실 팻말 수리'가 최초의 집합에 포함된다면 최종 출력값에 '화장실 팻말 수리 공사'가 있어야 하므로 최초의 집합에 포함될 수 없다.

30 정보처리능력 명령체계 이해하기

| 정답 | ①

| 해설 | 〈명령어〉에 따르면 print [ ]일 경우, [ ] 안의 단어를 그대로 출력한다. 명령체계의 마지막 줄을 보면 'print [ZER11001]'이므로 최종 출력값은 'ZER11001'이다.

31 정보처리능력 명령체계 이해하기

| 정답 | ③

| 해설 | 명령체계의 마지막 줄을 확인하면 'print THGJ1002'이므로 (ii)의 명령을 따른 집합이 〈출력값〉임을 알 수 있다. (ii)는 (?)가 포함되지 않은 항목에 '개선'을 덧붙이므로 (?)는 〈출력값〉에 없는 단어여야 한다. 따라서 '빔프로젝터 교체 개선, 시설 내 층별 안내 개선'에 포함되지 않는 단어인 '기계'가 (?)에 들어가야 한다.

32 정보처리능력 명령체계 파악하기

| 정답 | ②

| 해설 | 먼저 첫 번째 조건문에 따라 4의 배수인 x를 S 집합에서 고르면, 8, 12, 24, 40, 56, 72이다. 90은 No 방향으로 가 3의 배수임을 만족하여 Yes 방향으로 가고 출력이 되므로 (ㄱ)은 90이다.

첫 번째 조건문을 통과한 6개의 숫자 중에서 30보다 작아서 Yes 방향으로 출력된 (ㄴ)은 8, 12, 24로 (ㄱ)과 (ㄴ)을 각각 A 집합과 B 집합이라고 했을 때, $A \cup B$=8, 12, 24, 90이다.

33 정보처리능력 명령체계 파악하기

| 정답 | ④

| 해설 | 먼저 첫 번째 조건문에 따라 소수가 아닌 x를 S 집합에서 고르면 8, 24, 30, 49, 64이다. 이중 두 번째 조건문에 따라 n^2으로 나타낼 수 없는 숫자들은 8, 24, 30이므로 (ㄱ)의 값은 8, 24, 30로 출력된다.

첫 번째 조건문에서 No 방향으로 출력된 숫자는 3, 5, 11이다. 이중 두 번째 조건에 따라 10보다 작은 숫자들은 3, 5이므로 $A \cup B$=3, 5, 8, 24, 30이다.

34 정보처리능력 명령체계 파악하기

| 정답 | ④

| 해설 | 출력된 값이 3개이고 (가)에 해당하는 S를 추적하기 위해 거꾸로 명령체계를 올라가면, x는 40보다 작아야 하며 삼각형 명령체계에 의하여 짝수여야 한다. 선택지 중 40 이하의 짝수인 숫자를 가지고 있는 집합은 ①과 ④이다. 출력된 값이 3개라고 하였으므로 정답은 ④가 된다.

35 정보처리능력 명령체계 이해하기

| 정답 | ①

| 해설 | 첫 번째 조건문(x는 2의 배수가 아니다)을 통과한 값은 3, 5, 89, 145이다. 두 번째 조건문(x는 짝수다)은 삼각형 명령체계이므로 조건문의 반대로 실행하여 통과한 값은 3, 5, 89, 145이다. 세 번째 조건문(x는 100보다 크다)은 삼각형 명령체계이므로 조건문의 반대로 실행하여 통과한 값은 3, 5, 89이므로 정답은 ①이다.

36 정보처리능력 명령체계 이해하기

| 정답 | ①

| 해설 | 먼저 첫 번째 조건문(x는 10보다 크거나 x는 6보다 작다)을 통과한 값은 4, 5, 11, 13, 14이다. 다음 3번째 조건문(x는 소수이다)을 통과한 값은 5, 11, 13이고 마지막으로 출력된 값은 13이어야 한다. 즉, (가)의 조건문에서 출력된 값이 13이 나오기 위하여 5와 11이 제외되어야 하므로 정답은 ①이 된다.

2회 행정직   문제 116쪽

37	③	38	①	39	④	40	④	41	③
42	③	43	②	44	④	45	④	46	③
47	②	48	④	49	④	50	③	51	③
52	①	53	③	54	①	55	④	56	②
57	③	58	①	59	②	60	④		

37 인적자원관리능력 계약지표 등급 정하기

| 정답 | ③

| 해설 | 계약지표 등급은 계약 건수와 신규계약 건수 등급의 평균으로 부여한다는 규정을 바탕으로 각 직원들의 계약지표 등급을 구하면 다음과 같다.

구분	계약 건수 등급	신규계약 건수 등급	계약지표 등급
노진구 사원	$\frac{25-22}{22} \times 100$ $≒13.6(\%)$ A등급	$\frac{15-12}{12} \times 100$ $=25(\%)$ S등급	A등급
신이슬 사원	$\frac{18-13}{13} \times 100$ $≒38.46(\%)$ S등급	$\frac{7-6}{6} \times 100$ $≒16.6(\%)$ A등급	A등급
왕비실 사원	$\frac{32-33}{33} \times 100$ $≒-3.03(\%)$ C등급	$\frac{10-6}{6} \times 100$ $≒66.6(\%)$ S등급	B등급
만퉁퉁 사원	$\frac{30-28}{28} \times 100$ $≒7.14(\%)$ B등급	$\frac{20-36}{36} \times 100$ $≒-44.4(\%)$ C등급	C등급

따라서 계약지표 등급 B를 받는 직원은 왕비실 사원이다.

38 인적자원관리능력 평가사항 판단하기

| 정답 | ①

| 해설 | 평균 등급은 매출액지표 등급과 계약지표 등급의 평균으로 부여한다는 규정을 바탕으로 매출액지표 등급을 구하면 다음과 같다.

1회 기출예상 · 2회 기출예상 · 3회 기출예상 · 4회 기출예상 · 5회 기출예상

구분	매출액 등급	신규계약 매출액 등급	매출액 지표 등급
노진구 사원	$\dfrac{3,700-3,300}{3,300}\times100$ $\fallingdotseq 12.1(\%)$ A등급	$\dfrac{1,800-1,800}{1,800}\times100$ $=0(\%)$ S등급	B등급
신이슬 사원	$\dfrac{2,800-2,200}{2,200}\times100$ $\fallingdotseq 27.2(\%)$ S등급	$\dfrac{1,100-960}{960}\times100$ $\fallingdotseq 14.58(\%)$ A등급	A등급
왕비실 사원	$\dfrac{4,800-4,950}{4,950}\times100$ $\fallingdotseq -3.03(\%)$ C등급	$\dfrac{2,000-1,200}{1,200}\times100$ $\fallingdotseq 66.6(\%)$ S등급	C등급
만퉁퉁 사원	$\dfrac{3,500-2,750}{2,750}\times100$ $\fallingdotseq 27.2(\%)$ S등급	$\dfrac{1,500-2,400}{2,400}\times100$ $\fallingdotseq -37.5(\%)$ C등급	C등급

37번 해설을 참고하여 각 사원들의 매출액지표와 계약지표의 평균을 구하면 다음과 같다.

구분	매출액지표 등급	계약지표 등급	최종 등급
노진구 사원	B등급	A등급	B등급
신이슬 사원	A등급	A등급	A등급
왕비실 사원	C등급	B등급	C등급
만퉁퉁 사원	C등급	C등급	C등급

따라서 신이슬 사원이 가장 높은 최종 등급을 받게 된다. 신이슬 사원의 매출액은 목표 실적 대비 약 27.2% 이상 달성하였으므로 생산라인 확장에 대해 받아야 한다.

39 예산관리능력 손익계산서 비교하기

|정답| ④

|해설| 제시된 2개년도의 손익계산서에서 관리비 항목은 찾을 수 없다.

40 예산관리능력 손익계산서 비율 분석하기

|정답| ④

|해설| 매출액 대비 영업이익은 작년 $\dfrac{13,500}{20,000}=0.675$, 올해 $\dfrac{21,000}{30,000}=0.7$이므로 작년 경영 상태보다 올해 경영 상태가 더 악화되었다고 보기 어렵다.

41 예산관리능력 손익계산서 이해하기

|정답| ③

|해설| 〈보기〉의 내용을 바탕으로 20X9년 손익계산서를 정리하면 다음과 같다.

20X9년 손익계산서

(단위 : 만 원)

매출액	32,000
매출원가	6,000
매출총이익	26,000
판매비(−)	3,400
영업이익	22,600
영업외수익	700
영업외비용(−)	1,590
법인세차감전순이익	21,710
법인세(−)	1,960
당기순이익	19,750

영업외수익은 700만 원이지만 영업외비용은 1,590만 원이다.

42 예산관리능력 통행요금 구하기

|정답| ③

|해설| Ⓐ 나들목에서 출발하여 Ⓖ 나들목까지 가는 경로는 Ⓐ-Ⓑ-Ⓒ-Ⓓ-Ⓖ와 Ⓐ-Ⓔ-Ⓓ-Ⓖ로 두 가지가 있다. Ⓐ-Ⓑ-Ⓒ-Ⓓ-Ⓖ는 8+10+6+12=36(km)이고 Ⓐ-Ⓔ-Ⓓ-Ⓖ는 9+14+12=35(km)이므로 Ⓐ-Ⓔ-Ⓓ-Ⓖ로 이동할 때의 통행요금을 구하면 된다.

- ⒜-⒠(폐쇄식 고속도로) : 900+(9×45)=1,305(원)
- ⒠-⒟(개방식 고속도로) : 720+(7×45)=1,035(원)
- ⒟-⒢(폐쇄식 고속도로) : 0(기본요금은 한 번씩만 적용)
  +(12×45)=540(원)

따라서 통행요금은 총 1,305+1,035+540=2,880(원)이다.

43 예산관리능력 통행요금 구하기

|정답| ②

|해설| ⒡ 나들목에서 출발하여 ⒢ 나들목을 제외한 모든 나들목을 방문하고 ⒡ 나들목으로 돌아오는 경로는 ⒡-⒠-⒟-⒞-⒝-⒜-⒠-⒡와 ⒡-⒠-⒜-⒝-⒞-⒟-⒠-⒡로 두 가지가 있다. 각 경로의 통행요금을 계산하면 다음과 같다.

- ⒡-⒠-⒟-⒞-⒝-⒜-⒠-⒡(모두 폐쇄식 요금제)
  900+{(7+14+6+10+8+9+7)×50}=3,950(원)
- ⒡-⒠-⒜-⒝-⒞-⒟-⒠-⒡(⒟-⒠ 구간만 개방식 요금제)
  900+{(7+9+8+10+6+7)×50}+720+(7×50)
  =4,320(원)

따라서 최소 통행요금은 3,950원이다.

44 시간관리능력 일정 계획하기

|정답| ②

|해설| 6월의 마지막 날인 6월 30일부터 3일간 실무면접을 진행하면 7월 2일에 실무면접이 끝나게 된다. 이로부터 일주일 후인 7월 9일에 임원면접을 진행하므로 3일 전인 7월 6일에 임원면접 일정을 안내해야 한다.

45 물적자원관리능력 대관 장소 찾기

|정답| ④

|해설| 실무면접 대상인원은 경영지원 부문 (2+5+3)×2=20(명), 기술직 부문 (2+3)×2=10(명), 서비스직 부문 (10

+5)×2=30(명)이며 6월 30일부터 7월 2일까지 진행된다. 따라서 △△관, ▲▲관, ◆◆관 중 한 곳을 빌려야 한다. 필기시험 내정인원은 (20+10+30)×3=180(명)이며 6월 18일에 진행된다. 따라서 ◆◆관을 빌려야 한다. 채용과정 당 한 개의 서로 다른 콘퍼런스장을 사용해야 한다고 했으므로, 선택지 중 가능한 것은 ④뿐이다.

46 시간관리능력 업무 시작일 계산하기

|정답| ③

|해설| L이 해야 하는 업무는 장소 대관 총무지원실에 통보, 버스대절, 도시락 예약, 현수막 제작 주문, 현수막 확인으로 5가지이다. 이 중 현수막 주문과 확인 후 보고와 보관하는 업무는 7일의 간격이 필요하다. 교육 기간 시작일 전날인 22일 수요일에 현수막을 확인하는 업무를 한다고 할 때 현수막 주문은 15 월요일에 해야 한다. 도시락 예약은 18일 목요일에 하면 된다. 대관 통보와 버스대절은 모두 24일 금요일에 필요하므로 일주일 전인 17일 수요일, 혹은 그 이전에 하면 된다. 따라서 10월 15일부터 업무를 시작하면 교육 기간 시작일 전날인 22일에 끝낼 수 있다.

			11 목	12 금
15 월	16 화	17 수	18 목	19 금
현수막 주문	대관 (혹은 대절)	대절 (혹은 대관)	도시락 주문	
20 월	21 화	22 수	23 목	
		현수막 확인	당일	

47 시간관리능력 해야하는 업무 파악하기

|정답| ②

|해설| 현장 체험 교육은 각 현장에 위탁하기 때문에 인재개발팀의 준비가 필요하지 않다. 따라서 어린이 대공원 홍보담당의 번호 010-1111-2222로 연락할 필요가 없다.

| 오답풀이 |

① 10월 23일에 공단人이 되어 첫 출발 프로그램에서 조직
   도 빙고를 하므로 교육자료 관련 업무를 하는 K는 공단
   조직도를 숙지해야 한다.

③ 24일과 27일에 집결지인 본사에서 각각 월드컵 경기장
   프레스룸 그리고 각 현장으로 이동해야 하므로 버스 대
   절을 예약해야 한다.

④ 27일에는 현장교육 측에서 도시락을 제공하지만 24일
   과 25일에는 점심 도시락이 필요하다.

---

48 예산관리능력 총 예산 계산하기

| 정답 | ④

| 해설 | 사내 직무전문가들의 강의 시간은 1+1+2+2=6
(시간)이므로 50,000×6=300,000(원)이다.

기타 사내강사의 강의 시간은 인재개발팀과 기획예산팀에서
파견한 강사가 제공하는 2+1=3(시간)이므로 40,000×3
=120,000(원)이다. 외부 강사의 강의비는 300,000원이다.
24일에 월드컵 경기장 프레스룸으로는 일반직과 특정직
56명이 이동하지만 27일에 각 현장에는 일반직 42명만 이
동한다. 따라서 24일에는 28인승 버스 2대(600,000원)과
27일에는 45인승 버스 1대(450,000원)을 대절하는 것이
바람직하다.

점심 도시락값은 56×(3000+3500)=364,000(원)이다.
월드컵 경기장 프레스룸 대관비는 250,000원이다.

따라서 모든 값을 다 합친 비용은 300,000+120,000+
300,000+600,000+450,000+364,000+250,000=
2,384,000(원)이다.

---

49 업무이해능력 매뉴얼 이해하기

| 정답 | ③

| 해설 | 정당한 절차를 거치지 않고 연구개발 내용을 해외로
누설하거나 유출한 경우 최소 5년간 참여할 수 없다.

| 오답풀이 |

① "거짓이나 그 밖에 부정한 방법을 통해 연구개발을 수
   행한 경우"가 3회 이상일 경우 최대 6년간 참여가 제한
   된다.

② "사용용도 외 사용금액이" 20% 이하, 20 ~ 30%, 30%
   초과에 따라 참여제한 기간이 다르다.

④ "같은 사유가 여러 번 발생하면 참여제한 기간"에 대한
   기준은 제시되지 않았다.

---

50 업무이해능력 매뉴얼에 따라 업무 처리하기

| 정답 | ③

| 해설 | 용도 외 목적으로 27%의 금액을 1회 사용하였을 경
우 참여제한 기간은 4년 이내이며, 해외로 사업내용을 1회
유출한 경우 참여제한 기간은 5년이다. 여러 사유가 한 번
에 발생한 경우 기간이 가장 긴 것에 따른다고 하였으므로
5년간 참여가 제한된다.

| 오답풀이 |

① 해외로 사업내용을 3회 유출한 경우이므로 10년간 참여
   가 제한된다.

② 용도 외 목적으로 24%의 금액을 2회 사용하였으므로 4
   ~ 6년간 참여가 제한된다.

④ 거짓이나 그 밖에 부정한 방법을 통해 연구개발을 1회
   수행하였으므로 3년 이내로 참여가 제한된다.

---

51 경영이해능력 상황 분석하기

| 정답 | ③

| 해설 | 잠재적 진입자들의 시장 진입이 어려우며 기존 회사
들이 독점하고 있는 상황이므로 '잠재적 진입자들의 위협'
요인은 낮다고 판단할 수 있다.

---

52 경영이해능력 대응 전략 마련하기

| 정답 | ①

| 해설 | 51번의 해설에 따라 수익성이 떨어지는 요인은 2개
이므로 해당 산업의 매력도는 $\frac{2}{5}=0.4$로 '높음'이 된다.

산업 상황에 따르면 신규 회사들의 시장 진입이 어렵고, 이에 따라 기존 회사들이 시장 독과점을 하고 있는 상태이며, 또한 고객의 니즈를 만족시키다 보니 기존 사업자 간에 상품 차별성이 미미하다. 따라서 시장 진입이 어려운 신규 브랜드와 판매 제휴를 맺어 미개발된 시장 진입을 노리는 것이 적절한 전략이다.

53 체제이해능력 인력채용계획 작성하기

| 정답 | ③

| 해설 | • 7급은 〈직급 및 직위〉에 따라 선임실무관의 호칭이 부여되기에 경영기획실의 채용은 적절하지 않다.
• 〈직급 및 직위〉 아래를 보면 직위를 받지 못한 2 ~ 4급 직원의 호칭은 수석실무관으로 한다. 감사실의 2급은 직위를 받았다면 해당 직위로, 받지 못했다면 수석실무관의 호칭을 받게 되므로 옳지 않다.
• 경영지원실의 3급은 사무직군으로 보직이 부여되기에 기술직군 채용은 적절하지 않다.
• 노외주차처, 노상주차처, 시설관리처, 상가관리처에서 업무직군은 8급으로 보직이 부여되기에 시설관리처에서 7급으로 채용하는 것은 적절하지 않다.
• 재난안전실은 업무직군에 대한 보직이 부여되지 않으므로 업무직군을 채용하는 것은 적절하지 않다.
따라서 총 5곳에서 잘못 작성되었다.

54 체제이해능력 연락망 부여 기준 이해하기

| 정답 | ①

| 해설 | 감사실(3)+감사실(0)+처장(2)이므로 302로 시작해야 한다. 따라서 30203은 옳다.

| 오답풀이 |

② 교통본부(8)+국도ITS지원센터(5)+실장(1)이므로 851로 시작하나 마지막 두 자리가 00이기에 옳지 않다.

③ 비상계획실(4)+비상계획실(0)+선임실무관(6)이므로 406으로 시작해야 한다.

④ 혁신성장본부(11)+해외사업처(3)+수석실무관(6)이므로 1136으로 시작해야 한다.

55 업무이해능력 권력 유형 구분하기

| 정답 | ④

| 해설 | J 대리의 세법 분야에 대한 지식과 해결책이 권력의 원천이며, 이는 난관에 대한 해결책을 제시함으로써 발휘되었기에 전문적 권력이다.

56 업무이해능력 권력 유형 구분하기

| 정답 | ②

| 해설 | 보상적 권력은 구성원들의 고과를 종합적으로 판단하고 그에 적합한 보상을 평가할 수 있을 때 발휘되는데 A와 B의 팀장은 팀원의 업무실적에 대해 잘 알지 못하므로, 보상적 권력이 부족하다.

57 체제이해능력 부정청탁 및 금품수수 금지법 이해하기

| 정답 | ③

| 해설 | 제20조에 따라 준법관리인의 청탁금지법 위반의 경우에는 형사처벌이 아닌 징계를 받는다.

| 오답풀이 |

① 제5조에 따라 동일한 부정청탁을 2번째 받은 경우 신고하지 않으면 징계를 받는다.

② 제8조에 따라 100만 원 이하의 금품이라도 직무와 관련되어 받을 시 제재받게 된다.

④ 제8조에 따라 직무와 관련하여 공직자에게 1회 100만 원을 초과하는 금품 제공을 약속한 것만으로도 형사처벌을 받게 된다.

58 체제이해능력 부정청탁 사례 판단하기

| 정답 | ①

| 해설 | A 사원의 경우, 배우자가 관련 업체 직원으로부터 100만 원을 초과한 금품을 받았으나, A 사원이 이를 알지 못한 경우이므로 형사처벌 대상이 아니다.

| 오답풀이 |

② B 주임은 K 씨로부터 부정청탁을 받고 그에 따라 직무수행을 하였으므로 제5조에 따라 형사처벌된다.

1회 기출예상 2회 기출예상 3회 기출예상 4회 기출예상 5회 기출예상

③ C 대리의 경우, 공직자에게 1회 100만 원을 초과하는 금품 등을 제공하였으므로 제8조에 따라 형사처벌 대상이다.

④ D 과장의 경우, 지자체 요청 강의이므로 사전 신고 대상은 아니지만 초과사례금에 대해서는 반환뿐만 아니라 신고도 해야 할 의무가 있다. 하지만 초과사례금에 대한 신고는 하지 않았으므로 징계 대상이다.

59 경영이해능력 7S 이해하기

| 정답 | ②

| 해설 | 운영체제(Systems)는 조직의 전략을 실행하기 위해 업무의 수행과정과 절차는 효율적으로, 의사결정과 의사전달은 신속정확하게 이루어지도록 하기 위한 시스템을 말한다. 제시된 사례에서는 ○○항공을 예로 들며 행정처리문제, 고객클레임 처리문제 등의 효율성과 의사결정의 합리성에 대해 다루고 있으므로 운영체제에 대한 내용을 강조하고 있는 것을 알 수 있다.

60 경영이해능력 7S 이해하기

| 정답 | ④

| 해설 | 경영방식(Style)은 조직문화와 연계돼 있어 조직의 리더십 스타일이나 조직 내 리더와 조직구성원 간의 관계 등을 보고 알 수 있으며 그 분위기는 어떤지, 조직구성원 간의 인간관계는 우호적인지, 경영층의 리더십 스타일은 어떤 유형인지에 대해 분석하는 과정이다. 팀원 B는 의사소통의 중요성에 대해 이야기하고 있으므로 경영방식에 대한 내용을 강조하고 있다.

2회 기술직 문제 138쪽

37	④	38	④	39	④	40	②	41	④
42	③	43	④	44	④	45	①	46	②
47	④	48	③	49	④	50	①	51	②
52	②	53	④	54	④	55	④	56	①
57	④	58	②	59	④	60	④		

37 도표분석능력 자료의 수치 분석하기

| 정답 | ④

| 해설 | 2020년의 전년 대비 5개 지역 고구마 총생산량 증감률을 계산하면 $\frac{294,963 - 313,195}{313,195} \times 100 ≒ -5.8(\%)$이다.

| 오답풀이 |

② 감자, 고구마의 총생산량은 E 지역이 $37,498 \rightarrow 39,164$ 톤으로 증가하였다.

③ A 지역의 전년 대비 감자 생산량은 $\frac{48,411 - 71,743}{71,743} \times 100 ≒ -32.5(\%)$로 절댓값이 가장 크다.

38 기초연산능력 휘발유의 양 구하기

| 정답 | ④

| 해설 | 최 사원의 승용차는 12m 이동시 $8cm^3$의 휘발유를 소비하며, 이동 거리는 90km=90,000m이므로 총 $90,000 \div 12 \times 8 = 60,000(cm^3)$를 소비한다. 제시된 단위환산표를 보면 $1cm^3 = 0.001\ell$이므로 $60,000cm^3 = 60\ell$이다.

39 도표분석능력 자료의 수치 분석하기

| 정답 | ④

| 해설 | ㉢ 국내에서의 전출은 국내에서의 전입이므로 전국의 순이동인구는 항상 0명이 된다.

㉣ 조사기간 동안 경상남도의 순이동인구는 매달 음수의

www.gosinet.co.kr gosinet

1회 기출예상

2회 기출예상

3회 기출예상

4회 기출예상

5회 기출예상

값을 가지므로 전출인구가 전입인구보다 많음을 알 수 있다.

㉺ 조사기간 동안 세종특별자치시의 순이동인구는 매달 양수의 값을 가지므로 전출인구가 전입인구보다 적음을 알 수 있다.

| 오답풀이 |

㉠, ㉡ 순이동인구는 전입인구에서 전출인구를 뺀 값이므로 순이동인구의 값으로는 전입인구와 전출인구를 알 수 없다.

40 도표분석능력 자료의 수치 분석하기

| 정답 | ②

| 해설 | 2000년 대비 2010년의 유소년 인구는 약 19% 감소 $\left(\dfrac{7,979-9,911}{9,911}\times100 ≒ -19.49(\%)\right)$하여 가장 큰 감소율을 보였다. 1980년 대비 1990년의 유소년 인구는 약 15% 감소하였다.

41 도표분석능력 부양비 구하기

| 정답 | ④

| 해설 | 2020년 노년 부양비는 $\dfrac{7,076}{37,620}\times100 ≒ 19(\%)$ 이고, 총 부양비는 $\dfrac{6,751+7,076}{37,620}\times100 ≒ 37(\%)$이다.

42 도표분석능력 자료의 수치 분석하기

| 정답 | ③

| 해설 | 2005년 온실가스 총배출량 중 에너지 부문을 제외한 나머지 부문이 차지하는 비율은 $\dfrac{49.9+21.6+18.8}{500.9}\times100 ≒ 18(\%)$이다.

| 오답풀이 |

① 〈자료 1〉의 온실가스 총배출량에서 에너지, 산업공장, 농업, 폐기물의 배출량을 보면 에너지의 배출량이 현저히 크다는 것을 알 수 있다.

② 2020년 1인당 온실가스 배출량은 13.5톤 CO_2eq/명으로, 1995년의 6.8톤 CO_2eq/명에 비해 2배 가까이 증가하였다.

④ 〈자료 1〉을 보면 온실가스 총배출량은 계속해서 증가한 것을 확인할 수 있고, 2020년 온실가스 총배출량은 690.2로 1995년의 292.9에 비해 약 2.4배 $\left(=\dfrac{690.2}{292.9}\right)$ 증가하여 2배 이상 증가하였다.

43 도표분석능력 자료의 수치 분석하기

| 정답 | ④

| 해설 | 11개국 중 호주는 2010년 대비 2015년 1인당 온실가스 배출량이 −2.6으로 가장 많이 감소하였으며, 1인당 온실가스 배출량은 26.5톤 CO_2eq/명으로 다른 국가들의 1인당 온실가스 배출량보다 높다.

| 오답풀이 |

① 한국, 중국, 브라질의 경우 2005년 이후 1인당 온실가스 배출량이 증가하고 있고, 이탈리아, 일본, 호주의 경우 증가하다가 다시 감소하고 있다.

② 11개국의 2015년 1인당 온실가스 배출량의 평균을 구하면 $\dfrac{2.3+7.9+8.2+8.0+9.4+11.5+10.1+5.5+21.0+26.5+13.2}{11}$ ≒ 11.2로 우리나라 1인당 온실가스 배출량 13.2에 비해 낮은 수준이다.

③ 1995년과 2005년 사이 1인당 온실가스 배출량의 증가폭은 호주 1.8(=27.9−26.1), 우리나라 3.9(=10.7 −6.8)로 우리나라가 가장 큰 폭으로 증가하였다.

44 도표분석능력 자료와 보고서의 내용 비교하기

| 정답 | ④

| 해설 | ㉣ 시·도별 생산량은 〈표〉나 〈그림〉에서 다루지 않은 내용이므로 알 수 없다.

| 오답풀이 |

① 〈표〉의 재배면적 항목을 보면, 2020년의 보리 재배면적은 2만 9,096ha로 전년의 3만 6,631ha보다 20.6% 감소한 것을 알 수 있다.

② 〈표〉의 재배면적 항목을 통해 2019년의 겉보리 재배면적은 8,806ha, 2020년은 8,523ha이며 2020년에는 전년 대비 283ha가 감소하여 감소율이 3.2%인 것을 알 수 있다.

③ 〈표〉의 10a당 생산량 항목을 보면, 10a당 생산량은 377kg으로 전년의 294kg보다 28.2% 증가하였다.

45 도표분석능력 그래프 해석하기

| 정답 | ①

| 해설 | 각 연도별 재배면적 대비 생산량을 계산하면 다음과 같다.

- 2011년 : $\frac{24.1}{5.4}≒4.46$
- 2012년 : $\frac{21.1}{4.9}≒4.31$
- 2013년 : $\frac{11.6}{3.9}≒2.97$
- 2014년 : $\frac{10.9}{2.9}≒3.76$
- 2015년 : $\frac{8.5}{2.1}≒4.05$
- 2016년 : $\frac{9.0}{2.6}≒3.46$
- 2017년 : $\frac{13.1}{3.0}≒4.37$
- 2018년 : $\frac{11.1}{3.4}≒3.26$
- 2019년 : $\frac{10.8}{3.7}≒2.92$
- 2020년 : $\frac{11.0}{2.9}≒3.79$

따라서 재배면적 대비 생산량이 가장 많았던 해는 2011년이다.

46 도표분석능력 자료의 의미를 파악하여 수치 계산하기

| 정답 | ②

| 해설 | H 정당 지지자 수는 10월에 1,000×0.043=43 (명), 11월에 1,000×0.047=47(명)으로 전월 대비 4명 증가하였다. 〈그림〉을 보면, A 정당에서 +2명, G 정당으로 -2명 이동했으므로 (가)는 4-2+2=4(명)이다.

E 정당 지지자 수는 10월에 1,000×0.398=398(명), 11월에 1,000×0.423=423(명)으로 전월 대비 25명 증가하였다. 〈그림〉을 보면, A 정당에서 +4명, B 정당에서 +7명, D 정당에서 +4명 이동했으므로 (나)는 25-4-7-4=10(명)이다.

47 도표분석능력 자료와 보고서의 내용 비교하기

| 정답 | ④

| 해설 | 10월에 비해 11월에 지지도가 상승한 정당은 E, G, H 정당이다. 〈그림〉에서 E와 G 정당의 경우 다른 정당으로부터 새로운 지지자가 유입된 것밖에 없으나, H 정당의 경우는 유입뿐만 아니라 G 정당으로 2명의 지지자가 이탈하기도 하였다.

| 오답풀이 |

① 정당 지지도 순위를 정리하면, 10월에는 E>C>B>A>F>G>D>H 정당, 11월에는 E>C>G>B>A>F>H>D 정당이다. 따라서 10월에는 H 정당, 11월에는 D 정당의 지지도가 가장 낮았다.

② 11월 지지율 6.1%인 G 정당은 8개 정당 중 세 번째로 높은 지지율을 보였다. 10월과 11월 사이 지지자 수의 증감률을 살펴보면, $\frac{61-51}{51}×100=19.6078⋯(\%)$ 증가하였다.

③ 〈그림〉을 살펴보면 E 정당으로 유입된 지지자 25명은 A 정당에서 4명, B 정당에서 7명, C 정당에서 10명, D 정당에서 4명이 유출된 것이다.

48 도표분석능력 자료의 수치 분석하기

| 정답 | ③

| 해설 | 10월의 환율을 적용해 5만 달러를 원화로 환산하면 다음과 같다.

50,000×1,139.6=56,980,000(원)

따라서 5,500만 원보다 많은 금액을 송금했다.

| 오답풀이 |

한국 수입업자가 환율에서 이득을 보기 위해서는 환율이 더 낮아야 한다. 수입품에 대한 지불대금이 달러이고, 환율은 달러의 상대적 가치를 의미하기 때문이다. 따라서 환율이 낮을수록 동일한 양의 수입품을 더욱 저렴하게 구매할 수 있어 10월보다 환율이 낮은 3월에 상대적인 이득이 발생한다.

(500,000÷1,063.5)-(500,000÷1,082.8)=8.38(달러)이다. 따라서 5달러 이상의 환차익이 발생한다.

$3,000,000,000 \div 1109.3 \fallingdotseq 2,704,000$(달러)이므로 약 270만 달러에 해당한다.

49 기술이해능력 프로젝트 범위 기술서 이해하기

| 정답 | ④

| 해설 | 프로젝트 범위 기술서를 작성할 때의 템플릿은 다음과 같다.

> 〈프로젝트 제목〉 - 프로젝트 범위
>
> • 서론
> 서론에서는 거시적으로 프로젝트를 개관한다.
>
> • 프로젝트 범위
> 프로젝트 범위를 서술한다. 프로젝트가 무엇을 포함하고 포함하지 않는지를 명시한다. 이는 프로젝트에 포함된 사항을 명확히 하고, 프로젝트 팀 구성원과 이해관계자의 혼란을 피하는 데 유용하다.
>
> • 프로젝트 결과물
> 프로젝트의 계획된 결과물을 서술한다.
>
> • 프로젝트 수락 기준
> 수락 기준을 정의한다. 어떤 목표를 충족할 것인가, 성공을 어떻게 측정할 것인가를 서술한다.
>
> • 프로젝트 배제
> 프로젝트 범위에 포함되지 않는 것에 대해 서술한다.
>
> • 프로젝트 제약
> 프로젝트에 관한 여하한 제약, 마감 시한, 인력 또는 장비 제한, 재무 또는 예산 제약, 기술적 한계를 서술한다.

따라서 ㉣은 적절한 설명이 아니다.

50 기술능력 산업재해의 특징 이해하기

| 정답 | ①

| 해설 | 산업재해보상보험재심사위원회에서는 수많은 산업재해 발생 및 분쟁 건에 대한 적합성을 판단하고 있으며 업무와의 상당한 인과관계가 성립되는지 여부를 기본적인 판단 기준으로 삼고 있다. 이것은 사업주나 사업주가 마련한 업무 시스템에 의해 예방될 수 있는 재해였는가를 판단하는 기준으로 볼 수 있다.

51 기술이해능력 스위치 명령어 이해하여 알맞은 그림 도출하기

| 정답 | ②

| 해설 | ☆, ▲을 누르면 다음과 같은 순서로 변화하게 된다.

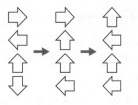

52 기술이해능력 스위치 명령어 이해하여 알맞은 그림 도출하기

| 정답 | ②

| 해설 | ★, △을 누르면 다음과 같은 순서로 변화하게 된다.

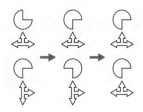

53 기술이해능력 스위치 명령어 이해하여 알맞은 그림 도출하기

| 정답 | ④

| 해설 | ☆, ▲, ☆을 누르면 다음과 같은 순서로 변화하게 된다.

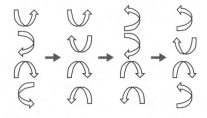

54 기술선택능력 기술 선택을 위한 절차 파악하기

| 정답 | ④

| 해설 | 각 절차상의 내용은 다음과 같다.
• 외부 환경 분석 : 수요 및 경쟁자 변화, 기술 변화 등 분석

- 중장기 사업목표 설정 : 기업의 장기비전, 중장기 매출목표 및 이익목표 설정
- 내부 역량 분석 : 기술능력, 생산능력, 마케팅·영업능력, 재무능력 등 분석
- 사업 전략 수립 : 사업영역 결정, 경쟁 우위 확보 방안 수립
- 요구기술 분석 : 제품 설계·디자인 기술, 제품 생산공정, 원재료·부품 제조기술 분석
- 기술 전략 수립 : 핵심기술의 선택, 기술 획득 방법 결정

보충 플러스+

문제의 발견에서 창업까지의 과정

1단계	문제의 발견
2단계	아이디어 착상
3단계	특허정보 검색
4단계	아이디어 구체화하기
5단계	특허 출원하기
6단계	투자계획서(지원금 신청) 작성하기
7단계	사업 계획서 작성하기
8단계	창업하기

55 기술이해능력 프로젝터의 고장 원인 파악하기

| 정답 | ④

| 해설 | 〈A/S 신청 전 확인 사항〉을 보면 스크린상에 '신호 없음' 표시가 나타날 경우의 원인으로 프로젝터에 연결되어 있지 않은 영상기기가 선택되었거나, 프로젝터와 영상기기의 연결 불량이 주원인으로 지적되어 있다. 즉 프로젝터와 영상기기 간의 연결 상태를 가장 먼저 확인해야 한다.

56 기술이해능력 프로젝터의 고장 원인 파악하기

| 정답 | ①

| 해설 | 〈A/S 신청 전 확인 사항〉을 보면 원인 항목에 프로젝터와 영상기기의 연결이 불량이면 화면의 기본 색상이 보라색으로 출력될 수 있다고 설명되어 있다.

57 기술선택능력 특허 출원 과정 파악하기

| 정답 | ④

| 해설 | 특허 출원 과정은 다음과 같다.
생활 속에서 문제를 발견하고 아이디어를 생각한다(ⓒ). 다음으로 특허정보넷(KIPRIS) 홈페이지에서 해당 아이디어와 유사한 특허가 있는지 확인한다(ⓑ). 유사한 것이 없다면 발명품 도안을 만들어 아이디어를 구체화하고(ⓓ), 해당 도안을 바탕으로 시제품을 제작한다(ⓐ).

58 기술선택능력 작업조건에 맞는 보호구 알기

| 정답 | ②

| 해설 | 물체가 떨어지거나 날아올 위험 또는 근로자가 추락할 위험이 있는 작업에는 안전모(㉠)를, 물체의 낙하·충격, 물체에의 끼임, 감전 또는 정전기의 대전에 의한 위험이 있는 작업에는 안전화(㉡)를 착용해야 한다.

59 기술이해능력 기술혁신의 특징 알기

| 정답 | ④

| 해설 | 기술혁신은 기업의 기존 조직 운영 절차나 제품구성, 생산방식, 나아가 조직의 권력구조 자체에도 새로운 변화를 야기함으로써 조직의 이해관계자 간의 갈등이 구조적으로 발생하게 된다. 이 과정에서 조직 내에서 이익을 보는 집단과 손해를 보는 집단이 생길 수 있으며, 기술 개발의 대안을 놓고 상호대립하고 충돌하여 갈등이 일어날 수 있다.

60 기술적용능력 기술 적용 사례 분석하기

| 정답 | ④

| 해설 | 공간구조 측면에서 고속철도를 중심으로 전국이 하나의 도시로 통합되는 현상이 나타나는가 하면 어떤 곳에서는 오히려 분산화·거점화되는 경향을 보이기도 한다.

3회 기출예상문제

3회 공통영역

문제 158쪽

01	①	02	①	03	④	04	①	05	②
06	②	07	②	08	④	09	④	10	①
11	③	12	③	13	④	14	②	15	③
16	②	17	②	18	④	19	①	20	④
21	③	22	②	23	②	24	①	25	④
26	②	27	③	28	①	29	④	30	①
31	④	32	①	33	②	34	②	35	①
36	③								

01 문서이해능력 신문 기사 이해하기

| 정답 | ①

| 해설 | 제시된 글은 중국에서 당뇨 환자가 급증한 요인들 중 하나가 높은 흡연율이라는 내용을 담고 있다. 대화 내용에서 B가 '게다가 중국은 흡연 유행이 고착화됐어'라고 언급하고 C가 '국가적인 대책이 필요하다'고 언급했으므로 D는 흡연 유행을 잠재울 수 있는 국가적인 대책을 제시해야 한다. 따라서 ①이 가장 적절하다.

02 문서작성능력 서술상의 특징 파악하기

| 정답 | ①

| 해설 | '죽음'이라는 단어에 대한 정의를 찾아가며 논점에 접근하는 것이 아니라 죽음과 죽음을 바라보는 여러 측면에서의 질문을 던지며 그 답을 구하는 과정으로 점차 논점에 접근하고 있다.

| 오답풀이 |

② 삶과 죽음이라는 누구나 알 수 있는 상식을 제시하면서 삶과 죽음에 대한 새로운 이해를 하려는 시도가 나타나 있다.

③ 인간의 삶은 과학 기술적 접근뿐 아니라 인문학적인 차원에서의 접근도 이루어져야 한다는 점, 삶의 목적은 철학적, 윤리적, 가치론적 입장에서 생각해 볼 수 있다는 점 등의 의견을 제시함으로써 특정 현상을 다양한 각도에서 조명해 보려는 의도가 보인다.

④ 상식에 속하는 일반적인 통념을 근원적으로 심도 있게 이해하기 위한 고찰 방법 즉, 과학 기술적 접근과 인문주의적 접근을 제안하고 있다.

03 문서이해능력 글의 세부정보 파악하기

| 정답 | ④

| 해설 | 제시된 글에는 사물 인터넷이 가지고 있는 본래의 목적에 대해 언급되어 있지 않다.

| 오답풀이 |

① 3문단의 사물 인터넷을 미키마우스의 인형, 축산업의 소 등에 적용한 사례를 통해 알 수 있다.

② 1문단의 '무선으로 데이터를 송신하는 RFID'와 2문단의 '근거리 무선통신기술인 NFC'를 통해 알 수 있다.

③ 4문단의 '그러나 모든 사물이 연결되면 개인정보가 유출되거나 시스템이 마비되는 등 해킹의 문제가 자연히 일어나기 때문에'를 통해 알 수 있다.

04 문서이해능력 글의 서술방식 파악하기

| 정답 | ①

| 해설 | 제시된 글은 권위자인 교수의 말을 빌려 설명을 부연하고 있을 뿐 권위자의 말에 의지해 대상을 묘사하고 있지는 않다.

| 오답풀이 |

② 4문단에서 시스템 마비나 해킹 등의 예상되는 결과와 이를 해결할 수 있는 철저한 대안과 정책 마련의 필요성을 제시하고 있다.

③, ④ 대상이 적용됨에 따라 나타난 결과에 대해 설명하고 구체적인 사례와 사례별 대상의 적용 방식을 두 문단에 걸쳐 세탁기, 냉장고, 프린터, 인형, 화장실, 소 등으로 열거하고 있다.

05 문서이해능력 사례에 적용하기

|정답| ②

|해설| (A)는 데이터를 일차적으로 획득, 저장, 분석하고 이를 다시 활용해 결과를 예측하는, 즉 사물 인터넷의 정의를 나타내고 있다. 따라서 사물 인터넷 기술이 적용되기 전부터 쓰이던 기술인 ⓒ은 (A)가 적용된 사례로 적절하지 않다.

06 문서이해능력 제품 주의사항 파악하기

|정답| ②

|해설| 조리방법에 '전자레인지를 이용하여 조리할 때 내포장을 제거한 오믈렛을 전자레인지용 커버를 씌우고 조리한다'라고 되어 있으므로 전자레인지에 용기를 바로 가열하면 안 된다.

07 문서이해능력 제품 문의 답변하기

|정답| ②

|해설| 영양성분을 보면 탄수화물, 단백질, 지방이 모두 포함되어 있지만, 미네랄과 비타민은 전혀 들어 있지 않다.

|오답풀이|

① 나트륨의 경우, 1개 전부 섭취 시 1일 영양소 기준치의 22×5=110(%)를 섭취할 수 있다.

③ 1개 전부 섭취한다면 1일 영양소 기준치의 33×5=165(%)로, 1일 콜레스테롤 기준치를 넘기게 된다.

④ 1개 전부 먹는다면 1일 지방 기준치의 절반 이상인 12×5=60(%)를 섭취하게 된다.

08 문서이해능력 약관 이해하기

|정답| ③

|해설| 모바일 인앱(In-App)결제의 계약관계에서 인앱결제 판매정보 등을 공유한다는 내용은 제시되어 있지 않다. 오히려 소비자들이 취소, 환불에 대해 앱마켓 사업자에게 재요청해야 함에 따라 정보가 공유되지 않음을 알 수 있다.

|오답풀이|

① A 스토어 심사지침의 '올바른 구입 가능 유형이 유지되지 않으면 앱이 거부될 수 있습니다'에서 알 수 있다.

② 앱 내에서 기능을 잠금 해제하려는 경우 앱 내 구입을 사용해야 합니다', '사용자에게 요금을 청구하려면 P 스토어 결제 시스템을 사용해야 합니다'에서 알 수 있다.

④ 모바일 인앱결제 계약관계의 '대금은 소비자가 앱마켓 사업자에게 지급함. 앱마켓 사업자는 지급받은 대금에서 수수료를 제외한 금액을 앱 개발사에게 배분함.'에서 알 수 있다.

09 문서이해능력 약관내용 추론하기

|정답| ④

|해설| 제20조의 3은 통신판매중개업자가 통신판매업자의 의무를 대신하는 것이다. 구체적으로 앱마켓 사업자가 직접 콘텐츠를 제작·판매를 하지 않더라도 통신판매업자(앱 개발사)가 이행하지 않는 의무를 통신판매중개업자(앱마켓 사업자)가 대신 이행하도록 앱마켓사업자의 책임을 강화하고자 하는 목적으로 봐야 한다.

|오답풀이|

① 앱 개발사는 동법에 따라 전기통신을 활용하여 유료 콘텐츠를 판매하고 있으므로 "통신판매업자"라고 볼 수 있다.

② 앱마켓 사업자의 경우 A 스토어나 P 스토어 등 자신의 이름을 표시하여 통신판매에 관한 정보의 제공이나 청약의 접수 등 통신판매의 일부를 수행하기 위해 법으로 정하는 전기통신의 방법으로 거래 당사자 간의 통신판매를 알선하는 행위를 하므로 "통신판매중개업자"라고 할 수 있다.

③ 모바일 인앱결제의 계약관계에서 '대체적으로 앱 개발사와 소비자 간 계약이 체결되면 앱 개발사는 상세거래조건과 청약철회조건을 고지하고 소비자가 대금을 앱마켓사업자에게 지급한다'를 통해 알 수 있다.

10 문서이해능력 문단별 주제 찾기

|정답| ①

|해설| (가)는 철이 광범위하게 사용되는 이유와 무한한 자원임을 주된 내용으로 한다. 따라서 '철 수입원 다각화의 필요성'은 주제로 적절하지 않다.

11 문서작성능력 글의 서술 방식 파악하기

|정답| ③

|해설| (나)에서는 아이언 브릿지와 에펠탑의 사례를 들어 철의 우수한 특성을 구체적으로 설명하고 있다.

12 문서이해능력 글의 세부정보 파악하기

|정답| ③

|해설| 18세기 이전에는 철을 소규모 대장간에서 생산했다는 것을 통해서 18세기 이전에도 생산되었다는 것을 알 수 있다. 이후 산업 혁명을 통해 철의 우수한 특성을 활용하여 급속한 산업의 발달을 이룩하였다.

13 문제처리능력 자료 이해하기

|정답| ④

|해설| 불복구제절차의 종류는 청구인이 선택 가능하다.

|오답풀이|

① 이의신청 시 수용여부는 접수일부터 7일 이내에 결정하지만 7일 연장이 가능하므로 최장 2주까지 소요될 수 있다.

② 이의신청은 '신청권자', 행정심판청구는 '청구권자', 행정소송은 '재소권자'라 칭한다.

③ 청구권자가 청구인인 불복구제절차는 행정심판청구이고, 행정심판청구는 재결청 또는 행정청에 제출하여 신청한다.

14 문제처리능력 자료 이해하기

|정답| ②

|해설| 〈보기〉를 보면 불복구제절차를 청구할 수 있는 기간이 공공기관의 처분이 있는 날부터 180일, 처분을 인지한 날부터 90일이므로 행정심판청구의 청구기간이다.

|오답풀이|

③ 행정소송의 재소기간은 처분이 있음을 안 날로부터 90일, 처분이 있는 날로부터 1년 이내이다.

④ 이의신청의 신청기간은 공개여부 결정통지를 받은 날 또는 비공개의 결정이 있는 것으로 보는 날부터 30일 이내이다. 제3자의 경우 공개통지를 받은 날부터 7일 이내이다.

15 문제처리능력 자료 이해하기

|정답| ③

|해설| 상금은 표에 제시된 금액에서 제세공과금 22%를 제외한 후 지급된다.

|오답풀이|

① 공모할 동영상은 '슬기로운 · 유쾌한 ○○고속도로 생활'이 주제이므로 ○○고속도로가 주제이다.

② 심사기준은 내용의 적합성, 콘텐츠 우수성, 콘텐츠 창의성, 콘텐츠 활용성, 영상 플랫폼 조회 수로 총 5개이며 영상플랫폼 조회 수는 30% 반영된다.

④ 파일 형식은 AVI나 MP4여야 하며, 영상 촬영 장비는 스마트 폰, 캠코더, 드론 활용 등 제한이 없다.

16 문제처리능력 자료 이해하기

|정답| ②

|해설| 영상의 분량은 40초 ~ 2분 59초 이내이므로 40초에 미치지 못하거나 3분 이상이 아닌지를 확인해야 한다.

17 문제처리능력 행사 준비하기

|정답| ②

|해설| 양떼목장은 단체 30명 이상 시 10% 할인된 가격으로 예약할 수 있다. 야유회에 참석하는 인원은 성인 40명이므로 10% 할인된 가격으로 예약을 진행할 것이다.

|오답풀이|

① 일정 팜플렛은 인턴 K의 업무이다.

③ 자사 리조트 대관 진행을 위해서는 지원팀에 연락을 해야 한다.

④ 샌드위치는 배달을 시킬 예정이므로 포장을 해 올 필요가 없다.

18 문제해결능력 행사 일정 수정하기

| 정답 | ④

| 해설 | 22일 오전에 다른 예약이 차 있어 예약이 어렵다 했으므로, 등산이 계획되어 있는 21일 오후에 예약이 가능한지 알아보고 일정을 교체하는 것이 적절하다.

| 오답풀이 |

① 자사 리조트 대관은 가능하다는 답변을 받았다.

② 일정 팜플렛 제작은 내일까지 인턴 K가 완료할 것이므로 차질이 없다.

③ 샌드위치 예약은 21일 아침 것만 주문하기로 하였으므로 김밥으로 대체할 필요가 없다.

19 문제해결능력 행사 준비하기

| 정답 | ①

| 해설 | 필요한 예산은 총 $(40 \times 3,000) + (40 \times 2,000) + (2 \times 20,000) + 3,000 + (5,000 \times 40 \times 2) + (30,000 \times 60) + (300,000 \times 2) + (50,000 \times 10) + 300,000 = 3,843,000$(원)이다.

20 문제처리능력 할인율이 큰 업체 선정하기

| 정답 | ④

| 해설 | 모든 업체에서 구매해야 할 품목과 개수가 같으므로 가장 저렴한 업체가 할인율이 가장 클 것이다. 이를 통해 업체별 총 금액을 산정해 보면 다음과 같다.

• A 업체 : $76,950 + 90,000 + 36,000 = 202,950$(원)

• B 업체 : $90,000 + 76,000 + 36,000 = 202,000$(원)

• C 업체 : $72,000 + 90,000 + 38,000 = 200,000$(원)

• D 업체 : $80,000 + 88,000 + 31,000 = 199,000$(원)

따라서 D 업체의 전체 할인율이 가장 크다.

21 문제처리능력 업체별 할인율 구하기

| 정답 | ③

| 해설 | 추가할인을 적용하지 않은 업체별 총 금액을 산정해 보면 다음과 같다.

• A 업체 : $81,000 + 90,000 + 36,000 = 207,000$(원)

• B 업체 : $90,000 + 80,000 + 36,000 = 206,000$(원)

• C 업체 : $72,000 + 90,000 + 40,000 = 202,000$(원)

• D 업체 : $81,000 + 90,000 + 32,000 = 203,000$(원)

따라서 추가할인을 제외하면 C 업체의 전체 할인율이 가장 크다.

22 문제처리능력 할인 조건 추가하기

| 정답 | ②

| 해설 | B 업체의 총 금액은 202,000원, 가장 할인율이 큰 D 업체의 총 금액은 199,000원이다. 따라서 B 업체의 총 금액을 3,000원 이상 감소시키기 위해서는 3,600원 더 할인되는 ②가 적절하다.

| 오답풀이 |

① 기존 금액에서 1,800원 더 할인된다.

③ 기존 금액에서 2,400원 더 할인된다.

④ 기존 금액에서 2,000원 더 할인된다.

23 문제처리능력 우회도로 삽화 제작하기

| 정답 | ②

| 해설 | 상사는 공사가 예정인 중부고속도로 호법분기점(호법JCT) ~ 마장분기점(마장JCT), 산곡분기점(산곡JCT) ~ 하남분기점(하남JCT) 구간을 잘 알아볼 수 있게 다른 종류의 선으로 표시할 것과 공사 구간을 우회할 수 있는 국도 등의 진출입로를 화살표로 표시할 것을 지시하였다. 상사의 지시에 가장 부합하는 삽화는 (가), (라)이다.

24 문제처리능력 우회도로 찾기

| 정답 | ①

| 해설 | 서하남IC에서 경기광주IC까지의 공사 구간은 하남JCT에서 산곡JCT까지의 구간이다. 이 부분의 우회도로는 서하남로, 국도43호선이다.

| 오답풀이 |

② 이천IC - 국도3호선 - 국도42호선 - 325번도로 - 덕평 IC로 가야 한다.

③ 서이천IC - 서이천로 - 국도42호선 - 70번도로 - 남이천 IC로 가야 한다.

④ 경기광주IC - 국도43호선 - 하남IC로 가야 한다.

25 컴퓨터활용능력 시스템 입력코드 이해하기

| 정답 | ④

| 해설 | Sector C에서 Error Level 44를 가진 오류가 발생하였고, Error Factor로 Factor D와 Factor B가 감지되었다. 즉 최종적인 Error Level은 $44-10-15=18(\%)$로, $25(\%)$ 미만이므로 시스템 상태는 White이며 입력해야 할 코드는 Exit이다.

26 컴퓨터활용능력 시스템 입력코드 이해하기

| 정답 | ②

| 해설 | Sector A에서 Error Level 92를 가진 오류가 발생하였고, Error Factor로 Factor B, E, F가 감지되었다. 즉 최종적인 Error Level은 $92-15+30-30=77(\%)$로, $50(\%)$ 이상 $80(\%)$ 미만이므로 시스템 상태는 Yellow이며 입력해야 할 코드는 Overwatch이다.

27 컴퓨터활용능력 시스템 입력코드 이해하기

| 정답 | ③

| 해설 | Sector T에서 Error Level 37을 가진 오류가 발생하였고, Error Factor로 Factor A, B, C가 감지되었다. 즉 최종적인 Error Level은 $37+45-15-20=47(\%)$로, 25% 이상 50% 미만이므로 시스템 상태는 Green이며 입력해야 할 코드는 Approach이다.

28 컴퓨터활용능력 시스템 입력코드 이해하기

| 정답 | ①

| 해설 | Sector C에서 Error Level 73을 가진 오류가 발생하였고, Error Factor로 Factor A, C, E, G가 감지되었다. 즉 최종적인 Error Level은 $73+45-20+30-25=103(\%)$으로, Error Level이 100을 초과하였으므로 100으로 간주하며 $80(\%)$ 이상이므로 시스템 상태는 Red, 입력해야 할 코드는 Dispatch이다.

29 컴퓨터활용능력 출력값 파악하기

| 정답 | ④

| 해설 | 주어진 집합 중 '안'이 포함된 단어는 (i)에 의하여 '안'이 제거되고 그 앞의 문자열인 예산과 기획만 출력된다. '안'이 포함되지 않은 단어는 (ii)에 의하여 '보고서'가 제거되고 그 앞의 문자열인 업무와 인사만 출력된다.

30 컴퓨터활용능력 출력값 파악하기

| 정답 | ①

| 해설 | 주어진 집합 중 '확인'이 포함된 단어는 (i)에 의하여 '확인'이 '결정'으로 대체되고 '시안 결정'이 출력된다. '확인'이 포함되지 않은 단어는 (ii)에 의하여 '기한'이 '완료'로 대체되고 '마감 완료', '퇴고 완료'가 출력된다.

31 컴퓨터활용능력 출력값 파악하기

| 정답 | ④

| 해설 | (i)에 따라, 최초의 집합 X에는 '모집'이라는 문자가 포함되어야 한다. 또한 (ii)에 다라 최초의 집합 X에는 '기'라는 문자가 포함되어야 한다. 따라서 모집공고, 선발기준, 신청기간은 최초의 집합 X에 포함될 항목으로 적절하다. 그러나 실시현황의 '실시'는 '시행'이 대체되어 출력된 값이므로 최초의 값으로 적절하지 않다.

32 컴퓨터활용능력 출력값 파악하기

| 정답 | ①

| 해설 | 주어진 집합 중 '업체'가 포함된 단어는 (ⅰ)에 의하여 '업체' 앞에 위치한 문자만 출력되어 최종 출력값은 인쇄기와 컴퓨터이다. '업체'가 포함되지 않은 단어 중 '교체'가 포함된 단어는 (ⅲ)에 의하여 '교체' 앞에 위치한 문자만 출력되어 최종 출력값은 카트리지이다. '업체'와 '교체'가 모두 포함되지 않은 단어는 (ⅳ)에 의하여 x값이 그대로 출력되므로 발주 내역이 최종 출력값이다.

33 컴퓨터활용능력 출력값 파악하기

| 정답 | ②

| 해설 | (?)가 포함된 문자는 (ⅰ)에 따라 '계약'이 포함되어 있어야 한다. 따라서 정답은 ②번이다.

34 컴퓨터활용능력 ASCII코드 확인하기

| 정답 | ②

| 해설 | 알파벳이 아닌 문자 코드는 다음과 같다.

1110010 1101111 1110011 1100101	000111 0110110 1110100 1100101
1010011 0110000 1000001 1011001	1000011 1001100 1001001 1010000
1110100 1100001 1101110 1100101	1001101 1000001 0111001 0100000
1010010 1100101 1100001 1100100	1101100 1101001 1100110 1100101

밑줄 친 코드는 다음 문자에 대응된다.

0110000 → 0
0110110 → 6
0111001 → 9
0100000 → space

35 컴퓨터활용능력 ASCII코드 변환하기

| 정답 | ①

| 해설 | 각 문자에 대응되는 코드로 바꾸면 ①과 같다.

| 오답풀이 |

각 코드가 나타내는 문장은 다음과 같다.

② do not use mine
③ do nou use MINE
④ Do nou use mine

36 컴퓨터활용능력 패리티 비트 파악하기

| 정답 | ③

| 해설 | 패리티 비트를 포함한 각 8비트에서 1의 개수가 홀수인 것은 오류가 발생했다고 판단한다. 따라서 재전송이 필요한 정보는 다음 밑줄 친 부분이다.

| 10101111 11001011 01000001 11000011 11100100 11001010 01000000 11000011 |
| 11011000 11011000 01000000 10011111 10011101 10010010 01000001 11101000 |
| 11001010 11000010 11011010 |

따라서 재전송을 요구해야 하는 정보는 최소 56비트이다.

37 예산관리능력 수익체계 분석하기

| 정답 | ②

| 해설 | • AA 회사가 P 제품을 홍보할 경우
수익이 50% 증가하는 1분기에 가장 큰 수익을 얻을 수 있으며, 그 금액은 5×1.5=7.5(억 원)이다.

www.gosinet.co.kr **gosinet**

1회 기출예상

2회 기출예상

3회 기출예상

4회 기출예상

5회 기출예상

- AA 회사가 Q 제품을 홍보할 경우
수익이 25% 증가하는 2분기에 가장 큰 수익을 얻을 수 있으며, 그 금액은 $8 \times 1.25 = 10$(억 원)이다.

- AA 회사가 R 제품을 홍보할 경우
수익이 0% 증가하는 1, 3, 4분기에 가장 큰 수익을 얻을 수 있으며, 그 금액은 6억 원이다.

따라서 AA 회사의 수익이 가장 큰 분기와 제품은 2분기, Q 제품이다.

38 | 예산관리능력 | 수익체계 분석하기

| 정답 | ④

| 해설 | 2분기의 홍보 제품별 수익체계를 정리하면 다음과 같다.

(단위 : 억 원)

BB 회사 \ AA 회사	P 제품	Q 제품	R 제품
P 제품	(5, 4)	(3, −0.75)	(6, 4.5)
Q 제품	(10, 2)	(−4.5, −6)	(7.5, 3)
R 제품	(4.5, −7)	(3, 7.5)	(−6.25, 2.25)

- AA 회사와 BB 회사가 얻는 수익의 합이 가장 클 때 AA 회사가 Q 제품을, BB 회사가 P 제품을 홍보할 때로 $10+2=12$(억 원)의 수익을 얻는다.

- AA 회사와 BB 회사가 얻는 수익의 합이 가장 작을 때 AA 회사와 BB 회사가 Q 제품을 홍보할 때로 $4.5+6=10.5$(억 원)의 손해를 본다.

따라서 수익의 합이 가장 클 때와 작을 때의 차이는 $12-(-10.5)=22.5$(억 원)이다.

39 | 물적자원관리능력 | 선정기준 적용하기

| 정답 | ③

| 해설 | 운용성과 지표의 순위점수는 다음과 같다.

구분	점수	순위	순위점수
A 자산운용사	4.5점	1순위	5점
B 자산운용사	4점	2순위	4점
C 투자자문사	3.5점	4순위	2점
D 투자자문사	3점	5순위	1점
E 자산운용사	4점	2순위	4점

따라서 E 자산운용사는 운용성과 지표에서 순위점수 4점을 받는다.

| 오답풀이 |

① E 자산운용사는 펀드의 $\frac{1,250}{2,000} \times 100 = 62.5(\%)$를 주식으로 운용하고 있고, 총 수탁고가 약 3,200억 원으로 2,000억 원 이상이며, 이전까지 계약이 중도해지 된 적이 없다. 따라서 지원 자격을 모두 만족한다.

② 경영안정성 지표의 순위점수는 다음과 같다.

구분	점수	순위	순위점수
A 자산운용사	3.5점	4순위	2점
B 자산운용사	4점	2순위	4점
C 투자자문사	4.5점	1순위	5점
D 투자자문사	4점	2순위	4점
E 자산운용사	3.5점	4순위	2점

따라서 E 자산운용사는 경영안정성 지표에서 순위점수 2점을 받는다.

④ 위험관리 지표의 순위점수는 다음과 같다.

구분	점수	순위	순위점수
A 자산운용사	3.5점	4순위	2점
B 자산운용사	3.5점	4순위	2점
C 투자자문사	4점	2순위	4점
D 투자자문사	4점	2순위	4점
E 자산운용사	4.5점	1순위	5점

따라서 E 자산운용사는 위험관리 지표에서 순위점수 5점을 받는다.

40 | 물적자원관리능력 | 최종후보 선정하기

| 정답 | ①

| 해설 | 전체 점수는 다음과 같이 계산할 수 있다.

	구분	A 자산운용사	B 자산운용사	C 투자자문사	D 투자자문사	E 자산운용사
(1)	경영 안정성	★★★☆ (2점)	★★★★ (4점)	★★★★☆ (5점)	★★★★ (4점)	★★★☆ (2점)
(2)	매니저의 전문성	13점	11점	12점	10점	11점
	조직의 전문성	8점	9점	8점	9점	8점

(3)	운용성과	★★★★☆ (20×5÷5 =20(점))	★★★★ (20×4÷5 =16(점))	★★★☆ (20×2÷5 =8(점))	★★★ (20×1÷5 =4(점))	★★★★ (20×4÷5 =16(점))
(4)	의사결정 체계	17점	19점	17점	20점	17점
	리서치 체계	18점	16점	16점	18점	17점
(5)	위험관리	★★★☆ (10×2÷5 =4(점))	★★★☆ (10×2÷5 =4(점))	★★★★ (10×4÷5 =8(점))	★★★★ (10×4÷5 =8(점))	★★★★☆ (10×5÷5 =10(점))
	전체 점수	82점	79점	74점	73점	81점

따라서 이우주 씨가 팀장에게 보고할 최종후보는 A 자산운용사이다.

41 물적자원관리능력 주문서 작성하기

|정답| ①

|해설| • 영업팀 : 라벨지 3박스, 볼펜 5다스, 수정테이프 4개, A4용지 1묶음
• 기획팀 : 볼펜 2다스, 수정테이프 1개, A4용지 5묶음
• 인사팀 : 수정테이프 15개, A4용지 1묶음
• 마케팅팀 : 라벨지 1박스, 볼펜 3다스, 수정테이프 2개, A4용지 3묶음

42 물적자원관리능력 주문서 작성하기

|정답| ③

|해설| 각 팀별로 요청한 사무용품의 수를 모두 합하면 A4용지는 10묶음, 수정테이프는 22개이다. 즉 A4용지는 3박스, 수정테이프는 2박스를 합해 총 5박스를 주문해야 한다.

43 인적자원관리능력 성과등급 판단하기

|정답| ④

|해설| 영업2팀의 2016년 ~ 2018년의 성과 등급을 구하면 다음과 같다.

• 2020년 각 팀별 목표 실적(건)

2016년	2017년	2018년
110	110	130

• 영업2팀 성과실적(건)

2016년	2017년	2018년
130	120	130

• 영업2팀 성과등급

2016년	2017년	2018년
$\frac{130-110}{110}\times100$ ≒18(%) A등급	$\frac{120-110}{110}\times100$ ≒9(%) B등급	$\frac{130-130}{130}\times100$ =0(%) B등급

따라서 영업2팀 2016 ~ 2018년 성과등급은 A−B−B이다.

44 인적자원관리능력 평가등급 판단하기

|정답| ④

|해설| 2020년 영업1팀 ~ 영업4팀의 목표실적과 성과실적을 비교하여 성과등급을 구하면 다음과 같다.

• 영업2팀 목표실적(건)

영업1팀	영업2팀	영업3팀	영업4팀
140	140	130	130

• 2020년 각 팀별 성과 실적(건)

영업1팀	영업2팀	영업3팀	영업4팀
140	160	130	160

• 2020년 각 팀별 성과등급

영업1팀	영업2팀	영업3팀	영업4팀
$\frac{140-140}{140}\times100$ =0(%) B등급	$\frac{160-140}{140}\times100$ ≒14% A등급	$\frac{130-130}{140}\times100$ =0(%) B등급	$\frac{160-130}{130}\times100$ ≒23(%) S등급

따라서 영업4팀의 등급은 S등급이다.

45 예산관리능력 통행요금 계산하기

|정답| ②

|해설| 나 나들목에서 출발하여 다 나들목까지 가려고 할 때 최단거리 경로는 나-가-라-다이다. 25인승 버스는 2종 차량이므로 폐쇄식 고속도로 통행요금은 900+18×46=1,728원이며, 개방형 고속도로 통행요금은 720+2×46=812원이다. 따라서 지불해야하는 통행요금은 총 2,540원이다.

46 예산관리능력 저렴한 통행요금 경로 찾기

|정답| ③

|해설| 3종 차량의 경로별 통행요금을 계산하면 다음과 같다.

경로	기본요금	주행거리 합*	통행요금
① 다-라-가-나-마	1,620원	30km	3,300원
② 다-라-마-나-가	900원	37km	2,972원
③ 바-마-라-가-나	1,620원	24km	2,964원
④ 바-마-나-가-라	1,620원	25km	3,020원

* 개방형 고속도로의 경우 요금소부터 가장 가까운 나들목까지의 거리

따라서 ③번 바-마-라-가-나 경로가 가장 저렴하다.

47 시간관리능력 현장평가 시작일 선정하기

|정답| ②

|해설| 〈자료 2〉를 보면 현장평가는 본사가 8주, 지역본부가 3주 연속 시행하며, 각각 다른 시기에 실시함을 알 수 있다. 따라서 선택지별로 해당 날짜에 본사의 현장평가가 시작될 때 지역본부의 현장평가와 일정이 겹치는지를 확인하면 현장평가 시작일은 6월 29일이다.

|오답풀이|

① 1월 7일에 시작하는 지역본부 현장평가가 1월 27일에 끝나므로 본사의 현장평가가 시행될 수 없다.

③ 8월 24일에 시작하는 지역본부 현장평가가 9월 13일에 끝나므로 본사의 현장평가가 시행될 수 없다.

④ 9월 14일에 본사의 현장평가가 시작되면 11월 8일에 끝나게 되는데 11월 3일에 지역본부 현장평가가 시작되므로 불가능하다.

48 인적자원관리능력 평가단 구성하기

|정답| ①

|해설| 휴계시설담당 2명, 시설담당 1명, 외부전문가 1명으로 평가단을 구성하면 '다, 라'는 휴계시설담당, '아'는 시설담당, '카'는 외부전문가(전남지역 대학 도시환경과)로 적절한 구성이다.

|오답풀이|

② '가, 라, 파'는 휴계시설담당, '샤'는 외부전문가로 적절하지 않다.

③ 시설담당은 시설처 소속이어야 하는데 '마'는 영업팀 소속이다.

④ '나, 하'는 시설담당, '다'는 휴계시설담당, '바'는 외부전문가로 적절하지 않다.

49 업무이해능력 매뉴얼 이해하기

|정답| ①

|해설| 조사 대상인 모집단에서 표본추출 대상 목록인 표본 프레임이 도출된다.

|오답풀이|

② 확률표본추출방법은 다양한 확률적 방식으로 무작위(랜덤) 추출을 하고자 한다.

③ 표본 크기가 작을수록 대표성 없는 표본을 추출하게 된다.

④ 비체계적 오차만 아주 많이 존재하는 상황에서는 표본추출을 어떻게 하느냐에 따라서 설문조사의 결과가 달라질 수 있다.

50 업무이해능력 매뉴얼에 맞게 업무 처리하기

|정답| ③

|해설| 군집추출의 경우 분류된 각 집단이 모두 동일하게 모집단의 특색을 반영해야 하지만 각 지방 요금소를 기준

으로 분류하는 것은 지역변수로 인한 오염이 발생할 수 있기에 바람직하지 않다.

51 | 경영이해능력 | SWOT전략 이해하기

| 정답 | ③

| 해설 | 상사의 피드백은 SWOT 분석 중 외부환경의 기회를 활용하면서 자신의 약점을 보완하는 전략인 WO전략이다. 따라서 외부환경의 기회인 신흥시장의 잠재적 수요를 활용하며, 회사의 약점인 브랜드 인지도를 보완하는 전략인 ③번이 가장 적절하다.

52 | 경영이해능력 | SWOT전략 이해하기

| 정답 | ④

| 해설 | 위 기사는 L전자의 제품이 A전자의 제품보다 수명이 짧다는 내용의 기사이다. 따라서 L전자의 스마트폰 수명을 향상시켜 강점을 강화하거나 약점을 극복할 수 있는 사안에 대해 논해야 한다. 하지만 ④번은 스마트폰 수명을 향상시키는 것에 부정적으로 생각하고 있으므로 적절하지 않다.

53 | 업무이해능력 | 세부 이행계획 이해하기

| 정답 | ④

| 해설 | Ⅳ의 이행계획에서 2020년까지 야생동물사고를 0.5건/km로 줄여야 하므로 유도울타리를 지속 설치한다고 하였다. 따라서 유도울타리 개수를 그대로 유지하는 것은 잘못된 행동이다.

| 오답풀이 |

① Ⅰ의 이행계획에서 생태계 교란 식물로 고유 자생식물 서식을 방해한다는 것에 관심이 저조하여 고속도로변 제거실적이 없다고 하였으므로 관심을 끌기 위한 홍보 영상을 제작한다고 할 수 있다.

② Ⅰ의 이행계획에서 건설구간에서의 제거방법에서 사업단이 발견 즉시 바로 제거하여야 하므로 인체 위해성 식물 목록을 공유한다고 할 수 있다.

③ Ⅲ의 이행계획에서 습지조성 후 분기별 1회씩 모니터링

을 하고 피드백을 하여야 하므로 모니터링 요원을 모집한다고 할 수 있다.

54 | 업무이해능력 | 세부 이행계획 이해하기

| 정답 | ④

| 해설 | Ⅱ의 이행계획에서 내염수목을 건설구간에 보급한다는 내용이 없으므로 추론해 볼 수 없는 내용이다.

| 오답풀이 |

① Ⅰ의 이행계획에서 2020년까지 생태계 교란식물(돼지풀, 단풍잎돼지풀)의 제거율을 2020년에 90%까지 달성한다고 하였으므로 '돼지풀, 단풍잎돼지풀의 90% 감소'를 추론할 수 있다.

② Ⅲ의 이행계획에서 도로건설로 훼손된 생물서식처를 73개소를 조성한다고 하였으므로 추론할 수 있다.

③ Ⅳ의 이행계획에서 자체사업 계획에 따라 2020년까지 183억 원을 투자하여 유도울타리를 지속 설치한다고 하였으므로 추론할 수 있다.

55 | 경영이해능력 | 전략 수립하기

| 정답 | ③

| 해설 | 응대한 고객 수에 따라 임금이 결정되는 보상 시스템을 도입하는 것은 '전략 1'에 따른 것이다.

56 | 경영이해능력 | 전략 수립하기

| 정답 | ②

| 해설 | 동료에게 생산적인 피드백을 제시한 직원에게 자기개발비를 지원하는 것은 '전략 1'에 따른 것이다.

57 | 업무이해능력 | 홈페이지 자료 찾기

| 정답 | ③

| 해설 | 자율주행차 버스전용차선 이용 승인은 '빠르고 편리한 길'에 게시하는 것이 적합하다. 자료를 보면 '빠르고 편리한 길'에 '스마트 교통관리 시스템 구축'이 과제로 제시된 것을 확인할 수 있다.

| 오답풀이 |

① '도로 안전성 증진' 과제에 해당한다.

② '이용자 중심의 주행환경 개선' 과제에 해당한다.

④ '친환경 도로 구현' 과제에 해당한다.

58 업무이해능력 홈페이지 개편하기

| 정답 | ①

| 해설 | 119 긴급 출동 알림 서비스는 안전과 관련된 내용이므로 '모두가 안전한 길'에 포함되는 것이 적절하다.

59 경영이해능력 포터의 다섯 가지 경쟁력 모델 적용하기

| 정답 | ④

| 해설 | '대체재의 위협' 요인의 산업 상황을 보면 기존 오프라인 은행이 혁신 서비스를 제공하고 비대면 서비스를 강화하는 등 대체재의 위협이 증가하였다. 따라서 A사의 산업 환경에 미치는 요인이 높다고 판단할 수 있다.

60 경영이해능력 산업도 매력도 평가하기

| 정답 | ①

| 해설 | A사의 저해요인은 구매자의 교섭력, 대체재의 위협으로 2개이다. 문제에 제시된 〈산업의 매력도 판단〉에 따르면 2÷5<0.5로 매력도가 '높음'을 알 수 있다.

A사의 저해요인과 관련한 산업 상황을 보면, 기존 오프라인 은행이 모바일 서비스를 제공하고 사용자 모바일 앱을 개선, 비대면 서비스를 강화하는 등의 상황이 제시되고 있다. 따라서 인터넷 전문은행인 A사는 기존은행이 모바일 서비스를 강화하는 데 대응해야 하므로, 기존은행과는 다르게 오프라인 점포를 운영하는 데 비용이 들지 않는 것을 이용하여 차별화된 가격 서비스를 제공하는 전략을 세울 수 있다.

| 오답풀이 |

② 오프라인 점포 개설의 경우는 모바일 단일 플랫폼에만 집중하는 차별성, 자사 플랫폼 활용 등의 A사가 가진 장점을 감소시킬 수 있기 때문에 적합하다고 보기 어렵다.

3회 기술직   문제 212쪽

37	④	38	②	39	④	40	④	41	②
42	②	43	④	44	④	45	①	46	①
47	③	48	④	49	③	50	④	51	④
52	④	53	④	54	②	55	③	56	④
57	②	58	②	59	③	60	③		

37 도표분석능력 중앙값 구하기

| 정답 | ④

| 해설 | 시내버스 카드 요금을 크기 순서대로 배열하면 1,100, 1,100, 1,100, 1,150, 1,200, 1,200, 1,200, 1,250, 1,250, 1,250, 1,250, 1,250, 1,250, 1,300, 1,400, 1,450 이므로 중앙값은 1,250원이다.

| 오답풀이 |

① 시내버스 현금 요금의 최빈값은 4번 나온 1,400원이다.

② 시내버스 카드 요금은 모든 지역이 1,100원이 넘으므로 평균도 1,100원이 넘는다.

③ 시내버스 카드 요금의 최빈값은 6번 나온 1,250원이다.

38 도표분석능력 자료의 수치 분석하기

| 정답 | ②

| 해설 | 모든 주택형태에서 도시가스 에너지가 가장 많이 소비되고 있다.

| 오답풀이 |

① 전체 에너지 소비량의 30%는 7,354×0.3=2,206.2로 단독주택에서 소비한 전력 에너지량인 2,118보다 많다.

③ 제시된 자료에 가구 수는 나와 있지 않으므로 가구당 에너지 소비량은 알 수 없다.

④ 모든 주택형태에서 소비되는 에너지 유형은 석유, 도시가스, 전력으로 3가지이다.

1회 기출예상 2회 기출예상 3회 기출예상 4회 기출예상 5회 기출예상

39 도표분석능력 자료를 바탕으로 비율 계산하기

| 정답 | ④

| 해설 | 아파트 전체 에너지 소비량 중 도시가스 에너지 소비량이 차지하는 비율은 $\dfrac{5,609.3}{10,125} \times 100 ≒ 55.4(\%)$이다.

40 도표분석능력 자료의 수치 분석하기

| 정답 | ④

| 해설 | 2019년 4/4분기 말 판매신용은 직전분기 말인 3/4분기 말 대비 $\dfrac{80.8 - 78.0}{78.0} \times 100 ≒ 3.6(\%)$ 증가하였다.

41 도표분석능력 조건에 맞는 업무 개수 구하기

| 정답 | ②

| 해설 | 주어진 예산인 10억에 맞추어 15일 만에 업무를 끝내야 한다. 우선순위별로 업무 진행계획을 구성해 보면 다음과 같다.
- D 업무(1순위) : 2일, 3억이 필요하므로 진행한다.
- B 업무(2순위) : 14일, 6억이 필요하므로 D 업무 이후에 진행하면 총 16일, 9억이 필요하다. 따라서 B 업무는 15일 안에 진행할 수 없으므로 진행하지 않는다.
- A 업무(3순위) : 4일, 2억이 필요하므로 D 업무 이후에 진행하면 총 6일, 5억이 필요하다. 조건을 충족하므로 진행한다.
- F 업무(4순위) : 15일, 8억이 필요하므로 D, A 업무 이후에 진행하면 총 21일, 13억이 필요하다. 조건 하에 진행할 수 없으므로 진행하지 않는다.
- C 업무(5순위) : 6일, 7억이 필요하므로 D, A 업무 이후에 진행하면 총 12일, 12억이 필요하다. 주어진 예산을 넘으므로 진행하지 않는다.
- E 업무(6순위) : 8일, 4억이 필요하므로 D, A 업무 이후에 진행하면 총 14일, 9억이 필요하다. 조건을 충족하므로 진행한다.

따라서 15일 후 끝내는 업무는 D, A, E로 3개이다.

42 도표분석능력 조건에 맞지 않는 업무 구하기

| 정답 | ②

| 해설 | **41**번 해설을 참고하면 주어진 조건하에 끝내는 업무는 D, A, E이다. 따라서 주어진 조건하에서 완료할 수 없는 업무는 C이다.

43 도표분석능력 평점 계산하기

| 정답 | ④

| 해설 | 기준에 따라 각 직원의 평점을 계산해 보면 다음과 같다.

구분	직원 A	직원 B	직원 C	직원 D
매출실적	1×1.3 $=1.3$	4×1.3 $=5.2$	2×1.3 $=2.6$	2×1.3 $=2.6$
이익률	2×1.3 $=2.6$	4×1.3 $=5.2$	2×1.3 $=2.6$	4×1.3 $=5.2$
근무태도	2×1.2 $=2.4$	2×1.2 $=2.4$	3×1.2 $=3.6$	4×1.2 $=4.8$
직원평가	4×1.2 $=4.8$	2×1.2 $=2.4$	4×1.2 $=4.8$	4×1.2 $=4.8$
성실성	3×1.1 $=3.3$	4×1.1 $=4.4$	5×1.1 $=5.5$	2×1.1 $=2.2$
합계	14.4	19.6	19.1	19.6

따라서 동일한 평점을 얻은 직원 B, D 중 매출실적 항목에서 높은 평점을 얻은 직원 B가 최우수 직원이 되며, 직원 A가 14.4점으로 가장 낮은 평점을 받은 직원이 된다. 두 직원의 매출실적 평점은 각각 5.2점과 1.3점이므로 3.9점의 차이가 발생한다.

44 도표분석능력 자료의 수치 분석하기

| 정답 | ④

| 해설 | **43**번에서 구한 결과표를 통해 최저 평점을 획득한 직원 A는 직원평가 항목에서 공동 1위를 기록했음을 알 수 있다.

| 오답풀이 |

① 비업무 항목의 평점은 다음과 같다.

구분	직원 A	직원 B	직원 C	직원 D
근무태도	2×1.2 $=2.4$	2×1.2 $=2.4$	3×1.2 $=3.6$	4×1.2 $=4.8$
직원평가	4×1.2 $=4.8$	2×1.2 $=2.4$	4×1.2 $=4.8$	4×1.2 $=4.8$
성실성	3×1.1 $=3.3$	4×1.1 $=4.4$	5×1.1 $=5.5$	2×1.1 $=2.2$
합계	10.5	9.2	13.9	11.8

따라서 비업무 항목만 놓고 보면 직원 C가 가장 높은 평점을 받게 된다.

45 도표분석능력 토론 결과 분석하기

| 정답 | ①

| 해설 | 연도별 전체 가구의 난방용 연료 이용 비율은 제시되어 있지만 가구수는 제시되지 않아서 도시가스를 사용하는 가구수가 증가했는지는 알 수 없다.

46 도표분석능력 추가 자료를 활용하여 수치 계산하기

| 정답 | ①

| 해설 | 난방용 연료 이용 비율$=\dfrac{\text{해당 연료 사용 가구수}}{\text{전체 가구수}}$

$\times 100$이므로 전체 가구수$=\dfrac{\text{해당 연료 사용 가구수}}{\text{난방용 연료 이용 비율}} \times 100$

이다. 〈거주 유형별 난방용 도시가스 사용 가구수〉를 참고하여 2015년 도시가스 사용 가구수를 구하면 $142+308+880+42+70+58=1,500$(만 가구)이다. 따라서 2015년 전체 가구수는 $\dfrac{1,500}{41.5} \times 100 ≒ 3,614$(만 가구)이다.

47 도표분석능력 자료의 수치 분석하기

| 정답 | ③

| 해설 | 현재 전체 등록 수 대비 제주의 등록 수의 비율은 $\dfrac{7,244}{13,680} \times 100 ≒ 53$(%)이다.

| 오답풀이 |

① 경기와 대구의 전기차 등록 수의 합은 $1,162+1,125=2,287$(대)로 서울의 전기차 등록 수인 2,327대보다 적다.

② 대구의 등록 수는 1,125대로 부산의 등록 수인 478대의 $\dfrac{1,125}{478} ≒ 2.4$(배)이다.

④ 등록 수가 1,000대 미만인 지역은 경남, 전남, 부산으로 이 세 지역의 평균 등록 수는 $\dfrac{743+601+478}{3} ≒ 607$ (대)이다.

48 도표분석능력 자료를 바탕으로 수치 계산하기

| 정답 | ④

| 해설 | • 전년 대비 2018년도 전기차 등록 증가율 :

$\dfrac{6,105-2,776}{2,776} \times 100 ≒ 120$(%)

• 전년 대비 2016년도 전기차 등록 증가율 :

$\dfrac{1,505-860}{860} \times 100 = 75$(%)

따라서 차이는 $120-75=45$(%p)이다.

49 기술선택능력 매뉴얼 이해하기

| 정답 | ③

| 해설 | 제조물책임법 제2조 제2항에 따르면 '설계상의 결함'이란 제조업자가 합리적인 대체설계를 채용하였더라면 피해나 위험을 줄이거나 피할 수 있었음에도 대체설계를 채용하지 아니하여 해당 제조물이 안전하지 못하게 된 경우를 말한다.

또한 제4조 제4항에 따르면 '손해배상책임을 지는 자가 제조물을 공급한 후에 그 제조물에 결함이 존재한다는 사실을 알거나 알 수 있었음에도 그 결함으로 인한 손해의 발생을 방지하기 위한 적절한 조치를 하지 아니한 경우에는 제1항 제2호부터 제4호까지의 규정에 따른 면책을 주장할 수 없다.'고 제시되어 있으므로 따라서 설계상 결함을 매뉴얼에서 공지했더라도 면책 사유가 되지 않는다.

50 기술이해능력 기술 실패의 원인 파악하기

| 정답 | ④

| 해설 | 자아도취에 의해 대체기술의 등장 가능성이나 고객들의 실제 구매 의도 등을 간과하는 일과 기술개발 과정상의 미비점이나 상용화 측면의 약점을 간과한 오만한 태도, 기획 단계에서의 부주의함, 조사와 검토 작업이 충분하지 못했던 점 등이 발생시킨 기술 실패로 볼 수 있다.

51 기술적용능력 기술관리자에게 필요한 능력 파악하기

| 정답 | ④

| 해설 | 생산관리시스템(공학적 도구)은 재료의 입고부터 생산공정 및 완제품 출고까지의 업무를 계획에 따라 효율적으로 관리하여 작업능률 향상을 통해 고부가가치를 창출할 수 있는 시스템으로, 기술관리자는 생산관리시스템의 지원 방식에 대한 이해 능력을 갖추어야 한다.

52 기술적용능력 기술경영자의 요구능력 파악하기

| 정답 | ④

| 해설 | 기술경영자의 능력은 다음과 같다.
• 기술을 기업의 전반적인 전략 목표에 통합하는 능력
• 빠르고 효과적으로 새로운 기술을 습득하고 기존의 기술에서 탈피하는 능력
• 기술을 효과적으로 평가할 수 있는 능력
• 기술 이전을 효과적으로 할 수 있는 능력
• 새로운 제품 개발 시간을 단축할 수 있는 능력
• 크고 복잡하고 서로 다른 분야에 걸쳐 있는 프로젝트를 수행할 수 있는 능력
• 조직 내의 기술을 이용할 수 있는 능력
• 기술 전문 인력을 운용할 수 있는 능력
④는 기술관리자에 대한 설명으로 기술경영자에 대한 설명이 아니다.

53 기술이해능력 산업재해의 원인과 산업재해 예방대책

| 정답 | ④

| 해설 | 아차사고를 통해서 안전장치의 설계 및 절차의 중요성을 실감하고 작업부주의가 발생할 수 있는 장소에 표준작업절차서를 제시하는 안전에 대한 교육 및 훈련을 실시하고 일일설비 점검 항목을 추가하여 안전 관리 감독을 실시하는 등의 조치를 취하고 있다. 이러한 사례는 5단계 시정책의 적용 및 뒤처리 단계의 내용과 부합한다.

54 기술이해능력 기술 원리 및 절차 파악하기

| 정답 | ②

| 해설 | '세단대기'가 표시되지 않는 경우는 전원버튼을 길게 눌러 세팅모드에서 나와야 한다.

55 기술이해능력 기술 원리 및 절차 파악하기

|정답| ③

|해설| 절전모드 실행 중에는 전원버튼을 눌러 켠 후 문서를 넣어 사용할 수 있으므로 정상적으로 작동하지 않는 원인이라고 볼 수 없다.

56 기술이해능력 기술 원리 및 절차 파악하기

|정답| ④

|해설| '세단대기'는 세단할 문서를 문서투입구에 넣을 준비가 되어 있는 상태를 나타낸다.

|오답풀이|

① 문서가 과도하게 투입된 경우이다.

② 파지함에 파지가 꽉 찼거나 파지 감지스위치에 이물질이 쌓여 있는 경우이다.

③ 과도한 투입 및 장시간 연속동작의 경우이다.

57 기술적용능력 전문가 시스템 이해하기

|정답| ②

|해설| 지식베이스는 문제를 이해하고 해결하는 데에 필요한 지식을 저장하는 곳이며, 규칙을 어떻게 적용할 것인가를 결정하는 규칙해석기와 규칙들이 작동되는 순서를 결정하는 스케줄러는 추론엔진의 구성요소에 해당한다.

|오답풀이|

① 전문적인 지식이 입력되는 지식베이스에 비해 이를 바탕으로 지식을 제어하는 규칙과 작동순서를 결정하는 추론엔진은 보다 정적인 측면을 가지고 있다.

③ 전문가 시스템의 지식베이스는 전문적인 지식을 저장하는 곳으로, 여기에 지식을 넣는 주체는 해당 지식의 전문가이다.

④ 추론엔진은 문제를 해결하기 위해 지식베이스에 있는 지식을 제어하고 작동을 결정하는 역할을 수행한다.

58 기술적용능력 전문가 시스템 이해하기

|정답| ②

|해설| 상담 프로그램은 시스템이 의사에게 정적 지식을 바탕으로 환자의 증상, 상태 등의 동적 지식을 획득하여 이를 지식베이스에 저장하는 프로그램이다. 의사가 시스템이 저장한 정보를 요구하는 과정은 질문-대답 프로그램에 해당한다.

|오답풀이|

① CUE의 지식베이스는 의학의 일반적인 지식인 정적 지식과 환자의 증상 및 상태 등의 정보인 동적 지식으로 구성되어 있다.

③ CUE의 설명 프로그램은 지식 베이스를 기반으로 하여 어떤 근거로 어떠한 진단을 내릴 것인지를 정하는 프로그램이다. 이는 전문가 시스템의 추론 엔진의 기능에 대응한다.

④ 질문-대답 프로그램은 의사가 시스템에게 진단 또는 과정에 대한 정보를 요구하고 이를 제공하는 프로그램이다.

59 기술이해능력 산업재해의 원인과 예방 대책 이해하기

|정답| ③

|해설| 산업재해의 예방을 위해서는 사전에 산업재해 예방을 위한 안전관리 조직을 구성할 필요가 있다. 산업재해는 사전에 구성된 안전관리 조직이 사고 조사나 안전 점검 등을 통해 사실을 발견하고, 이를 바탕으로 산업재해의 발생 원인을 분석한 후, 원인 분석을 토대로 한 적절한 시정책을 마련하고 이를 적용하는 과정으로 진행된다.

60 기술이해능력 산업재해의 원인 이해하기

|정답| ③

|해설| 기사 내용의 K 씨와 Q 씨의 산업재해는 안전장치 없이 위험 장소인 고지대에서의 작업 중 발생한 추락사고로, 불안전한 행동 유형에 속한다.

4회 기출예상문제

4회 공통영역

문제 232쪽

01	④	02	②	03	①	04	①	05	④
06	③	07	②	08	③	09	②	10	④
11	①	12	②	13	③	14	③	15	③
16	③	17	④	18	①	19	③	20	④
21	②	22	②	23	④	24	①	25	④
26	①	27	④	28	①	29	③	30	④
31	③	32	④	33	③	34	①	35	④
36	④								

01 문서작성능력 안내문 수정하기

| 정답 | ④

| 해설 | 기준이 되는 화물차 평균 위험운전횟수를 질문하고 있으므로 모범운전자 포상금 제도를 실시한 3년간의 평균 위험운전횟수를 게시해야 한다. 평균 위험운전횟수 감소율은 이와는 관련 없는 자료이므로 적절하지 않다.

02 문서이해능력 세부 내용 이해하기

| 정답 | ②

| 해설 | 김△△의 포상 결과를 보면 도로 안전 지킴이 표창장을 수여했으므로 선발기준인 안전위험 운전 점수가 70점 이상인 운전자 중 상위 30%에 포함되었음을 알 수 있다. 김△△의 안전위험 운전 점수는 다음과 같다.

$$100 \times (1 - \frac{9}{36}) \times 0.95 = 71.25(점)$$

| 오답풀이 |

① 〈선발 기준〉에 따라 가중치 산식에 수치를 대입하면

$0.5 + 0.5 \times \frac{36}{40} = 0.95$(점)의 가중치가 김△△에게 부여된다.

③ 〈응모 대상〉, 〈안전운전 실천기간〉, 〈운행기록 제출 방법〉에 따라 김△△은 신청일인 2월 19일의 다음 달인 3월 1일부터 8월 31일까지 1톤 초과 사업용 화물차를 50일 이상 운전했음을 알 수 있다.

④ 〈신청 방법 및 기간〉에서 인터넷신청 시스템은 김△△이 신청한 날짜인 2월 19일보다 2일 뒤인 2월 21일부터 오픈했으므로 김△△는 고속도로 휴게소 종합안내소, 교통안전공단 자동차검사소, 운전적성정밀검사장 중 한 곳에서 신청했음을 알 수 있다.

03 문서이해능력 세부 내용 이해하기

| 정답 | ①

| 해설 | 〈개인정보취급방침〉의 내용에 따르면 본 사이트는 사용자가 광고에 접근하는 방식이나 시점에 대해 수집할 수 있다고 되어 있으나 이를 외부 업체들과 공유할 수 있다는 언급은 없다.

| 오답풀이 |

② '위치 정보'에 따르면 본 사이트는 IP 주소, GPS뿐 아니라 주변 기기, Wi-Fi 액세스 포인트, 기지국 등에 관련된 정보를 제공하는 기타 센서를 포함한 다양한 기술을 활용하여 위치를 파악함을 알 수 있다.

③ '기기 정보'에 따르면 본 사이트는 기기 식별자 또는 전화번호를 본 사이트의 계정에 연결할 수 있음을 알 수 있다.

④ '로그 정보'에 따르면 다운, 하드웨어 설정, 시스템 활동, 브라우저 언어, 요청 날짜 및 시간, 참조 URL 등 기기의 이벤트 정보가 자동으로 본 사이트에 수집되고 저장됨을 알 수 있다.

04 의사표현능력 적절한 답변하기

| 정답 | ①

| 해설 | '광고 서비스 등 사용자가 사용한 콘텐츠와 직접 관련이 있는 경우 외에는'이라고 명시되어 있으므로 사용자가 사용한 콘텐츠와 직접 관련이 있는 경우에는 가입자의 이용 정보를 제3자에게 제공할 수 있음을 추론할 수 있다.

| 오답풀이 |

② 사이트 내 광고 동영상을 시청한 사람의 이용 정보가 광고주에게 제공될 수 있지만, 가입자의 프로필 정보가 보고되는 것은 아니다.

③ 상업적인 용도로 가입자의 사이트 이용 정보를 제공할 수 없음이 명시되어 있지만, 공무상의 이유로 사용자 계정의 개인정보를 제공할 수 있는지 없는지에 대해서는 제시되어 있지 않다.

④ 사용자의 요청이 있을 때는 제3자에게 제공한 개인정보에 대한 내용을 사용자에게 알려야 하지만, 요청 없이도 이를 의무적으로 알려야 하는 것은 아니다.

05 문서이해능력 **세부 내용 이해하기**

| 정답 | ④

| 해설 | 광의의 개념을 보면 농민들이 시장에서 농산물의 다원적 기능(사회적, 환경적)에 대한 가격을 제대로 받지 못함에 따라 정부가 이를 대신 지불해 주고 있음을 알 수 있다. 다원적 기능은 식량생산으로서의 가치 이외에 환경보호 등의 가치를 의미하므로 '식량생산으로서의 가치만이 시장가격에 반영되어야 한다.'는 적절하지 않다.

06 문서이해능력 **직접지불제 의미 이해하기**

| 정답 | ③

| 해설 | 정부가 시장에 개입하여 인위적으로 가격을 정하는 가격지지정책은 가격보조금의 형태이고, 정부가 직접 보조금을 지급해 소득을 지원하는 직접지불제는 소득보조금의 형태이다.

07 문서이해능력 **질문에 올바른 답변하기**

| 정답 | ③

| 해설 | 문경 면허시험장 내에는 신체검사장이 없으므로 가까운 병원에서 신체검사를 받아야 한다. 해당 답변에 제시된 수수료 13,000원이 필요하다는 내용은 옳으나 병원의 신체검사비는 알 수 없다.

08 문서작성능력 **지시사항에 맞게 문서작성하기**

| 정답 | ③

| 해설 | 마지막 지시사항의 '최근 고령화 추세로 인해 올해 새롭게 도입된 항목'은 적성검사 / 면허갱신 주기 · 기간의 '※ 20X9. 1. 1. 이후 1종 · 2종 상관없이 75세 이상인 사람은 3년 주기'이다. 올해가 20X9년이라는 것은 [업무하달]의 (20X9년 11월 11일 작성)을 통해 알 수 있다.

해당 FAQ는 75세 이상 3년 주기에 관한 것이 아니라 1종 면허와 2종 면허 일반에 관한 것을 묻고 있으므로 지시사항에서 벗어나 있다.

09 문서작성능력 **제목 작성하기**

| 정답 | ②

| 해설 | 제시된 글은 아스피린과 타이레놀의 효능 및 차이점과 복용 시 주의사항에 대해 언급하고 있다. 따라서 글의 제목으로 '아스피린과 타이레놀의 선택 기준'이 가장 적절하다.

10 문서이해능력 **내용에 맞게 추론하기**

| 정답 | ④

| 해설 | 타이레놀에는 간 독성을 유발할 수 있는 아세트아미노펜 성분이 들어있다. 따라서 잘못된 추론이다.

| 오답풀이 |

① 아스피린은 '해열소염진통제'이므로 해열 기능이 있음을 추론할 수 있다.

② 아스피린은 독감, 수두에 걸린 '15세 이하의 어린이'에게 부작용이 나타날 수 있다고 한다. 따라서 연령도 선택 기준이라는 것을 추론할 수 있다.

③ '염증이 동반되지 않는 두통, 치통, 생리통 등의 생활 통증 시 복용하는 것이 좋다.' 문구를 통해 추론할 수 있다.

11 문서작성능력 **정보 요약하기**

| 정답 | ①

| 해설 | 사용법에 '목욕 후 물기를 닦고 적당량을 덜어 전신에 부드럽게 펴 발라 흡수시켜 줍니다.'라고 쓰인 것으로 보아 목욕 후 바르는 바디로션임을 알 수 있다.

12 문서작성능력 특징에 맞는 광고 카피 작성하기

|정답| ②

|해설| 특허 기술에 관한 설명을 바탕으로 광고 카피를 제작하려고 하므로 특허 기술에 적용된 보습 성분을 구체적으로 명시하고 지속 시간이 48시간으로 긴 점을 부각시킬 수 있는 ②가 가장 적절하다.

13 문제처리능력 자료 파악하기

|정답| ③

|해설| 〈신입사원 교육 준비 일정〉의 '장소 대관'을 보면 장소 대관은 총무지원실에서 진행하므로 김영웅 대리가 ◆◆시청에 연락하는 것이 아니라 총무지원실에 장소 대관 일정을 통보해야 한다.

14 문제처리능력 업무 일정 파악하기

|정답| ③

|해설| 〈신입사원 교육 준비 일정〉을 바탕으로 업무 일정을 정리하면 다음과 같다.

4/15(수)	교육자료 취합(업무 협조 요청)
4/16(목)	장소 대관(총무지원실에 일정 통보)
4/17(금)	교육자료 제작
4/20(월)	도시락 예약
4/21(화)	–
4/22(수)	버스 대절

'교육자료 취합' 업무 중 취합 및 정리하는 업무는 교육 시작일 3일 전인 24일까지는 완료해야 하며, 교육자료는 한꺼번에 인계받아야 한다.

먼저 기획조정실의 교육자료는 편성 다음 주 수요일에 완성되므로 22일에 완성 예정임을 알 수 있다. 외부전문가는 당일인 15일에 완성할 예정이고, 직무전문가 갑은 17일(금)에 출장에서 돌아와 다음 출근일인 20일(월)에 완성 예정이다. 정보화본부와 직무전문가 을은 교육 시작일인 27일(월)로부터 일주일 전인 20일(월)에 완료 예정이다. 그러므로 가장 늦게 완성되는 22일 다음날인 23일에 교육자료를 취합할 수 있다.

따라서 김영웅 대리는 4/23에 신입사원 교육 준비를 마무리할 수 있다.

15 문제처리능력 총 예산 산출하기

|정답| ③

|해설| 자료에 따라 각각의 예산을 산출하면 다음과 같다.

1) 강사료
   - 직무전문가(갑, 을) : 70,000×2=140,000(원)
   - 외부전문가 : 300,000×1=300,000(원)
   - 기타 사내강사(인재경영실, 기획조정실, 정보화본부 각 1명) : 40,000×3=120,000(원)

2) 교통비
   - 1대씩 2일 대절 : 300,000×2=600,000(원)

3) 기타 경비
   - 점심 식대
     (지사) 3,000×50=150,000(원)
     (시청) 3,500×50=175,000(원)
   - 장소 대관
     (지사) 무료
     (시청) 150,000원

따라서 필요한 예산은 140,000+300,000+120,000+600,000+150,000+175,000+150,000=1,635,000(원)이다.

16 사고력 조건에 맞게 사원 선발하기

|정답| ③

|해설| 계열별로 필요한 신입사원 수는 총 14명이고, 최대로 선발할 수 있는 인원은 12명이므로 이때 한 가지 계열에서 일하는 신입사원은 10명, 두 가지 계열을 겸하는 신입사원은 2명이 된다.

|오답풀이|

① 다른 계열을 겸할 수 없는 농학계열을 제외하고, 남은 계열에는 모두 겸직이 가능한 신입사원으로 채용하면 된다. 남은 계열은 행정직 2개 계열과 기술직 4개 계열이므로 행정직에서 2명, 기술직에서 4명을 선발하면 된다. 따라서 채용조건을 만족하기 위해 필요한 최소 인원은 8명이다.

② 토목계열 지원자는 건축계열 외 다른 계열을 겸할 수 없지만 건축계열 지원자는 기술직 내 모든 계열을 겸할 수

있다. 즉, 건축계열 지원자가 기계계열을 겸할 수도 있으므로 기계계열 지원자는 전기계열만 겸할 수 있다는 내용은 적절하지 않다.

④ 기계계열에서 2명, 전기계열에서 2명, 법정계열에서 1명의 신입사원을 채용했다고 가정한다. 이때 기계·전기계열 지원자들이 기술직 내 남은 2개 계열(토목·건축계열)을 겸할 수 있고 법정계열 지원자가 경상계열을 겸할 수 있을 경우, 경상계열에서 겸직이 가능한 1명의 신입사원을 추가 채용한다면 채용 조건을 만족하게 된다.

	행정직			기술직			
경상	법정	농학	기계	전기	토목	건축	
1 (겸직 가능)	1 (겸직 가능)	2	2 (겸직 가능)	2 (겸직 가능)	(겸직 2명)	(겸직 2명)	

따라서 필요한 최소 인원은 8명이다.

17 　사고력　 비밀번호 도출하기

| 정답 | ④

| 해설 | 주어진 정보를 선택지에 대입하여 적절하지 않은 것부터 소거해 나간다. ②는 1이 중복되어 있으므로 첫 번째 조건에 맞지 않으며, ①은 각 자릿수의 합이 27로 세 번째 조건에 맞지 않으며, ③은 비밀번호의 합이 3의 배수가 아니다. 따라서 조건에 맞는 휴대폰 비밀번호는 '④ 236715'이다.

18 　문제처리능력　 열량 계산하기

| 정답 | ①

| 해설 | 음식별 열량을 계산하면 다음과 같다.

- 음식 A : $100 \times 3.75 + 30 \times 9 + 20 \times 4 = 725$(kcal)
- 음식 B : $120 \times 3.75 + 25 \times 9 + 10 \times 4 = 715$(kcal)
- 음식 C : $80 \times 3.75 + 40 \times 9 + 15 \times 4 = 720$(kcal)
- 음식 D : $140 \times 3.75 + 15 \times 9 + 10 \times 4 = 700$(kcal)

따라서 음식 A의 열량이 제일 높다.

19 　문제처리능력　 열량 계산하기

| 정답 | ③

| 해설 | 네 사람의 하루 필요 열량은 다음과 같다.

- 김철수 : $30 \times 80 = 2,400$(kcal)
- 이영희 : $25 \times 60 = 1,500$(kcal)
- 박영서 : $25 \times 50 = 1,250$(kcal)
- 최동수 : $30 \times 90 = 2,700$(kcal)

20 　문제처리능력　 열량 계산하기

| 정답 | ④

| 해설 | 다이어트 도전자들의 운동종목별 1시간당 소모되는 열량은 다음과 같다.

(단위 : kcal)

운동종목	김철수	이영희	박영서	최동수
골프	5×80 $=400$	5×60 $=300$	5×50 $=250$	5×90 $=450$
자전거	6×80 $=480$	6×60 $=360$	6×50 $=300$	6×90 $=540$
수영	7.5×80 $=600$	7.5×60 $=450$	7.5×50 $=375$	7.5×90 $=675$
축구	9×80 $=720$	9×60 $=540$	9×50 $=450$	9×90 $=810$
농구	8×80 $=640$	8×60 $=480$	8×50 $=400$	8×90 $=720$
조깅	10×80 $=800$	10×60 $=600$	10×50 $=500$	10×90 $=900$

다이어트 도전자들의 하루 필요 열량 기준 초과 섭취량과 운동을 통한 열량 소모량을 계산하면 다음과 같다.

- 김철수
  - 하루 필요 열량 기준 초과 섭취량 : $(1 \times 725 + 1 \times 715 + 2 \times 700) - 2,400 = 440$(kcal)
  - 열량 소모량 : $1 \times 640 = 640$(kcal)
- 이영희
  - 하루 필요 열량 기준 초과 섭취량 : $(1 \times 725 + 1 \times 715 + 2 \times 720) - 1,500 = 1,380$(kcal)
  - 열량 소모량 : $1 \times 300 + 3 \times 360 = 1,380$(kcal)

• 박영서
  - 하루 필요 열량 기준 초과 섭취량 : $(3 \times 725) - 1,250 =$ 925(kcal)
  - 열량 소모량 : $1 \times 250 + 1 \times 300 + 1 \times 375 = 925$(kcal)
• 최동수
  - 하루 필요 열량 기준 초과 섭취량 : $(1 \times 725 + 2 \times 715 + 2 \times 720 + 2 \times 700) - 2,700 = 2,295$(kcal)
  - 열량 소모량 : $1 \times 450 + 1 \times 810 + 1 \times 900 = 2,160$(kcal)

따라서 운동량이 부족한 사람은 하루 필요 열량 기준 초과 섭취량이 135kcal이 남은 최동수이다.

21 문제처리능력 자료 해석하기

|정답| ②

|해설| B는 미혼의 외국인이므로 결혼이민자 예외사항에 해당되지 않아 고용보험 피보험자격 취득이력이 있어야만 고용노동부 고용센터에서 주관하는 직업 훈련에 지원 가능하다.

|오답풀이|

① A는 사업기간이 1년 이상 지났고 연간 매출액이 15,000 만 원 미만인 영세자영업자이므로 지원대상이 된다.

③ C는 고3 재학생 중 비진학예정자이므로 지원대상이 된다.

④ 결혼이민자인 D는 고용보험 이력이 없어도 지원받을 수 있다.

22 문제처리능력 자료를 참고하여 올바른 답변하기

|정답| ②

|해설| 2유형 참여자는 실제 훈련비의 50 ~ 95% 지원을 받을 수 있으나 1인당 최대 지원한도는 2백만 원이므로 1.5 백만 원에서 2백만 원까지 지원받을 수 있다.

23 문제처리능력 자료를 바탕으로 시간 계산하기

|정답| ④

|해설| 하이패스 제한 속도가 적용되지 않는 거리와 하이패스 제한 속도가 적용되는 거리로 나누어 계산한다.

ⅰ) 하이패스 제한 속도가 적용되지 않는 거리
D시부터 A시까지 총 거리는 $180 \times 3 = 540$(km)이고, 이중 제한 속도가 적용되는 거리는 각 하이패스마다 10km씩 총 30km이다. 따라서 510km를 최대 속력 100km/h로 달린다고 하면 $\frac{510}{100} = 5.1$(h)$= 5$시간 6분이 소요된다.

ⅱ) 하이패스 제한 속도가 적용되는 거리
D시와 C시 사이의 하이패스(단차로 하이패스)를 통과하는 데 걸리는 시간은 $\frac{10}{30} = \frac{1}{3}(h)= 20$(분)이다. C시와 B시 사이의 하이패스(본선형 다차로 하이패스)을 통과하는 데 걸리는 시간은 $\frac{10}{60} = 10$(분)이다. B시와 A시 사이의 하이패스(나들목형 다차로 하이패스)를 통과하는 데 걸리는 시간은 $\frac{10}{50} = \frac{1}{5}(h)= 12$(분)이다. 따라서 총 $20 + 10 + 12 = 42$(분)이 걸린다.

그러므로 K가 12시에 출발해 최대한 빠르게 이동하여 A시에 도착하는 시간은 5시간 48분 이후인 17시 48분이다.

24 문제처리능력 자료를 바탕으로 수익 계산하기

|정답| ①

|해설|

구간	차 대수
1. D시~C시	500대
2. D시~B시	1,000대
3. D시~A시	1,200대
4. C시~B시	2,000대
5. C시~A시	900대
6. B시~A시	600대

각 하이패스별로 통과하는 차 대수와 지불 비용을 계산하면 다음과 같다.

• 단차로 하이패스(D ~ C시 구간) → 1, 2, 3구간
$1,000 \times (500 + 1,000 + 1,200) = 2,700,000$(원)

• 본선형 다차로 하이패스(C ~ B시 구간) → 2, 3, 4, 5구간
$2,000 \times (1,000 + 1,200 + 2,000 + 900) = 10,200,000$(원)

• 나들목형 다차로 하이패스(B ~ A시 구간) → 3, 5, 6구간
 3,000×(1,200+900+600)=8,100,000(원)

25 정보처리능력 관리번호 부여하기

|정답| ④

|해설| 2019년 6월(1906)에 생산팀(PR)에서 팩스기(B004)를 구입하였으므로 관리번호는 'B004−1906−PR'이다.

|오답풀이|

① 2015년 6월(1506)에 인사팀(PE)에서 프린트(B001)를 구입하였으므로 올바른 관리번호는 'B001−1506−PE'이다.

② 2018년 5월(1805)에 경영전략팀(HS)에서 노트북(C002)를 구입하였으므로 올바른 관리번호는 'C002−1805−HS'이다.

③ 2017년 11월(1711)에 구매팀(PU)에서 사무용 의자(A002)를 구입하였으므로 올바른 관리번호는 'A002−1711−PU'이다.

26 정보처리능력 관리번호 부여하기

|정답| ①

|해설| 이메일을 보낸 사원의 부서는 영업팀이며, 복사기를 2020년 5월에 구매하였으므로, 부여해야 할 관리번호는 B002−2005−MK이다.

27 정보처리능력 출력값 구하기

|정답| ③

|해설| 명령어를 순서대로 해석하면 다음과 같다.

1. x 집합 내에서 "인공"이라는 단어가 포함된 개체는 (i) 명령을 따르고, 그렇지 않은 개체는 (ii) 명령을 따름.

2. (i) 명령을 따르는 단어는 '구축'을 덧붙인 후 (AI4431)에 분류 : 인공신경망 구축, 인공생명체 구축

3. (ii) 명령을 따르는 단어는 '개발'을 덧붙인 후 (AI4432)에 분류 : 기계학습시스템 개발, 자연언어처리 개발

4. (AI4431) 내 항목 출력

따라서 '인공신경망 구축, 인공생명체 구축'이 최종 출력된다.

28 정보처리능력 출력값 구하기

|정답| ①

|해설| 명령어를 순서대로 해석하면 다음과 같다.

1. x 집합 내에서 "스마트"라는 단어가 포함된 개체는 (i) 명령을 따르고, 그렇지 않은 개체는 (ii) 명령을 따름.

2. (i) 명령을 따르는 단어는 '개발'을 덧붙인 후 (IOT1511)에 분류 : 스마트 팩토리 개발, 스마트 빌딩 개발, 스마트 워치 개발

3. (ii) 명령을 따르는 단어는 '구축'을 덧붙인 후 (IOT1521)에 분류 : 자율주행 자동차 구축

4. (IOT1521) 내 항목 출력

따라서 '자율주행 자동차 구축'이 최종 출력된다.

29 정보처리능력 출력값 구하기

|정답| ③

|해설| 출력값을 토대로 반대로 해석하면 다음과 같다.

1. (ARVR001) 내 항목 출력 : 모션 캡쳐 기술 개발, 네트워크 통신 기술 개발, 컴퓨터 그래픽 기술 개발

2. (i) 명령을 따르는 단어는 '개발'을 덧붙인 후 (ARVR001)에 분류

  ∴ 이전 값 : 모션 캡쳐 기술, 네트워크 통신 기술, 컴퓨터 그래픽 기술

3. x 집합 내에서 "기술"이라는 단어가 포함된 개체는 (i) 명령을 따름.

즉, 최초의 집합 x에는 '모션 캡쳐 기술, 네트워크 통신 기술, 컴퓨터 그래픽 기술'이 확실히 포함되어 있었음을 알 수 있다. 따라서 선택지 중 '리얼타임 렌더링 기술'은 집합 x에 포함되어 있는지 확실히 알 수 없다.

30 정보처리능력 출력값 구하기

| 정답 | ④

| 해설 | 명령어를 순서대로 해석하면 다음과 같다.

1. x 집합 내에서 "네트워크"라는 단어가 포함된 개체는 (i) 명령을 따르고, 그렇지 않은 개체는 (ii) 명령을 따름.

2. (i) 명령을 따르는 단어는 '구축'을 덧붙인 후 (BIGD1001) 에 분류

3. (ii) 명령을 따르는 단어는 '개발'을 덧붙인 후 (BIGD1002) 에 분류

4. ("BIGD1001") 출력

( ) 안에 " "가 있을 경우 " " 안의 단어를 그대로 출력하라고 하였으므로 최종 출력되는 값은 BIGD1001이다.

31 정보처리능력 출력값 구하기

| 정답 | ③

| 해설 | 출력값을 토대로 반대로 해석하면 다음과 같다.

1. (THGJ1002) 내 항목 출력 : 초음파 센서 개발, 위치정보시스템 개발

2. (ii) 명령을 따르는 단어는 '개발'을 덧붙인 후 (THGJ1002) 에 분류

∴ 이전 값 : 초음파 센서, 위치정보시스템

3. x 집합 내에서 "(?)"라는 단어가 포함되지 않은 개체는 (ii) 명령을 따름.

즉, '초음파 센서, 위치정보시스템'에는 (?) 단어가 포함되지 않는 것이므로, 선택지 중 이들 단어에 들어가지 않는 단어는 '지'이다.

32 정보처리능력 출력값 구하기

| 정답 | ④

| 해설 | ☐ 는 항상 True를 출력하므로 모든 값을 다음 명령으로 전달한다. ◯ 의 조건을 만족하는 값은 25, 100, 30, 5로 짝수 개(4개)이므로 True가 되어 명령을

하나 건너뛰고 그 다음 명령으로 모든 값을 전달한다.

◇ 에서 100과 56이 조건을 만족하지 않으므로 False가 되어 조건을 만족하는 값만 다음 명령으로 전달한다. 따라서 2, 25, 30, 48, 5가 출력된다.

33 정보처리능력 출력값 구하기

| 정답 | ③

| 해설 | ☐ 은 항상 True를 출력하므로 모든 값을 다음 명령으로 전달한다. ◇ 의 조건을 모든 값이 만족하지는 않으므로 False가 되어 조건을 만족하는 값 {3, 4, 10, 12, 13}만 다음 명령으로 전달한다. ⬡ 은 앞 명령어가 False이므로 True가 되어 조건 (가)를 만족하는 값만 다음 명령으로 전달한다. 이때 만약 (가) = 'if $x^2 < 100$' 일 경우, 조건을 만족하는 값 {3, 4}를 다음 명령으로 전달하고 ◯ 에 따라 소수는 홀수 개(1개)이므로 조건을 만족하는 값만 출력하면 최종 값은 3이 된다.

| 오답풀이 |

① 조건을 만족하는 {3, 13}이 다음 명령으로 전달되고 소수는 짝수 개(2개)이므로 모든 값을 출력하면 최종 값은 3, 13이다.

② 조건을 만족하는 {12, 13}이 다음 명령으로 전달되고 소수는 홀수 개(1개)이므로 소수만 출력하면 최종 값은 13 이다.

④ 조건을 만족하는 {10, 12, 13}이 다음 명령으로 전달되고 소수는 홀수 개(3개)이므로 소수만 출력하면 최종 값은 13이다.

34 정보처리능력 출력값 구하기

| 정답 | ①

| 해설 | ☐ 은 항상 True를 출력하므로 모든 값을 다음 명령으로 전달한다. ◇ 은 3의 배수 3, 21, 144가

www.gosinet.co.kr gosinet

1회 기출예상

2회 기출예상

3회 기출예상

4회 기출예상

5회 기출예상

있어 모든 값이 조건을 만족하지 않으므로 False가 되어 조건을 만족하는 값 {1, 2, 5, 8, 13, 34, 55, 89, 233}을 다음 명령으로 전달한다. ◯에서 홀수는 짝수 개(6개)이므로 True가 되어 명령을 하나 건너뛰고 다음 명령으로 모든 값을 전달한다. ▱은 5의 배수 5, 55가 있으므로 True가 되어 전달받은 값 중 앞쪽 3개 {1, 2, 5}를 다음 명령으로 전달한다. ◇에서 모든 값이 조건을 만족하지는 않으므로 False가 되어 조건을 만족하는 값만 출력한다. 따라서 최종 출력되는 값은 2, 5이다.

35 정보처리능력 출력값 구하기

| 정답 | ④

| 해설 | ▭은 항상 True를 출력하여 모든 값을 다음 명령으로 전달한다. 만약 (가)={1, 2, 4, 12, 18}일 경우, ◯에서 3의 배수는 짝수 개(2개)이므로 True가 되어 명령을 하나 건너뛰고 다음 명령으로 모든 값을 전달한다. ◇은 모든 값이 조건을 만족하지는 않으므로 False가 되어 조건을 만족하는 값만 출력한다. 따라서 최종 출력되는 값은 12, 18로 2개이므로 (가)에 들어갈 수 없다.

| 오답풀이 |

① ◯에서 3의 배수는 짝수 개(2개)로 True가 되어 명령을 하나 건너뛰고 다음 명령으로 모든 값을 전달한다. ◇에서 모든 값이 조건을 만족하므로 True가 되어 모든 값을 출력하면 8, 9, 12로 3개이다.

② ◯에서 3의 배수는 홀수 개(3개)로 False가 되어 조건을 만족하는 값 {12, 18, 24}를 다음 명령으로 전달한다. ⬡은 앞 명령어가 False이므로 True가 되어 조건을 만족하는 값 {12, 18, 24}을 다음 명령으로 전달한다. ◇에서 모든 값이 조건을 만족하므로 True가 되어 모든 값을 출력하면 12, 18, 24로 3개이다.

③ ◯에서 3의 배수는 짝수 개(4개)로 True가 되어 명령을 하나 건너뛰고 다음 명령으로 모든 값을 전달한다. ◇에서 모든 값이 조건을 만족하지는 않으므로 False가 되어 조건을 만족하는 값만 최종 출력하면 18, 21, 24로 3개이다.

36 정보처리능력 출력값 구하기

| 정답 | ④

| 해설 | ▭은 항상 True를 출력하여 모든 값을 다음 명령으로 전달한다. ⬡은 앞 명령어가 True이므로 False가 되어 조건을 만족하지 않는 값 {2, 8, 32}을 다음 명령으로 전달한다. ◇은 모든 값이 조건을 만족하지는 않으므로 False가 되어 조건을 만족하는 값만 출력하면 2이다. 따라서 출력 값에 8이 포함되어 있지 않다.

| 오답풀이 |

① ◯은 조건을 만족하는 값이 짝수 개(2개)이므로 True가 되어 명령을 하나 건너뛰고 모든 값을 출력하면 최종 출력 값은 0, 2, 5, 8이다.

② ▱는 소수 11이 있으므로 True가 되어 전달받은 값 중 앞쪽 3개의 값 {8, 9, 10}을 다음 명령으로 전달한다. ◇은 모든 값이 조건을 만족하지는 않으므로 False가 되어 조건을 만족하는 값만 최종 출력하면 8, 10이다.

③ ◇은 모든 값이 조건을 만족하므로 True가 되어 모든 값을 다음 명령으로 전달한다. ⬡는 앞 명령어가 True이므로 False가 되어 조건을 만족하지 않는 값을 최종 출력하면 4, 6, 8, 10이다.

4회 **행정직** 　　　　　문제 **264**쪽

37	①	38	③	39	③	40	③	41	④
42	③	43	②	44	④	45	③	46	②
47	②	48	③	49	④	50	③	51	①
52	②	53	①	54	③	55	③	56	④
57	④	58	③	59	④	60	③		

37 　자원관리능력　업체 선정하기

| 정답 | ①

| 해설 | 24인치 모니터를 기준으로 각 업체별 점수를 매기면 다음과 같다.

구분	가격	설치예정일	응답속도	해상도	총점
A 업체	3	4	3	2	12
B 업체	4	1	4	1	10
C 업체	2	3	2	3	10
D 업체	1	2	1	4	8

따라서 총점이 가장 높은 A 업체에서 모니터를 구매한다.

38 　자원관리능력　업체 선정하기

| 정답 | ③

| 해설 | 27인치 모니터를 기준으로 각 업체별 점수를 매기면 다음과 같다.

구분	가격	설치예정일	응답속도	해상도	총점
A 업체	2	4	3	2	11
B 업체	4	1	4	1	10
C 업체	3	3	2	3	11
D 업체	2	2	1	4	9

따라서 27인치 모니터는 총점이 가장 높은 A 업체 혹은 C 업체에서 구매하는데, 앞선 문제에서 24인치 모니터를 구매한 A 업체에서는 구매하지 않기로 하였으므로 27인치 모니터는 C 업체에서 구매한다.

39 　시간관리능력　배송 경로와 배송 건수 구하기

| 정답 | ③

| 해설 | 오늘 배송할 목록은 다음과 같다.

이름	구역	주소	주문일시
우병찬	A	★★빌라	27일 11 : 00
정유미	E	△빌라	27일 12 : 10
박은선	C	○×아파트	27일 01 : 00
정지혜	F	△△빌라	27일 10 : 10
이정희	A	XX아파트	27일 08 : 30
정선비	B	XX아파트	26일 15 : 00
임예은	F	○○빌라	27일 05 : 00
이정재	C	△△×빌라	27일 12 : 00
강지훈	G	○△맨션	27일 01 : 20
박다현	A	ZZ아파트	27일 06 : 20
김지우	C	★★×아파트	27일 03 : 00

오늘 배송할 건수는 11건이고 A, E, B, F, G, C 구역을 들러야 하므로 선택지 중 배송할 경로와 건수가 바르게 짝지어진 것은 ③이다.

40 　시간관리능력　배달 경로 구하기

| 정답 | ③

| 해설 | M이 마트-(1)-(2)-(3)-(4)-(5)-(6)-(7)-마트 순으로 이동한다고 하면 각 구역별 배송 시간은 다음과 같다.

(1) : 오후 2시 50분 ~ 오후 3시 30분
(2) : 오후 3시 50분 ~ 오후 4시 30분
(3) : 오후 4시 50분 ~ 오후 5시 30분
(4) : 오후 5시 50분 ~ 오후 6시 30분
(5) : 오후 6시 50분 ~ 오후 7시 30분
(6) : 오후 7시 50분 ~ 오후 8시 30분
(7) : 오후 8시 50분 ~ 오후 9시 30분

예약 시간에 맞게 배송이 이뤄져야 하므로 선택지 중 가능한 것은 ③뿐이다(이때 G에서 B로 이동하려면 C를 거쳐야 하므로 40분이 소요되며, B 구역의 배송시간은 오후 8시 10분 ~ 오후 8시 50분에 이루어짐에 유의한다).

| 오답풀이|

① 하지연 씨는 27일 오후 7 ~ 9시에 예약을 했는데 오후 2시 50분 ~ 오후 3시 30분에 도착하므로 적절하지 않다.

② 하지연 씨는 27일 오후 7 ~ 9시에 예약을 했는데 오후 5시 50분 ~ 오후 6시 30분에 도착하므로 적절하지 않다.

④ 이대호 씨는 27일 오후 5시 이후에 예약을 했는데 오후 3시 10분 ~ 오후 3시 50분에 도착하므로 적절하지 않다(C를 거쳐가므로 이동 시간은 40분이다).

41 예산관리능력 수익 계산하기

|정답| ④

|해설| 각 팀별로 비용과 수익을 계산하면 다음과 같다.

(단위 : 천만 원)

제품	1팀	2팀	3팀	4팀
A	$-8+4$ $=-4$	$-1+2$ $=1$	$-7+5$ $=-2$	$-1+6$ $=5$
B	$-3+6$ $=3$	$-6+(-8)$ $=-14$	$-6+4$ $=-2$	$-1+3$ $=2$
C	$-6+(-7)$ $=-13$	$-4+6$ $=2$	$-5+(-3)$ $=-8$	$-2+10$ $=8$
D	$-5+6$ $=1$	$-2+1$ $=-1$	$-2+7$ $=5$	$-5+7$ $=2$

따라서 각 팀별 소요되는 비용 대비 수익을 가장 많이 내는 제품은 1팀은 B 제품, 2팀은 C 제품, 3팀은 D 제품, 4팀은 C 제품이다.

42 예산관리능력 수익 계산하기

|정답| ③

|해설| X 회사는 1년 동안 4팀의 C 제품과 3팀의 D 제품만을 홍보한다고 하였으므로 소비자가 C 제품을 선호하는 1분기와 D 제품을 선호하는 4분기에는 수익이 상승한다.

• 4팀 C 제품

  − 1분기 수익 : $-2+(10×1.5)=13$(천만 원)

  − 2 ~ 4분기 수익 : $(-2+10)×3=24$(천만 원)

  ∴ $13+8×3=37$(천만 원)

• 3팀 D 제품

  − 1 ~ 3분기 수익 : $(-2+7)×3=15$(천만 원)

  − 4분기 수익 : $-2+(7×1.5)=8.5$(천만 원)

  ∴ $5×3+8.5=23.5$(천만 원)

따라서 X 회사의 1년간 총 수익은 $37+23.5=60.5$(천만 원)이다.

43 시간관리능력 최소비용의 소요시간 구하기

|정답| ②

|해설| J가 영화관까지 교통비를 최소로 지불하기 위해서는 도보와 버스만을 이용해야 한다. 따라서 버스정류장까지 도보를 이동하는데 총 10km(1시간), 버스를 이용해 영화관까지 이동하는데 25km(30분)이 걸리므로, 총 1시간 30분이 소요된다.

44 예산관리능력 최단 시간의 비용 구하기

|정답| ④

|해설| 먼저 J가 친척 집(A)에 갈 때 도보로만 이동하면 1시간 30분이 소요되므로 친척 집에 가는 최단 시간 경로는 도보로 10km 이동 후 지하철로 5km를 타는 것이다. 도보로 이동 후 지하철을 이용하면 1시간 5분이 소요되고 발생되는 비용은 기본요금 1,300원이다.

친척 집에서 30분 머문 후 영화관에 갈 때 도보로만 이동할 경우 2시간이 소요되므로 최단 시간 경로는 지하철로 15km 이동 후 버스로 5km를 이동하는 경로이다. 이 경로는 15(분)+6(분)=21(분)이 소요되며 이때 발생되는 비용은 1,300+1,000+1,000=3,300(원)이다. 따라서 J가 친척 집에 들렀다가 영화관에 가는 최단 시간 경로의 비용은 1,300+3,300=4,600(원)이다.

45 물적자원관리능력 조건에 맞는 기업 판단하기

|정답| ③

|해설| C 기업은 기업신용평가등급이 B 미만이고 D 기업은 부채비율이 1,000% 이상이므로 지원조건에서 제외되

지만 창업한지 3년 미만이기 때문에 지원조건에 해당한다. A기업은 상시 근로자수가 1,000명인데 어떤 경우라도 중소기업이라 할 수 없다. B 기업과 C, D 기업 모두 상시 근로자수가 1천 명 미만이며 자산총액 5천억 원 미만, 자기자본이 1천억 원 미만이고 직전 3개 사업연도의 평균 매출액이 1천5백억 원 미만이므로 중소기업에 해당한다.

따라서 지원사업에 참가 가능한 기업은 3개이다.

46 물적자원관리능력 지원받을 수 있는 기술찾기

|정답| ②

|해설| 각 기술의 총점을 구하면 다음과 같다.

A 기술＝15＋12＋5＋8＋0＋8＋4＋10＝62(점)

B 기술＝12＋8＋5＋8＋8＋2＋5＋5＝53(점)

C 기술＝10＋8＋8＋12＋4＋3＋3＋9＝57(점)

60점 이상이여야 지원금을 받을 수 있으므로 A 기술만 지원금 혜택을 얻는다.

47 시간관리능력 예상소요시간 계산하기

|정답| ②

|해설| 먼저, 누나가 대전까지 이동하는 데 걸리는 평균 예상소요시간을 계산해 보면, 12일 12시에 강릉에서 서울로 출발할 때, 〈일자별 교통 전망〉에 따라 최대 혼잡한 시간이므로 평균 예상소요시간인 4시간에 1시간을 더해야 한다. 서울에 도착한 이후에 다시 대전으로 12일 18시에 출발하는데 이때는 혼잡한 시간 또는 해소되는 시간이 아니므로 평균 예상소요시간인 2시간 40분이 걸릴 것으로 예상할 수 있다. 따라서 출발지인 강릉에서부터 대전까지 총 소요시간은 7시간 40분이 된다.

동생이 13일 대전까지 이동하는 데 걸리는 평균 예상소요시간을 계산해 보면, 13일 16시에 출발할 때 최대로 혼잡한 시간이므로 평균 예상 소요시간인 2시간 40분에 1시간을 더하여 총 3시간 40분이 걸림을 알 수 있다.

48 시간관리능력 효율적으로 시간 활용하기

|정답| ③

|해설| 일자별 교통 전망에 따라 14일 12시에는 귀경길이 최대로 혼잡하다고 할 수 있으므로 옳지 않은 설명이다.

|오답풀이|

① 금요일의 귀성 방향과 귀경 방향 최대 정체 예상 시간이 15 ～ 17시, 각각 2시간으로 가장 길다.

② 서울에서 광주로 갈 때 버스를 이용하는 것이 자동차를 이용하는 것보다 40분 빠르고, 서울에서 부산으로 갈 때 버스를 이용하는 것이 자동차를 이용하는 것보다 1시간 빠르다. 따라서 서울에서 부산으로 갈 때 버스를 이용하는 것이 더 효율적이라고 할 수 있다.

④ 서울－강릉의 귀경길의 평균 예상소요시간은 작년 3 : 20, 올해 4 : 00으로 길어졌고, 서울－대구의 귀경길의 평균 예상소요시간은 작년 5 : 30, 올해 5 : 50으로 길어졌다.

49 업무이해능력 효과적인 피드백 활용하기

|정답| ④

|해설| 피드백 시 보다 다각화된 시각으로 팀원의 업무 능력을 파악하고자 하는 것이 우선 고려사항이므로, D 씨는 다면평가가 포함된 피드백을 제공하는 전략을 수립하였을 것이다. 동료 및 상사, 부하의 평가를 받을 수 있는 것이 다면평가이므로 관련 내용이 서술되어 있지 않은 ④가 적절하지 않다.

50 업무이해능력 효과적인 피드백 활용하기

|정답| ③

|해설| 제시된 피드백의 속성과는 무관한 내용이므로 적절하지 않다.

|오답풀이|

① 피드백 과정에서 피평가자가 부정적 피드백보다 긍정적 피드백을 더 잘 수용하는 속성을 고려한 피드백으로 볼 수 있다.

② 피드백이 높은 빈도수로 이루어지는 것이 효과적이라는 속성을 고려한 피드백으로 볼 수 있다.

④ 자기 평가와 타인 평가의 일치 여부를 따져보는 것이 효과적이라는 속성을 고려한 피드백으로 볼 수 있다.

51 경영이해능력 적절한 전략 세우기

| 정답 | ①

| 해설 | ○○전자는 △△전자에 비해 높은 회사 브랜드 인지도를 가지고 있으며, 풍부한 경험과 노하우를 보유하고 있다. 또한 사후 관리가 우수하여 고객만족도 점수가 타사에 비해 높다. 따라서 고객 맞춤으로 A/S를 제공하여 고객층을 다각화하는 전략이 가장 적절하다.

| 오답풀이 |

② △△전자의 우수한 조직 관리 능력에 뒤처지므로 적절하지 않다.

③ 국내 공장 가동의 중단으로 생산성이 낮았으므로 적절하지 않다.

④ 특별한 핵심 기술이 없다는 점이 약점이었으므로 적절하지 않다.

52 경영이해능력 적절한 전략 세우기

| 정답 | ②

| 해설 | 선진국 진출보다는 시장 개방에 대비하여 선진 기술과 국내 시장과의 경쟁에서 우위를 점할 수 있는 기술을 개발하는 방향으로 전략을 세우는 것이 적절하다.

53 업무이해능력 사고대응 매뉴얼 이해하기

| 정답 | ①

| 해설 | 연구실 사고 발생 종류에는 전기 · 가스 등에 의한 화재 또는 폭발, 화학물질 · 감염성 물질 누출로 인한 중독 또는 감염, 공구 · 기타 연구설비에 의한 신체 손상이 명시되어 있으므로 화학약품으로 인한 사고 발생 시에도 매뉴얼을 따라야 한다.

54 업무이해능력 매뉴얼 따라 대응하기

| 정답 | ③

| 해설 | 중 · 대형 사고로 분류된 사고는 1차 보고와 2차 보고가 이행되어야 하나, R은 현장사고조사반을 꾸린 다음 단순 사고를 대처하는 대응 매뉴얼을 따랐으므로 매뉴얼대로 바르게 대응하지 못하였다고 볼 수 있다.

55 업무이해능력 민원 처리방법 이해하기

| 정답 | ③

| 해설 | 다부처 민원이 접수되면 핵심 내용의 판단에 관계없이 해당 부서명을 모두 지정하여 이송하도록 규정되어 있다.

56 업무이해능력 민원 처리방법 이해하기

| 정답 | ④

| 해설 | 민원을 이송할 때에는 이송사유에 법령, 직제 등에 근거한 명확한 기술이 있어야 한다고 명시되어 있다. 단순히 우리 부서의 소관 업무가 아니라는 것과 해당 부서가 어디인지를 제시하지 않은 이송사유는 이송사유로 적절하다고 볼 수 없다.

57 업무이해능력 업무 일정 이해하기

| 정답 | ④

| 해설 | 추천사 받기는 10일까지 완료해야 하는데 작가당 추천사 작성 기간이 1일을 넘지 않으므로 10일까지 완료 가능하다. 북토크 기획 및 큐카드 제작은 8일에 진행자와 작성하고, 회의 일자 다음 날인 9월 2일에 Y 제작사에 머그컵 발주를 넣으면 최대 5일이 소요되므로 늦어도 7일에 머그컵을 찾을 수 있어야 10일까지 완료 가능하다.

하지만 신간에 대한 독자들 반응은 인스타그램 라이브 예정일 전날인 14일까지의 반응이 포함되어야 하므로 10일까지 완료할 수 없다.

www.gosinet.co.kr gosinet

1회 기출예상

2회 기출예상

3회 기출예상

4회 기출예상

5회 기출예상

58 업무이해능력 업무 일정 이해하기

| 정답 | ③

| 해설 | A는 9월 15일 오후 7시 인스타그램 라이브 방송에서 띠지를 두른 신간과 독자들 반응, 굿즈들을 소개해야 한다. 비고란에 기재된 날짜들 중 A가 조정할 수 없는 업무는 9월 8일, 9월 12일, 9월 15일에 계획된 업무들이다. A가 조정할 수 있는 업무 날짜는 추천사 의뢰 날짜와 독자 반응 수집 날짜, 굿즈 제작 발주를 넣을 날짜이다. 추천사 의뢰 날짜는 최소 9일에만 시작하면 되고 독자 반응 수집 역시 최소 14일에 시작하면 된다. 굿즈 제작의 경우, X 제작사는 제작 기간이 최대 3일이 소요되므로 최소 12일에는 발주를 넣어야 15일 이전까지 굿즈를 받을 수 있다. Y 제작사는 제작 기간이 최대 5일이므로 최소 10일에는 발주를 넣어야 하고 Z 제작사는 제작 기간이 최대 2일이므로 최소 13일에는 발주를 넣어야 한다. 따라서 A는 늦어도 9월 8일에는 업무를 시작해야 한다.

59 체제이해능력 직급체계 개편안 이해하기

| 정답 | ④

| 해설 | C사의 개선사례에는 부장의 직급 변화에 대해서는 나와 있지 않으므로 J 부장이 직급을 유지할 수 있을지는 알 수 없다. 그러나 이 개선사례를 따를 때 S 과장은 Junior 직급으로 가게 될지 senior 직급으로 가게 될지 알 수 없으며 S 대리로 불릴 가능성도 존재한다. 따라서 S 팀장이나 S 파트장으로만 불리게 된다는 설명은 적절하지 않다.

60 체제이해능력 직급체계 개선 시 유의점 파악하기

| 정답 | ③

| 해설 | 불리한 그룹의 저항에 대한 관리 없이 단기간에 변화를 추구하는 것은 결과적으로 노사 간, 직원 간 갈등을 유발하여 새로운 체계에 대한 낮은 수용도로 나타날 수 있다. 따라서 장기적인 관점에서 변화에 대한 저항감을 완화하기 위해 승진 횟수를 한시적으로 조정하거나 몇 년간 유예 기간을 두는 등의 변화관리 및 설득과정이 필요하다.

4회 기술직   문제 286쪽

37 ④	38 ①	39 ④	40 ③	41 ②
42 ①	43 ②	44 ④	45 ③	46 ③
47 ②	48 ④	49 ③	50 ④	51 ②
52 ③	53 ②	54 ②	55 ①	56 ④
57 ②	58 ③	59 ③	60 ④	

37 도표분석능력 그래프 해석하기

| 정답 | ④

| 해설 | 같은 수의 국공립대학, 사립대학, 정부출연기관, 기타 공공연구기관을 대상으로 조사한 것이므로 비교 가능하다. 특허권을 10 ~ 20건 미만 등록한 기관 중 비율이 가장 높은 것은 정부출연기관이다.

| 오답풀이 |

① 국공립대학 중에서는 특허권을 2건 미만 등록한 대학의 비율이 가장 높다.

② 사립대학 중에서는 특허권을 2 ~ 4건 미만 등록한 대학의 비율이 가장 높다.

③ 정부출연기관 중에서는 특허권을 20 ~ 50건 미만 등록한 기관의 비율이 가장 높다.

38 도표분석능력 자료의 수치 분석하기

| 정답 | ①

| 해설 | 세외수입을 제외한 20X9 회계연도 총 세입은 359.5 − 94.1 = 265.4(조 원)이며, 20X8년 대비 265.4 − (345 − 102.4) = 22.8(조 원) 증가하였다.

39 도표분석능력 자료의 수치 분석하기

| 정답 | ④

| 해설 | 일반제재업에 공급되는 양은 4,000,000 × 0.8 + 630,000 = 3,830,000(m²)로 전체 원목 공급량의 절반인 4,500,000m² 미만이다.

| 오답풀이 |

① 수입원목 중에서 방부처리업에 공급되는 양은 $4,000,000 \times 0.045 = 180,000(\text{m}^2)$이다.

② 국산원목 중에서 방부처리업에 공급되는 양은 $\dfrac{5,000}{5,000,000} \times 100 = 0.1(\%)$를 차지한다.

③ 수입원목과 국산원목의 특별목분제조업 공급량은 다음과 같다.

• 수입원목 : $4,000,000 \times 0.005 = 20,000\text{m}^2$

• 국산원목 : $250,000(\text{m}^2)$

따라서 전체 특별목분제조업 공급량 중에서 수입원목의 비율은 $\dfrac{20,000}{20,000 + 250,000} \times 100 = 7.4(\%)$로 10% 미만이다.

---

40 도표분석능력 자료의 수치 분석하기

| 정답 | ③

| 해설 | 평균전력은 $58,012 \to 59,035 \to 59,586 \to 60,284 \to 61,694 \to 63,188 \to 65,142\text{MW}$로 매년 증가하였다.

| 오답풀이 |

① (가)는 $\dfrac{93,216 - 80,153}{80,153} \times 100 = 16.3(\%)$이다.

별해 설비 예비율$(\%) = \dfrac{\text{설비용량} - \text{최대전력}}{\text{최대전력}} \times 100$으로 구할 수 있는데 이 값이 10% 이하이려면 분자의 값이 분모 값의 10% 이하여야 한다. 최대전력 80,153MW의 10%는 8,015.3MW이고 설비용량과 최대전력의 차는 $93,216 - 80,153 = 13,063(\text{MW})$이므로 옳지 않은 설명이다.

② (나)는 $\dfrac{92,395 - 85,183}{85,183} \times 100 = 8.5(\%)$이다.

별해 공급 예비율$(\%) = \dfrac{\text{공급능력} - \text{최대전력}}{\text{최대전력}} \times 100$으로 구할 수 있는데 이 값이 10% 이상이려면 분자의 값이 분모 값의 10% 이상이어야 한다. 최대전력 85,183MW의 10%는 8,518.3MW이고 공급능력과 최대전력의 차는 $92,395 - 85,183 = 7,212(\text{MW})$이므로 옳지 않은 설명이다.

④ 설비용량은 매년 증가하였으나 공급능력은 20X4년에 감소하였다.

---

41 도표분석능력 자료 분석하기

| 정답 | ②

| 해설 | 20X3년은 전년에 비해 인구 수 대비 범죄 발생 건수는 늘었지만 경찰관 수는 줄었다.

| 오답풀이 |

① 경찰관 1인당 범죄 발생 건수를 연도별로 구하면 다음과 같다.

• 20X2년 : $\dfrac{2,000}{206} = 9.7(건)$

• 20X3년 : $\dfrac{2,080}{205} = 10.1(건)$

• 20X4년 : $\dfrac{2,110}{210} = 10.0(건)$

• 20X5년 : $\dfrac{2,110}{217} = 9.7(건)$

따라서 경찰관 1인당 범죄 발생 건수는 10건 정도로 매해 큰 변화가 없다.

③ 범죄에 대한 두려움을 '느낌'이나 '약간 느낌'이라고 응답한 사람의 비율은 남성의 경우 10대에서 $14.3 + 42.9 = 57.2(\%)$, 20대에서 $14.9 + 43.4 = 58.3(\%)$, 30대에서 $17.1 + 45.2 = 62.3(\%)$, 40대에서 $16.4 + 42.9 = 59.3(\%)$, 50대 이상에서 $12.7 + 38.1 = 50.8(\%)$, 여성의 경우 10대에서 $16.9 + 45.1 = 62(\%)$, 20대에서 $17.9 + 46.1 = 64(\%)$, 30대에서 $21.0 + 46.8 = 67.8(\%)$, 40대에서 $18.4 + 45.0 = 63.4(\%)$, 50대 이상에서 $14.9 + 36.1 = 51(\%)$로 모든 성별과 연령대에서 50%를 넘는다.

④ 남녀 모두 10대에서 30대로 갈수록 범죄 두려움을 '느낌'이나 '약간 느낌'이라고 응답한 사람의 비율이 높아진다.

---

42 도표분석능력 증감률을 그래프로 나타내기

| 정답 | ①

| 해설 | 범죄 발생 건수 증감률

$= \dfrac{\text{해당 연도의 범죄 발생 건수} - \text{전년도의 범죄 발생 건수}}{\text{전년도의 범죄 발생 건수}} \times 100$

이므로 각 해의 증감률을 차례대로 구해보면

20X3년 $= \dfrac{208 - 200}{200} \times 100 = 4(\%)$,

$20\text{X}4$년$=\dfrac{211-208}{208}\times100≒1.4(\%)$,

$20\text{X}5$년$=\dfrac{211-211}{211}\times100=0(\%)$이다.

이를 그래프로 나타내면 ①의 모양이 된다.

43 도표분석능력 증감 추세가 동일한 항목 찾기

| 정답 | ②

| 해설 | 미청구공사 및 선택지에 제시된 자산항목의 증감추세는 다음과 같다.

구분	20X5년 12월 말	20X6년 12월 말	20X7년 12월 말	20X8년 12월 말
미청구공사	−	+	+	+
현금 및 현금성자산	−	−	+	−
매출채권 및 기타채권	−	+	+	+
관계기업 및 공동기업투자	−	−	−	−
장기금융자산	−	−	+	+

따라서 미청구공사와 증감추세가 동일한 자산항목은 매출채권 및 기타채권이다.

44 도표분석능력 자료의 수치 분석하기

| 정답 | ④

| 해설 | 자산항목별 증감추세는 다음과 같다.

구분	20X5년 12월 말	20X6년 12월 말	20X7년 12월 말	20X8년 12월 말
현금 및 현금성자산	−	−	+	−
매출채권 및 기타채권	−	+	+	+
미청구공사	−	+	+	+
재고자산	+	−	−	−
기타(유동자산)	−	+	+	−

구분				
관계기업 및 공동기업투자	−	−	−	−
장기금융자산	−	−	+	+
유형자산	+	−	+	+
무형자산	−	−	−	+
기타 (비유동자산)	+	−	−	−

비유동자산 중 '기타'는 20X4년부터 증가−감소−감소−감소의 추세를 보인다.

| 오답풀이 |

② 20X4년부터 매해 감소하는 항목은 비유동자산 중 '관계기업 및 공동기업투자'이다.

③ 유동자산 중 '재고자산'은 20X4년부터 증가−감소−감소−감소의 추세를 보인다.

45 도표분석능력 자료를 바탕으로 수치 계산하기

| 정답 | ③

| 해설 | 이자는 대출한 다음 해부터 납부하며, 원금 상환은 거치기간 이후부터 시작한다는 사실을 염두에 두고 계산한다.

- 〈A 기업〉 3년 거치 4년 상환
  - 20X4년(이자) : $10,000\times0.02=200$(만 원)
  - 20X5년(이자) : $10,000\times0.02=200$(만 원)
  - 20X6년(이자) : $10,000\times0.02=200$(만 원)
  - 20X7년(이자+상환) : $(10,000\times0.02)+(10,000\times0.25)=200+2,500=2,700$(만 원)
  - 20X8년(이자+상환) : $(10,000-2,500)\times0.02+(10,000\times0.25)=150+2,500=2,650$(만 원)

A 기업이 20X8년까지 지급한 총 상환금은 5,950만 원이다.

- 〈B 기업〉 3년 거치 4년 상환
  - 20X3년(이자) : $5,000\times0.03=150$(만 원)
  - 20X4년(이자) : $5,000\times0.03=150$(만 원)
  - 20X5년(이자) : $5,000\times0.03=150$(만 원)
  - 20X6년(이자+상환) : $(5,000\times0.03)+(5,000\times0.1)=150+500=650$(만 원)

$-$20X7년(이자+상환) : $(5,000-500)\times0.03+(5,000\times0.2)=135+1,000=1,135$(만 원)

$-$20X8년(이자+상환) : $(5,000-500-1,000)\times0.03+(5,000\times0.2)=105+1,000=1,105$(만 원)

B 기업이 20X8년까지 지급한 총 상환금은 3,340만 원이다.

따라서 20X8년까지 두 기업이 지급한 총 상환금은 5,950 $+3,340=9,290$(만 원)이 된다.

---

46 | 도표분석능력 | 자료를 바탕으로 수치 계산하기

| 정답 | ③

| 해설 | 연도별 변동금리를 적용한다는 사실을 염두에 두고 계산한다.

• 〈C 기업〉 2년 거치 5년 상환

$-$20X6년(이자) : $10,000\times0.03=300$(만 원)

$-$20X7년(이자) : $10,000\times0.01=100$(만 원)

$-$20X8년(이자+상환) : $(10,000\times0.03)+(10,000\times0.2)=300+2,000=2,300$(만 원)

$-$20X9년(이자+상환) : $(10,000-2,000)\times0.05+(10,000\times0.2)=400+2,000=2,400$(만 원)

C 기업이 20X9년까지 지급한 총 상환금은 5,100만 원이다.

• 〈D 기업〉 2년 거치 10년 상환

$-$20X8년(이자) : $20,000\times0.03=600$(만 원)

$-$20X9년(이자) : $20,000\times0.05=1000$(만 원)

D 기업이 20X9년까지 지급한 총 상환금은 1,600만 원이다.

따라서 20X9년까지 두 기업이 지급한 총 상환금은 5,100+ 1,600$=6,700$(만 원)이 된다.

---

47 | 도표분석능력 | 자료의 수치 분석하기

| 정답 | ②

| 해설 | 패키지 (1)과 (2)의 여름철 중간부하 시간대의 전력

량 요금은 각각 113.9원/kWh, 108.6원/kWh이므로, 전력을 200kWh 사용할 경우 패키지 (1)은 $113.9\times200=22,780$ (원), 패키지 (2)는 $108.6\times200=21,720$(원)이 된다. 해당 요금에 각각의 기본요금을 더하면 패키지 (1)은 $22,780+7,170=29,950$(원), 패키지 (2)는 $21,720+8,230=29,950$ (원)이 된다. 따라서 두 패키지의 요금이 동일하므로 옳지 않은 설명이다.

| 오답풀이 |

① 3)에 따르면 오전 8시부터 9시는 계절에 관계없이 경부하 시간대에 속한다. 2)에서 패키지 (1)과 (2)의 경부하 시간대 전력량 요금이 모두 1kWh당 75원 미만이므로 옳은 설명이다.

③ 패키지 (1)과 (2) 모두 여름철보다 겨울철의 1kWh당 요금이 더 높으므로 옳은 설명이다.

④ 3)에 따르면 겨울철 오후 3시는 중간부하 시간대에 속한다. 2)에서 패키지 (1)의 겨울철 중간부하 시간대 요금은 101.8원/kWh이므로 옳은 설명이다.

---

48 | 도표분석능력 | 자료의 수치 분석하기

| 정답 | ④

| 해설 | 제조 공장에 관한 내용이므로 1)을 참고하여 계산한다. 또한 ④에서 특정한 시간대를 한정짓지 않았으므로 봄·가을철(3 ~ 5, 9 ~ 10월)의 경부하, 중간부하, 최대부하 시간대를 모두 계산해야 한다.

• 패키지 (1)

$(60.5\times90)+(65.3\times270)+(84.5\times430)+(6,490\times5)$ $=5,445+17,631+36,335+32,450=91,861$(원)

• 패키지 (2)

$(55.6\times90)+(60.4\times270)+(79.6\times430)+(7,470\times5)$ $=5,004+16,308+34,228+37,350=92,890$(원)

두 패키지 모두 요금이 9만 원을 넘으므로 옳지 않은 설명이다.

| 오답풀이 |

① 6 ~ 8월 경부하 시간대의 요금을 계산하면 다음과 같다.

• 패키지 (1) : $(60.5\times140)+(6,490\times3)$ $=8,470+19,470=27,940$(원)

1회 기출예상 2회 기출예상 3회 기출예상 4회 기출예상 5회 기출예상

• 패키지 (2) : $(55.6 \times 140) + (7,470 \times 3)$
   $= 7,784 + 22,410 = 30,194$(원)

두 패키지 모두 4만 원을 넘지 않으므로 옳은 설명이다.

② 11 ~ 2월 최대부하 시간대의 요금을 계산하면 다음과 같다.

• 패키지 (1) : $(114.2 \times 400) + (6,490 \times 4)$
   $= 45,680 + 25,960 = 71,640$(원)

• 패키지 (2) : $(109.3 \times 400) + (7,470 \times 4)$
   $= 43,720 + 29,880 = 73,600$(원)

패키지 (2)가 (1)보다 요금이 더 높으므로 옳은 설명이다.

③ 6 ~ 8월 중간부하 시간대의 요금을 계산하면 다음과 같다.

• 패키지 (1) : $(86.3 \times 350) + (6,490 \times 3)$
   $= 30,205 + 19,470 = 49,675$(원)

• 패키지 (2) : $(81.4 \times 350) + (7,470 \times 3)$
   $= 28,490 + 22,410 = 50,900$(원)

패키지 (2)가 (1)보다 요금이 더 높으므로 옳은 설명이다.

49 기술이해능력 **기술 실패의 원인 분석하기**

|정답| ③

|해설| 조리 기구가 실패한 가장 큰 원인은 효과 대비 막대한 설치와 관리 비용이라고 볼 수 있을 것이다. 이것은 조사와 기획 단계의 미숙함과 세밀한 검토가 부족했음을 나타낸다고 볼 수 있다.

50 기술선택능력 **매뉴얼의 특징 이해하기**

|정답| ④

|해설| 해당 문의사항을 보고 준비해야 하는 것은 제품 매뉴얼이다. 제품 매뉴얼은 제품의 특징, 기능, 사용방법, 고장 조치 방법, 유지보수 및 A/S, 폐기 등 제품 관련 소비자가 알아야 할 모든 정보를 제공하는 자료로, 사용자 유형과 사용 능력, 오작동, 사용 중 해야 할 일 또는 하지 말아야 할 일도 포함되어 있다.

51 기술이해능력 **산업재해 예방하기**

|정답| ②

|해설| 작업중지 결정 시, 관리자의 권한을 강화하는 것보다 근로자의 의견을 적극 청취하는 것이 산재 예방의 방안이라고 볼 수 있다. 현장의 개선상황과 작업계획의 안정성 등에 관한 근로자의 의견을 들어 외부 전문가를 포함하는 심의위원회에서 결정하는 방향의 방안이 요구된다.

52 기술능력 **산업재해 원인 이해하기**

|정답| ③

|해설| 산업재해의 기본적인 원인 중 작업관리상 원인에 관한 내용이다.

53 기술이해능력 **명령어의 의미 파악하기**

|정답| ②

|해설| 〈보기〉의 그래프를 바탕으로 명령어를 해석해보면 알파벳은 도형의 모양, 괄호 뒤에 있는 숫자는 색, 괄호 안 $+$, $-$는 평면좌표에서 도형의 위치를 나타냄을 알 수 있다. 즉, A는 사각형, B는 삼각형, C는 오각형을 1은 색 채움, 2는 색 없음, 3은 빗금무늬를 나타낸다. 이 규칙에 따르면 답은 $C(+, +)3/B(-, +)3/A(-, -)1/B(+, -)2$가 된다.

$(+,+)$ 위치	$(-,+)$ 위치	$(-,-)$ 위치	$(+,-)$ 위치
$C(+, +)3$	$B(-, +)3$	$A(-, -)1$	$B(+, -)2$

54 기술이해능력 **명령어의 의미 파악하기**

|정답| ②

|해설| **53**번 해설을 참고하면 $C(-, +)1/B(-, -)3$은 왼쪽 상단에 ⬠이 있고, 왼쪽 하단에 △이 있어야 한다. 따라서 정답은 ②이다.

55 기술선택능력 매뉴얼의 특징 이해하기

|정답| ①

|해설| 제시된 자료는 제품 매뉴얼로 제품의 특징, 기능, 사용방법, 해야 할 일 등을 설명한 자료에 해당한다. '설계상의 결함'이란 제조업자가 합리적인 대체설계를 채용하였더라면 피해나 위험을 줄이거나 피할 수 있었음에도 대체설계를 채용하지 아니하여 해당 제조물이 안전하지 못하게 된 경우를 말하므로 설계상 결함은 매뉴얼에서 공지해야하는 것이 아니라 합리적인 대체설계를 채용해야 하는 것이다.

56 기술적용능력 패스워드 구성하기

|정답| ④

|해설| 영어 단어를 한글 모드에서 타이핑하여 입력한 패스워드는 피해야 한다.

|오답풀이|

② 의미 없는 단어라도 sdfgh 또는 $%^&* 처럼 문자가 연속된 경우는 피하여야 한다.

③ 네트워크를 통해 패스워드를 전송하는 경우 악성 프로그램이나 해킹 등에 의해 패스워드 노출 가능성이 있으므로 반드시 패스워드를 암호화하거나 암호화된 통신 채널을 이용해야 한다.

57 기술적용능력 적절한 패스워드 구성하기

|정답| ②

|해설| 문자, 숫자 등의 혼합 사용이나 자릿수 등 쉽게 이해할 수 있는 부분이 없는 경우로 적절한 패스워드라고 볼수 있다.

|오답풀이|

① 3가지 종류 이상의 문자로 구성된 경우 8자리 이상의 길이로 구성되어야 한다.

③ 'university'를 거꾸로 타이핑한 경우이므로 부적절하다.

④ 'house'를 쉽게 알 수 있는 경우이다.

58 기술선택능력 산업재산권 보호 방법 알기

|정답| ③

|해설| ⓛ 특허권에 관한 내용이며 특허권은 14건이 등록되어 건수가 가장 적다.

ⓒ 실용신안권에 대한 내용이며 실용신안권은 157건이 등록되어 등록 건수의 비율이 가장 높다.

|오답풀이|

ⓚ 등록 비율이 2번째로 높은 것은 디자인권이며 제시된 내용은 상표권에 대한 설명이다.

ⓔ 디자인권에 대한 내용으로 등록건수는 82건이다.

59 기술이해능력 프탈레이트 이해하기

|정답| ③

|해설| '프탈레이트는 동물이나 사람의 생체 호르몬 작용을 방해하는 내분비 교란 물질이다.'라고 하였으므로 내분비계의 작용을 원활하게 하는 것이 아니라 교란하는 물질임을 알 수 있다.

60 기술이해능력 규제에 따라 취해야 할 행동 고르기

|정답| ④

|해설| 전원 코드, 소음방지고무, 충전용 케이블 등에 프탈레이트가 사용된다고 하였으므로, 추가 규제 사항을 위반하지 않기 위해 각각의 부품에 들어가는 성분을 파악하여야 한다.

|오답풀이|

① 가습기, 연수기는 추가 규제 품목이 아닌 기존 규제 품목이다.

② 납, 수은, 카드뮴은 기존 규제 물질이다.

③ 제습기 등의 소형 가전은 추가 규제 품목에 해당되므로 판매를 중지해야 한다.

5회 기출예상문제

5회 공통영역

문제 306쪽

01	④	02	③	03	①	04	③	05	②
06	③	07	①	08	②	09	②	10	④
11	②	12	③	13	①	14	③	15	①
16	①	17	④	18	④	19	④	20	②
21	④	22	②	23	③	24	②	25	②
26	②	27	③	28	①	29	③	30	①
31	③	32	②	33	④	34	④	35	①
36	②								

---

01 문서이해능력 식품성분 이해하기

| 정답 | ④

| 해설 | 〈주의사항〉에 따르면 제품 보관 시 음료 고유성분에 의해 침전물이 생길 수 있으나 제품에는 이상이 없다고 하였다. 하지만 이 침전물에 대부분의 영양 성분이 응축되어 있다는 언급은 없다.

02 문서작성능력 문의에 대한 답변 작성하기

| 정답 | ③

| 해설 | 〈영양 성분〉을 참고하면 당류가 8g 함유되어 있다는 것을 알 수 있다. 따라서 트로피칼후르츠믹스농축액을 사용하기는 하지만 당류가 포함되어 있지 않다는 설명은 적절하지 않다.

03 문서작성능력 알맞은 제목 작성하기

| 정답 | ①

| 해설 | 이 글은 다차로 하이패스를 운영한 결과 톨게이트 통과속도 상승, 하이패스 차로 사고 감소 등의 효과가 확인되어 다차로 하이패스를 신설할 예정임을 알리는 보도자료

이다. 또한 ⓒ을 보면 올해 총 17개소가 설치될 것임을 알 수 있다. 따라서 이 글의 제목으로 적절한 것은 ①이다.

04 문서이해능력 세부 내용 이해하기

| 정답 | ③

| 해설 | ㉠을 보면 다차로 하이패스는 본선형과 나들목형으로 구분됨을 알 수 있으며 제한속도도 본선형은 80km/h, 나들목형은 50km/h으로 구분되어 있음을 알 수 있다. 이는 기존 제한속도 30km/h보다 20 ~ 50km/h 높은 것이므로 적절하다.

| 오답풀이 |

① 다차로 하이패스는 두 개 이상 하이패스 차로를 연결하고, 차로 간 시설물을 없애 차로 폭이 본선과 같은 넓이이다.

② 고객 불편을 최소화하기 위해 대상 영업소, 공사 기간, 주의사항 등을 교통정보 앱, 공사 홈페이지와 블로그 등을 통해 안내하고 현수막과 VMS 전광판을 이용한 현장 안내도 병행할 예정이다.

④ 다차로 하이패스가 신설되는 영업소는 수도권, 충청권, 전라권, 경상권으로 강원권은 포함되어 있지 않다.

05 문서이해능력 글의 흐름을 해치는 문단 찾기

| 정답 | ②

| 해설 | 이 글은 다차로 하이패스 설치에 관한 내용으로, 다차로 하이패스의 장점과 설치 장소에 대한 안내를 하고 있다. 하지만 ⓒ에서는 노후 하이패스 단말기 보상판매에 대해 설명하고 있으므로, 이 글의 흐름에 어울리지 않는다.

06 문서작성능력 문맥상 빈칸에 들어갈 문장 넣기

| 정답 | ③

| 해설 | 마지막 문단의 '제대로 숙면하지 못하면 뇌의 베타 – 아밀로이드가 깊은 잠을 자는 동안 배출되지 못한다'를 통해 숙면하는 동안 신경세포에서 어떤 물질(베타 – 아밀로이드)이 배출되어야 함을 알 수 있다.

07 문서작성능력 글의 제목 찾기

| 정답 | ①

| 해설 | 제시된 글은 첫 번째 문단에서 오스트리아 – 헝가리 제국이 세워진 특별한 시기를, 두 번째 문단에서 그 시기의 독특한 지식공동체를, 세 번째 문단과 네 번째 문단에서 학제 간 교류를 가능하게 했던 요세프 1세의 링슈트라세에 대해서 서술하고 있다. 따라서 글의 제목은 ①이 가장 적절하다.

08 문서이해능력 세부 내용 이해하기

| 정답 | ②

| 해설 | 네 번째 문단의 '강화학습은 ~ 보상이 행동 직후 주어지지 않는 경우가 많아 난이도가 지도/비지도학습보다 대폭 상승한다'를 통해 ②번 내용이 적절하지 않음을 파악할 수 있다.

| 오답풀이 |

① 첫 번째 문단의 '즉 머신러닝은 인공지능(AI)의 학습방법 중 하나이다'와 '딥 러닝은 머신러닝의 진화된 형태로서'를 통해 알 수 있다.

③ 다섯 번째 문단의 '머신러닝은 여러 변수에서 사람이 놓치는 중요한 관계를 드러내는 패턴을 찾을 수 있다'를 통해 알 수 있다.

④ 마지막 문단의 '과학자들은 모델의 결과물 못지않게 모델에 투입하는 데이터들의 변수 간 관계에도 신경을 써야 한다'를 통해 알 수 있다.

09 문서이해능력 글의 전개 방법 파악하기

| 정답 | ②

| 해설 | 여러 상황을 가정하여 각 결과에 대응하는 해결책을 제시하는 전개 방식은 제시문에 나타나지 않는다.

| 오답풀이 |

① 네 번째 문단에서 권위자인 교수의 의견을 활용했다.

③ 두 번째 문단에서 지도학습은 "이런 이미지가 나무다'라고 하나하나 교육하는 것과 같아'라 하고 비지도학습은 '기계가 '이런 특징을 가진다면 나무구나'라고 깨닫고' 등과 같이 비유를 활용했다.

④ 마지막 문단에서 데이터 과학자들이 모델의 결과뿐 아니라 모델에 투입하는 데이터들에도 주의를 기울여야 한다는 것을 요구한다.

10 문서이해능력 세부 내용 이해하기

| 정답 | ④

| 해설 | '심층 신경망으로 학습한 알파고'라는 말에서 '인간의 뉴런 구조를 본떠 만든 머신러닝 모델인 인공신경망을 겹겹이 쌓아 만든 심층 신경망을 활용한' ⓒ 딥 러닝을 활용했다는 것을 알 수 있다. 딥 러닝은 머신러닝의 진화된 형태이므로 ㉠ 머신러닝으로 학습했다고도 할 수 있다. 네 번째 문단에서 '우리가 컴퓨터게임에서 컴퓨터와 대전하는 경우가 강화학습을 통해 학습한 인공지능과 대결한다고 볼 수 있다.'를 통해 ⓜ 강화학습도 활용했다는 것을 알 수 있다. 따라서 ㉠, ⓒ, ⓜ이다.

11 문서작성능력 올바른 메모 하기

| 정답 | ②

| 해설 | 구매 가능 모델 개수와 모델명으로는 하이패스 통신 방법인 적외선과 주파수에 대한 정보를 알 수 없다.

12 문서이해능력 홍보 안내문 이해하기

| 정답 | ③

| 해설 | 단말기별 보조금은 전기 · 수소차, 비상자동제동장치 장착 차량 단말기일 경우 1만 원, 화물자동차 단말기일 경우 1.5만 원, 감면자동차 단말기일 경우 6만 원이며 보조금 적용 단말기 구매가격은 전기 · 수소차, 비상자동제동장치 장착 차량 단말기일 경우 약 2.5만 원, 화물자동차 단말기일 경우 약 2.5만원, 감면자동차 단말기일 경우 약 3.5만 원이다. 따라서 지원금 단말기 보급계획이 없다면 전기 · 수소차, 비상자동제동장치 장착 차량 단말기는 약 3.5만 원, 화물자동차 단말기는 약 4만 원, 감면자동차 단말기는 약 9.5만 원에 구매할 수 있다.

| 오답풀이 |

① 하이패스 차로를 30km/h 이하로 주행한다면 하이패스 단말기를 활용한 요금수납을 할 수 있다.

② 4.5톤 이상인 6톤 화물차량을 운전하는 김안전씨는 지원금 단말기를 구매함으로써 1.5만 원을 절약할 수 있다.

④ 단말기 특판장은 영업소(53개소)와 하이패스 센터(20개소)를 합친 것(52+20=73개소)보다 휴게소(122개소)에 더 많이 개설되었다.

13 문제처리능력 세트 상품 판매액 계산하기

|정답| ①

|해설| 각 세트 상품별 예상 판매액은 다음과 같다.

구성	예상 판매액
마카롱+커피	$3,000 \times 50 = 150,000$(원)
브라우니+커피	$3,000 \times 30 = 90,000$(원)
초코쿠키+커피	$2,000 \times 20 = 40,000$(원)
마카롱 3개 세트+커피	$(2,000 \times 3 \times \dfrac{90}{100} + 1,000) \times 20 = 128,000$(원)
브라우니+초코쿠키+커피	$3,500 \times 10 = 35,000$(원)

따라서 예상 판매액이 가장 높은 세트 구성은 '마카롱+커피'이다.

14 문제처리능력 예상 판매액 계산하기

|정답| ③

|해설| • 모든 손님이 커피를 카페라테로 주문할 때 :
$3,500 \times 30 = 105,000$(원)

• 모든 손님이 커피를 아메리카노로 주문할 때 :
$3,000 \times 30 = 90,000$(원)

따라서 카페라테로 주문했을 때가 $105,000 - 90,000 = 15,000$(원) 더 많다.

15 문제처리능력 예상 판매액 비교하기

|정답| ①

|해설| • '마카롱+커피' 세트를 구입한 모든 손님들이 커피를 카페라테로 주문할 때 : $3,500 \times 50 = 175,000$(원)

• '마카롱 3개 세트+커피' 세트를 구입한 모든 손님들이 커피를 아메리카노로 주문할 때 : $(2,000 \times 3 \times \dfrac{90}{100} + 1,000) \times 20 = 128,000$(원)

따라서 예상 판매액은 '마카롱+커피' 세트가 더 크며, 예상 판매액의 차이는 $175,000 - 128,000 = 47,000$(원)이다.

16 문제처리능력 자료 이해하기

|정답| ①

|해설| 운영평가단 확정은 운영평가 5일 전까지 최소 7명의 인원이 확정되어야 한다.

17 문제처리능력 자료 분석하여 적용하기

|정답| ④

|해설| 사회편익 기여활동의 매점은 3점이므로 박치국 팀장은 4점을 부여할 수 없다.

18 문제처리능력 할인 가격 계산하기

|정답| ④

|해설| 각 패키지별 객실 할인가격은 다음과 같다.

패키지	객실 할인가격
A	$14,500 - (5,000 + 2,000) = 7,500$(원)
B	$15,000 - (5,000 + 3,000) = 7,000$(원)
C	$16,000 - (5,000 + 3,000 + 500) = 7,500$(원)
D	$16,500 - (5,000 + 2,000 + 3,000 + 500) = 6,000$(원)
E	$15,500 - (1,500 + 5,000) = 9,000$(원)

따라서 예상 판매 개수가 가장 많은 E 패키지의 객실 할인가격은 9,000원이다.

19 문제처리능력 예상 판매액 계산하기

|정답| ④

|해설| 객실 할인가격이 가장 높은 패키지는 E이므로, 예상 판매액은 $15,500 \times 350 = 5,425,000$(원)이다.

20 문제처리능력 할인 가격 계산하기

|정답| ②

|해설| A 패키지의 객실 할인가격은 7,500원이며 이와 객실 할인가격이 같은 패키지는 C이다.

21 문제처리능력 | 적절한 우회도로 삽화 찾기

| 정답 | ④

| 해설 | 공사 구간과 점선 구간이 일치하고 고속도로와 국도의 색깔이 다르게 표기되어 있으며, 국도에서 고속도로 진출입 시에만 화살표가 표기되어 있으므로 가장 적절하다.

| 오답풀이 |

①, ② 공사 구간이 서평택IC부터 당진IC까지 지정되어야 하는데 당진Jct까지로 지정되어 있다.

③ 국도나 시도에서 고속도로 진출, 진입 시에만 화살표 표기를 해야 하는데, 고속도로에서도 우회 방향에 따라 모두 화살표 표기를 하였다.

22 문제처리능력 | 적절한 우회도로 찾기

| 정답 | ②

| 해설 | 국도 우회를 선택할 경우 서해안선을 타고 가다가 서평택IC에서 33번 국도로 진출하여 39번, 32번 국도를 지나 당진IC에서 서해안선에 다시 진입해야 목포IC로 간다. 고속도로 우회를 선택할 경우 서서울IC에서 영동선을 타거나 서평택Jct까지 간 후 평택제천선을 탄 후, 경부선, 논산천안선, 서천공주선을 거쳐 서해안선 목포IC로 우회하면 된다.

| 오답풀이 |

① 국도의 우회순서가 잘못되었다.

③ 고속도로 우회 시 논산천안선을 반드시 이용해야 한다.

④ 중간에 평택제천선을 타면 공사구간으로 되돌아가게 된다.

23 문제처리능력 | 자료를 바탕으로 대상 선정하기

| 정답 | ③

| 해설 | 창업지원사업의 신청대상은 신청일 현재 창업을 하지 않은 예비창업자와 신청일 기준 1년 이내 창업(개인, 법인)한 자이며, 법인사업자의 경우 법인등기부등본상 '법인설립등기일'을 기준으로 한다. ③의 경우 법인설립등기일은 '20△4년 1월'이고 창업지원사업의 신청일은 '20△5년 4월'이므로 신청일 기준 1년 이내 창업한 자에 해당되지 않는다. 따라서 신청대상에서 제외된다.

| 오답풀이 |

① 금융기관 등으로부터 채무불이행으로 규제 중인 자 또는 기업, 국세 또는 지방세 체납으로 규제 중인 자는 지원 제외대상이므로 세금 체납 이력이 없는 자는 신청대상에 해당된다.

② 모집공고일 기준으로 6개월 이내에 폐업한 자는 지원 제외대상이지만 20△3년 10월에 폐업한 경우 신청일로부터 약 2년 전이므로 신청대상에 해당된다.

④ 개인 또는 법인 창업 이력이 전혀 없는 예비창업자로서 신청대상에 해당된다.

24 문제처리능력 | 자료를 바탕으로 보도 자료 작성하기

| 정답 | ④

| 해설 | 창업지원사업 안내 중 신청 및 접수 부분을 보면 창업넷 홈페이지에 접속하여 회원가입 및 로그인을 반드시 해야 하며, 그 후로 참여 신청서 등록 및 사업 계획서 등록 등의 절차를 순서대로 진행할 수 있다.

25 정보이해능력 | 입력코드 이해하기

| 정답 | ②

| 해설 | 에러의 종류는 런타임 에러이므로 가장 높은 Sector에서 발생한 에러 요소의 심각도를 E.V로 하여 C.V와 비교한다.

C.V는 16, Error Code는 C17F52Z16이므로 가장 높은 위치인 C Sector의 심각도인 17도를 E.V로 한다. 따라서 E.V가 C.V보다 더 크고 C.V의 2배인 $16 \times 2 = 32$보다는 작으므로 시스템 상태는 Yellow, 입력코드는 Overwatch가 된다.

26 정보이해능력 | 입력코드 이해하기

| 정답 | ②

| 해설 | 에러의 종류는 컴파일 에러이므로 모든 Sector의 발생한 에러 요소의 심각도의 합을 E.V로 하여 C.V와 비교한다.

C.V는 44, Error Code는 B20E33X30이므로 E.V는 모든 Sector가 가진 심각도의 합인 $20 + 33 + 30 = 83$이다. 따라서

E.V가 C.V보다 더 크지만 C.V의 2배인 4×22=88보다
는 작으므로 시스템 상태는 Yellow, 입력코드는 Overwatch
가 된다.

27 정보이해능력 입력코드 이해하기

| 정답 | ③

| 해설 | 에러의 종류는 논리 에러이므로 가장 큰 심각도를
가진 에러 요소의 심각도를 E.V로 하여 C.V와 비교한다.
C.V는 40 Error Code는 A21B40C9이므로 E.V는 가장
높은 심각도를 가진 B Sector의 40으로 한다. 따라서 E.V
와 C.V가 40으로 동일하므로 시스템 상태는 Green, 입력
코드는 Approach가 된다.

28 정보이해능력 입력코드 이해하기

| 정답 | ①

| 해설 | 에러의 종류는 컴파일 에러이므로 모든 Sector의
발생한 에러 요소의 심각도의 합을 E.V로 하여 C.V와 비
교한다.
C.V는 33, Error Code는 B12C25F18I11Y4이므로 E.V는
모든 Sector가 가진 심각도의 합인 12+25+18+11+4=
70이다. 따라서 E.V가 C.V의 2배인 66보다 크므로 시스
템 상태는 Red, 입력코드는 Dispatch가 된다.

29 정보이해능력 명령체계 이해하기

| 정답 | ④

| 해설 | 제시된 명령체계를 전개하면 다음과 같다.

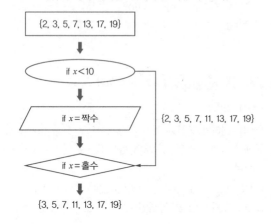

30 정보이해능력 명령체계 이해하기

| 정답 | ①

| 해설 | 'if $x<20$'는 조건을 만족하는 값이 하나라도 있기
때문에 TRUE이며, (가) 명령은 명령체계 조건에 따라 FALSE
가 되어 조건을 만족하지 않는 값만 전달하기 때문에 'if x
=3의 배수'가 적절하다.

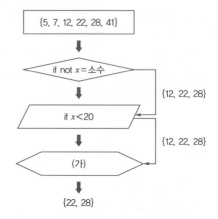

31 정보이해능력 명령체계 파악하기

| 정답 | ③

| 해설 | 각 보기의 명령체계를 전개하면 다음과 같다. 따라
서 최종 출력된 값이 2개인 ③번이 정답이다.

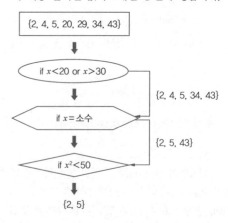

| 오답풀이 |

①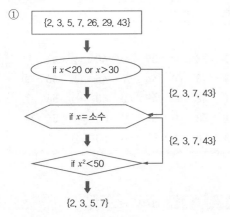

②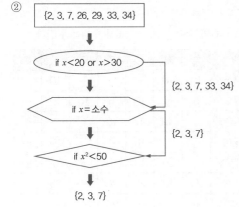

④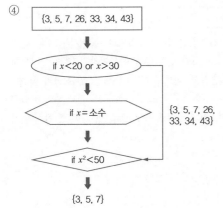

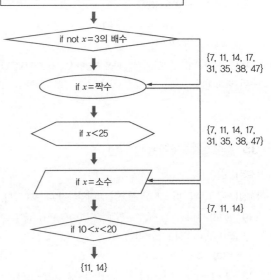

32 정보이해능력 명령체계 파악하기

| 정답 | ②

| 해설 | 제시된 명령체계를 전개하면 다음과 같다.

33 정보이해능력 ISBN 이해하기

| 정답 | ④

| 해설 | 주어진 ISBN-13 코드의 항목 번호는 1자리이다. 그런데 출판사 번호는 2자리 이상이므로 출판사 번호와 항목 번호가 바뀌면 유효하지 않은 ISBN-13 코드가 된다.

| 오답풀이 |

① 항목 번호가 한 자리이므로 0 ~ 9의 숫자를 가질 수 있다. 따라서 이 경우 출판사 번호가 동일한 책은 최대 10권이다.

③ 항목 번호가 한 자리이므로 항목 번호가 4에서 다른 숫자로 바뀌면 ISBN-13 확인 숫자 공식에 의해 확인 숫자가 3에서 다른 숫자로 바뀐다(3에서 3으로 바뀌는 경우는 없다).

34 정보이해능력 ISBN 이해하기

| 정답 | ④

| 해설 | 선택지의 ISBN-13 코드를 검증식에 대입하였을 때 결과는 다음과 같다.

① $(9+8+9+3+2+4+7)+(7+8+5+7+1+8)$
$\times 3 = 42 + 36 \times 3 = 150$

② $(9+8+9+7+0+2+2)+(7+8+8+8+3+7)$
$\times 3 = 37 + 41 \times 3 = 160$

③ $(9+9+1+6+1+0+8)+(7+1+7+1+0+6)$
　　$\times 3=34+22\times 3=100$

④ $(9+9+1+7+0+4+5)+(7+1+3+2+4+9)$
　　$\times 3=35+26\times 3=113$

④번의 ISBN-13 코드는 검증식을 만족하지 않으므로 잘못된 코드이다.

35 　정보이해능력　ISBN 이해하기

|정답| ①

|해설| 세 ISBN-13 코드를 검증식에 대입하면 다음과 같다.

- $(9+8+9+9+0+0+(c))+(7+8+(a)+7+(b)+2)\times 3$
　$=(35+(c))+(24+(a)+(b))\times 3$
　$=3\times (a)+3\times (b)+(c)+107$ ⋯⋯ ㉠

- $(9+9+1+0+0+1+(b))+(7+1+4+3+(a)+(c))\times 3$
　$=(20+(b))+(15+(a)+(c))\times 3$
　$=3\times (a)+(b)+3\times (c)+65$ ⋯⋯ ㉡

- $(9+8+9+9+9+7+2)+(7+8+5+(c)+(b)+(a))\times 3$
　$=53+(20+(a)+(b)+(c))\times 3$
　$=3\times (a)+3\times (b)+3\times (c)+113$ ⋯⋯ ㉢

이때 ㉠, ㉡, ㉢의 값은 모두 10의 배수이다. 따라서 다음을 얻을 수 있다.

$3\times (a)+3\times (b)+(c)=(10$의 배수$)+3$
$3\times (a)+(b)+3\times (c)=(10$의 배수$)+5$
$3\times (a)+3\times (b)+3\times (c)=(10$의 배수$)+7$

이를 만족하는 (a), (b), (c)의 값은 각각 6, 1, 2이다. 따라서 $(a)+(b)+(c)=9$이다.

36 　정보이해능력　ISBN 이해하기

|정답| ②

|해설| ISBN-13 코드 $978-89-954321-4-3$에서 GS1 접두어를 생략한 확인 숫자를 제외한 숫자는 $89-954321-4$이다. 확인 숫자를 j라고 하면 검증식에 대입할 때 다음을 만족한다.

$10\times 8+9\times 9+8\times 9+7\times 5+6\times 4+5\times 3+4\times 2+3\times 1+$
$2\times 4+j=326+j=(11$의 배수$)$

$\therefore j=4$

5회 행정직　　　문제 336쪽

37	③	38	④	39	④	40	④	41	①
42	③	43	④	44	③	45	②	46	③
47	①	48	②	49	③	50	④	51	①
52	①	53	①	54	①	55	③	56	④
57	③	58	①	59	④	60	①		

37 　인적자원관리능력　합격자 판단하기

|정답| ③

|해설| A ~ G의 점수를 표로 정리하면 다음과 같다.

구분	A	B	C	D	E	F	G
26 ~ 34세 남성	10	10	—	—	—	10	—
학력	5	5	10	5	10	10	—
영어 점수	5	5	5	10	5	—	5
제2외국어	—	—	10	—	—	10	10
경력/자격증	—	10	10	10	5	5	10
인성면접 점수	25	10	25	20	30	25	5
보훈 대상자	—	—	—	20	—	—	20
최종 점수	45	40	60	65	50	60	50

65점 1명, 60점 2명, 50점 2명으로, 동점자는 모두 합격 처리를 한다고 하였으니 50점 이상이라면 합격이 가능하다. 동료 T가 보낸 정보로 유추해 볼 수 있는 H의 점수는 $10+10+10+10=40$(점)으로 10점만 더 얻게 된다면 합격이 가능하며, 인성면접 점수가 10점 이상이라면 합격이 가능하다.

38 　인적자원관리능력　후보자 점수 계산하기

|정답| ④

|해설| H 씨의 최종 점수는 45점이며, A ~ G의 점수를 표로 정리한 것은 **37**번 해설과 같다. 따라서 합격자는 최종 점수 50점 이상인 C, D, E, F, G이다.

39 시간관리능력 배송 경로 예상하기

|정답| ④

|해설| 모든 배송 구역을 한 번씩만 들른 후 다시 대리점으로 돌아오는 경우의 수는 다음과 같다.

대리점	A−B−D−C−F−G−E	대리점
	A−B−C−D−F−G−E	
	A−B−C−F−D−G−E	
	A−B−C−F−G−D−E	
	A−B−C−F−G−E−D	
	D−E−G−F−C−B−A	
	E−D−G−F−C−B−A	
	E−G−D−F−C−B−A	
	E−G−F−D−C−B−A	
	E−G−F−C−D−B−A	

따라서 모든 경우의 수는 10가지이다.

40 시간관리능력 배송 시간 파악하기

|정답| ④

|해설| 29일 당일 배송을 해야 하는 건수는 이성혁, 윤여랑, 이은철, 김태용, 박현호, 서호진, 이승택, 장인석, 이지우, 정다현으로 총 10건이며, 배송구역은 B, C, D, E, F, G동으로 A동은 방문하지 않아도 된다. 최단이동경로는 대리점−D동−B동−C동−F동−G동−E동−대리점으로 총 140분의 이동 시간이 소요된다. 하루 동안 주어진 배송 업무시간은 8시간(480분)이므로 이동 시간 140분을 제외한 340분을 배송에만 사용할 수 있다. 따라서, $\frac{340}{10}=34$(분)이다.

41 예산관리능력 비용 계산하기

|정답| ①

|해설| • 입장료 : 주말 성인 입장료 20,000원×4+주말 소인 입장료 15,000원×2

• 숙박비 : 4인실+2인 추가
90,000+30,000(노래호텔) 100,000+40,000(악기호텔) 110,000+50,000(댄스호텔)
숙박비가 초과되지 않는 선에서 높은 등급의 호텔은 악기호텔이므로 숙박비는 140,000원이다.
따라서 총경비는 80,000+30,000+140,000=250,000원이다.

42 예산관리능력 환불금액 계산하기

|정답| ③

|해설| 평일에 숙박 예약하였으므로 평일 가격이 적용된다. 예약을 취소하는 시점이 14일 전이므로 14일 전의 환불 규정이 적용된다.

• 노래호텔 4인=65,000×0.8, 수수료 없음
• 악기호텔 2인실=65,000×0.6, 수수로 5,000원
• 댄스호텔 2인실+인원추가(1인)=95,000×0.5, 수수료 11,000원
• 환불금액=52,000+39,000+47,500=138,500원
• 수수료=16,000원

43 자원관리능력 홍보 계획 예상하기

|정답| ④

|해설| 두 회사의 할인율 차이가 10%일 경우의 회사별 수익은 다음의 표와 같다.

할인율		P 회사			
		0%	10%	20%	30%
J 회사	0%		(−2,5)		
	10%	(3,5)		(3,9)	
	20%		(5,6)		(5,−4)
	30%		(5,−1)		

따라서 수익의 차이가 가장 큰 경우는 J 회사가 20%, P 회사가 30% 할인 판매할 때이며, 금액의 차이는 5−(−4)=9(억 원)이다.

44 예산관리능력 수익 기댓값 계산하기

| 정답 | ③

| 해설 | J 회사에서 30% 할인을 진행할 경우, 시뮬레이션 예상 결과와 J 회사의 수익은 다음의 표와 같다.

(단위 : 억 원)

P 회사 할인율	0%	10%	20%	30%
확률	10%	20%	30%	40%
J 회사 수익	-6	-5	-1	9

따라서 J 회사의 총 수익 기댓값은 $(-6 \times 0.1) + (-5 \times 0.2) + (-1 \times 0.3) + (9 \times 0.4) = 1.7$(억 원), 즉 1억 7,000만 원이다.

45 인적자원관리능력 직원 채용하기

| 정답 | ②

| 해설 | 바리스타 자격증을 가지고 있는 두 사람 중 희망 임금이 낮은 안○○이 매니저로 뽑힐 것이다. 베이커리 부분에서는 두 명이 필요하기 때문에 베이커리 경력자인 최○○과 오○○이 채용될 것이다. 남은 네 명의 지원자 중 희망 임금이 가장 낮으며 기타 사항이 없는 이○○은 카운터 아르바이트생으로 뽑힐 것이다. 남은 세 명의 지원자 중 희망 임금이 가장 낮은 박○○이 바리스타 아르바이트생으로 우선 뽑히고 카페 알바 경력자를 우대한다고 하였으므로 마지막으로 윤○○이 뽑힐 것이다. 따라서 사장이 뽑지 않을 지원자는 김○○이다.

46 예산관리능력 주급 계산하기

| 정답 | ③

| 해설 | 직원들의 주중과 주말 모두 일하는 사람의 임금을 최소가 되도록 계산하면 다음과 같다.

- 베이커리 : $8,500 \times 2$(명)$\times 10$(시간)$\times 7$(일)$=119$(만 원)

- 카운터 : $7,000 \times 1$(명)$\times 10$(시간)$\times 7$(일)$=49$(만 원)

- 바리스타 아르바이트생 1명과 매니저 1명 : $7,500 \times 2$(명)$\times 10$(시간)$\times 7$(일)$=105$(만 원)

- 주중 직원들 임금 총 금액 : $1,190,000+490,000+1,050,000=273$(만 원)

또한 주말에는 한 명의 직원이 추가되므로 추가되는 사람의 임금을 구하면 다음과 같다.

- 바리스타 아르바이트 생 1명 : $8,000 \times 1$(명)$\times 10$(시간)$\times 2$(일)$=16$(만 원)

따라서 직원들의 한 주 임금의 총 합계는 최소 $273+16=289$(만 원)이다.

47 예산관리능력 할인율을 적용하여 비용 구하기

| 정답 | ①

| 해설 |

구분	수량, 할인율 적용 가격	배송료
A 1개	75,000원	5,000원
B 1개	44,000원	4,000원
C 1개	40,500원	2,000원
D 2kg	98,000원	3,000원
E 2kg	357,000원	3,500원
F 1개	120,000원	
G 2kg	380.000원	
H 2kg	378,000원	2,000원
I 2kg	400,000원	3,500원

따라서 건축자재 총 가격 1,892,500원과 배송료 총합 23,000원을 합한 1,915,500(원)이다.

48 예산관리능력 총마진의 최솟값 구하기

| 정답 | ②

| 해설 | 재고를 남기지 않으려면 스타(star) 2개, 문(moon) 2개 선(sun) 2개를 만들어야 한다.

최소 필요 수량	수량, 할인율 적용 가격
A 2개	150,000원
B 3개	132,000원
C 2개	81,000원
D 5kg	245,000원
E 4kg	714,000원
F 3개	360,000원
G 3kg	570,000원
H 5kg	945,000원
I 3kg	600,000원

구분	건자재 비용(원)	마진(원)
스타 (star)	A 2개, D 5kg, H 5kg=150,000+245,000+ 945,000=1,340,000	1,340,000×0.3 =402,000
문 (moon)	B 3개, F 3개, I 3kg=132,000+360,000+ 600,000=1,092,000	1,092,000×0.5 =546,000
선 (sun)	C 1개, E 2kg, G 3kg=81,000+714,000+ 570,000=1,365,000	1,365,000×0.2 =273,000

따라서 재고가 남지 않을 때의 총 마진은 1,221,000원이다.

---

49 경영이해능력 **니치마케팅 이해하기**

|정답| ③

|해설| 제시된 글에서 설명하는 마케팅 기법은 '니치마케팅' 기법이다. 이 마케팅을 활용할 경우, 위험요소와 경쟁자는 적지만 소규모의 소비자만을 고집하다보면 더욱 많은 소비자들을 놓일 수 있다는 단점을 가지고 있다.

---

50 경영이해능력 **니치마케팅 활용하기**

|정답| ④

|해설| ④는 기업이 사회 구성원으로서 마땅히 해야 할 책임을 다함으로써 긍정적인 이미지를 구축하고 이를 마케팅에 활용하는 전략인 '코즈마케팅' 기법의 사례이다.

|오답풀이|

① 화장품을 잘 사용하지 않을 것 같은 '군인'이라는 빈틈을 공략하였다.

② 대형 아파트가 아닌 '중소형 아파트'라는 빈틈을 공략하였다.

③ 김치만을 보관할 수 있는 '김치 전용 냉장고'라는 빈틈을 공략하였다.

---

51 체제이해능력 **조작적 조건 형성 이론 이해하기**

|정답| ①

|해설| 정적(positive)은 자극을 제시하거나 자극의 강도가 강해지는 것을 의미하며, 부적(negative)은 자극을 제거하

거나 자극의 강도가 약해지는 것을 의미한다. 또한 강화(reinforcement)는 특정 행동을 증가시키는 것을 의미하며, 처벌(punishment)은 특정 행동을 감소시키거나 소멸시키는 것을 의미한다.

따라서 ㉠ ~ ㉣은 차례대로 정적 강화, 부적 강화, 정적 처벌, 부적 처벌이다.

---

52 체제이해능력 **조작적 조건 형성 이론 이해하기**

|정답| ①

|해설| 징계위원회 회부는 행동에 따른 자극을 제시함으로써 선행하는 행동을 제거하는 정적 처벌이다.

|오답풀이|

② 아이를 무시하는 행동은 자극을 제거함으로써 선행하는 행동을 제거하는 부적 처벌이다.

③ 회식비 차감은 자극을 제거 함으로써 선행하는 행동을 제거하는 부적 처벌이다.

④ 용돈을 받지 않기는 자극을 제거함으로써 선행하는 행동을 제거하는 부적 처벌이다.

---

53 경영이해능력 **상황 이론 모델 적용하기**

|정답| ①

|해설| 해당 제시문은 위험 부담이 큰 상황을 보여주고 있다. 또한 기존 직원들은 해당 상황에 대한 경험이 없기 때문에 이를 극복한 경험이 있는 대표가 지시형 리더십을 보여 주는 것이 적절하다.

---

54 경영이해능력 **상황 이론 모델 이해하기**

|정답| ①

|해설| • 부하의 성숙도가 높으며 자아실현의 욕구가 클 때는 위임형 리더십을 선택해 책임과 결정에 대한 권한을 위임하는 것이 적절하다.

• 부하의 성숙도가 약간 높으며 사회적 욕구가 클 때는 참여형 리더십을 선택해 정보를 공유하고 공동으로 결정을 내리는 것이 적절하다.

1회 기출예상 2회 기출예상 3회 기출예상 4회 기출예상 5회 기출예상

- 부하의 성숙도가 약간 낮으며 안전 욕구가 클 때는 코치형 리더십을 선택해 적정한 수준의 지도와 감독을 해 주는 것이 적절하다.
- 부하의 성숙도가 낮고 생리적 욕구가 클 때는 지시형 리더십을 선택해 구체적인 지시와 밀착 감독을 해 주는 것이 적절하다.

55 경영이해능력 GE-맥킨지 매트릭스 활용하기

| 정답 | ③

| 해설 | 냉동식품 사업부는 프리미엄 유형이다. 프리미엄 유형은 이미 사업부의 경쟁력이 높기 때문에 추가 투자가 시장의 매력도를 높일 것이라 예측될 시 투자를 하려 한다. 그렇지 않다면 시장지위를 유지하며 단기적인 수익을 수용할 것이다. 제시된 ③의 설명은 프라임 유형에 해당한다.

56 경영이해능력 GE-맥킨지 매트릭스 활용하기

| 정답 | ④

| 해설 | 신선식품 사업부는 산업 및 시장의 매력도와 사업단위 경쟁력이 모두 낮으므로 점차 규모를 축소해 가며 수확 또는 퇴출의 시점을 준비해야 한다.

| 오답풀이 |

① 시장세분화를 진행해 새로운 포지셔닝을 구축해야 하는 것은 산업 및 시장의 매력도와 사업단위 경쟁력이 모두 중간인 프라임 유형의 전략이다.

② 진행 중인 사업의 강점을 파악하고 극대화하여 새로운 산업으로 이전할 기회를 엿보아야 하는 것은 사업의 경쟁력은 높지만 산업 및 시장의 매력도가 낮은 기회관망 1 유형의 전략이다.

③ 경쟁자나 대체자와 차별화되는 비즈니스 강점을 육성하여 시장 지위를 구축해야 하는 것은 산업과 시장의 매력도는 높지만 사업단위 경쟁력이 중간인 선택적 집중 유형의 전략이다.

57 경영이해능력 사업 계획서 파악하기

| 정답 | ③

| 해설 | 사업 계획부서의 '전략 수립'에 남아메리카를 방문하는 우리나라 여행자들이 급격히 늘어났다고 나타나 있다.

58 경영이해능력 선발자의 특징 이해하기

| 정답 | ①

| 해설 | A 기업은 남아메리카 음식 사업의 시장 선발자이다. 시장 선발자는 시장이나 제품을 창출하는 기업이므로, 시장의 수요에 대한 불확실성을 예측할 수 없다는 위험을 가진다.

| 오답풀이 |

② 후발 주자보다 높은 충성도를 확보할 수 있고 기술, 원가 등 진입 장벽을 구축할 수 있다는 장점이 있다.

③ 유통 경로, 인재 등과 같은 희소 자원을 선점할 수 있다.

④ 후발 진입자가 선발자의 시행착오를 학습하여 약점을 보완하는 등 선발자에게 위협적인 존재로 성장할 수 있다는 단점이 있다.

59 경영이해능력 국가 경쟁 우위 다이아몬드 모형 이해하기

| 정답 | ④

| 해설 | 소비자 니즈의 강도는 소비자의 니즈가 가지고 있는 까다로움을 의미한다.

| 오답풀이 |

① 제시된 글에서는 '부품의 공급 업자와 관련 기업' 등의 예시를 들며 관련 및 지원 산업에 대해 설명하고 있다.

② 기업의 수요와 소비자 니즈를 관찰하는 것에서 새로운 제품과 산업이 시작된다.

③ 권위 있는 학자인 마이클 포터 교수에 따르면 현대 경쟁 환경에서는 지식이 더 필요해졌다고 한다.

60 경영이해능력 국가 경쟁 우위 다이아몬드 모형 이해하기

| 정답 | ①

| 해설 | 우리나라에 만연한 탈모에 대한 편견이 소비자의 니즈를 자극하고 기업의 수요를 일으켰으므로 수요 조건에 대해 파악할 수 있다.

5회 기술직

문제 356쪽

37	①	38	④	39	④	40	③	41	④
42	②	43	③	44	③	45	④	46	②
47	④	48	①	49	③	50	③	51	④
52	③	53	②	54	④	55	④	56	③
57	③	58	④	59	②	60	①		

37 도표분석능력 자료의 수치 분석하기

| 정답 | ①

| 해설 | 2010년 제주특별자치도의 인구는 604,128명, 1인당 자동차 등록대수는 0.4대이므로 자동차 등록대수는 604,128 ×0.4=241,651.2(대)이다.

| 오답풀이 |

② 2020년 강원도의 1인당 자동차 등록대수는 0.5대, 자동차 등록대수는 782,700대이므로 인구는 782,700÷ 0.5=1,565,400(명)이다.

③ 2010년 대비 2020년에 자동차 등록대수가 백만 대 이상 증가한 곳은 경기도(4,014,392→5,765,692) 한 곳뿐이다.

④ 2010년 대비 2020년에 1인당 자동차 등록대수가 가장 많이 증가한 곳은 제주도로, 0.9-0.4=0.5(대) 증가하였다.

38 도표분석능력 빈칸에 들어갈 수치 계산하기

| 정답 | ④

| 해설 | 전체 조사대상자 중 몇 퍼센트인지 묻고 있으므로 0.654×0.53=0.34662, 약 34.7%이다. 〈자료 2〉 노후 준비 방법 그래프의 53%는 노후를 준비하고 있는 사람들 중에서 차지하는 비율임에 주의해야 한다.

39 도표분석능력 자료를 바탕으로 수치 계산하기

| 정답 | ④

| 해설 | 20X1년 11월 A사의 국내여객을 a라 할 때,

탑승률= $\dfrac{\text{국내여객}}{\text{공급석}}$ ×100이므로 $\dfrac{a}{250}$ ×100=70에서

$a=175$이다.

'국내여객 전년 동월 대비 증감량=20X2년 11월 국내여객 −20X1년 11월 국내여객'이므로 175+105=280, 따라서 20X2년 11월 국내여객 수는 280명이다.

〈자료 2〉에서 20X2년 11월 A사 탑승률의 전년 동월 대비 증가율이 25%임을 통해 A사 탑승률이 70×1.25=87.5(%) 임을 알 수 있으며, 이에 따라 20X2년 11월 A사의 공급석은 탑승률 공식을 통해 식을 세우면 다음과 같다.

$$\frac{280}{x} \times 100 = 87.5$$

$$x = \frac{28,000}{87.5}$$

$x=320$(천 석)

따라서 공급석은 320천 석이다.

40 도표분석능력 자료의 수치 분석하기

| 정답 | ③

| 해설 | • 울산의 20X0년 대비 20X5년의 인구 증가율 :

$$\frac{1,167-1,083}{1,083} \fallingdotseq 7.76(\%)$$

• 울산의 20X0년 대비 20X5년의 주택 증가율 :

$$\frac{453-387.2}{387.2} \times 100 = 17(\%)$$

따라서 주택 증가율이 더 높다.

| 오답풀이 |

① 20X5년에 인구 천 명당 주택 수가 가장 많은 곳은 397.2천 호의 부산이다.

② 20X5년 수도권의 주택 수는 20X0년 대비

$$\frac{9,017-8,173.2}{8173.2} \fallingdotseq 10.3(\%) \text{ 증가했다.}$$

④ 전국적으로 20X0년에 비해 20X5년에 인구수와 주택 수가 모두 증가했다.

41 도표분석능력 그래프 해석하기

|정답| ④

|해설| ㉡ 2015년에는 에너지산업 분야에서 38.0%, 제조업·건설업 분야에서 28.9%, 수송 분야에서 17.5%, 2020년에는 에너지산업 분야에서 43.4%, 제조업·건설업 분야에서 31.4%, 수송 분야에서 15.7%로 세 개 분야에서 주로 배출됐다.

㉢ 2015년에 비해 2020년의 에너지산업부문 배출비중이 43.4−38.0=5.4(%p), 제조업·건설업부문의 배출비중이 31.4−28.9=2.5(%p) 늘어났다.

㉣ 2015년에 비해 2020년의 수송부문의 배출비중은 17.5−15.7=1.8(%p), 기타부문(미분류 포함)의 배출비중은 14.9−8.9=6(%p) 감소했다.

|오답풀이|

㉠ 주어진 자료에는 에너지부문의 온실가스 배출량만 제시되어 있으므로 온실가스 전체 배출량은 알 수 없다.

42 도표분석능력 자료의 수치 분석하기

|정답| ②

|해설| ㉢ 1인 가구와 4인 가구의 합이 50%이므로 옳다.

|오답풀이|

㉠ 최소 평균가구원 수를 구하기 위해서는 그래프에 제시되지 않은 나머지 가구를 모두 2인 가구로 전제하여 계산해야 한다(100−26−22=52). 따라서 2012년 평균가구원 수는 최소 1×0.26+4×0.22+2×0.52=2.18(명)이다.

㉡ 1995년에 3.42명으로 1990년에 비해 증가하였다.

㉣ 1990년의 1인 가구 비율은 9.1%로 50% 이상 증가하려면 1995년 1인 가구 비율이 9.1×1.5=13.65(%) 이상이어야 한다.

43 도표분석능력 상여금 차이 계산하기

|정답| ③

|해설| 사원들의 상여금, 순위 등을 정리하면 다음과 같다.

구분	가	나	다	라	마	바	사	아
평점 합	22	25	19	24	18	27	21	23
순위	5	2	7	3	8	1	6	4
등급	B	S	B	A	B	S	B	A
상여금 지급액 (만 원)	100	450	300	260	400	150	400	−
1월 직급	계약직	5	5	6	4	6	4	3

따라서 성과상여금을 가장 많이 받는 '나'와 가장 적게 받는 '가'의 금액 차이는 350만 원이다.

44 도표분석능력 직원 비율 계산하기

|정답| ③

|해설| 43 해설의 표를 참고하면 '바'는 S 등급이기 때문에 1월 1일부터 정규직 6급으로 전환된다. 1월 A 팀의 정규직 직원은 '가'를 제외한 7명이고 그 중 5급 이하는 '나, 다, 라, 바' 4명이다. 따라서 A 팀 정규직 직원들 중에서 5급 이하 직원의 비율은 $\frac{4}{7}$이다.

45 도표분석능력 자료의 수치 분석하기

|정답| ④

|해설| 서울은 초등학교의 학급당 학생 수가 23.4명으로 비교 대상 지역 중 가장 많으나, 중학교의 학급당 학생 수는 26.6명으로 비교적 낮은 수치를 나타내고 있다.

46 도표분석능력 학급당 평균 학생 수 계산하기

|정답| ②

|해설| 2020년 8개 지역의 각 학교급별 학급당 평균 학생 수는 다음과 같다.

- 초등학교 : (23.4+22.0+22.6+23.0+22.4+21.7+22.8+21.6)÷8≒22.4(명)
- 중학교 : (26.6+26.9+26.4+28.7+27.8+28.6+27.1+22.5)÷8≒26.8(명)
- 고등학교 : (29.7+27.4+30.2+28.4+33.0+30.8+30.6+23.3)÷8≒29.2(명)

47 | 도표분석능력 | 자료의 수치 분석하기

|정답| ④

|해설| (ㄱ) 최근 3년간 발생한 연구실 분야별 사고 수는 생물/보건 334건, 화학/화공 233건, 건축/토목/자원 162건, 기계/물리 153건, 전기/전자 35건 순으로 많다.

(ㄴ) 20X2 ~ 20X6년 기관별 연구실 사고 발생 건수는 전체적으로 매년 증가하고 있으며, 그중 사고 건수가 가장 많은 기관은 734건의 대학이다.

(ㄷ) 20X5 ~ 20X7년의 연구실 사고 유형 중 연구장비 및 기구관련사고만이 전체의 $\frac{336}{917} \times 100 ≒ 36.6(\%)$로 35%를 상회한다.

따라서 (ㄱ), (ㄴ), (ㄷ) 모두 옳다.

48 | 도표분석능력 | 자료를 바탕으로 수치 계산하기

|정답| ①

|해설| 연구실 분야별 사고 유형 백분율은 다음과 같다.

(단위 : %)

구분	기계/물리	생물/보건	전기/전자	화학/화공	건축/토목/자원
전기사고 (누전, 합선 등)	5.2	1.5	25.7	3.9	1.2
연구장비 및 기구관련 사고	57.5	26.0	17.1	30.9	51.2
생물체 사고 (교상, 감염 등)	–	25.7	–	0.4	–
유해인자 누출 및 접촉	14.4	18.0	31.4	44.6	19.8
화학물질(폐기물) 반응 및 폭발	1.3	2.1	8.6	12.4	–
기타 부주의 (넘어짐, 부딪힘 등)	21.6	26.6	17.1	7.7	27.8

따라서 A는 기계/물리, B는 생물/보건, C는 전기/전자, D는 화학/화공에 해당한다.

49 | 기술선택능력 | 기술선택 의사결정 방법 이해하기

|정답| ③

|해설| A사는 하향식 기술선택, B사는 상향식 기술선택 방법을 활용했다. 연구자나 엔지니어들이 자율적으로 기술을 선택하는 것으로, 기술자들의 흥미를 유발하고 창의적인 아이디어를 활용할 수 있다는 장점이 있는 방법은 B사의 상향식 기술선택 방법이다.

50 | 기술이해능력 | 기술 시스템의 발전 이해하기

|정답| ③

|해설| 인간의 욕구와 창의성을 무시한 기술은 오히려 조직의 유효성과 성과를 떨어뜨리는 결과를 초래할 수 있으며, 기술의 진보는 조직과 근로자에게 관심과 몰입을 유도할 때 효과적인 것이다. 따라서 제시된 글의 가장 큰 시사점은 바로 '기술과 사람의 혼합, 조정을 통한 사회기술 시스템의 발전이 유의미하다는 것'이라고 볼 수 있다.

51 | 기술적용능력 | 기술경영자와 기술관리자의 특징 파악하기

|정답| ④

|해설| 기술경영자는 기술의 성격 및 이와 관련된 동향, 사업 환경 등을 이해해야 통합적인 문제해결과 함께 기술혁신을 달성할 수 있다.

52 | 기술적용능력 | 기술 적용시 주의사항 이해하기

|정답| ③

|해설| 기술 적용 시 주의사항은 기술 적용에 따른 비용, 기술의 수명 주기, 기술의 전략적 중요도, 잠재적인 응용 가능성의 네 가지로 구분할 수 있다.

(가)는 기술 적용에 따른 비용을 고려하지 않고 있으며, (다)는 기술의 잠재적인 응용 가능성을 고려하지 않고 단기간의 기술변화에만 주목하고 있다. 따라서 적절하지 못한 선택지는 (가)와 (다) 2개다.

53 | 기술선택능력 | 지식재산권의 유형 알기

|정답| ②

|해설| 저작권은 등록의 유무와 상관없이 창작한 날로부터 권리가 생기게 되며, 특정 상품화가 될 필요 없이 권리가 발생하게 되므로 상품과의 관련성은 없다.

54 기술이해능력 사용설명서 이해하기

| 정답 | ③

| 해설 | P 대리가 인쇄를 취소하고 〈분할 모드〉를 〈아니오〉로 설정하고 용지 크기를 재설정하였더니 정상 작동되었으므로 P 대리는 'Div. Print. Bffr Full'을 확인했음을 알 수 있다.

55 기술적용능력 스위치 적용하기

| 정답 | ④

| 해설 | 기호의 위치가 시계 방향으로 세 칸 이동하였으므로 스위치 3이 사용되었으며, 더하기와 빼기의 색 반전이 있으므로 스위치 5가 사용된 것을 알 수 있다.

56 기술적용능력 스위치 적용하기

| 정답 | ③

| 해설 | 기호가 시계 방향으로 세 칸 이동하였으므로 스위치 3이 사용되었으며, 곱하기와 나누기의 색이 달라진 것으로 보아 스위치 4가 사용된 것을 알 수 있다.

57 기술적용능력 명령어 이해하기

| 정답 | ③

| 해설 | 주어진 예시에서 알 수 있는 사항은 다음과 같다.
• 가로축 : H, 세로축 : V
• 평행사변형 : E, 삼각형 : J, 타원 : W
• 내부 채색 : N, 내부 무채색 : R
• 소 : 1, 중 : 2, 대 : 3
따라서 제시된 그래프의 명령어는 H5 / V5, J(2,1) : R1 / W(3,2) : N3 / E(5,2) : R2가 된다.

58 기술적용능력 오류 발생 지점 찾기

| 정답 | ④

| 해설 | 57의 명령어의 의미를 바탕으로 오류가 발생한 부분을 확인해 보면 내부 채색 삼각형의 크기 값에 오류가 발

생하였음을 알 수 있다. 즉 N3가 N2로 잘못 산출되었음을 파악할 수 있다.
따라서 제시된 그래프의 올바른 결과 값은 H6 / V5, W(1, 3) : N2 / E(2,1) : R3 / J(3,4) : N3 / W(6,1) : R2가 된다.

59 기술이해능력 문제의 원인 파악하기

| 정답 | ②

| 해설 | 수압이 약해지는 현상에 대한 원인으로 수도필터에 이물질이 끼었을 경우와 본체의 호스가 꺾였을 경우가 있으므로 청결상태를 확인하는 것이 옳다.

| 오답풀이 |
① 급수밸브의 잠김 여부는 물이 나오지 않을 경우 확인해야 할 사항이다.
③ 정수필터를 확인하는 것은 물이 나오지 않을 경우 확인해야 할 사항이다.
④ 급수밸브 연결을 확인하는 것은 비데가 작동하지 않을 경우 확인해야 할 사항이다.

60 기술이해능력 근본적인 해결방안 세우기

| 정답 | ①

| 해설 | 수도필터에 이물질이 끼거나 막히는 현상을 근본적으로 해결하기 위해서는 수도필터를 수시로 닦아 주어야 한다.

GOSINET NCS

고시넷 초록이 NCS

피듈형 ① 통합 기본서

■ 980쪽　　■ 정가_28,000원

고시넷 직업기초능력

3대출제유형 ② 휴노형 문제집

■ 488쪽　　■ 정가_22,900원

고시넷 초록이 NCS

피듈형 ② 통합 문제집

■ 932쪽　　■ 정가_28,000원

고시넷 직업기초능력

3대출제유형 ③ ORP형 문제집

■ 560쪽　　■ 정가_23,800원

2021
한국도로공사
기출예상 문제집
행정직 | 기술직

한눈에 파악할 수 있는
기출문제분석 **01**

02 최신 기출에서 뽑은 예상문제
NCS유형 완벽학습

빠른 풀이법 **03**
효과적인 시간 관리

04 실전 같은 인성검사와
면접시험 실전문제